电子支付的规制结构配置研究

Regulatory Structure of
Electronic Payments

苏 盼 著

北京大学出版社
PEKING UNIVERSITY PRESS

图书在版编目(CIP)数据

电子支付的规制结构配置研究/苏盼著. —北京:北京大学出版社,2022.12
国家社科基金后期资助项目
ISBN 978-7-301-33599-4

Ⅰ.①电… Ⅱ.①苏… Ⅲ.①电子支付—研究 Ⅳ.①F713.361.3

中国版本图书馆 CIP 数据核字(2022)第 217514 号

书 名	电子支付的规制结构配置研究
	DIANZI ZHIFU DE GUIZHI JIEGOU PEIZHI YANJIU
著作责任者	苏 盼 著
责 任 编 辑	刘秀芹
标 准 书 号	ISBN 978-7-301-33599-4
出 版 发 行	北京大学出版社
地 址	北京市海淀区成府路 205 号 100871
网 址	http://www.pup.cn 新浪微博:@北京大学出版社
电 子 信 箱	sdyy_2005@126.com
电 话	邮购部 010-62752015 发行部 010-62750672
	编辑部 021-62071998
印 刷 者	北京溢漾印刷有限公司
经 销 者	新华书店
	730 毫米×1020 毫米 16 开本 18 印张 323 千字
	2022 年 12 月第 1 版 2022 年 12 月第 1 次印刷
定 价	68.00 元

国家社科基金后期资助项目
出版说明

　　后期资助项目是国家社科基金设立的一类重要项目,旨在鼓励广大社科研究者潜心治学,支持基础研究多出优秀成果。它是经过严格评审,从接近完成的科研成果中遴选立项的。为扩大后期资助项目的影响,更好地推动学术发展,促进成果转化,全国哲学社会科学工作办公室按照"统一设计、统一标识、统一版式、形成系列"的总体要求,组织出版国家社科基金后期资助项目成果。

全国哲学社会科学工作办公室

序　言

　　苏盼老师的著作《电子支付的规制结构配置研究》是在她的博士论文《规制如何发生？——欧盟、美国及中国第三方支付监管比较研究》基础之上完成的，选择了我国网络金融法律领域正在热烈讨论的一个问题。电子支付已经出现了一段时间，发展极其迅速，目前我国电子支付的市场规模巨大，影响的人口规模也极大。正因为发展速度快，也因为互联网时代法律的滞后，所以在一段时间内，并没有引起监管部门和立法部门的重点关注。当然，这或许是监管部门允许新生事物的充分试验，对金融服务创新采取鼓励和宽容的态度所致。不管怎样，我国监管部门的宽松政策，无疑对电子支付服务的发展是有利的。但当这个市场已经发展到如此规模，各类风险层出不穷，监管和立法不可能不跟上了。所以，我认为苏盼选择了一个既比较新又特别急迫而重大的题目。

　　苏盼在博士论文写作期间，仔细研究了国内资料后，又到南方某省对网络支付卡问题进行了实地调研。在调研期间，她不仅收集了相关第一手资料，还帮助当地政府部门提供了法律咨询服务，这样的经历是很宝贵的。为了作国际层面的比较研究，她还搜集了不少欧洲的网络支付监管资料，又到美国搜集资料、拜访专家，研究的资料收集工作比较扎实。她的博士论文将不同地区和我国的支付监管政策、法律进行了比较，分析背后的经济与社会原因，最后作出独立的判断和对策建议。

　　我国的电子支付发展如此之快，有特殊而深刻的背景。长期以来，我国的金融机关特许权高度集中，金融服务市场高度集中，同时，我国也比较缺乏个人商业信用记录和评价系统。在此背景下，银行系统之外的第三方支付发展极快，但这种近乎自由化的"野蛮生长"，却为我国"失灵"和"空白"的个人零售金融服务提供了很多便利，因此这种新型服务越来越得到广大消费者的青睐。这样的特点，也在很大程度上影响了之前的监管政策和立法行为。目前的这本著作在博士论文基础之上又作了较大的修改，特别是将司法层面的规则体系也纳入讨论之中,是对原有的监管规则的重要补充。

　　总体来看,苏盼的著作对我国电子支付的规制结构作了较好的分析,层次清晰,论述富有逻辑,给出的解释也是可靠的。她所提出的政策建议,特别是结论部分的内容,对我国实务部门有一定参考价值。

　　　　　　　　　　　　　　　　　　　　　　　　　吴志攀

　　　　　　　　　　　　　　　　　　　　　　2022 年 12 月 2 日

目　　录

导　　论

随着信息技术的迅猛发展,新兴电子支付工具和支付方式层出不穷,在带来支付便利的同时也导致客户权益受损、市场秩序混乱等问题。为此,监管机构采取回应型规制策略,开展支付专项整治活动,颁布一系列电子支付监管规范,试图纠正市场失灵。司法机关也通过统一规范与个案审理等方式介入支付规制过程。然而由于未经系统性研究,既有的规制格局呈现碎片化发展形态。

为克服目前电子支付规制的弊端,本书希望:厘清规制逻辑——按照支付业务法律关系及其风险进行规制;明确核心目标——力求达到鼓励创新与维护安全的平衡;树立价值导向——以消费者权益保障为重点,兼顾市场秩序的维护;配置规制路径——协调行政监管与司法治理。本书主张根据电子支付业务的本质确立规制重点,以作为电子支付服务接受者的付款人所承受的风险为视角,依据付款人完成货币价值转移的时间与其获得产品或服务对价的时间存在的偏离程度,将电子支付划分为预付、即付与延付三大类型,按照不同类型电子支付业务所体现的法律关系及其产生的核心问题配置规制结构。此类分析兼具开放性(包容技术创新)与确定性(规则可操作),有利于解决因无法及时应对技术革新所带来的规制滞后与碎片化问题,也有利于建立行政监管与司法治理相协调的规制框架。

一、问题的提出

(一) 电子支付的发展及其风险

支付是付款人向收款人转移可以接受的货币债权的过程,①因此支付的本质在于货币价值的转移。支付借由支付工具完成,支付工具是指传达付款人支付指令、实现债权债务清偿和资金转移的载体,包括现金货币、纸质票据、电子支付工具等。支付系统支撑各种支付工具应用,可以实现资金结算并完成资金转移,承担加密、认证、处理多方支付等功能。

---

① 中国支付清算协会编著:《支付清算理论与实务》,中国金融出版社 2017 年版,第4—7页。

支付工具创新、支付系统扩张构成支付沿革发展过程。技术发展和交易结构的优化推动了支付变革,而这种变革的内在动力主要来自克服经济交易在时间上的差异、空间上的隔离以及信息上的不完备。[①] 在现代社会中,电子化支付工具——记载账户资金变化的电子数据形式,改变了支付信息和支付业务的处理模式,使得面对面支付发展为远程支付,手工操作发展为电子化自动处理,现金、票据等实物支付媒介发展为虚拟化支付工具。[②] 根本而言,现代支付是支付信息的传输和账户余额的变化,即通过电子报文的传输联动账户余额变更,完成资金结算和清算。[③] 现代电子支付过程以支付账户为核心,延展了支付在传统上所承担的债务清偿功能,使得支付账户应用也具有了交易担保、融资信贷、投资理财等功能。

本书所称"电子支付"是指单位、个人直接或授权他人通过电子终端发出支付指令,实现货币支付与资金转移的行为,[④]此种表述从行为视角对电子支付进行了界定。而基于支付服务提供者这一主体视角,电子支付主要可划分为商业银行与非银行机构通过电子终端发起的支付。我国电子支付发展历程呈现典型的"主体二元化"特征:商业银行的电子支付由政府予以一定的引导和扶持,而非银行机构的电子支付发展具有自发性——支付机构借鉴国外业务模式进行本土改造,由市场主导并最终发展出自发成型的产业模式。从中国人民银行发布的商业银行电子支付发展数据(见图 0-1)可以看出,尽管电子支付业务总金额偶有回落,但业务总笔数呈逐年上升趋势,表明电子支付市场的快速增长。

电子支付在发展的同时也面临诸多风险,主要包括以下五类。(1) 技术风险,电子支付所依赖的信息技术具有传递性、复杂性、隐蔽性和突发性特点,[⑤]电子信息载体和终端设备的软件、硬件系统发生技术错误时,可能引发资金损失风险。具体的技术风险包括出现网络病毒(例如木马病毒被植入用户计算机以窃取用户账号、密码等信息)、黑客攻击(利用网络漏洞和缺陷非法入侵计算机系统而窃取信息、发送错误指令等)、信息污染(无关或失真信息占据网络资源、堵塞网络通道、加重网络负担而影响支付信息的发送和接收效率)等。(2) 操作风险,即便自动化电子支付也可能需要人工参与,内

---

① 欧阳卫民:《支付与金融》,中国金融出版社 2011 年版,第 11 页。
② 李莉莎:《第三方电子支付法律问题研究》,法律出版社 2014 年版,第 15 页。
③ 欧阳卫民:《支付与金融》,中国金融出版社 2011 年版,第 4 页。
④ 《电子支付指引(第一号)》(《中国人民银行公告〔2005〕第 23 号)第二条。
⑤ 关于互联网技术的信息科技风险特征,可参见谢平、邹传伟、刘海二:《互联网金融的风险与监管》,载金融安全协同创新中心、西南财经大学中国金融研究中心:《中国金融安全报告·2014》,中国金融出版社 2015 年版,第 376—377 页。

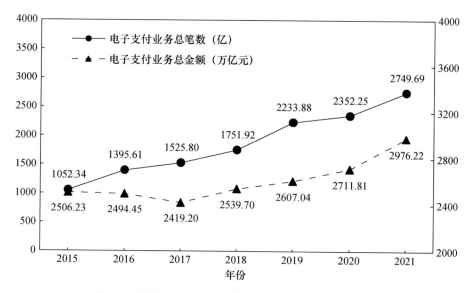

图 0-1　我国商业银行电子支付发展情况（2015—2021）

说明：数据来源于中国人民银行官方网站发布的历年支付体系运行总体情况报告，http://www.pbc.gov.cn/zhifujiesuansi/128525/128545/128643/index.html，2022 年 7 月 18 日最后访问。图中仅为我国商业银行的电子支付发展数据，包括客户通过网上银行、电话银行、手机银行、自动柜员机（ATM）、销售终端（POS）和其他电子渠道，从结算类账户发起的账务变动类业务的数据。中国人民银行也统计了非银行支付机构的电子支付数据，但由于统计口径多次调整，历年发展情况无从比较。

部人员错误或欺诈操作，控制程序不完善等也可能导致支付损失。[①]（3）信用风险，电子支付服务提供机构以其自身信用经营业务时，可能发生破产或挪用客户资金而无法及时为客户办理支付相关业务。（4）市场风险，电子支付服务提供机构利用所接收而未兑付的客户资金进行投资，可能遭受市场波动带来的流动性和安全性风险。（5）法律风险，新兴电子支付业务的运营还将受到法律规范调整的影响。这些风险均可能导致电子支付服务接受者遭受损失，并引发市场秩序混乱等问题。

（二）电子支付规制现状

为应对电子支付风险，有必要设计合理的规制策略，选择妥适的规制路径，优化规制结构配置，实现电子支付市场的有效治理。"规制"（regulation）

---

① 在尼克·李森（Nick Leeson）导致巴林银行倒闭事件之后，操作风险引起额外注意。尼克·李森是巴林银行新加坡巴林期货有限公司的总经理和首席交易员，他在 1992 年开始利用本应撤销的账户吸收下属期货交易差错，并将代客户交易转化为公司自营交易，最终导致公司巨额亏损而倒闭，李森随后因财务欺诈罪被判入狱，参见〔英〕尼克·李森：《我如何弄垮巴林银行》，张友星等译，中国经济出版社 1996 年版。

可被概括为公共机构依法采取措施干预市场的行为，①其中的"干预"指介入、控制和调整，并非贬义。规制被划分为多种类型，例如经济性规制与社会性规制，②前者主要针对经济类事务，包括反垄断、矫正市场失灵等，后者主要针对社会性事务，包括维护生命健康和环境安全等；再如宏观规制与微观规制，③前者针对宏观经济活动进行调节，后者针对企业生产行为进行控制。本书讨论的电子支付规制是指对电子支付市场的经济性微观规制，但不限于政府监管，还包括司法规范。为便于表述，本书语境下的"规制"在宽泛意义上使用，涵盖或等同于"管理"和"规范"等词义④，包括行政（金融）监管和司法治理（后文第一章将详述此理论基础）。

对于电子支付的规范现状，⑤在法律、行政法规层面，《中国人民银行法》《商业银行法》《票据法》《反洗钱法》《人民币管理条例》《外汇管理条例》等对支付活动予以基本规范。2019年施行的《电子商务法》首次从法律层面对电子支付作出了较为具体的规定。尽管金融类产品和服务不适用于《电子商务法》，⑥但鉴于电子支付是电子商务流程的重要环节，属于电子商务合同订立及其履行的必要内容，《电子商务法》对电子支付相关主体的权利义务进行了原则性规定。《电子商务法》草案中曾设立专节规范电子支付，但考虑到该法与其他既有法律以及未来可能的专门立法的协调，尤其是为快速发展的电子支付监督管理留下灵活空间，最终出台的《电子商务法》仅在电子商务合同的订立与履行章节设置了五条电子支付相关条文。⑦ 值得注意的是，《电子商务法》更关注支付行为规范，未区分商业银行与非银行支付机构，而是将所有电子支付服务提供者视为同类主体。

与法律、行政法规相比，电子支付的金融监管规范（主要为部门规章、部

---

① 〔英〕科林·斯科特：《规制、治理与法律：前沿问题研究》，安永康译，宋华琳校，清华大学出版社2018版，第5页。

② 此种分类是基于规制历史演变而言的，可参见〔美〕马克·艾伦·艾斯纳：《规制政治的转轨》（第二版），尹灿译，钱俞均校，中国人民大学出版社2015年版，第1—27页。

③ 〔日〕植草益：《微观规制经济学》，朱绍文、胡欣欣等译校，中国发展出版社1992年版，第19—24页。

④ 关于"管制""监管""规制"等概念的区分，参见周子衡：《金融管制的确立及其变革》，上海三联书店、上海人民出版社2005年版，第1—8页。

⑤ 规范现状是对中央层面的法律、行政法规、部门规章、司法解释这几类既有主要规范的梳理。地方立法和其他规范性文件数量较大，在此不作列举，后文有所涉及部分再予讨论。

⑥ 因为金融交易监管的方法、目标和原则具有特殊的专业性，与一般的电子商务交易规范不同，而且"金融类产品和服务"主要指以金融产品和服务作为交易标的的情况，例如提供互联网基金产品、互联网保险服务等，因此《电子商务法》排除对其适用。杨东、黄尹旭：《〈电子商务法〉电子支付立法精神与条文适用》，载《苏州大学学报（哲学社会科学版）》2019年第1期。

⑦ 电子商务法起草组编著：《中华人民共和国电子商务法条文研析与适用指引》，中国法制出版社2018年版，第390—391页。

门规范性文件)数量众多。自 1991 年我国开始建设现代化支付体系以来,支付技术及其应用创新飞速发展,监管机构采取了回应型法律规制策略。早期的综合性规范包括《支付结算办法》(银发〔1997〕393 号)、《人民币银行结算账户管理办法》(中国人民银行令〔2003〕第 5 号)等。2005 年发布的《电子支付指引》(第一号)专门对电子支付进行了统一规范,但该指引仅属于部门规范性文件,效力层级较低,也仅适用于商业银行的电子支付业务,规制范围有限。此后颁布的《电子银行业务管理办法》(中国银行业监督管理委员会令 2006 年第 5 号)进一步详细规定了商业银行的网络银行业务规范。

对于非银行支付机构的电子支付业务规范,2005 年发布的《支付清算组织管理办法(征求意见稿)》①并没有正式颁布实施。在 2009 年 4 月,中国人民银行发布公告要求从事支付清算业务的非金融机构进行登记。② 至 2010 年末,共有 371 家非金融机构向中国人民银行提交了支付业务登记材料。③ 2010 年颁布实施的《非金融机构支付服务管理办法》(中国人民银行令〔2010〕第 2 号)正式规定非金融机构开展支付业务应取得支付业务许可证。截至 2022 年 4 月,已获得支付业务许可证的非银行支付机构共计 224 家,因违法违规、合并收购、主动注销等事由被注销的许可机构有 47 家。④ 为有效实施《非金融机构支付服务管理办法》,中国人民银行相继颁布了一系列制度规范,包括《非金融机构支付服务管理办法实施细则》(中国人民银行公告〔2010〕第 17 号)、《支付机构预付卡业务管理办法》(中国人民银行公告〔2012〕第 12 号)、《银行卡收单业务管理办法》(中国人民银行公告〔2013〕第 9 号)、《非银行支付机构网络支付业务管理办法》(中国人民银行公告〔2015〕第 43 号)、《非银行支付机构分类评级管理办法》(银发〔2016〕106 号)、《非银行支付机构客户备付金存管办法》(中国人民银行令〔2021〕第 1 号)等(详见附录 1)。

在行政监管规范之外,司法机关发布的统一的裁判规范也是制度体系的重要组成部分。由于司法裁判是对私法和公法的适用,因此《合同法》(《民法典》)、《消费者权益保护法》《刑法》等基本法在纠纷审理中广泛适用。在司法解释、司法文件层面,最高司法机关也发布了较多规范,主要包括《最高

---

① 参见中国人民银行发布的《关于向社会征求〈支付清算组织管理办法(征求意见稿)〉意见的公告》,2005 年 6 月 10 日。
② 《决定对从事支付清算业务的非金融机构进行登记的公告》(中国人民银行公告〔2009〕第 7 号,现已失效)。
③ 中国人民银行支付结算司:《中国支付体系发展报告(2010)》,中国金融出版社 2011 年版,第 12—13 页。
④ 中国人民银行行政执法信息—行政审批公示,http://www.pbc.gov.cn/zhengwugongkai/4081330/4081344/4081407/4081702/index.html,2022 年 7 月 18 日最后访问。

人民检察院关于办理涉互联网金融犯罪案件有关问题座谈会纪要》(高检诉〔2017〕14 号)、《最高人民法院、最高人民检察院关于办理妨害信用卡管理刑事案件具体应用法律若干问题的解释》(2018 修正,法释〔2018〕19 号)、《最高人民法院、最高人民检察院关于办理非法从事资金支付结算业务、非法买卖外汇刑事案件适用法律若干问题的解释》(法释〔2019〕1 号)、《最高人民法院关于审理银行卡民事纠纷案件若干问题的规定》(法释〔2021〕10 号)等。

由上述简要梳理可知,目前我国的电子支付制度以行政监管规范为主导、司法裁判规范为补充,根据市场发展及其产生的问题作出反馈。由于商业银行电子支付发展较早,监管机构在早期即对银行卡等电子支付工具进行了专门规范,体现以政府为主导,"先规范,后发展,规范引导发展"的监管思路。相较之下,监管机构并未在非银行支付市场发展初期立即予以规制回应,而是采取"先发展,后规范,在发展中逐步规范"的监管思路。宽松的监管环境也成为我国非银行电子支付迅速扩张的重要原因之一。随着支付技术和支付业务的不断创新,部分新规范不再区分银行支付与非银行支付两者的主体差异,而更加侧重行为监管。① 此外,监管机构还发布了众多低位阶规范性文件,虽未达到"一事一立法"的程度,但确实呈现碎片化规制形态。经统计,仅中国人民银行发布的支付规范性文件已超过两百项,②表明在面对技术创新及潜在风险时,法律规制可能陷入政令频出、疲于应付的零散规制状态,同时反映出目前的电子支付规制主要是被动回应市场需求,缺乏包容性监管理念,③也缺乏对规制结构配置的体系性思考。此外,司法机关应在电子支付规制结构中处于何种地位、承担何种功能、以何种方式进行有效规制,仍需要进行整体性考虑。

(三) 为什么需要优化规制结构配置

电子支付的创新发展非常迅速,支付工具变革时间不断缩短是重要体现。例如,维萨(Visa)和万事达(Master)银行卡在 20 世纪 70 年代正式使用

---

① 例如《中国人民银行关于印发〈条码支付业务规范(试行)〉的通知》(银发〔2017〕296 号)、《中国人民银行关于规范支付创新业务的通知》(银发〔2017〕281 号)。

② 可在北大法宝(http://www.pkulaw.cn/)法律法规数据库利用"支付"检索,筛选发布部门为"中国人民银行"查看相应结果。

③ 包容性监管包括差异化监管、适度监管、柔性监管等,参见冯果、李安安:《包容性监管理念的提出及其正当性分析——以农村金融监管为中心》,载《江淮论坛》2013 年第 1 期。其他相关法学文献可参见周仲飞:《提高金融包容:一个银行法的视角》,载《法律科学》2013 年第 1 期;冯果、袁康:《走向金融深化与金融包容:全面深化改革背景下金融法的使命自觉与制度回应》,载《法学评论》2014 年第 2 期。

计算机系统实现了联机在线支付交易,开启了银行卡电子支付时代,①尽管银行卡领域随后也经历了磁条卡、芯片卡、无卡支付等技术革新,但其技术更新换代频率相比于非银行支付业务更为缓慢。贝宝(PayPal)、支付宝等非银行支付工具在最近十几年内从零起步,不断演变出丰富多样的支付形态,出现手机支付、近场支付、条码支付等技术变革。日新月异的支付变革不断对制度规范提出挑战。目前规制者基本按照支付业务类型予以分类规制,但碎片化的规制思路和制度发展形态无法有效回应实践需求,也容易陷入或者过于宽松或者过于严格的规制困境。如何明确规制目标、确定规制重点、选择恰当的规制路径从而优化规制结构,是规制者需要认真对待的议题。

根据业务类型从整体上思考规制结构安排,合理运用行政监管与司法治理的规制路径,可实现电子支付的有效治理。类型是指单个具有相同或类似属性的个体或元素的集合,类型化分析思维即根据研究对象的特征进行类属划分,遵循类型的逻辑特征,将类似社会现象和经验事实依据一定标准划分为一类,再在各个不同类型之间根据其内在要素的强弱、影响力的大小等组成一个统一的系统,最终在类型基础上进行判断、推理和建构理论体系。②类型化分析将本质特征与具体特征相结合,兼具开放性(包容技术创新)和确定性(规则可操作),同时还可将法律规则类推适用于同类新兴事物。因此,类型化分析可在立法与司法活动中发挥价值导向和漏洞补充的作用,特别有利于解决新出现的法律挑战。

电子支付业务类型化分析思维体现为对于具体法律关系存在差异但本质特征相同的电子支付业务,应采取同类规制。在类型化分析基础之上考量规制结构配置,有助于确立法律规范的前后一贯和内在统一,超越具体规定构成的情境,对同类型事务予以统一研判,形成问题分析的体系框架。③鉴于电子支付碎片化规制发展形态,有必要在理论上进行统一研究,从根本上克服现有概念的局限性和法律适用的机械性,从整体上优化电子支付规制结构配置。本书针对电子支付业务所体现的法律关系及其产生的核心风险与问题逐一进行分析,讨论规范本身的建构、改进及其司法适用,在规范、执行与适用方面构建有机整体。

本书所讨论的电子支付业务的分类依据是以付款人所承受的风险为视

---

① 张奎:《电子支付的一般业务模型与创新监管分析》,载《上海金融》2014 年第 7 期。

② 张斌峰、陈西茜:《试论类型化思维及其法律适用价值》,载《政法论丛》2017 年第 3 期。

③ 张青波:《宪法平等原则对立法分类审查的体系性标准——以美国和德国的实践为参照》,载《法商研究》2015 年第 5 期。

角,根据付款人完成货币价值转移的时间与其获得产品或服务对价的时间存在的偏离程度,将电子支付划分为预付(先支付后获得产品或服务)、即付(实时支付)与延付(先获得产品或服务后支付)三大基础类型。不同业务的规制结构配置存在差异,同类业务产生的共性问题需要同类规制,而特殊问题则需采取特殊规制措施。在类型化分析中,还需注重典型个体,因为类型形成于个体,同时也是对个体的归纳总结,类型之下呈现事物整体相似性,而类型中的典型则顾及个体性,是一种类型中最具有象征性和代表性的。因此,本书在各类型电子支付业务中挑选最典型的电子支付产品或服务进行详细分析,逐一确立不同类型电子支付业务的规制重点,根据行为和主体差异配置及改善规制结构,明确相应的规制目标和规制路径,尝试建立电子支付整体规制框架。

二、文献梳理

与电子支付相关的概念包括"互联网支付""第三方支付"①"银行卡支付"等,这些领域的法律规制研究已经取得了较为丰富的成果,下文予以简要整理和评述,重点关注研究视角。

(一) 电子支付规制与电子商务规制的关系

由于电子支付是电子商务发展的基础之一,《电子商务法》(2019 年施行)第五十三条至五十七条专门针对电子支付进行了规定。部分学者亦将电子支付置于电子商务法律框架之下进行讨论。在总体性评论方面,刘颖教授认为,电子商务法下的电子支付规范与现行制度存在重叠和交叉,因为中国人民银行已经对银行电子支付与第三方电子支付分别制定了规章,而两者都面临验证客户支付指令、承担客户告知义务等共同问题,《电子商务法》仅规范服务于电子商务的电子支付,导致了电子支付立法统一性的丧失。② 沈岿教授认为,电子商务的实质是重新定义人们实现交易的方式方法,建构了因互联网而实现个体即时连接的社会结构,电子商务的发展对行政规制提出新的需求,而传统的行政法理论和制度体系需要进行积极变革,因为规范的滞后性容易导致监管困境,例如《电子支付指引(第一号)》的低效力性和适

---

① "第三方支付"的概念在学术界广泛使用,可以概括为具备一定实力和信誉保障的非银行机构,借助通信、计算机和信息安全技术,在用户与银行之间建立连接的电子支付模式,参见杨彪:《中国第三方支付有效监管研究》,厦门大学出版社 2013 年版,第 14—15 页。
② 刘颖:《我国电子商务法调整的社会关系范围》,载《中国法学》2018 年第 4 期。

用局限性导致其不能被有效贯彻和适用,无法有效解决支付中的诸多现实问题。①

对于电子支付在电子商务法之下的具体讨论,杨东教授就《电子商务法》中的电子支付立法精神与条文适用作出全面解读,认为电子支付立法目的是合理维护用户合法权益和保障支付安全、防范风险,涉及用户自主选择权、知情权、公平交易权、免费对账权、安全受保障权以及错误支付和未授权支付处理。② 杨立新教授分析了《电子商务法》规定的四种电子支付服务提供者的损害赔偿责任,即不符合支付安全管理要求损害赔偿责任、支付错误损害赔偿责任、未经授权支付损害赔偿责任和发现未经授权或者收到未经授权通知却未及时采取措施的损害赔偿责任,认为这些责任均是电子支付服务合同关系中发生的违约责任,同时符合侵权责任法关于侵权责任构成的要求,构成违约责任和侵权责任的竞合。③ 李建星教授专门针对《电子商务法》第五十七条第二款④进行了分析,认为该条款确立了"电子支付服务提供者承担非授权支付责任+证明责任"的基本规范,但存在粗疏与文义不清的问题,未能提供可资适用的教义学构造,也未明确电子支付服务提供者就何种事由应承担证明责任。⑤

笔者认同《电子商务法》的立法精神,认为电子支付规制的核心在于保障支付服务参与者,特别是支付服务接受者的合法权益,同时兼顾市场秩序价值,以期促进电子支付市场的健康发展。然而正如上述研究所指出的,电子支付规制与电子商务规范虽有关联,但《电子商务法》仅涉及电子支付规范的部分内容。电子支付的民商事法律关系可以作为电子商务合同部分纳入电子商务法的原则性私法规范,但是针对电子支付主体和行为规范,中国人民银行等机构另行制定了大量具体的行政监管规定,相关司法实践也非常丰富,因此本书的讨论不限于电子商务法下的电子支付规范。

---

① 沈岿、付宇程、刘权等:《电子商务监管导论》,法律出版社 2015 年版,第 10—21、69—70 页。
② 杨东、黄尹旭:《〈电子商务法〉电子支付立法精神与条文适用》,载《苏州大学学报(哲学社会科学版)》2019 年第 1 期。
③ 杨立新:《电子商务交易中电子支付服务损害赔偿责任及其规则》,载《中州学刊》2019 年第 2 期。
④ 《电子商务法》(2019 年施行)第五十七条第二款:未经授权的支付造成的损失,由电子支付服务提供者承担;电子支付服务提供者能够证明未经授权的支付是因用户的过错造成的,不承担责任。
⑤ 李建星:《互联网非授权支付的责任分担规则》,载《法律科学》2020 年第 4 期。

（二）国内其他相关研究：私法与公法的讨论维度

除上述电子商务法框架下的讨论之外，国内电子支付规制的其他相关研究主要涉及两大讨论维度：第一，私法层面主要讨论电子支付法律关系及其法律适用，分析电子支付在合同法、侵权责任法、消费者权益保护法①、票据法等方面的法律适用问题；第二，公法层面采取行政法、金融法、经济法、刑法等学科视角，讨论电子支付的市场准入、行为监管、货币管理、不正当竞争、刑事责任等问题。

在私法研究中，合同法方面的代表性文章讨论了电子支付四方主体——付款人、收款人、付款机构和托收机构——构成支付委托、托收委托、资金结算等关系，呼吁应建立统一的规范框架。② 采取侵权法视角的研究重点分析电子支付服务机构的信息安全保障义务和资金安全保障义务以及相应的法律责任。③ 关注金融消费者权益保护的学者认为，电子商务时代的网络支付在金融消费者权益保护方面存在着法律适用的困境和相关制度的缺失，应完善金融消费者资金安全权、知情权和个人信息权的保障。④ 票据法研究针对实务案例，分析电子支付密码系统、交付、票据流通性等基础法律问题。⑤

在公法研究中，有论者认为电子支付机构的核心义务是建立客户身份和完善身份识别方式，电子支付创新路径主要在于支付工具创新、支付受理方式创新和资金结算模式创新，电子支付的规制与支付创新具有互动关系，支付创新既为监管带来新的挑战，也在推动监管的发展。⑥ 金融监管方面的研究主要讨论电子支付服务的监管主体、市场准入、市场监管和行为规范等。⑦ 货币秩序管理方面的研究基于货币供给和需求理论、中央银行理论和存款货

---

① 消费者权益保护法下的讨论涉及公私法交叉的问题，此部分的梳理重点关注私法部分，即作为消费者的电子支付服务接受者应享有哪些私法上的权利和义务。对于消费者权益保护的公法讨论主要涉及对电子支付服务提供者的行政监管。

② 李建星、施越：《电子支付中的四方关系及其规范架构》，载《浙江社会科学》2017 年第 11 期。

③ 马新彦、戴嘉宜：《第三方电子支付中的责任归属问题研究》，载《东北师大学报（哲学社会科学版）》2014 年第 3 期；李晗：《大数据时代网上银行的安全保障义务研究》，载《当代法学》2016 年第 4 期。

④ 任超：《网上支付金融消费者权益保护制度的完善》，载《法学》2015 年第 5 期。

⑤ 曾大鹏：《支付密码、单纯交付与票据流通性的法教义学分析——以"2013 年度上海金融商事案例 7"为重点的评释》，载《华东政法大学学报》2015 年第 6 期。

⑥ 张奎：《电子支付的一般业务模型与创新监管分析》，载《上海金融》2014 年第 7 期。

⑦ 万志尧：《对第三方支付平台的行政监管与刑法审视》，载《华东政法大学学报》2014 年第 5 期；钟志勇：《电子支付服务监管法律问题研究》，中国政法大学出版社 2018 年版；唐旭：《第三方电子支付平台法律监管制度的完善》，载《重庆社会科学》2019 年第 8 期。

币银行理论,对电子支付发展可能给中央银行货币政策制定及实施带来的影响进行分析,认为主流电子支付所使用的电子货币基本属于传统通货的替代品,尚不构成对中央银行货币发行权的实质威胁。① 经济法反垄断研究主要讨论第三方支付市场上存在的竞争问题和双边市场的垄断问题,认为应进一步开放支付清算市场,促进多元化发展。② 刑法学者也分析了电子支付创新发展带来的犯罪问题及法律适用方面的挑战。③

部分专著将私法与公法问题合并讨论,综合分析电子支付工具的创新发展对民法、金融法、货币法律制度、票据法和刑法等的挑战。④ 此外,部分博士论文也在"第三方支付"概念体系之下进行了讨论。例如,《第三方支付法律制度比较研究》介绍美国、欧盟、日本、澳大利亚、新加坡等国家和地区对第三方支付在市场准入、客户资金管理、消费者权益保护以及打击洗钱犯罪等方面的法律规范,再对国内相关法律规范进行反思和分析;⑤《第三方互联网支付经济法规制研究》侧重分析对第三方支付的经济法规制,即从市场准入、反垄断、客户资金保护、反洗钱、防止信用卡套现、消费者权益保护等方面指出我国现行法律规范存在的不足,并提出改进建议。⑥

(三) 国外相关研究:是否建立新的规制框架

国外电子支付法律规制研究也可大致划分为私法与公法的研究,但其讨论重心与国内有所不同,更加关注为了应对电子支付产品与服务创新带来的法律挑战,应建立新的规制框架还是依赖传统法律的解释而将之纳入既有规制框架。欧盟与美国分别建立了不同的规制模式,具有代表性:欧盟创设了"电子货币"概念,针对支付业务创新专门建立了电子货币与支付服务监管框架;美国则通过既有法律规范的适度调整容纳支付创新。学术研究因此也存在分野,下文重点讨论欧盟与美国的电子支付规制相关研究。

欧盟在 20 世纪 90 年代初即注意到电子支付工具在一定范围内替代了

---

① 蒋少华:《电子支付发展对央行货币政策的影响研究》,经济科学出版社 2013 年版。
② 杨利华:《第三方支付行业竞争的反垄断法规制》,载《法商研究》2019 年第 6 期。
③ 秦新承:《电子支付方式下诈骗罪的非纯正数额犯趋势》,载《政治与法律》2012 年第 2 期;黄攀:《电子支付犯罪相关问题研究》,载《湖北警官学院学报》2016 年第 5 期;邹建华、张建伟等:《利用电子支付账户实施盗骗行为如何适用法律》,载《人民检察》2018 年第 2 期。
④ 王蜀黔:《电子支付法律问题研究》,武汉大学出版社 2005 年版;钟志勇:《网上支付中的法律问题研究》,北京大学出版社 2009 年版;李莉莎:《第三方电子支付法律问题研究》,法律出版社 2014 年版。
⑤ 李俊平:《第三方支付法律制度比较研究》,湖南师范大学博士论文,2012 年。
⑥ 马永保:《第三方互联网支付经济法规制研究》,安徽大学博士论文,2014 年。

现金的使用。欧盟支付系统工作小组在 1993 年开始着手研究"电子货币",①欧洲议会在 2000 年通过了《电子货币机构设立、经营和审慎监管指令》,②开始构建专门针对支付创新的法律规制体系。鉴于欧盟通过立法创设"电子货币"概念,③陆续发布了多项电子货币指令与支付服务指令,学术研究亦遵循立法创新,评析"电子货币"立法。④ 有论者认为欧盟的监管过于严格,因为电子支付工具的广泛使用不会引发信用危机,电子支付并未转换信用,仅转换了信用承载方式——将现金、银行存款等转换为以电子形式储存。⑤ 也有学者认为,尽管技术发展日新月异,支付服务存在敏感性和独特性,但是统一的欧盟电子支付立法有助于保护消费者权益,进一步推动欧盟支付市场的一体化发展。⑥

美国著名支付法学者罗纳德·曼(Ronald J. Mann)认为,通过既有监管规则的适度调整可以容纳网络支付等业务的创新,例如直接将电子支付纳入美国各州货币转移法和联邦电子资金划拨法等。⑦ 美国的立法实际上采取了此种思路,并未如欧盟一样另行设立电子货币监管框架,而是对联邦和各州既有的法律进行修订或者重新解释。相应地,较早的学术研究专门讨论电子现金(智能卡)等支付业务创新带来的法律及实践问题,分析信息技术发展产生的电子支付交易和网络支付系统在合同法、支付法之下出现了何种新问题,应如何予以政策和法律回应。⑧ 在具体研究方面,有论文专门从消费者权益保护视角展开电子支付规制讨论,⑨也有研究从私法视角切入,讨论

---

①　Working Group on EU Payment Systems, Report to the Council of the European Monetary Institute on Prepaid Cards, May 1994.

②　Directive 2000/46/EC of the European Parliament and of the Council of 18 September 2000 on the Taking Up, Pursuit of and Prudential Supervision of the Business of Electronic Money Institutions. 该指令后续被修订为 Directive 2009/110/EC, https://eur-lex. europa. eu/homepage. html,2022 年 7 月 18 日最后访问。

③　针对包括电子货币在内的货币概念及法律应对研究,可参见 Simon Gleeson, The Legal Concept of Money, Oxford University Press, 2018。

④　Marc Vereecken, Electronic Money: EU Legislative Framework, European Business Law Review, Vol. 11, 2000.

⑤　Rolf H. Weber, The European E-Money Directive: Background, Problems and Prospects, Yearbook of International Financial and Economic Law, Vol. 5, 2001.

⑥　Despina Mavromati, The Law of Payment Services in the EU: The EC Directive on Payment Services in the Internal Market, Kluwer Law International, 2008.

⑦　Ronald J. Mann, Regulating Internet Payment Intermediaries, Texas Law Review, Vol. 82, 2004.

⑧　Olivier Hance and Suzan Dionne Balz, The New Virtual Money: Law and Practice, Kluwer Law International, 1999.

⑨　Eric S. Marlin and Casey P. Olinger ed., Consumer Protection in an Age of Technological Transformation, Nova Science Publishers, 2010.

在美国《统一商法典》之下,电子支付的主体权利、责任属性、错误支付等问题。[1] 还有论者讨论不同地区的电子支付系统面临的法律挑战,主张针对移动支付等业务创新,应特别注重公民隐私和信息保护。[2] 新近研究也基于司法案例分析电子支付的定价结构问题,认为对于电子支付平台这类特殊的双边市场,首要规制目标应是保护消费者权益而非打击平台垄断。[3]

国内外既有电子支付规制研究在具体问题的讨论上为后续研究奠定了基础。特别地,既有研究对现行规制框架和措施进行了有针对性的分析,提出了相应的规制建议,对本书的研究具有启发意义。然而,既有研究仍需作进一步推进:第一,研究体系有待完善。目前研究尚未完全跳脱概念化思维,欠缺对不同类型电子支付业务的系统性研究,应构建统一解释框架回应技术创新带来的新问题。第二,研究视角有待拓展。既有研究偏重监管制度本身的讨论,针对司法裁判及司法治理的研究相对较少,司法研究与监管研究也存在割裂,缺乏互动分析,还应综合运用案例分析、比较法研究等方法进一步考察比较国内外制度构建背景与规制逻辑,为我国的规制结构配置提供借鉴。第三,研究思路有待改进。目前的研究基本沿用主体规制思路,而尚未对行为规制进行详细讨论,应对电子支付业务进行类型化区分,对同类业务采取同类规制,并在同一类型业务之下针对典型支付工具和业务的核心问题展开分析。

三、结构及意义

(一) 研究对象的界定

本书讨论的电子支付的内涵是单位、个人直接或授权他人通过电子终端发出支付指令,实现货币支付与资金转移的行为;[4]外延是直接涉及支付服务接受者(消费者)的电子支付业务,包括商业银行和非银行支付机构提供的电子支付产品和服务,例如银行卡、商业预付卡、网络支付、信用支付等,不包括纸质支付,也不包括主要应用于商事交易的电子票据。消费者通常是指

---

[1] Douglas J. Whaley and Stephen M. McJohn, Problems and Materials on Payment Law, Wolters Kluwer, 10th edition, 2016.

[2] Phoebus Athanassiou, Digital Innovation in Financial Services: Legal Challenges and Regulatory Policy Issues, Kluwer Law International, 2016. Edward A. Morse ed., Electronic Payment Systems: Law and Emerging Technologies, American Bar Association, 2019.

[3] Natasha Sarin, What's in Your Wallet (and What Should the Law Do About It?), University of Chicago Law Review, Vol. 87, No. 2, 2020.该文讨论的案例是 Ohio v. American Express, 138 S Ct. 2274 (2018)。

[4] 《电子支付指引(第一号)》(中国人民银行公告〔2005〕第 23 号)第二条。

购买商品或服务用于个人或家庭消费而非经营或销售的自然人,[①]电子支付中的消费者同时也是付款人、支付服务接受者。之所以将研究对象限于与消费者相关的电子支付业务,源于此体系下的规制逻辑较为统一,适宜作整体讨论。[②]消费者权益保护这一规制目标具有基础性,它几乎贯穿于所有的电子支付规制中,因此宜将其作为统一的价值导向予以讨论。当然,除了消费者权益保护,电子支付的规制目标还包括市场秩序维护和市场创新激励等,本研究将根据不同类型电子支付所产生的核心问题讨论规制目标的选择,例如网络支付带来了结算、清算市场秩序问题,条码支付的发展需要规制者回应如何鼓励市场创新等。

后文的讨论也将排除比特币等虚拟货币。比特币(bitcoin)是通过计算机开源算法产生的一套密码编码,可用来标识商品或服务价值,具有去中心化、存量有限、交易匿名等特征,也具有部分货币属性,无须与真实货币进行兑换即可承担支付功能,如被广泛认可,非常类似于货币。[③]比特币这类虚拟货币不同于通常的电子支付工具。欧盟将比特币与电子货币进行区别规制,[④]美国部分州对虚拟货币发行机构开展了有别于货币服务商的专门牌照监管,[⑤]我国监管机构亦明确认定比特币只是一种特定的虚拟商品,不是真正意义上的货币,也不是普遍受认可的支付工具。[⑥]虚拟货币问题具有特殊性,更适宜专门分析,因此本书将其与区块链支付等排除出目前的电子支付讨论范畴。

本研究关注的核心议题是,对于不同类型的电子支付交易产生的风险,法律如何规制。[⑦]技术发展以及交易结构优化推动了支付变革,现代支付以

[①]　关于消费者概念的界定,可参见王利明:《消费者的概念及消费者权益保护法的调整范围》,载《政治与法律》2002年第2期;廖凡:《金融消费者的概念和范围:一个比较法的视角》,载《环球法律评论》2012年第4期;王美舒:《类型思维下的金融消费者:从语词认识到裁判逻辑》,载《法律科学》2019年第2期。

[②]　尽管银行卡收单是一类重要的电子支付业务(受到《非金融机构支付服务管理办法》的规范),但是它主要涉及支付受理环节,可与不同支付产品或服务连接,更多地涉及特约商户和发卡行、收单机构之间的法律关系,本书不将其作为一个独立类别分析,仅在后文相关部分予以讨论。

[③]　贾丽平:《比特币的理论、实践与影响》,载《国际金融研究》2013年第12期。

[④]　European Central Bank, Virtual Currency Schemes, October 2012, https://www.ecb.europa.eu/pub/pdf/other/virtualcurrencyschemes201210en.pdf, visited on July 18, 2022.

[⑤]　张晓旭:《纽约州"比特币牌照"虚拟货币监管框架评述》,载《互联网金融与法律》2014年总第8期。

[⑥]　《中国人民银行、工业和信息化部、中国银行业监督管理委员会、中国证券监督管理委员会、中国保险监督管理委员会关于防范比特币风险的通知》(银发〔2013〕289号)。

[⑦]　鉴于本书讨论视角主要是消费者权益保护和市场秩序维护,后文对于货币管理问题不作重点分析。此外,刑法问题、国际法问题具有独立的体系,后文也仅在相关部分进行简要分析。

电子账户为核心,延展了支付在传统上的债务清偿功能,使得支付账户应用也具有了交易担保、融资信贷、投资理财等功能。然而从理论上看,支付工具创新的内在动力始终在于克服交易在时间上的不一致、空间上的隔离以及交易信息的有限性。为了从本质上把握支付技术创新带来的潜在风险,需要对电子支付进行分类讨论,锁定不同类型业务的规制重点,从而实现鼓励创新与防范风险的协调发展。

(二) 内容安排

本书主张以消费者权益保护为核心,兼顾其他规制目标,优化电子支付规制结构配置。主要的研究问题是:(1) 电子支付业务及其创新带来了何种风险?(2) 不同类型电子支付业务的规制目标和规制重点应当如何确立?(3) 如何从整体上优化电子支付规制结构以便实现效率与安全的平衡?

不同的支付交易结构、业务模式反映不同的法律关系,引发不同的风险,司法实践中的纠纷争议焦点也存在区别,因此法律规制重点有所差异。基于此逻辑,按照付款人完成货币价值转移的时间与其获得产品或服务对价的时间存在的偏离,可将电子支付分为预付(货币价值在获得产品或服务之前支付)、即付(实时支付)与延付(延迟支付)三种类型。在每一种类型之下,将选择具有代表性的支付工具和服务进行详细分析,关注该类支付业务的法律属性、交易风险、规制措施等,针对行政监管与司法裁判反映的核心问题,分析既有的规制措施是否足以应对新的变革,并讨论应然层面的规制结构配置。本书的整体研究以消费者权益保护为核心价值导向,兼顾市场秩序维护、市场创新激励等目标,期冀建立妥适的电子支付规制框架。

第一章解释电子支付规制结构配置的理论基础。规制理论提供了行政监管和司法治理这两项备选的规制路径。由于行政监管与司法治理各具优势与不足,需要根据电子支付法律关系梳理潜在的风险,再确立规制目标及规制重点,匹配合适的规制路径。规制路径选择理论沿革呈现从行政监管与司法治理相互替代到合作规制的过程,它区别于规制源起理论与公私法接轨理论,具有独特的意义。基于规制路径选择理论提供的分析框架,本书探索在不同的电子支付类型之下优化规制结构配置,分析如何设置规制目标、选择何种规制路径、何时建立合作规制,以期获得良好的社会治理效果。电子支付类型化分析的主要依据是支付时间,即货币价值转移与付款人获得基础法律关系中标的物之间的时间偏差。在不同类型电子支付业务中,支付服务提供者与支付服务接受者之间成立不同的法律关系,也承受不同的风险,因此宜根据业务类型配置规制结构。

第二章分析预付类电子支付业务的法律规制。预付类支付业务的特点是消费者"先付款,后消费",即消费者作为电子支付服务接受者将货币资金事先交付给经营者或电子支付服务提供者,再在日后用于所购商品或服务的支付。由于消费者已经预先付款,在此之后他们能否获得产品或服务或者资金返还,存在不确定性。也正鉴于预付类业务中的经营者或支付服务机构可以事先取得资金,实践中发展出多样化的预付工具,典型代表包括预付费用凭证、预付账户网络支付和预付押金模式创新。基于预付类支付业务的交易结构安排,消费者天然地处于信息劣势地位,承受着较大的资金风险,因此行政监管与司法裁判应建立合作规制,侧重于保障消费者资金安全及其他权益。对于此类业务下不同模式发展所产生的特殊问题,例如网络支付结算和清算秩序问题以及预付押金的独特问题,需要专门讨论。预付类支付业务的规制在所有电子支付业务规制中占据重中之重的地位,因此相关的讨论最为丰富。

第三章分析即付类电子支付业务的法律规制。在即时支付交易中,消费者在获得商品或服务的同时进行支付,可以实现"一手交钱、一手交货",支付服务提供者无须提供垫付或信贷服务,各方信息较为对称。电子支付服务者提供的支付的功能在于帮助作为付款人的消费者当即清偿债务。典型即付业务类型是商业银行借记卡的发行与受理以及非银行支付机构的条码支付。由于在即付业务中,消费者委托电子支付服务提供者按照其支付指令付款,使得消费者可以即时了结债务,因此其不易因支付服务提供者或经营者自身信用问题产生资金损失。但是,消费者可能因为技术风险遭受银行卡或支付账户盗用损失,这也是即付类业务的规制重点。另外,对于技术创新带来的其他市场秩序问题,也需要规制回应。

第四章分析延付类电子支付业务的法律规制。延迟支付类交易的特点是消费者在获得商品或服务对价之后再付款,属于"先消费,后付款",支付具有了融资信贷功能,因此延付交易也是信用交易。与预付类业务相反,消费者作为付款人在延付交易中处于信息优势地位,已在付款前获得了商品或服务,而经营者或支付服务提供者并不知晓消费者是否有能力在后续清偿。因此,延付类交易的法律规制重点不是控制消费者资金损失风险,反而是消费者信用风险;同时,鉴于消费者与经营者或支付服务提供者的不对等地位,还需注重保障消费者的其他权益,规范高利贷、滥用信息、非法催收账款等不法行为。延付交易的典型业务是商业银行信用卡和非银行机构提供的消费信用产品和服务。

最后结论部分将总结全文,并按照电子支付业务类型配置规制结构,为规制者提供一个整体性的实践操作框架,指出不同支付类型交易结构带来的主要风险,确立相应的核心规制目标,选择恰当的规制路径,并匹配规制措施,以期改善电子支付碎片化规制形态,促进有效治理的达成。

(三) 可能的贡献

电子支付的创新与变革虽然可能带来法律关系的改变,但整体上应采取"功能规制为主、主体规制为辅"的策略,类型化区分支付业务之后,对同类业务进行同类规制,特殊问题进行特殊规制,明确电子支付服务提供者与相关主体的责任和边界,优化规制结构配置。具体而言,本书的核心观点是:鉴于电子支付涵盖业务庞杂,规制者面临持续的支付创新变革挑战,为克服目前电子支付规制的弊端,应厘清规制逻辑——按照支付业务法律关系及其风险进行规制,特别关注风险外溢性的支付活动;明确核心目标——力求达到鼓励创新与维护安全的平衡;树立价值导向——以消费者权益保障为重点,同时兼顾市场秩序的维护;配置规制路径——协调行政监管与司法治理。此项研究并非建议设计专门的电子支付法,因为单独立法存在时间、程序等诸多限制,相比于单独立法,更重要的是从理论上澄清电子支付分类规制的必要性,并针对各类支付业务的核心问题,解读和检视既有规制策略,调和行政监管与司法治理的抵牾,包容未来的支付创新,解决因无法及时应对技术革新所带来的规制滞后问题,最终在促进市场发展和保障支付安全之间寻求平衡。

在理论层面,本书将对规制理论在我国法律语境下的具体化适用展开分析,将特别关注独特性问题的处理。对于规制路径,一般认为行政监管主要在事前确立规制标准,并通过命令——控制手段进行行政执法而实施管制,而司法裁判主要是通过法院的事后法律责任分配对风险行为予以定价,从而产生威慑和激励。[1] 然而,此项研究认为规制理论将讨论前提设定为监管与司法分属于事前、事后治理,存在视角局限性。在我国,司法治理路径不仅体现为个案裁判,还包括最高人民法院、最高人民检察院通过发布司法解释、司法文件等方式建立统一的裁判规范。司法机关的此类规则治理也可能体现为

---

[1]　宋亚辉:《社会性规制的路径选择:行政规制、司法控制抑或合作规制》,法律出版社 2017 年版,第 2 页。

事前的规制,只是司法机关不具有行政机关的命令—控制手段,因此需要对规制理论的应用作出符合我国国情需要的分析。

本书其他的贡献在于:一方面,相比于已有研究,本书提出面对日新月异的电子支付变革,应跳出概念化研究而在类型化分析基础上优化规制结构配置,按照支付在交易时间、信息完备性上的差异,对不同形态的交易安排进行系统分析,从而推进电子支付研究谱系的完善;另一方面,本书以消费者权益保护作为统一的价值导向,并根据具体支付类型确立规制重点,将非银行支付与银行支付均纳入研究范围,拓展了讨论视角,有利于推进具体制度的纵深研究。此外,期冀本书能够具有一定的应用价值。针对目前我国电子支付碎片化规制现状,本研究将评析法律制度利弊及专项整治效果,为监管机构优化支付创新规制提供改进思路,并针对不同支付交易纠纷案件进行实证研究,为司法机关裁判说理提供分析依据。

第一章 电子支付规制结构配置的理论基础

本书的理论视角是如何配置电子支付的规制结构以实现有效治理。规制结构配置的核心是在备选的规制路径——行政监管和司法治理这两项之中选择合适的路径,以应对不同类型电子支付产品和服务所产生的风险。规制理论建立了行政监管和司法治理的分析框架,适宜应用于电子支付规制讨论。由于行政监管与司法治理各具优势与不足,需要根据电子支付法律关系梳理潜在的风险,从而确立规制目标及规制重点,再匹配合适的规制路径。

第一节 规制理论提供的路径选择

由于立法天然的滞后性、原则性和不完整性——立法程序烦琐、费时耗力、无法及时针对社会新现象予以回应,规制路径的备选方案主要是行政监管和司法治理,即选择由行政机构或司法机关来细化规制标准并予以实施。① 有学者总结,行政监管路径主要是指行政机关通过扩大其公共职能进行公法制度改革以应对新的公共风险,政府在成本—收益分析基础之上,根据社会收益最大化原则或事故成本最小化原则决定是否禁止或限制风险行为,并实施相应决定;司法治理路径主要是由司法机关通过调整法律责任的威慑程度和激励机制以应对公共风险,法院运用事后责任对风险行为进行惩处,让市场主体根据自身成本—收益分析,自行决定是否实施风险行为并承担相应的责任。② 规制路径选择理论③沿革呈现从行政监管与司法治理相互替代到合作规制的过程,并与其他理论相区别,具有独特的意义。

---

① 除行政监管与司法治理这两项规制路径之外,不具有法律约束力的社会规范与软法治理也受到学界关注并在实践中得到应用,鉴于此问题的独立性,本书暂不予讨论。
② 宋亚辉:《社会性规制的路径选择:行政规制、司法控制抑或合作规制》,法律出版社 2017 年版,第 2—6 页。
③ 规制理论中存在较多分支,讨论视角各有不同,本书以"规制路径选择理论"概括那些将行政监管与司法治理作为规制路径进行选择的讨论,后文将比较其与规制源起理论的差别。

一、规制理论框架下的行政监管与司法治理

(一) 规制路径选择理论发展历程

尽管大陆法系国家的研究中也涉及规制路径分析,例如日本学者植草益区分私人与公共机构规制,[①]但美国理论界的研究更为丰富,也具有代表性意义。下文主要梳理美国规制路径选择理论发展脉络,并分析在其影响下的我国学者的讨论视角。

纵观美国规制理论演进历程,可以发现规制路径的选择顺应了社会发展需要,呈现从司法与监管替代治理走向合作治理的脉络。20 世纪 30 年代,凯恩斯主义经济学为政府干预市场提供理论基础,突出表现为"罗斯福新政"和"权利革命"。[②] 到了 20 世纪六七十年代,随着国家干预引发的经济滞胀等问题,对行政干预的反思研究日益增长,而司法裁判作为一种替代性规制路径受到重视,科斯(Ronald H. Coase)的追随者在法律经济学分析中普遍倡导司法系统而非行政机构更应成为规制者。[③] 例如,贝克(Gary S. Becker)、施蒂格勒(George J. Stigler)从法律执行视角分析私人诉讼和司法裁判的优势。[④] 随着风险社会的来临,学者逐渐注意到司法规制的局限性,特别是认识到司法规制对严重违法行为威慑不足,因此更多的研究主张将行政监管与司法治理的合作规制纳入分析框架。

萨维尔(Steven Shavell)的研究最具基础性和影响力,[⑤]他建立了基准模型比较司法裁判与行政监管的优劣,认为法院与行政机关在规制时间和过程

---

① 〔日〕植草益:《微观规制经济学》,朱绍文、胡欣欣等译校,中国发展出版社 1992 年版,第 1 页。

② John Maynard Keynes, The General Theory of Employment, Interest and Money, Macmillan, 1936.

③ 科斯本人并未在其代表作《社会成本问题》(Ronald H. Coase, The Problem of Social Cost, Journal of Law and Economics, Vol. 3, 1960)中明确比较不同规制路径的优劣,但他对政府规制质疑,认为当产权界定清晰而且交易成本为零时,市场参与者可以通过谈判而非政府干预实现资源的有效配置("科斯定理")。但科斯也认为,对于特定合同的规制,行政监管对经济效率的提升相比于司法裁判可能更具优势, Ronald H. Coase, The Firm, the Market, and the Law, University of Chicago Press, 1988, pp. 117-118.

④ Gary S. Becker, Crime and Punishment: An Economic Approach, Journal of Political Economy, Vol. 76, 1968. George J. Stigler, The Optimum Enforcement of Laws, Journal of Political Economy, Vol. 78, 1970. Gary S. Becker and George J. Stigler, Law Enforcement, Malfeasance, and the Compensation of Enforcers, Journal of Legal Studies, Vol. 3, 1974.

⑤ Steven Shavell, Liability for Harm versus Regulation of Safety, Journal of Legal Studies, Vol. 13, 1984. Steven Shavell, A Model of the Optimal Use of Liability and Safety Regulation, RAND Journal of Economics, Vol. 15, 1984. Steven Shavell, The Optimal Structure of Law Enforcement, Journal of Law and Economics, Vol. 36, 1993.

方面具有差异,两者主要受到四项因素的影响:(1) 信息(information),即规制者对风险或违法行为的信息和知识获取情况;(2) 威慑程度(deterrence),即不同规制对违法行为人的威慑情况和制裁可能性;(3) 责任承担能力(judgment proof problem),即不同规制下违法行为人的赔偿能力;(4) 管理成本(administrative cost),即规制者实施规制的管理运行成本。根据这四项因素,司法裁判的劣势主要在于两个方面:第一是存在激励不足的问题,法院只能在诉讼被提起时进行裁判,如果原告提起诉讼的激励不足,被告的违法行为将无法得到追究,因此可能导致更多的潜在违法行为;第二是执行不力,当被告责任财产不足时,司法裁判将无法得到完全执行,因此不能有效降低潜在违法行为。而行政监管也存在两方面的不足:第一是信息成本较高,行政监管主要表现为在事前制定统一的规制标准,行政机构需要承担信息搜集成本以便制定具体的规则;第二是执法成本也较高,行政机构需要主动监督规则的实施情况,因此所需执法成本高昂。司法裁判的劣势通常是行政监管的优势,反之亦然。萨维尔主张对于一般的风险(例如民事侵权)的控制,司法裁判路径优于行政监管,因为法院在信息获取方面具有优势,而且其管理成本更低;而对于具有强负外部性的严重风险行为(例如化学品爆炸)的控制,司法裁判应与行政监管进行合作规制。

在专门针对金融市场的分析中,格莱瑟(Edward Glaeser)等对转型国家的证券市场发展的实证研究表明,相比于消极被动的法院,行政机构更容易受到激励而对市场失灵予以监管。[①] 皮斯托(Katharina Pistor)和许成钢也研究了金融市场规制结构的配置方案。[②] 他们提出不完备法律理论,认为萨维尔的分析框架主要适用于理想状态下的最优规制配置,而法律具有不完备性,无法清晰规范所有将来可能发生的事项,因此需要分析那些解释、适用和变通法律的权力——"剩余立法权"如何在司法机关和行政机构之间进行次优配置。由于法院是被动执法者,法官仅在诉讼被提起时才能适用法律,由其作为唯一的规制者难以实现法律的威慑功能。相比之下,行政机构是主动执法者,在一定条件下具有优势。皮斯托和许成钢以英国、美国和德国金融市场(主要是证券市场)的规制发展为例,主要分析了两项影响规制路径分配的因素:违法行为的可标准化程度(能否识别出违法行为及其损害)、预期

---

① Edward Glaeser, Simon Johnson, and Andrei Shleifer, Coase versus the Coasians, Quarterly Journal of Economics, Vol. 116, Issue 3, 2001.

② Katharina Pistor and Chenggang Xu, Incomplete Law, New York University Journal of International Law and Politics, Vol. 35, No. 4, 2003.

损害程度(负外部性)。① 他们的结论是,对于金融市场而言,法律不完备程度较高,违法行为可被标准化,其产生的损害也较大,如果仅由司法机关进行事后的个案干预,会产生执法水平低下的问题;行政监管却具有事前制定统一规范的便利性,监管机构可积极主动采取措施而非被动等待,可以有效提高规制水平。

此外,很多研究从规制时间的差异——行政监管主要为事前规制,司法裁判为事后责任追究——分析规制路径选择的条件限制。② 由于特定条件下规制路径选择存在困难,斯蒂芬森(Matthew C. Stephenson)认为其是一项"政策彩票难题":应由行政机构还是司法机关来解释、执行法律存在不确定性。③ 鉴于司法裁判与行政监管各具优劣并且互补,伴随着社会风险的扩大,学术界逐渐发展出司法治理与行政监管的合作规制理论——如果存在严重负外部性,司法机关与行政机构应进行合作,从而弥补各自缺陷,以便对违法行为产生足够的威慑。④ 正如波斯纳(Richard A. Posner)指出,在市场失灵时,需要在私人诉讼的普通法体系(司法裁判)和行政监管体系之间进行选择,而这种选择需要在不同的环境下,权衡两种体制的优劣之后作出。⑤ 也有学者认为,即便不基于两种路径的互补优势,在违法行为人的财富状况存在差异时亦应建立合作规制,从而产生社会收益的最大化。⑥

我国学者将上述理论应用于反垄断等传统经济领域的研究,例如讨论反

---

① 其他因素包括法律的不完备程度、行政规制的成本、社会变化速度、事后立法的可接受程度等。

② Charles D. Kolstad, Thomas S. Ulen and Gary V. Johnson, Ex Post Liability for Harm vs. Ex Ante Safety Regulation: Substitutes or Complements? American Economic Review, Vol. 80, 1990. Robert Innes, Enforcement Costs, Optimal Sanctions, and the Choice Between Ex-Post Liability and Ex-ante Regulation, International Review of Law and Economics, Vol. 24, Issue 1, 2004. Brain Galle, In Praise of Ex Ante Regulation, Vanderbilt Law Review, Vol. 68, 2015. Kyle D. Logue, In Praise of (Some) Ex Post Regulation: A Response to Professor Galle, Vanderbilt Law Review En Banc, Vol. 69, 2016.

③ Matthew C. Stephenson, Legislative Allocation of Delegated Power: Uncertainty, Risk, and the Choice between Agencies and Courts, Harvard Law Review, Vol. 119, 2006.

④ Also see Paul Burrows, Combining Regulation and Legal Liability for the Control of External Costs, International Review of Law and Economics, Vol. 19, Issue 2, 1999. Gerrit De Geest and Giuseppe Dari-Mattiacci, Soft Regulators, Tough Judges, Supreme Court Economic Review, Vol. 15, 2007.

⑤ Richard A. Posner, The Choice between Regulation and Common Law, Chapter 13 of Economic Analysis of Law, Aspen Publishers, 7th edition, 2007. Richard A. Posner, Regulation (Agencies) versus Litigation (Courts): An Analytical Framework, in Daniel P. Kessler ed., Regulation vs. Litigation: Perspectives from Economics and Law, University of Chicago Press, 2011.

⑥ Patrick W. Schmitz, On the Joint Use of Liability and Safety Regulation, International Review of Law and Economics, Vol. 20, 2000.

垄断私人诉讼与反垄断行政执法遭遇的困境和发展。① 除此之外,也有学者专门针对金融市场进行分析,代表性作品包括黄韬教授的《公共政策法院:中国金融法制变迁的司法维度》②,刘春彦教授和黄运成教授的《不完备法律理论及对我国证券市场监管的启示》③等。不同领域的学者也从其学科视角对行政监管与司法裁判的规制选择及其关系予以分析。例如,宋华琳教授以技术性行政规范为例,分析行政监管所确立的标准与司法认定违约责任、侵权责任的关系;④邓纲教授讨论对于外部性问题,需要在侵权诉讼(司法治理)与政府干预之间作出选择;⑤张力教授指出经历命令—控制模式向激励模式转变的规制理论再次遇到市场失灵和规制失灵的难题,需要引进助推等柔性规制方式;⑥胡敏洁教授从宏观上分析规制理论是否足以解释社会政策;⑦宋亚辉教授对社会性规制路径进行了综合分析,建立了行政监管与司法治理的合作规制理论框架。⑧ 另有学者讨论了司法规制,其主要视角是司法对行政行为的控制⑨以及私法规范的法律适用⑩。

(二) 行政监管与司法治理的比较

规制路径选择理论的发展沿革表明行政监管与司法治理这两条规制路径均可用以控制风险,各具优劣。本书将注重理论的应用分析,讨论电子支付领域的规制结构如何配置。基于此理论框架,在考察应选择行政监管还是

① 刘水林:《反垄断诉讼的价值定位与制度建构》,载《法学研究》2010 年第 4 期;李剑:《反垄断私人诉讼困境与反垄断执法的管制化发展》,载《法学研究》2011 年第 5 期。
② 黄韬:《公共政策法院:中国金融法制变迁的司法维度》,法律出版社 2013 年版。
③ 刘春彦、黄运成:《不完备法律理论及对我国证券市场监管的启示》,载《河北法学》2006 年第 9 期。
④ 宋华琳:《论行政规则对司法的规范效应——以技术标准为中心的初步观察》,载《中国法学》2006 年第 6 期。此外,关于政府内部的协同治理,可参见宋华琳:《论政府规制中的合作治理》,载《政治与法律》2016 年第 8 期。
⑤ 邓纲:《侵权之诉还是政府干预——经济法与民法视野中的外部性矫正问题》,载《现代法学》2001 年第 1 期。
⑥ 张力:《迈向新规制:助推的兴起与行政法面临的双重挑战》,载《行政法学研究》2018 年第 3 期。
⑦ 胡敏洁:《规制理论是否足以解释社会政策?》,载《清华法学》2016 年第 3 期。大量研究也讨论了环境、劳动保障等社会性问题的规制,本书重点关注经济类规制,因此不一一列举社会性规制的具体研究。
⑧ 宋亚辉:《社会性规制的路径选择:行政规制、司法控制抑或合作规制》,法律出版社 2017 年版。专门研究社会性规制的专著还可参见李月军:《社会规制:理论范式与中国经验》,中国社会科学出版社 2009 年版。
⑨ 例如,程琥:《运动式执法的司法规制与政府有效治理》,载《行政法学研究》2015 年第 1 期;杨军:《反垄断行政执行的司法规制途径》,载《法律适用》2018 年第 15 期。
⑩ 例如,张友连:《格式条款司法规制的逻辑分析——以〈最高人民法院公报〉案例为对象》,载《河北法学》2017 年第 3 期;胡安琪、李明发:《网络平台用户协议中格式条款司法规制之实证研究》,载《北方法学》2019 年第 1 期。

司法治理时,需要分析的主要条件可概括为:(1) 规制介入时间。选择事前规制还是事后责任追究,事前规制通常意味着行政机构制定统一的抽象规则,在违法行为发生之前即设立标准;而事后规制意味着司法机关在违法行为发生之后进行个案裁判。(2) 规制工具的选择。采取命令式(例如价格限定)或者激励式(例如信息披露)规制方法,具有不同的影响。(3) 规制信息的获取。行政机构或者司法机关能否获得足够信息以便制定合适的规制方案,关乎规制的成本与效果。(4) 规制对象的影响。主要考虑违法行为的负外部性是否存在,行政机构或司法机关的规制能否具备足够的威慑力。① 如何选择适当的规制路径,优化规制结构配置,需要根据这些条件进行综合考量,必要时可将行政监管与司法治理并行使用。

值得注意的是,既往理论中提出或改进规制理论分析框架,对规制结构进行配置时均预设了讨论基础:将前提设定为行政规制属于事前统一抽象监管,例如设置一定的市场准入门槛、技术标准等;而司法控制则运用事后个别具体诉讼,此种司法干预具有被动性、个案性、灵活性,法院仅在诉讼被提起时通过裁判进行规制。在此基础之上,我国的司法实践提供了一个新的视角——最高人民法院、最高人民检察院通过发布司法解释和司法文件在事前建立抽象的、统一的裁判规则,使得司法控制也具有一定的事前规制功能,类似于行政监管的事前规范。例如,最高人民法院发布《关于进一步加强金融审判工作的若干意见》(法发〔2017〕22 号)对地方各级人民法院的金融审判工作进行指导,提出了诸多具体规则。由此,司法的事前介入也成为影响规制路径选择的新因素。预设前提的改变使得我国语境下的规制路径选择在一定程度上突破了西方规制理论分析框架。如何确立司法治理这一规制路径的定位,其对规制结构产生何种影响,均值得进一步讨论。

在将司法抽象规制纳入约束条件之后,表 1-1 展示了行政监管与司法治理这两种规制路径之间的差异。尽管统一的司法裁判规则也具有普遍适用性,但法院的裁判主要约束进入司法程序的当事人,而行政监管的对象包括所有从事相关行为的市场主体;法院通过拟定司法解释和司法文件制定统一的裁判规则,并在个案审理中适用法律及司法裁判规则,行政监管则主要通过调查、监督、处罚等执法手段来执行法律。整体而言,行政机构的规范以命令—控制方式为主,能够起到预防风险的作用,威慑效果更强;而司法治理主

---

① 有学者总结得更为详细,包括信息获取成本、技术性问题的应对能力、机会主义倾向、政策判断能力、规制介入时间、权力配置、程序启动障碍、被规制者对策行为等,参见宋亚辉:《社会性规制的路径选择:行政规制、司法控制抑或合作规制》,法律出版社 2017 年版,第 154—155 页。

要通过确立当事人权利义务关系、分配最终的责任来施加规制,可将有限的法律资源集中使用,针对性强,也更具灵活性。

表 1-1　行政监管与司法治理的比较

	行政监管	司法治理
机构	行政机构	司法机关
规制对象	任何从事相关行为的市场主体	进入司法程序的当事人
规制工具	拟定监管规则(部门规章、部门规范性文件等)	拟定裁判规则(司法解释、司法文件等)
	行政执法	个案裁判
规制性质	公法规范制定与执行	法律规范的解释与适用
主要特点	命令—控制	责任分配
优势	事前统一规范,具有威慑效果	成本较低、个案灵活

在电子支付领域,较少有研究以规制路径选择为视角进行分析,此前的电子支付规制研究侧重行政监管分析,对司法裁判这一规制路径的关注较少。本书关注司法裁判的规制路径并非分析司法审查,而是将进入法院的支付纠纷作为分析对象,观察司法实践的核心争议以及法院如何解决这些纠纷,判断法律适用的正确性和妥当性,研究如何通过司法激励机制和威慑功能的优化达到有效规制。既有电子支付规制分析并未关注如何选择行政监管与司法治理的路径,本书以规制理论为出发点,将规制结构配置框架应用于电子支付领域,但并非抽象地建构合作规制理论模型,而是更加侧重理论应用,探索在不同的电子支付类型之下配置规制结构,分析如何设置规制目标、选择何种规制路径、何时建立合作规制,从而达到良好的社会治理效果。

二、规制路径选择理论与其他理论的区别

(一) 与规制源起理论的区别

规制理论之下存在不同的学术分支,包括规制路径选择理论和规制源起理论等。前者讨论选择何种规制路径可实现有效的社会治理,后者侧重于解释为何会产生某项规制。规制源起理论强调从企业或行业(被监管者)与政府(监管者)的互动视角来研究规制的产生、过程以及效果,主要包括公共利

益理论和私人利益理论,①两者均从客观的外在的因素对规制发生原因进行解释。②

公共利益理论可上溯至经济学关于福利、市场纠偏等方面的讨论。③ 一般认为,不受监管的市场存在市场失灵,因此政府需要对这种市场失灵进行纠偏,可采取的措施包括限制准入、控制价格、设立安全标准、强制信息披露等,通过对市场主体的监管促成资源的有效分配并确保公共利益不受损害。④ 亚当斯(Charles Francis Adams)与布兰代斯(Louis D. Brandeis)等人发展了公共利益理论,使其具有广泛影响力。⑤ 主张政府基于公共利益建立规制的理论学说存在如下前提条件:第一,市场自行运转会出现无效率、不公平等情形;第二,政府出于善意,为了公众利益进行规制;第三,政府具有优于市场机制的信息和能力。基于这些前提,政府才设立准入限制,颁布价格要求和安全标准等措施,对市场进行规制。公共利益理论本身是后人总结的一个框架,但它的影响是深远的。即使布雷耶(Stephen Breyer)在《规制及其改革》中提出了新的规制分析框架,但其基础仍然是公共利益理论,因为所分析的规制目标与规制手段之间匹配的前提仍在于公共利益保护这一规制目标。⑥ 但是,与其说公共利益是一种规制解释理论,不如说是从应然(normative)层面对规制应当基于何种原因而发起进行的解释。⑦

与公共利益理论相对立,另外的观点不认同政府规制源于公共利益保护的理论假设,而认为政府规制兴起的原因在于保护私人利益。此种私人利益理论是一项松散的概括,泛指与公共利益理论相对立的讨论,它从实然

---

① See e. g. Barry M. Mitnick, The Political Economy of Regulation: Creating, Designing, and Removing Regulatory Forms, Columbia University Press, 1980. Robert Baldwin, Martin Cave, and Martin Lodge, Understanding Regulation: Theory, Strategy and Practice (Chapter 4 Explaining Regulation), Oxford University Press, 2nd edition, 2012.

② 还存在一些理论从主观的内在的因素,即从理念、意识形态、规制机构本身这些角度来解释规制的源起。See Robert Baldwin, Martin Cave, and Martin Lodge, Understanding Regulation: Theory, Strategy and Practice, Oxford University Press, 2nd edition, 2012, pp. 49-65.

③ Arthur Pigou, The Economics of Welfare, Macmillan, 1920. Francis M. Bator, The Anatomy of Market Failure, Quarterly Journal of Economics, Vol. 72, 1958.

④ See e. g. Michael Hantke-Domas, The Public Interest Theory of Regulation: Non-Existence or Misinterpretation? European Journal of Law and Economics, Vol. 15, 2003. Mike Feintuck, Regulatory Rationales Beyond the Economic: In Search of the Public Interest, in Robert Baldwin, Martin Cave and Martin Lodge ed. , The Oxford Handbook of Regulation, Oxford University Press, 2010.

⑤ Thomas K. McCraw, Prophets of Regulation: Charles Francis Adams, Louis D. Brandeis, James M. Landis, Alfred E. Kahn, Belknap Press, 1986.

⑥ 〔美〕史蒂芬·布雷耶:《规制及其改革》,李洪雷等译,北京大学出版社 2008 年版。

⑦ 有学者较早提出来公共利益理论是关于福利经济学的应然理论。See Paul L. Joskow and Roger C. Noll, Regulation in Theory and Practice: An Overview, in Gary Fromm ed. , Studies in Public Regulation, The MIT Press, 1981.

(positive)层面分析实际上规制是如何发生的,包含规制俘获理论①、公共选择理论②、寻租理论③、收费站理论④等。相关观点认为,即使市场机制出现失灵,政府未必出于善意的保护公共利益的目的进行规制,而且这种规制未必能达到社会效率最优,反而可能造成更为恶劣的后果。⑤ 其中,具有代表性的规制俘获理论认为,政府建立规制的政治过程受到被规制行业的"俘获"(captured),规制的发生源于行业的诉求,并最终服务于行业利益。⑥ 例如,政府的准入规制不但没有控制市场垄断,反而创造、维持甚至加剧了垄断,导致市场价格居高不下,最终非但没有保护反而损害了公共利益。

规制源起理论以运用法律手段进行社会治理这一过程为研究对象,回答为什么会产生规制、规制代表谁的利益以及如何评价规制的效果等问题。⑦ 关于规制如何发生的研究更侧重于对行政监管的原因分析,它虽分析了规制的产生、发展或衰落的过程与效果,但未关注司法裁判作为规制路径备选的可能性。本书以规制路径选择理论作为出发点,虽然也对既有规制予以评析,但关注点不在于探究规制产生的原因,而是讨论如何配置规制结构更为理想。然而规制源起理论中的公共利益理论从应然角度分析为何需要建立规制,这一构建仍具有重要意义,本书讨论规制路径选择仍基于此理论假设,即认为规制者应当基于公共利益选择合适的规制路径,从而达成有效的市场

① 关于规制俘获理论(Capture Theory)的综述,参见 Ernesto Dal Bó, Regulatory Capture: A Review, Oxford Review of Economic Policy, Vol. 22, 2006。

② 公共选择理论(Public Choice Theory)的核心观点是公共领域的行为与市场中的行为没有区别,两者均会最大化其自身偏好,政府规制也能被私人利益主导。See James Buchannan and Gordon Tullock, The Calculus of Consent: Logical Foundations of Constitutional Democracy, University of Michigan Press, 1962. Iain McLean, Public Choice: An Introduction, Wiley-Blackwell, 1991.

③ 寻租理论(Rent-seeking Theory)是指阻碍了竞争的规制有利于垄断者的利益,而且这种规制不会轻易被打破。See Gordon Tullock, The Welfare Cost of Tariffs, Monopoly and Theft, Western Economics Journal, Vol. 5, 1967. Robert D. Tollison, Rent Seeking: A Survey, Kyklos, Vol. 35, 1982.

④ 收费站理论(Tollbooth Theory)认为规制的建立主要是为了政治家和官员的利益,官员可收取规制准入费用以服务于政治选举或其他利益。See Hernando De Soto, The Other Path, Harper and Row, 1990. Andrei Shleifer and Robert W. Vishny, Corruption, Quarterly Journal of Economics, Vol. 108, 1993.

⑤ James Buchannan and Gordon Tullock, The Calculus of Consent: Logical Foundations of Constitutional Democracy, University of Michigan Press, 1962.

⑥ George J. Stigler, The Theory of Economic Regulation, Bell Journal of Economics and Management Science, Vol. 2, 1971. Sam Peltzman, Toward a More General Theory of Regulation, Journal of Law and Economics, Vol. 19, 1976. Gary S. Becker, A Theory of Competition among Pressure Groups for Political Influence, Quarterly Journal of Economics, Vol. 98, 1983.

⑦ 〔美〕G.J.施蒂格勒:《产业组织和政府管制》,潘振民译,上海人民出版社、上海三联书店1996年版,第2—3页。

治理。

(二) 与公私法接轨理论的区别

规制路径选择理论关乎行政监管与司法裁判关系的讨论,与讨论公法与私法关系的理论存在一定关联。行政监管对应公法规范的制定与执行,而司法裁判体现为私人诉讼,并涉及法律规范的适用。以法律调整对象为区分标准的公、私法划分可追溯至乌尔比安的古罗马法时期,近代日本学者美浓部达吉撰写的《公法与私法》系统讨论了公法与私法的区别与关联,以回应凯尔森等纯粹法学派的公法统领论。① 由于规制国家的兴起,②不同国家和地区对社会各领域实行普遍的规制,导致公法与私法的互动、交错和混合日益常态化,两者共同形塑社会治理格局。在此基础上,立法及理论均需要回答如何处理公法与私法关系的问题。③ 苏永钦教授倡导的"公私法接轨理论"影响广泛,主张应当在司法裁判中调和公法管制与私法自治的矛盾,妥善处理公法规范的私法效果。④

公私法接轨理论强调司法裁判的作用。在普通的民商事案件审理中,法官主要依据民商事私法进行裁判,这些私法承担重要的体制功能,它们不仅是"经济生活的'宪章'",而且也是"制衡国家权力、保障人民权利的重要工具"。⑤ 但是对于特定案件,法官还需要考量除民商事私法之外的监管规范是否以及如何产生私法效力。在决定公法如何影响私法的过程中,司法裁判尤其重要,因为"司法者站在公私法汇流的闸口,正要替代立法者去做决定:让公法规范以何种方式,以多大的流量,注入私法"⑥。公私法接轨理论认为,借由民法规范的一般规则,例如我国《民法典》第一百五十三条(原《合同法》第五十二条)、第一千一百六十五条(原《侵权责任法》第六条),可以实现

---

① 相关背景介绍,参见何勤华主编:《公法与私法的互动》,法律出版社 2012 年版,第 1—4 页。公私法理论的其他发展也可参见王继军:《公法与私法的现代诠释》,法律出版社 2008 年版。

② Giandomenico Majone, The Rise of the Regulatory State in Europe, West Europen Politics, Vol. 17, 1994. Michael Moran, Review Article: Understanding the Regulatory State, British Journal of Political Science, Vol. 32, 2002.

③ 域外法的讨论也涉及违反公法规范的合同效力以及侵权责任等问题。UK Law Commission, The Illegality Defence: A Consultative Report, Consultation Paper No. 189, 2009. Richard A. Buckley, Illegality and Public Policy, Sweet & Maxwell, 2017. 〔奥〕H. 考茨欧主编:《侵权法的统一:违法性》,张家勇译,法律出版社 2009 年版。

④ 苏永钦:《走入新世纪的私法自治》,中国政法大学出版社 2002 年版;苏永钦:《私法自治中的经济理性》,中国人民大学出版社 2004 年版;苏永钦:《民事立法与公私法的接轨》,北京大学出版社 2005 年版。

⑤ 余能斌主编:《民法典专题研究》,武汉大学出版社 2004 年版,第 17 页。

⑥ 苏永钦:《走入新世纪的私法自治》,中国政法大学出版社 2002 年版,第 331 页。

对法律行为效力和法律责任的影响,因为它们具有引致规范、解释规则和概括条款的功能。① 在此意义上,裁判者通过私法中的一般性规则这一通道,将公法纳入私人诉讼中,而私法也成为辅助公法管制的工具。

公私法接轨相关研究主要是将理论应用于部门法,分析法律、行政法规中的强制性规范对私人自治的影响,主张从规范目的和语词结构等方面建立公法强制性规范的识别与解释机制。② 例如,在合同法方面,分析强制性公法规范对合同效力认定的影响;③在侵权法方面,分析公法规范对侵权责任构成要件认定的影响;④在商法方面,区分强制性规范与任意性规范,从而判断是否属于公司自治范畴;⑤在金融法方面,将违反金融监管规则的情形作为个例讨论公法与私法的关系。⑥

公私法接轨理论的一个主要视角是分析司法裁判如何处理公法规范的私法效果,例如行政监管规范对法律行为效力和法律责任的影响,其中司法承担调和国家管制和私人自治抵牾的重要功能。公私法接轨理论与规制理论均讨论行政监管与司法裁判的关系,但讨论的维度存在差别:前一理论主要分析行政监管与司法裁判的交互关系,特别是裁判者如何在私人诉讼中认定行政监管规范的法律后果;后一理论则将行政监管和司法裁判视为平行关系,将这两者作为规制路径备选方案进行比较,分析在何种条件下适用哪一项路径更能实现规制目标。当然,公私法接轨理论所展现的公私法相互支援、互为工具的立场,与规制理论中的行政监管与司法裁判开展合作规制具有目标一致性。此外,区别于公私法接轨理论的微观视角,规制理论侧重于

---

① 苏永钦:《私法自治中的经济理性》,中国人民大学出版社 2004 年版,第 41 页。

② 整体性的研究,可参见钟瑞栋:《民法中的强制性规范:公法与私法"接轨"的规范配置问题》,法律出版社 2009 年版。

③ 此部分研究较多,可参考谢鸿飞:《论法律行为生效的"适法规范"——公法对法律行为效力的影响及其限度》,载《中国社会科学》2007 年第 6 期;耿林:《强制规范与合同效力——以合同法第 52 条第 5 项为中心》,中国民主法制出版社 2009 年版;黄忠:《违法合同效力论》,法律出版社 2010 年版;刘凯湘、夏小雄:《论违反强制性规范的合同效力——历史考察与原因分析》,载《中国法学》2011 年第 1 期;朱庆育:《〈合同法〉第 52 条第 5 项评注》,载《法学家》2016 年第 3 期;姚明斌:《"效力性"强制规范裁判之考察与检讨——以〈合同法解释二〉第 14 条的实务进展为中心》,载《中外法学》2016 年第 5 期。

④ 例如,宋华琳:《论政府规制与侵权法的交错——以药品规制为例证》,载《比较法研究》2008 年第 2 期;解亘:《论管制规范在侵权行为法上的意义》,载《中国法学》2009 年第 2 期;朱虎:《规制法与侵权法》,中国人民大学出版社 2018 年版。

⑤ 代表性作品包括罗培新:《公司法强制性与任意性边界之厘定:一个法理分析框架》,载《中国法学》2007 年第 4 期;贺少锋:《公司自治与国家强制的对立与融合——司法裁判角度的解读》,载《河北法学》2007 年第 6 期;蒋建湘:《商法强制性规范的类型、性质与边界》,载《法学杂志》2012 年第 7 期;张强:《商法强制性规范研究》,法律出版社 2014 年版。

⑥ 例如,黄忠:《企业间借贷合同无效论之检讨》,载《清华法学》2013 年第 4 期;王灏:《论违反融资融券交易规则的侵权责任——以规范目的论为视角》,载《现代法学》2019 年第 4 期。

讨论如何配置规制结构,采取何种规制路径——行政监管抑或司法裁判——更有利于实现社会效益最大化,因此规制理论的视角更为宏观。本书的核心理论基础是规制理论,但在分析具体问题时也将运用公私法接轨理论,例如讨论违反监管规范的私人合同的效力问题等。

目前我国的电子支付规制框架以行政(金融)监管为主导,以司法裁判为辅助,行政执法及处罚是主要规制手段。司法裁判的关注点与监管可能有所差异,既有的"行政主导、司法辅助"基本框架是否具备合理性,应予以审视。本书认为规制路径的选择取决于所规制对象,应根据不同电子支付类型进行区别分析。整体而言,对于存在严重负外部性的支付业务,应实现行政监管与司法裁判的合作规制,而对于其他支付业务,应明确核心问题,再据此配置合适的规制路径。

第二节　类型化视角下的规制目标设定

一、电子支付业务类型化依据

类型化分析是一种重要的分析方法,可视为功能主义的具体化发展。类型化思维在诸多法学学科中得到应用,例如有学者指出:"在社会迅速变革时代,一味追求法的安定性恐将难以适应法学方法论的思维转变,而类型化思维更为开放、更具包容力"[1];"类型思维是中心明确、外延不加固定的相对包容性思维,比较适用于巨变时代社会中不断发展变化的各种情况"[2];而且,"类型化分析是对抽象概念思维的补足,可为法律发展提供正当性说明"[3]。总之,类型化思维可以克服传统抽象思维难以顾及个别正义的弊端,在抽象与具体之间找到一种平衡,[4]因此本书将类型化思维贯穿于电子支付规制研究。鉴于根据不同的类型化标准可以作出不同的分类,下文首先整理和评述常见的与市场实践发展高度关联的分类标准,再解析本书的类型化依据选择。

(一) 常见分类依据

1. 按照电子支付服务提供机构是否为商业银行分类

根据支付服务提供主体的差异对支付予以类型化分析是较为常见的方法。此种分类是为了区分商业银行等金融机构的电子支付与非银行机构的

---

①　马荣春:《刑法类型化思维的概念与边界》,载《政治与法律》2014年第1期。

②　刘士国:《类型化与民法解释》,载《法学研究》2006年第6期。

③　张志坡:《法律适用:类型让概念更有力量》,载《政法论丛》2015年第4期。

④　王志勤:《行政诉讼类型与类型化之辩》,载《前沿》2007年第9期。

电子支付,一般认为应当就两者的共同问题制定统一的规则,就两者的特殊问题制定特殊的规则。① 学界也提出,对于电子银行业务,应专门分析其可能产生的操作风险、法律风险等;②对于非银行机构的第三方支付业务,应关注技术风险的应对及消费者权益保护等方面。③ 在实践中,有的地区以业务类型为标准界定电子支付所涵盖的范围,但更关注非银行支付机构,例如我国台湾地区在"电子支付机构管理条例草案"中将第三方支付业者修改为电子支付机构,学理研究也据此分类。④ 鉴于按主体分类的标准非常清晰,国外论者也分别针对电子银行业务与非银行支付业务进行讨论,前者的研究主要涉及合同法、消费者保护法、电子签名法等的讨论,⑤后者针对网络支付和移动支付分析法律规制以及如何对既有制度进行改革。⑥

2. 按照支付业务和支付技术分类

由于在制度规范上,我国《非金融机构支付服务管理办法》(中国人民银行令〔2010〕第 2 号)界定了非金融支付业务类型包括网络支付、预付卡的发行与受理、银行卡收单等,并根据支付技术再进行划分,例如将网络支付再划分为互联网支付、移动电话支付、固定电话支付、数字电视支付等,⑦因此这种类型化方法在国内学术研究中得到了较为广泛的适用。有的研究针对非银行支付业务具体类型进行分析,例如预付卡研究⑧、移动支付研究⑨、条码

① 刘颖:《我国电子商务法调整的社会关系范围》,载《中国法学》2018 年第 4 期。
② 刘颖:《电子银行风险法律问题研究》,法律出版社 2016 年版。
③ 例如,巴曙松、杨彪:《第三方支付国际监管研究及借鉴》,载《财政研究》2012 年第 4 期;李莉莎:《第三方电子支付法律问题研究》,法律出版社 2014 年版;唐琼琼:《第三方支付中的消费者权益保护问题研究》,载《河北法学》2015 年第 4 期。
④ 王文宇:《他山之石——中国台湾地区"电子支付机构管理条例草案"评析》,载许多奇主编:《互联网金融法律评论(2015 年第 1 辑)》,法律出版社 2015 年版;谢孟珊:《台湾地区电子支付管理"法制"概说》,载彭冰主编:《法律与新金融(2016 年第 1 辑)》,法律出版社 2018 年版。我国台湾地区的"电子支付机构管理条例"于 2015 年 5 月实施。
⑤ Norbert Horn ed., Legal Issues in Electronic Banking, Kluwer Law International, 2002.
⑥ Kevin V. Tu, Regulating the New Cashless World, Alabama Law Review, Vol. 65, 2013. Lawrence J. Trautman, E-Commerce, Cyber, and Electronic Payment System Risks: Lessons from PayPal, UC Davis Business Law Journal, Vol. 16, Issue 2, 2016. Adam J. Levitin, Pandora's Digital Box: The Promise and Perils of Digital Wallets, University of Pennsylvania Law Review, Vol. 166, No. 2, 2018.
⑦ 《非金融机构支付服务管理办法》第二条第二款规定:本办法所称网络支付,是指依托公共网络或专用网络在收付款人之间转移货币资金的行为,包括货币汇兑、互联网支付、移动电话支付、固定电话支付、数字电视支付等。
⑧ 例如,刘迎霜:《商业预付卡的法律规制研究》,载《法商研究》2012 年第 2 期;马太广、范励:《论商业预付卡的本质属性与法律规制》,载《东方法学》2013 年第 2 期。
⑨ 例如,刘越:《移动支付:支付宝服务协议与消费者权益保护》,载《北京航空航天大学学报(社会科学版)》2015 年第 6 期;刘宪权、李舒俊:《网络移动支付环境下信用卡诈骗罪定性研究》,载《现代法学》2017 年第 6 期。

支付研究①,以及电子票据创新法律适用研究②。部分研究不区分银行、非银行机构,而是对不同机构发起的同一业务进行分析,讨论付款人、收款人、付款机构、托收机构之间的权利义务关系。③ 国外经典教科书也主要根据支付工具和服务的类型进行分类讨论,区分预付卡、借记卡、信用卡、网络支付、虚拟货币等。④ 最新的研究对电子支付系统和电子支付工具的分类较为宽松,按照是否为创新支付方式,将电子支付分为传统支付与新兴支付,前者包括银行支付和非银行支付中的货币转移,后者主要是移动支付、虚拟货币、区块链支付等。⑤ 个别研究专门针对某一类支付业务或支付技术展开深入分析,例如由于肯尼亚移动支付发展的独特性,学者从普惠金融视角讨论支付创新带来的政策和法律问题。⑥

3. 按照是否为跨境支付分类

以支付服务空间范围为依据,可将电子支付划分为境内支付和跨境支付。有研究基于电子支付机构跨境电子商务外汇支付业务试点和支付业务创新的背景,讨论跨境电子支付的外资准入、外汇经营限制、清算监管等特殊问题。⑦ 此外,跨境电子支付的讨论还涉及国际法问题的分析,例如"美国诉中国影响电子支付服务的某些措施案"(WT/DS413/R)关乎中国银联是否为中国唯一的电子支付服务提供者,中国是否违反加入世界贸易组织的金融服务开放承诺义务。⑧ 国外较早即根据支付服务空间范围进行分类,并对跨境支付作出专门研究。例如对北美地区早期小额跨境支付的研究表明,跨境电

---

① 例如,黎四奇:《二维码扫码支付法律问题解构》,载《中国法学》2018 年第 3 期。
② 例如,任永青:《电子票据法律制度探析——以电子商业汇票为例》,载《上海金融》2014 年第 5 期;刘满达:《论电子票据适用票据法的可行性》,载《法学》2017 年第 6 期。
③ 李建星、施越:《电子支付中的四方关系及其规范架构》,载《浙江社会科学》2017 年第 11 期。
④ Ronald J. Mann, Payment Systems and Other Financial Transactions: Cases, Materials, and Problems, Wolters Kluwer, 6th edition, 2016.
⑤ Edward A. Morse ed. , Electronic Payment Systems: Law and Emerging Technologies, American Bar Association, 2019.
⑥ Joy Malala, Law and Regulation of Mobile Payment Systems: Issues Arising "Post" Financial Inclusion in Kenya, Routledge, 2018.
⑦ 郑彧:《自贸区背景下跨境电子支付的若干法律问题》,载《学术月刊》2014 年第 5 期;杨松、郭金良:《第三方支付机构跨境电子支付服务监管的法律问题》,载《法学》2015 年第 3 期;杨东:《Libra:数字货币型跨境支付清算模式与治理》,载《东方法学》2019 年第 6 期。
⑧ 彭岳:《例外与原则之间:金融服务中的审慎措施争议》,载《法商研究》2011 年第 3 期;杨国华:《"中国电子支付服务案"详解》,载《世界贸易组织动态与研究》2013 年第 2 期;张乃根:《电子支付案中 GATS 减让表的条约解释》,载《上海对外经贸大学学报》2014 年第 1 期;李晓玲:《WTO 成员减让表之服务部门的解释方法——基于中国电子支付服务案的研究》,载《国际经贸探索》2015 年第 2 期。

子支付相较于支票具有明显的便利性。① 欧盟资本市场统一化进程也促进
了跨境电子支付的发展,因此有研究在欧盟货币制度和支付系统框架下讨论
跨境支付的电子技术创新与政策应对。② 也有研究根据立法动态分析跨境
电子支付在反洗钱等要求下面临的法律挑战。③ 新近的电子商务教科书
对电子支付工具进行介绍后,也专门讨论跨境电子支付的技术和监管
问题。④

(二) 本书类型化分析的主要依据:支付时间

区别于支付空间范畴的分类依据,对电子支付类型化分析还可以考虑支
付时间差异。此种分类标准也得到一些论者的支持。曾任中国人民银行支
付结算司司长的欧阳卫民先生以交付货币时间与获得产品或服务的时间差
为标准,将支付分为预付、实时支付和延迟支付。⑤ 预付方式是买方先付款
后获得所需产品或服务,实时支付是一手交钱、一手交货,延迟支付则是先到
货后付款。选择何种支付方式受到交易双方所处地位的影响,而不同支付方
式又对交易双方带来不同的风险。刘燕教授也以此标准划分支付类型,认为
使用信用卡进行交易的消费金融活动是买卖合同与信贷合同的结合,体现为
信用授予下标的物交付与付款义务在时间上的割裂,授信者面临着在消费信
用交易之下迟延收款的风险。⑥ 还有研究对面向个人消费者的信用赊购消
费金融业务予以分析,讨论企业提供的"先消费,后付款"支付服务属于商品
服务出售者提供的信用("商人信用")或银行等金融机构提供的信用("银行
信用")。⑦ 国外研究也在部分支付工具的讨论中体现此种分类思维。例如,

① Jeffrey C. Marquardt, Bruce J. Summers, and Kirstin E. Wells, Efficiency and Risk in Small-Value, Cross-Border Payments: The North American Case, in George M. von Furstenberg ed., Regulation and Supervision of Financial Institutions in the NAFTA Countries and Beyond, Springer, 1997.
② Theo Peeters, Cross-Border Payment Systems and the European Monetary Union, in Tharakan P. K. M. and Van Den Bulcke D. eds., International Trade, Foreign Direct Investment and the Economic Environment, Palgrave Macmillan, 1998.
③ Stephen R. Heifetz and Clare D. Bracewell, Developments in Connection with Cross-Border Electronic Funds Transmittals, Journal of Payment Systems Law, Vol. 1, Issue 2, 2005.
④ Efraim Turban, Judy Whiteside, David King, and Jon Outland, Electronic Commerce Payment Systems and Order Fulfillment, in Efraim Turban, Judy Whiteside, David King and Jon Outland, Introduction to Electronic Commerce and Social Commerce, Springer, 4th edition, 2017.
⑤ 欧阳卫民:《支付与金融》,中国金融出版社 2011 年版,第 9—10 页。
⑥ 刘燕主编:《消费金融的法律结构分析》,经济日报出版社 2007 年版,第 1—3 页。
⑦ 孙天驰:《灰色白条》,载彭冰主编:《法律与新金融(2016 年第 2 辑)》,法律出版社 2018 年版。

预付卡相关分析侧重讨论消费者权益保护问题,①但是银行借记卡、信用卡的相关研究,重点则在于分析非授权支付纠纷和信用风险等问题。②

不同的类型化方法均具有合理之处,根据支付时间的分类对于本书的研究具有重要启发意义。此种类型化方法将支付法律关系(支付合同)与基础法律关系(买卖合同等)予以整体分析,并认识到两者关联对于法律结构及其风险的影响。此种类型化分析的本质是按照货币价值转移与付款人获得基础法律关系中的标的物之间的时间偏差或割裂予以分类。当付款人先支付后获得标的物时,付款人占据劣势地位而承担收款人无法兑付标的物的风险;当付款人先获得标的物后支付时,收款人占据劣势地位而承担付款人无法支付款项的风险;当付款人与收款人同时履行各自义务时,双方地位相对平等,因此所承担的风险也相对均衡。在 2021 年 1 月,中国人民银行发布《非银行支付机构条例(征求意见稿)》,实际上也体现了本书所采取的分类依据。该条例征求意见稿按照业务实质重新确立了支付业务分类方式——按照资金和信息维度,根据是否开立账户提供预付价值、是否具备存款类机构特征,将支付业务重新划分为储值账户运营业务和支付交易处理业务两类。③ 值得注意的是,由于延迟支付的业务本质在于信用贷款,需要专门的法律规制,因此该条例征求意见稿未对其进行规定。

此外,区分商业银行与非银行支付机构的支付服务,在特定情境下具有合理性。支付是商业银行主营业务(存款和贷款)的自然衍生,商业银行本身受到非常严格的监管,这些监管措施可以部分地涵盖支付安全保障,因此无须特别规制。例如,储户将资金存放于商业银行,这部分资金性质为存款,而客户将资金存放于非银行支付机构,这部分资金性质为备付金。对于非银行支付机构的客户备付金,法律规范要求全额存管于中央银行或符合要求的商业银行,以防止支付机构挪用此笔资金,并明确规定这部分资金所有权在于客户。但对于商业银行储户存款,法律规范未要求另行存管于中央银行,

① Jean J. Luyat, A Tale of Regulation in the European Union and Japan: Does Characterizing the Business of Stored-Value Cards As a Financial Activity Impact Its Development? Pacific Rim Law & Policy Journal, Vol. 18, No. 3, 2009. Naomi Claxton, Progress, Privacy and Preemption: A Study of the Regulatory History of Stored-value Cards in the United States and the European Union, Arizona Journal of International & Comparative Law, Vol. 28, 2011.

② Ronald J. Mann, Credit Cards and Debit Cards in the United States and Japan, Vanderbilt Law Review, Vol. 55, Issue 4, 2002. Ronald J. Mann, Charging Ahead: The Growth and Regulation of Payment Card Markets Around the World, Cambridge University Press, 2006. Richard A. Epstein and Thomas P. Brown, Cybersecurity in the Payment Card Industry, University of Chicago Law Review, Vol. 75, No. 1, 2008.

③ 详见《中国人民银行关于〈非银行支付机构条例(征求意见稿)〉公开征求意见的通知》,2021 年 1 月 20 日。

商业银行可以"合法挪用"此笔资金用于发放贷款,而且存款的所有权也不在于储户,而是基于"货币占有即所有"的原理归属于商业银行,储户仅对商业银行享有债权。之所以对商业银行和非银行支付机构吸收的客户资金作出区别规制,是由于法律规范已经对商业银行施加了全面的严格的监管,因此允许商业银行采取吸收存款用以发放贷款的业务模式,但对于未获监管的非银行支付机构则需额外建立客户资金安全保障制度。

支付是债权债务清偿手段,因此支付法律关系虽具有独立性,但通常与基础法律关系存在关联。基于电子支付业务的交易结构视角,按照付款时间与获得商品或服务的时间差异,分析当事人在不同类型支付业务之下所承受的风险,此种分类的法律意义最为显著,适宜作规制结构配置讨论。本书主要按照此种标准,将电子支付业务划分为预付、即付和延付,再在大类型之下根据支付服务提供主体、支付业务类型等标准予以细分,尝试构建整体性规制框架。

二、电子支付业务类型的法律关系与规制目标

不同类型的电子支付业务的交易构造存在差异,此种差异导致支付服务提供者与支付服务接受者之间成立不同的法律关系,也带来特殊的风险,因此应根据电子支付业务类型的法律关系及其风险确立应然的规制目标。在某一类电子支付业务类型之下,不同的支付产品或服务既存在共性问题也存在个性问题。考虑到我国对商业银行与非银行支付机构的分立规制安排,本书也在必要时区分支付服务提供主体进行讨论。下文选择的代表性支付业务主要源于既有法律规范以及实践中的关注重点。

(一) 预付类电子支付业务

在预付类电子支付业务中,作为服务接受者的消费者需要预先支付款项,再在之后获得所需产品或服务,其交易结构是消费者"先付款,后消费"。根据预付款项的性质和用途的差异,可将预付业务区分为预付费用和预付押金两大类别。前者是指预付款项用于消费,属于消费资金的预先支付和留存;后者是指预付款项用于债权保障,属于一种担保手段。在预付费用服务中,按照是否具有有形的物理载体这一标准,常见的预付类支付产品和服务主要包括预付卡和网络账户。预付卡内部装置磁条或芯片等数据信息载体,可用于不同范围(单用途或多用途)的支付;网络账户类似于虚拟钱包,可通过网络进行数据信息处理,无须实体卡片载体。在预付押金服务中,网络时代下的押金模式出现变革,将"一物一押"变为"一人一押",带来新的法律挑

战。预付类支付业务具有类似的交易结构,消费者预先支付的资金存在被挪用、占用或借用的风险,因此整体规制目标在于保障消费者资金安全,但该类型下的具体支付产品或服务的法律属性和法律关系不同,规制重点也存在差异。

1. 预付费用凭证相关业务

(1) 单用途预付卡的发行与受理

单用途预付卡是仅限于发卡机构及其集团体系内部流通使用的预付费用凭证。① 单用途预付卡法律关系主体仅涉及两方:一方是作为发卡机构的商户,另一方是作为持卡人的消费者,双方构成货物买卖或服务消费合同关系,单用途预付卡是约定的支付方式。

对于单用途预付卡的法律属性,理论上出现了"预约合同证明说""继续履行合同证明说""金融工具说""提货凭证说"等不同观点。"预约合同证明说"与"继续履行合同证明说"均是从预付卡与基础买卖合同关系视角分析预付卡的法律性质,前者认为预付卡证明了当事人约定(预约)将来订立货物买卖或服务等合同(本约),预付卡的购买和消费是两个阶段,购买阶段对应于预约,消费阶段对应于本约;②后者认为预付交易的性质决定了经营者不可能一次性履行完所有的义务,时间因素对于债的履行非常重要,当事人需要根据情况分次履行或分期履行,但所有的给付均基于同一个合同,因此预付卡成为继续履行合同的证明。③ 此外,还有论者认为预付式消费交易所涉及的"办卡"与"消费"环节分属于两项独立的法律关系。④ 前述观点各有所长,但更具讨论意义的是预付卡本身的法律属性,其对于识别单用途预付卡的潜在风险具有重要意义,也决定着规制目标和规制重点。单用途预付卡的法律属性认定存在两项争议:第一,预付卡是否为代币票券,即是否为金融工具;第二,预付卡是债权凭证(提货凭证)还是物权凭证。

单用途预付卡作为一个企业发行的可用作一定范围的支付手段,承担

① 在商务部制定的《单用途商业预付卡管理办法(试行)》(2016年)中,单用途预付卡被界定为"仅限于在本企业或本企业所属集团或同一品牌特许经营体系内兑付货物或服务的预付凭证"(第二条)。

② 李江华:《试论预付式会员卡消费的法律性质》,载《中国商界》2010年第12期。

③ 段宝玫:《预付式消费卡若干法律问题探析》,载《上海商学院学报》2010年第2期;胡家强、孙骥韬:《完善我国预付费交易法律规制的思考》,载《中国海洋大学学报(社会科学版)》2015年第3期。

④ 王叶刚:《论预付式消费交易的法律构造》,载《现代法学》2015年第3期。

"部门货币"的功能，①然而其本质不是代币票券。代币票券是单位或者个人发行，蕴含一定价值，能够代替人民币充当支付手段，在市场上进行流通的书面凭证。② 代币票券一般应具备以下几项要素：一是记载一定数量的金额；二是可以无限期使用或具有一定的使用期限，即在时间上具有一定的跨度；三是可在一定范围内使用和流通，购买不特定商品；四是不记名、不挂失。③代币票券的性质是广泛可接受的用以替代人民币支付一定范围内公共和私人债务的支付工具。单用途预付卡不是代币票券的原因在于：首先，预付卡的使用空间范围受到限制。单用途预付卡虽然可作为支付工具使用，但其流通使用范围受到极大限制，仅限于在发卡机构及其所属集团和同一品牌特许经营体系内兑换相应货物或服务，不具有一般等价物的普遍接受性。其次，预付卡的使用时间范围受到限制。单用途预付卡通常设有有效期限，因此无法像代币票券长期或无限次地在市场上进行自由流通。再次，预付卡的使用目的与监管规范指向不一致。即便对于不设有效期的预付卡，流通使用目的不涉及监管规范所指向的货币管理秩序问题，例如诱发通货膨胀导致宏观经济危机。单用途预付卡不能代替人民币在一定范围内充当流通手段或价值储藏手段，也不是法定计价单位，不属于货币管理法所规制的对象。

对于预付卡法律属性为物权凭证还是债权凭证的争议，本书认为可从预付卡所承担的功能进行界定。由于单用途预付卡作为预付费用凭证，主要由持卡人在后续提取货物或者获得服务时出具，是持卡人请求发卡人履行债权的一种凭证，因此"债权凭证说"④较为贴切。虽然单用途预付卡作为一个有形物，可以被所有者占有、使用、收益和处分，但它并不具有物权凭证功能，仅属于债权凭证，持卡人因其享有债权请求权。诸如海运提单之类的物权凭证

---

① 吴志攀：《金融多元化："部门货币"问题研究》，载《北大法律评论》编辑委员会编：《北大法律评论（2013年第2辑）》，北京大学出版社2013年版；戚莹：《我国部门货币及其发行的法律规制——兼评〈非金融机构支付服务管理办法〉》，载《西南政法大学学报》2012年第2期；赵忠奎：《"卡时代"下"部门货币"层次性监管之补正》，载北京大学金融法研究中心编：《金融法苑（2014年总第88辑）》，中国金融出版社2014年版。

② 基于货币管理目的，《中国人民银行法》（2003年修正）第二十条与《人民币管理条例》（2018年修正）第二十八条均规定，任何单位和个人不得印制、发售代币票券，以代替人民币在市场上流通。

③ 《中国人民银行关于对购物卡性质认定的函》（银办函〔2000〕519号）。

④ 在债权凭证概念下，还可根据预付消费合同内容将预付卡划分为储值型、提货型、服务型，参见赵云：《我国预付费消费合同法律规制探析——以消费者权益的法律保护为视角》，载《中国政法大学学报》2013年第2期。此外，提货（债权）凭证也被认为是商品证券或确权证券，即针对特定商品拥有提取请求权的证券形式（此处"证券"指民商法上的权利证明凭证），参见刘迎霜：《商业预付卡的法律规制研究》，载《法商研究》2012年第2期；马太广、范励：《论商业预付卡的本质属性与法律规制》，载《东方法学》2013年第2期。

可以代表货物本身,该货物为特定物或特定化的种类物,物权凭证的转移效力与货物的转移一致,而债权凭证是请求权行使的依据,不是货物本身的代表。预付卡的价值并不体现于卡片本身,而体现于卡片作为资金的载体。当预付卡的持卡人向发卡机构出示已经留存有资金的预付卡时,表明持卡人请求发卡机构提供相应的商品或服务,发卡人负有给付与预付卡内余额相当的货物或服务的义务,而且发卡人交付的商品或服务通常为种类物即可,无须特定化。如果预付卡发生转移,仅代表请求权的转移,不产生物的转移的效力,预付卡代表的债权请求权是依据发卡机构承诺的以约定商品或服务进行偿付的权利,因此在新的持卡人善意取得预付卡的情况下,发卡机构需要向新持卡人履行相应兑付义务。

单用途预付卡所涉法律关系较为简单,发卡机构与接受预付卡作为支付工具的商户是同一个法律主体,持卡人与发卡机构在缔结买卖合同或服务合同之前对支付结算作出了特殊的安排,即持卡人"先付款,后消费"。虽然单用途预付卡是支付工具,但不是代币票券,不构成法定货币的替代,仅属于债权凭证。因此,发行与受理单用途预付卡的风险不在于对货币管理制度带来冲击,而在于持卡人资金损失。持卡人与发卡机构处于信息不对称的合同地位,发卡机构预先取得了持卡人的资金,其在之后能否兑付约定的商品或服务存在疑问。

(2)多用途预付卡的发行与受理

多用途预付卡可以在发行机构之外用以购买商品或服务,因此涉及的法律关系比单用途预付卡更为复杂。多用途预付卡的发行与受理涉及的主体除发卡机构和持卡人外,还包括在发卡机构之外接受多用途预付卡支付的商户。持卡人与商户构成商品买卖或服务消费合同关系,发卡机构与持卡人构成支付代理合同关系,商户与发卡机构也构成支付代理合同关系。多用途预付卡使用范围较为广泛,相比于单用途预付卡更有可能形成对法定货币的替代,因此相关讨论集中于是否应将其纳入货币管理体系之中予以规制。关于多用途预付卡法律属性,出现了"电子货币"与"预付价值"的争论,前者以欧盟法的认定为代表,后者以美国法的认定为代表。我国的法律规范及理论学说也受到这两种认定的影响,在前期以支持多用途预付卡代表"电子货币"为主,后期转而认定为"预付价值",这两种不同的法律属性认定直接影响了多用途预付卡规制目标的确立。

多用途预付卡在欧盟被定义为"电子货币",其特征包括:(1)以电子化方式存储货币价值;(2)接收资金以完成支付交易;(3)被发行人之外的自然人或法人接受。① 电子货币在本质上是电子形式的支付工具,并非真实货币。电子货币的使用需要与真实货币发生转化。在 20 世纪 90 年代初,以电子形式出现的支付工具在一定范围内替代了现金的使用,这类电子货币现象立即引起了欧洲监管机构的注意。② 在 1993 年,欧盟就开始着手研究电子货币,主要涉及流通范围较广的多用途预付卡(multi-purpose prepaid cards)。研究认为,电子形式的预付卡替代了法币的流通,非银行机构出售多用途预付卡的行为属于发行电子货币,即接收资金交换支付价值并兑付客户未使用完的资金,类似于银行吸收存款,因此研究建议只有商业银行等信用机构才可以发行多用途预付卡。③ 欧洲中央银行在 1998 年出具针对电子货币的报告,也认为电子货币的发行应被界定为银行业务,电子货币机构应等同于商业银行接受严格的金融监管。④ 特别地,欧洲中央银行认为电子货币将影响货币政策的实施,电子货币会对现金流通形成替代,将改变货币存在形态和供给结构,导致公众对现金需求降低,因而中央银行资产负债表中的通货减少,影响中央银行作为法币发行者的地位;由于电子货币高流动性和低转化成本的特点,电子货币的发行将增强商业银行快速低成本获取资金的能力,所以也将带动商业银行在中央银行的超额准备金需求下降,从而影响中央银行实施货币政策的能力。

欧盟对电子货币的相关研究产生了广泛的影响,我国理论界也有部分研

---

① Directive 2009/110/EC of the European Parliament and of the Council of 16 September 2009 on the Taking Up, Pursuit and Prudential Supervision of the Business of Electronic Money Institutions Amending Directives 2005/60/EC and 2006/48/EC and Repealing Directive 2000/46/EC, https://eur-lex. europa. eu/homepage. html, last visited on July 18, 2022.

② Commission Proposal for European Parliament and Council Directives on the Taking Up, the Pursuit and the Prudential Supervision of the Business of Electronic Money Institutions, Explanatory Memorandum, 1998.

③ Working Group on EU Payment Systems, Report to the Council of the European Monetary Institute on Prepaid Cards, May 1994.

④ 主要理由是:(1)多用途预付卡发行机构发行电子货币需要事先接收消费者的资金,这种行为构成吸收存款,而吸收存款属于法定银行业务。(2)不受监管的非银行机构过度发行电子货币会引发流动性风险,因为它们可能将吸收的资金进行放贷或再投资,从而无法兑付消费者的赎回要求。如果电子货币代替了现金,那么任何电子货币发行机构的失败将导致消费者对电子货币系统甚至对其他传统支付系统丧失信心,从而引发"挤兑",进而影响整个支付市场的稳定。(3)由于信息不对称的存在,即消费者缺乏对电子支付技术的了解,应当对电子货币机构进行审慎监管从而为消费者提供特别保护。(4)以开放的计算机网络为基础的支付工具可能存在技术漏洞,容易受到不法分子的攻击从而发生未授权交易,或被利用参与洗钱、逃税等犯罪行为,而如果将这套系统纳入银行账户管理体系,安全性将大幅提高。European Central Bank, Report on Electronic Money, August 1998, pp. 14-25.

究与其观点保持一致。① 然而,欧盟对电子货币的影响评估实际上过于严重了。首先,电子货币一般出现在小额支付领域,其发行数量受到限制,还不足以对货币政策的稳定性产生影响。正如国际清算银行报告指出:尽管电子货币发展迅速,但对货币基础影响有限,而且各国中央银行在密切关注电子货币与真实货币的关系,电子货币在零售支付领域的创新对货币政策的影响是中性的或是非常小的。② 其次,电子支付工具的广泛使用不会引发信用危机,因为电子货币机构并没有转换信用,实际上它仅转换了信用承载方式——将现金、银行存款等转换为以电子形式储存,并与真实货币挂钩。③电子货币机构的真正风险来自这些机构将发行电子货币接收的资金用于高风险投资,因此确保消费者资金安全才是监管重心。更重要的是,中央银行作为商业银行支付结算对手方以及最后贷款人的地位没有改变,因此它所采取的货币政策仍会发挥重要作用。④ 最终,欧盟正式出台的《电子货币机构设立、经营和审慎监管指令》⑤大幅度放松了电子货币监管标准,更加侧重保障消费者资金安全。

与欧盟相区别,美国联邦储蓄银行的研究认为预付卡、礼物卡、电子钱包等电子支付工具所代表的货币价值不属于存款,而是一种"预付价值",这些发行机构不应被视为商业银行。⑥ 实际上,在反洗钱和消费者权益保护政策之外,美国联邦监管机构对待电子支付机构的态度并不积极。⑦ 美联储公开表示不对类似电子货币发行机构进行额外立法监管,其核心理由是多用途预付卡这类电子货币主要出现在小额零售领域,规模非常小;与其认为电子货

---

① 周光友:《电子货币与货币政策有效性研究》,上海人民出版社 2009 年版;尹龙:《电子货币对中央银行的影响》,载《金融研究》2000 年第 4 期;陈雨露、边卫红:《电子货币发展与中央银行面临的风险分析》,载《国际金融研究》2002 年第 1 期。相关综述可参见杨军:《电子货币对货币供给的作用与影响研究》,中国金融出版社 2011 年版,第 195—196 页。

② Bank for International Settlement, Innovations in Retail Payments, Report of the Working Group on Innovations in Retail Payments, 2012.

③ Rolf H. Weber, The European E-Money Directive: Background, Problems and Prospects, Yearbook of International Financial and Economic Law, Vol. 5, 2001, p. 305.

④ 在 1999 年,《国际金融杂志》(Journal of International Finance)发表了一组讨论电子货币对中央银行货币政策的影响,简短中文介绍可参见胡秋灵、张成虎:《有关电子货币的若干争论》,载《国际金融研究》2003 年第 12 期。

⑤ Directive 2000/46/EC of the European Parliament and of the Council of 18 September 2000 on the Taking Up, Pursuit of and Prudential Supervision of the Business of Electronic Money Institutions.

⑥ Loretta J. Mester, The Changing Nature of the Payments System: Should New Players Mean New Rules? Federal Reserve Bank of Philadelphia, Business Review, March/April 2000.

⑦ 其间一个重要的经济因素是,当时美国的支票使用量占比仍非常大,而预付卡等电子支付的使用并不普遍。参见当时美国财政部的报告:An Introduction to Electronic Money Issues, prepared for the United States Department of the Treasury Conference, Toward Electronic Money and Banking: The Role of Government, Washington, DC, September 19-20, 1996.

币与法定货币类似,不如认为它们只是电子支付工具,与借记卡、信用卡更为类似;预付卡等支付工具的发行使得政府的铸币税将被分流,但这仅是小额支付系统创新发展过程中不可避免的副作用;从历史经验看,市场的自律监管可以发挥作用,为了鼓励金融创新,监管者应该给予市场自由。①

鉴于上述认定,美国并未针对多用途预付卡建立单独的监管框架,而是将其纳入既有的货币服务机构监管体系,由各州银行或金融服务主管部门监管。早在电子支付工具出现之前,美国多数州已存在监管货币服务商的法律,主要规范纸质支票销售等业务。② 在预付卡出现之后,美国一些州开始修订或重新解释货币服务法,将新兴电子支付业务纳入原有法律框架之中。为促进州法的统一,2004 年颁布的《统一货币服务示范法》(Uniform Money Services Act)将多用途预付卡发行机构作为"货币转移机构""支付工具销售机构"进行监管。货币转移被界定为出售或发行支付工具、预付或储存价值(stored value),或者为了转移目的而接收货币或货币价值。相关的理论研究和立法讨论也按照预付卡使用范围这一标准区分封闭式(closed)预付卡和开放式(open)预付卡,讨论它们的功能、风险和监管对策。③ 其中,封闭式预付卡类似于欧盟与我国的单用途预付卡,开放式预付卡类似于多用途预付卡。由于单用途预付卡流通面窄,不发生机构之间的货币转移,其与多用途预付工具存在本质差别,因此美国特别关注多用途预付卡中的预付价值,尤其侧重反洗钱和消费者保护方面的治理。④

我国对多用途预付卡性质的认定经历了转变,体现欧盟和美国对我国法在不同阶段的直接或间接影响。在 20 世纪 90 年代预付卡、券刚刚出现于我国市场时,中国人民银行采取了类似于欧盟的立场,基于货币政策管理需求

① Remarks by Chairman Alan Greenspan: Regulation of Electronic Payment Systems, At the United States Treasury Conference on Electronic Money & Banking: The Role of Government, Washington DC, September 19, 1996, http://www. federalreserve. gov/boarddocs/speeches/1996/19960919. htm, last visited on July 18, 2022.

② 例如,美国印第安纳州的《货币转移商法》(Indiana Code 2015-28-8-4 Title 28, Article 8, Chapter 4 Money Transmitters)可以上溯至 1933 年;密西西比州的《货币转移法》(Mississippi Code Annotated, Title 75, Chapter 15, Mississippi Money Transmitters Act of 2010)在 1942 年最早的版本上多次修订而成。

③ 美国费城联储银行(Federal Reserve Bank of Philadelphia, https://www. philadelphiafed. org/)曾发布多项关于预付卡的研究报告和讨论文章。See Mark Furletti, Prepaid Cards: How Do They Function? How Are They Regulated? 2004. Stanley Sienkiewicz, Prepaid Cards: Vulnerable to Money Laundering? 2007. Philip Keitel, The Laws, Regulations, Guidelines, and Industry Practices That Protect Consumers Who Use Gift Cards, 2008. Philip Keitel, Federal Regulation of the Prepaid Card Industry: Costs, Benefits, and Changing Industry Dynamics, 2010.

④ 苏盼:《美国第三方支付州法监管制度述评及启示》,载洪艳蓉主编:《金融法苑(2016 年总第 92 辑)》,中国金融出版社 2016 年版。

严格取缔了部分购物卡、券的发行与流通。① 此外,由于欧盟较早建立了针对多用途预付卡的专门监管,我国监管机构也开始使用"电子货币"的概念。例如,2005 年《电子支付指引(第一号)》以及 2009 年《决定对从事支付清算业务的非金融机构进行登记的公告》等规范性文件中使用了"电子货币"的称谓。相应地,当时的监管重点是应对预付卡等电子支付工具创新给货币管理秩序带来的挑战,学术研究因此也围绕"电子货币"展开讨论。② 我国后期的法律制度建设转向类似于美国法下的"预付价值"认定,例如 2010 年的《非金融机构支付服务管理办法》界定多用途预付卡是以营利为目的发行的、在发行机构之外购买商品或服务的预付价值。③

学理上认为从一般预付式工具到代币工具是一个货币性渐增的连续区间,④而预付卡的货币性较弱,不足以成为代币工具,因此不应被严格监管。事实上,预付卡不是法定货币的替代,不具备法偿性,其支付能力来源于发卡机构的商业信用而非国家信用。发卡机构提供的支付、兑现、结算等服务,都由发卡机构自身的偿债能力决定。预付卡是适应市场发展的商业创新产物,代表的是持卡人对发卡企业享有的请求给付特定商品或服务的权利,而预付卡已经充值的金额则是预付价值的体现。由于持卡人事先支付了预付价值,存在资金损失风险,因此规制目标和重点应从货币秩序维护转向持卡人权益保护。

2. 预付账户网络支付

网络支付是指收款人或付款人通过计算机、移动终端等电子设备,依托

---

① 北京某商场使用印钞造币公司的印钞纸或证照特种纸印发商场购物券,并在票面上注明"100 元"金额字样,外观显示类似于纸钞,这也成为早期中国人民银行取缔商业企业发行购物券卡的原因之一。《王吉绯:现在是推动预付卡行业规范发展的最好时机》,载马晨明:《中国支付行业的黄金时代:支付企业创始人访谈笔记(上册)》,人民邮电出版社 2015年版,第 12 页。

② 例如,张庆麟:《电子货币的法律性质初探》,载《武汉大学学报(社会科学版)》2001 年第 5期;刘颖:《货币发展形态的法律分析——兼论电子货币对法律制度的影响》,载《中国法学》2002 年第 1 期;张红霞、侯向磊:《电子货币的界定及其应用中亟待解决的法律问题》,载《河北法学》2004 年第 7 期;李爱君、刘少军:《电子货币性质与发行条件的法律规制》,载《人民司法》2005 年第 11 期;张德芬:《电子货币交易的法律关系及法律规制》,载《法学》2006 年第 4 期;舒雄:《完善我国电子货币发行和清算法律规制的若干建议》,载《上海金融》2010 年第 5 期;徐冬根:《论法偿货币——兼论电子货币非法律意义上的货币》,载《江西社会科学》2013 年第 6 期。

③ 此外,在《中国人民银行关于建立支付机构监管报告制度的通知》(银发〔2012〕176 号)、《支付机构预付卡业务管理办法》(中国人民银行公告〔2012〕第 12 号)和《非银行支付机构网络支付业务管理办法》(中国人民银行公告〔2015〕第 43 号)中,也普遍使用"预付价值"的概念。

④ 任会来:《对预付式代币工具问题的理论认识与法律思考》,载《金融论坛》2008 年第 3 期。金融学的其他研究也可参见杨科:《基于中国经济现状的"准货币"分析——对我国消费市场购物券、储值卡等代币券现象的诠释》,载《金融研究》2006 年第 4 期。

公共网络信息系统远程发起支付指令,且付款人电子设备不与收款人特定专属设备交互,由支付机构为收付款人提供的货币资金转移服务。[①] 网络支付机构支付账户的余额所反映的本质也是客户的预付价值,类似于预付卡中的余额。

网络支付涉及的主体主要是非银行支付机构、付款人(通常为客户)和收款人(通常为商户)。就交易架构而言,网络支付与多用途预付卡具有类似之处,两者均属于第三方支付机构为客户和商户的基础交易提供支付服务。网络支付与多用途预付卡也存在差别:一方面,网络支付不需要实体卡之类的物理介质;另一方面,网络支付的适用范围大大拓展,借助电子账户安排,支付机构收取客户资金更为便利。网络支付机构在收款人和付款人之间作为中介提供货币资金转移服务,主要为电子商务等交易提供支付途径,形成委托代理关系。较为特别的是支付机构一方面代理付款人付款,另一方面又代理收款人收款,形成双方代理、同时代理。由于双方代理人往往难以兼顾两方被代理人的需求,因此双方代理极易产生利益冲突。然而,电子支付服务中的双方代理具有正当性,因为代理人所做的代理只是协助双方履行各自义务,在代理支付之前已经存在既定的债权债务关系,例如电子商务货物买卖或服务关系,代理人仅是对已成立权利义务关系进行交割,不具有利益冲突,因此并无不当之处。[②]

非银行支付机构仅作为中介保管、支付货币资金,其接收资金的目的在于进一步转移资金,而非发放贷款。因此,支付机构是资金代收代付的中介机构,为客户代为保管资金。网络支付预付账户交易结构的设计使得基础交易与货币转移之间存在时间差:客户需要预先将资金存入支付机构的支付账户,网络支付机构代为保管这部分资金,待客户需要支付时,向支付机构发起支付指令,支付机构再将资金转移给收款人。这部分由支付机构为办理客户委托的支付业务而实际收到的预收待付的货币资金,即为备付金。

对于备付金的性质,理论界存在一定的争议,主要可概括为"保管"和"托付"这两种主张。主流观点认为,备付金是保管合同的标的物。[③] 在这种法律定性下,非银行支付机构为客户保管资金,客户仍然享有所有权,可以随时申请使用或提取资金至银行卡,而支付机构负有妥善保管义务,须将客户

---

① 《非银行支付机构网络支付业务管理办法》(中国人民银行公告〔2015〕第 43 号)第二条。

② 〔日〕我妻荣:《新订民法总则》,于敏译,中国法制出版社 2008 年版,第 319 页。

③ 张春燕:《第三方支付平台沉淀资金及利息之法律权属初探——以支付宝为样本》,载《河北法学》2011 年第 3 期;闫海、刘闯:《论非金融机构互联网支付中客户备付金的性质、归属及监管》,载《西南金融》2013 年第 9 期;李莉莎:《第三方电子支付中备付金的法律风险辨析》,载《人民论坛》2013 年第 11 期。

资金寄托于存管银行,且不得挪用该资金。另有观点认为,备付金是无名合同的托付资金。① 在这种法律定性下,承诺人将财产交由第三人保管,待特定期限结束或在约定条件成就时,由该第三人将其保管之财产交给指定对象。我国的法律规范采纳了主流的保管合同理论,规定备付金由非银行支付机构保管,严格限制支付机构对客户备付金的使用途径,备付金仅可存放于专门的账户,②而且明确规定备付金是"为客户委托支付机构保管的、所有权归属于客户的预付价值"。③ 主流观点具有合理性。备付金可视为以电子记账方式表现的货币,由于货币是一般等价物,通常无法特定化,理论上普遍认可"占有即所有"的原则,其潜在含义是此货币与彼货币无法区分,所以适用该原则有利于降低交易成本。然而,对于货币可特定化的交易(例如保证金、资金托管),需要完成特定化而将货币资金独立保存并标记、识别,因此为了保护客户资金安全,法律规范明确规定客户备付金不属于支付机构的自有财产,其所有权在于客户,即在特定化基础上对支付这类营业外观为从事委托的业务予以专门界定。

网络支付中的预付账户类交易导致客户资金会在支付机构停留、沉淀一段时间,极易引发资金损失风险。因此,支付机构为办理客户委托的支付业务而实际收到的预收待付货币资金——备付金是否可以兑付,电子支付服务接受者权益能否得到保障,是法律规制需要解决的核心问题。

3. 预付押金

与预付费用类业务相区别,押金不用于基础交易的支付,而是为基础交易提供担保。随着共享经济的发展,押金账户及其商业模式的创新变革了传统押金的法律属性,将"一物一押"变为"一人一押",引发了广泛的关注。押金也被称为保证金、风险抵押金等,是指当事人双方约定,债务人或第三人向债权人给付一定的金额作为其履行债务的担保,债务履行时,返还押金;债务不履行时,债权人可就该款项优先受偿。④ 押金是公众在日常生活和商事实践中自发形成的交易惯例,我国法律上未明文规定押金的法律性质。⑤ 作为

① 于颖:《第三方支付之定性——试论托付法律关系》,载《法律适用》2012 年第 6 期。
② 《非银行支付机构客户备付金存管办法》(中国人民银行令〔2021〕第 1 号)第四条。
③ 《非银行支付机构网络支付业务管理办法》(中国人民银行公告〔2015〕第 43 号)第七条。
④ 汪传才:《押金初探》,载《政治与法律》1999 年第 2 期。
⑤ 《最高人民法院关于适用〈中华人民共和国担保法〉若干问题的解释》(法释〔2000〕44 号,已失效)第一百一十八条曾规定,当事人交付留置金、担保金、保证金、订约金、押金或者定金等,但没有约定定金性质的,当事人主张定金权利的,人民法院不予支持。此规定仅区分了押金与定金的法律后果,在后续颁布的《最高人民法院关于适用〈中华人民共和国民法典〉有关担保制度的解释》(法释〔2020〕28 号)也未专门针对押金作出明确规定,但第七十条保证金制度应可适用于押金。

一种担保工具,押金的设立目的在于确保债务的履行,加强和补充主债权效力,押金以主债权的成立为前提,随主债权的转移和消灭而转移和消灭。债的本质"不在于我们取得某物的所有权或者获得役权,而在于其他人必须给我们某物或者做或履行某事。"①既然债的履行依赖债务人,债权人要求债务人提供担保补强债务履行本身具有合理性,押金就是社会生活和商事交易中发展出来的重要的债务补强方式之一。

押金具有预付性质——债务人需要在履行合同之前预先支付一笔资金,承担债之担保的信用补强功能。债的担保具有从属性、补充性和保障债权切实实现性等特征。② 押金担保的典型应用场景是租赁,即所有权与使用权分离,押金之上产生的担保合同是租赁合同的从属合同,如果租赁关系终止,则担保关系也应终止。动产租赁中,押金担保的范围根据主合同债务人的义务内容确定,包括租金和其他费用等。在主、从合同关系存续期间,如果承租人欠缴租金,或者损坏租赁物,出租人作为债权人可以从押金中径行扣除相应金额予以抵充,而承租人则无继续填补已扣押金的义务。当主、从合同关系终止时,承租人返还租赁物,出租人返还押金。传统租赁主合同中承租人(债务人)的主要义务是给付金钱,给付方式可以存在多种安排,例如预付租金或者延付租金。从合同中押金作为债之担保,一般采取预付方式,即承租人先为给付金钱或者在租赁合同成立之时支付押金,押金的功能因此在于担保将来之债的履行。押金可以使当事人对特定数额的金钱有得失的可能,从而大大增加债务人在将来适当履行其债务的压力,提高债权实现的可能性。传统动产租赁押金模式中,一份资产对应一份押金,承租人按物支付押金,因此押金具有"一物一押"的特性。

传统动产租赁押金模式在共享经济发展背景下产生了巨大变革。共享经济是利用互联网等技术发展带来的闲置资源的共享,包括实物、服务、空间、时间、资金等资源的共享。③ 共享经济的发展引发了关于其利弊的广泛争论,包括交易成本是否得到降低、供需关系是否趋于合理、社会福利是否得到增进等。④ 互联网平台在共享经济中发挥着核心作用,它将拥有闲置资源的用户与存在短期使用需求的用户进行匹配,充分利用资源实现社会效益最

---

① 〔意〕桑德罗·斯奇巴尼选编:《民法大全选译·债·契约之债》,丁玫译,中国政法大学出版社 1992 年版,第 1 页。

② 崔建远:《"担保"辨——基于担保泛化弊端严重的思考》,载《政治与法律》2015 年第 12 期。

③ Stephen R. Miller, First Principles for Regulating the Sharing Economy, Harvard Journal on Legislation, Vol. 53, 2016, pp. 147-202.

④ Rachel Botsman and Roo Rogers, What's Mine Is Yours: How Collaborative Consumption Is Changing the Way We Live, HarperCollins, 2011. Tom Slee, What's Yours Is Mine: Against the Sharing Economy, OR Books, 2015.

大化。部分互联网平台创造了动产分时租赁押金模式,改变了传统租赁模式中承租人按物支付押金、单次支付、单次缔约、单次租赁的"一物一押"模式,而采取按人支付押金、单次支付、单次缔约、多次租赁,具备"一物数押""一人一押"的特点。

新型押金模式以互联网分时租赁自行车(共享单车)为代表。经营者借助互联网等技术可以随时随地提供持续性自行车租赁服务。用户(承租人、消费者)注册成为共享单车企业会员,并预付一定数额押金之后方可使用单车租赁服务(一定条件下可免除押金)。押金不能用于租金的支付,用户可随时申请退还押金,但也意味着终止合同。考虑到便利性,大多数用户不会在一次租赁之后就要求退还押金,因此在同一时间同一辆单车上存在多人支付的押金。共享单车押金仍具有传统押金的履约担保功能——保证租赁物的合理使用和按时归还,如有债务未履行完毕,债权人可从押金中优先受偿;如无未履行债务,押金应全部返还给债务人。其他类似的商业模式还包括共享汽车、共享奢侈品等租赁服务。相比于传统押金类交易,互联网租赁模式中押金按人支付,形成"一份资产、多份押金"的情形,出租人占有押金时间延长并产生大量资金沉淀。然而,押金本身并不具有金融属性,其本质仍在于担保债的履行。

整体而言,鉴于预付类支付业务的交易结构是消费者"先付款,后消费",属于非对称性交易,消费者预先支付款项之后并不知晓经营者能否履行合同,因此处于弱势交易地位,承受较大的资金损失风险。一般而言,私法对于常态交易的想象是以对称性交易为模型的,例如合同法的主要规定适用于货物买卖合同等对称性合同,尽管它也考虑了非对称性交易的矫正,包括基于合同双方地位差异明确格式合同解释规则等,但单纯依赖法院的法律适用这类事后规制不足以威慑潜在违法行为。在预付类支付业务中,需要事前与事后的合作规制,行政监管和司法治理的规制目标应具有趋同性——保障消费者资金安全及其他合法权益,再根据不同业务类型选择具体规制措施。

(二) 即付类电子支付业务

在即付类支付业务中,消费者在获取商品或服务的同时进行付款,可以实现"一手交钱、一手交货"。在此过程中,支付的功能体现为快速转移货币资金,消费者与支付服务提供者(商业银行或非银行支付机构)的支付结算关系也较为简单,不需要额外建立贷款关系。商业银行借记卡业务与非银行机构条码支付绑定借记卡是典型的即付类业务。虽然持卡人在使用商业银行借记卡刷卡时需要预先在卡内保留资金,否则无法用于消费支付,但与预付费用凭证不同的是,借记卡作为支付工具,不体现专门的提货凭证功能,而属于现金支付的替代工具,在持卡人刷卡当时,其银行账户余额立即减少。[①] 区别于传统的银行卡刷卡,条码支付是一种新兴的移动支付技术应用,它极大地便利了支付过程,但也因此带来新的交易风险。无论采取何种技术应用,即付交易中的各方当事人信息较为对称,债权债务关系可以即时了结,因此法律规制重点在于防范和控制技术风险带来的资金损失。

1. 商业银行借记卡的发行与受理

借记卡是商业银行向社会发行的具有存取现金、转账结算,而不具备透支功能的支付工具。[②] 正如上文所介绍的,商业银行借记卡不同于商业预付卡,具体体现为:一方面,发行主体和使用范围不同。商业预付卡由非银行商业机构发行,消费者在取得商业预付卡时已经预付了款项,发行机构开具了收款发票,甚至已缴纳营业税,只待消费者选定并提取货物或获得服务,因此消费者获得预付卡即已处于消费状态。[③] 而借记卡是商业银行发行的,其使用范围极为广泛,远远大于预付卡。[④] 另一方面,功能与所代表的法律关系不同。商业预付卡一般仅具有支付功能,而借记卡还可转账、提现等。功能差异实际上源于法律关系的差异,因为预付卡代表持卡人对发行机构的货物或服务提取之债权,而借记卡代表持卡人与发卡银行之间的储蓄、委托支付结算和其他支付服务等多种法律关系。[⑤]

对于借记卡的典型交易——持卡人作为消费者在特约商户处通过受理终端凭借借记卡进行消费结算,主要存在四方主体,分别为持卡人、发卡行、

[①] 在欧阳卫民先生对支付业务的分类中,借记卡业务也属于即付业务,参见欧阳卫民:《支付与金融》,中国金融出版社 2011 年版,第 9—10 页。

[②] 《银行卡业务管理办法》(银发〔1999〕17 号)第七条、第八条。

[③] 叶林:《预付式消费合同的法律管制》,载《哈尔滨工业大学学报(社会科学版)》2011 年第 2 期。

[④] 监管机构多次发布规范性文件禁止商业银行与商业机构联合发行预付卡、储值卡,例如《中国人民银行关于规范联名卡管理的通知》(银发〔2002〕6 号)规定:严禁(商业银行)以联名卡名义变相发行不记名、有固定面值或内存固定价值的储值卡。《中国人民银行关于规范银行业金融机构发行磁条预付卡和电子现金的通知》(银发〔2012〕14 号)重申商业银行不得发行或与其他机构合作发行磁条预付卡和非实名单电子现金。实践中,有商业企业开发了具有投资理财功能的预付卡,例如在 2014 年,预付卡经营商得仕公司与富国基金联手推出"得仕红利卡",成为首张与货币市场基金对接的线下预付卡,具有即时消费和余额理财的功能。《对接货币基金的首张理财预付卡面世》,载《互联网金融与法律》2014 年第 9 期。

[⑤] 虽然《银行卡业务管理办法》(银发〔1999〕17 号)界定了商业银行发行的储值卡(发卡银行根据持卡人要求将其资金转至卡内储存,交易时直接从卡内扣款的预付钱包式借记卡)也是借记卡的一种(第十条),但同时也规定了储值卡的面值或卡内币值不得超过 1000 元人民币(第三十七条),储值卡卡内币值也不像储蓄卡那样计息(第十九条),表明储值卡是较为特殊的,其虽由商业银行发行,但更类似于预付卡。

特约商户和收单机构。① 持卡人与特约商户成立基础合同——商品买卖或服务消费等合同关系,持卡人持借记卡支付即可提取货物或接受服务,借记卡充当了即时支付工具。持卡人与发卡行成立储蓄合同关系和委托支付合同关系。持卡人将资金存入借记卡,与发卡行形成储蓄合同关系;在持卡人持卡消费时,发卡行接受持卡人委托而向商户支付,从而为持卡人提供资金结算服务。收单机构从事银行卡的受理业务,其与特约商户成立借记卡受理合同关系,收单机构为特约商户提供资金结算和划转服务。

发卡行与收单机构的关系较为复杂,两者可以为同一主体,即发卡行同时也是收单机构,但是这将极大增加受理机具布置数量。如果每一个发卡行都需要在特约商户处布置自己的受理机具用以受理本行借记卡,同一商户处就需要多个受理机具,将增加交易成本。实践中发展出通过卡组织或清算机构(例如中国银联、维萨、万事达等),将不同发卡行和收单机构均纳入同一系统进行信息交换和资金结算与清算。收单机构也从商业银行扩展至非银行支付机构,降低了跨机构资金划转的交易成本。在此系统下,发卡行与收单机构不必成立直接的合同关系,但在事实上可以构成资金清算委托代理关系,因为两者都属于卡组织或清算机构的会员,共同受到行业规则的约束,也通过卡组织或清算机构的媒介完成清算,最终实现资金的转移。

借记卡刷卡交易是典型的即付类业务,除消费者与特约商户之间的债权债务关系可以即时结清之外,提供支付结算的商业银行或非银行支付机构与作为消费者的持卡人之间也不存在垫付、信贷等关系,整个交易中几乎不存在信用风险,各方当事人掌握的信息也较为对称,因此法律规制目标不是控制任何一方的信用风险,而是防范和控制技术风险及其可能引发的资金损失。鉴于此种交易安排,借记卡业务的法律规制结构配置是行政监管侧重于技术安全保障,同时重点发挥司法裁判事后规制的低成本优势,在统一裁判规则的基础上结合个案裁判的灵活性,解决资金损失分配的问题。

2. 条码即付

非银行机构条码即付业务是移动支付场景下的技术创新,是条码支付业务其中的一种。条码支付体现技术应用,消费者的账户可以绑定商业银行借记卡、信用卡或网络余额账户等,利用条形码技术进行支付。当支付账户绑定借记卡时,支付机构充当支付通道,也体现即付特征。条码即付类业务的交易构造是支付客户通过手机等移动终端主动或被动扫码传递支付指令,客户就发起的支付指令在手机等网络支付应用端输入支付密码或其他诸如指

---

① 详细研究可参考李建星、施越:《电子支付中的四方关系及其规范架构》,载《浙江社会科学》2017 年第 11 期。

纹或虹膜的验证指令,支付服务提供者与受理商户或个人实时结算交易款项,从而完成付款人与收款人之间的货币资金转移。之所以单独讨论条码即付,是由于在此类交易构造中,不存在规制信用风险的特殊需要,但相比于条码信用支付,条码即付不存在支付时间差,资金的移转几乎是立即实现的,一旦出现资金损失较难止付或追回,因此条码即付业务中的技术安全保障问题更为突出。

条码支付主要包括一维码、二维码等技术在移动支付领域的应用。条码或者条形码(bar code)具体是指将宽度不等的多个黑条和空白按照一定的编码规则排列用以表达一组信息的图形标识符。条码分为一维条码、二维条码和彩色条码等。一维条码最多可以容纳 30 个字符,二维条码的字符集包括所有 128 个字符,最大数据含量是 1850 个字符。① 实践中使用较多的是二维条形码,它又被称为快速响应码(quick response code)。二维条码较一维条码是一种技术升级。一维码仅能在一维空间内使用条、空储存信息,常见于食品包装袋上的条码;二维码可以在二维平面——包括水平和垂直方向上储存和识读信息,这些信息包括汉字、数字、图片、文本、网络链接等各个类型。② 二维码是集信息编码、图像处理、信息传递与数据加密于一体的综合性电子标签技术,是目前信息采集与传递的重要媒介。③ 作为自动识别技术,二维码信息容量大、被识别速度快而且成本低廉,在不同行业应用广泛。在支付领域,条码支付主要应用于线上和线下的小额支付场景,特别是小额、便民和多频交易。无论是银行业金融机构还是非银行支付机构,都可以应用条码技术实现货币资金转移。

除根据账户绑定的支付工具及其体现的法律关系对条码支付区分为条码预付、条码即付和条码延付之外,还可以按照收付款人如何扫码划分条码支付业务类型。如果付款人主动扫码,则属于付款扫码,在该模式下,收款人将收款账号、商品编码、价格等信息提交给支付服务机构,经反馈生成一个条码,付款人主动运用移动终端扫取和识读,从而完成支付指令传输和资金结算。如果收款人主动扫码,则属于收款扫码,与前述付款扫码过程相反,由收款人主动扫取和识读付款人基于其银行卡或支付账户生成的条码。两种业务背后的风险存在差别,应当考虑如何优化风险分配机制。如果包含了付款人账户信息的条码不变动,即维持静态码的状态,付款人可能面临账户资金

---

① 张奎:《电子支付的一般业务模型与创新监管分析》,载《上海金融》2014 年第 7 期。
② 相关术语的具体含义,可参考中国物品编码中心网站的说明,http://www.ancc.org.cn/Knowledge/Glossary.aspx,2022 年 7 月 18 日最后访问。
③ 黎四奇:《二维码扫码支付法律问题解构》,载《中国法学》2018 年第 3 期。

被盗取的风险,因此静态码的使用应限定于小额交易。对于交易安全性要求较高的大额交易,须在技术上实现条码的持续更新,即转换为动态码。

与借记卡刷卡交易类似,条码即付业务一般不存在信用风险,因此规制安排宜侧重司法裁判,以便充分发挥其事后规制的低成本优势,但为了提升法律威慑力,还应统一裁判规则。此外,鉴于条码支付业务面临额外的技术风险,需要监管机构树立平衡支付安全与效率的规制理念,在事前制定统一的技术标准,保障支付技术安全,并加强风险管理和市场秩序维护。简而言之,条码即付业务的规制结构配置应是司法裁判与行政监管各有侧重,前者注重解决非授权支付纠纷,后者注重防范和应对支付技术创新带来的支付安全与市场秩序问题。

整体而言,在即付交易中,当事人债权债务关系可以即时了结,消费者资金被非法挪用的风险较小,因此法律规制重点不在于控制债务履行的信用风险,而在于防范和应对技术创新风险并进行事后损失分配。在规制结构配置上,不必以行政监管统一规范为主导,而应以司法治理为主,以便减少规制成本。尽管统一规范也作出了原则性规定,但由于个体差异,可发挥司法个案裁判优势,由法官在自由裁量范围内根据案件事实进行认定。行政监管应侧重于技术规范制定,以便发挥监管机构的技术专业优势,妥当处理技术发展与市场安全之间的关系。

(三) 延付类电子支付业务

在延迟支付类业务中,消费者"先消费,后付款",可通过支付业务获得其他机构的垫资或信贷服务。相较于即付类交易,延付类交易中的消费者与特约商户虽然也可能实现债权债务的即时清结,但是消费者、特约商户与支付服务机构之间的法律关系发生重大改变:特约商户获得的消费者清偿源于支付服务机构或者实际的资金提供方——商业银行或其他贷款机构(例如小额贷款公司、消费金融公司等)的垫付或信贷。在此交易结构之下,支付服务机构或实际资金提供方先行支付了资金,其面临消费者后续不能还款的风险,因此延付类交易的规制目标在于控制消费者的信用风险。此外,由于消费者与支付服务机构或实际资金提供方地位不对等,后者可能在要求消费者还款的过程中利用其资金、市场力量等优势进行不当催收,因此法律规制还需注重保障消费者不受非法催收等方面的权利。延付类电子支付的典型代表是商业银行信用卡业务与非银行机构的消费信用支付服务。

1. 商业银行信用卡的发行与受理

商业银行发行的信用卡是指无须持卡人预先存款即可贷款消费的信用

支付凭证。① 信用卡的法律属性是消费信贷和支付工具。作为消费信贷工具,信用卡具有其他消费信贷产品或服务无法比拟的优势,例如信用卡持卡人可以获得发卡银行提供的无担保循环授信,审理手续也较为简单。作为支付工具,信用卡的应用场景极为广泛,可用以购买的商品或服务不局限于某一特定行业或领域。但由于前述特点,信用卡业务也具有信用额度受限、信用期限较短、透支利息较高等劣势。

信用卡交易是消费金融交易,包括买卖和信贷等不同环节,但其交易实质是信用授予下标的物交付与消费者的付款义务在时间上的割裂。② 信用卡交易主体主要包括发卡行(授信者)、持卡人(消费者)、特约商户(经营者)和收单机构。此类支付业务的特点是买卖合同与信贷合同分离,授信者是区别于销售者的第三方。持卡人作为消费者在特约商户处通过受理终端凭借信用卡进行消费结算,持卡人与特约商户成立基础交易合同关系。与借记卡不同,信用卡持卡人作为买方在接受商品或服务时并未当即支付款项,而是获得发卡行的替代支付。理论上对消费者与特约商户(经营者)之间的法律关系认定存在分歧,即对持卡人出示信用卡并签单确认消费的行为是否当即发生买卖合同债务清偿效力存在争议。有观点认为不能发生当即的债务清偿效力,因为如果发卡行停止支付,特约商户仍然可以向持卡人主张原买卖合同项下的款项支付。③ 主流观点则认为持卡人作为普通消费者,与商户之间产生的是即时清结的交易,信用卡的支付具有终局效力,因为商户通常无法再联系到持卡人,发卡行负有向商户支付的义务,待发卡行支付后,再由其另行请求持卡人还款。④ 笔者也更认同主流观点,认为应当将信用卡交易视为一个整体看待,再在此基础之上分析债权问题。持卡人刷卡支付具有终局效力,可以促进交易双方形成稳定的预期,更有利于市场效率,但持卡人向商户付款的义务实际由发卡行先行承担,持卡人在消费之后再向发卡行偿还信贷。因此,"延付"针对的是消费者与支付服务机构之间的关系。

持卡人之所以能够获得信用消费,是由于发卡行为其提供信贷服务,两

---

① 根据中国人民银行发布的《银行卡业务管理办法》(银发〔1999〕17号),按照持卡人是否向发卡银行交存备用金,信用卡包括贷记卡、准贷记卡,即狭义信用卡——无须持卡人预先存款即可贷款消费的信用支付凭证,与广义信用卡——持卡人须按发卡银行要求在卡内存入一定资金,当该卡账户余额不足以支付时,发卡银行在预先约定的信用额度内为持卡人透支的信用支付凭证。这两类信用卡均具有信用支付功能,如无特别说明,本书所讨论的信用卡主要指银行发行的贷记卡(我国的信用卡均由商业银行发行)。
② 刘燕主编:《消费金融的法律结构分析》,经济日报出版社2007年版,第1页。
③ 何佳梅:《台湾地区使用信用卡之民事关系研究》,载北京大学金融法研究中心编:《金融法苑(2005年总第64辑)》,中国金融出版社2005年版。
④ 吴志攀:《金融法概论(第五版)》,北京大学出版社2011年版,第264页。

者之间存在信用卡合同关系,信用卡章程和领用协议等均是双方合同关系的证明。由于信用卡存在不同功能,发卡行与持卡人的法律关系较为复杂,具体包括(1)信贷或垫款关系:发卡行为持卡人提供现金透支服务——持卡人获得发卡行的贷款,以及消费透支服务——持卡人获得发卡行的垫款,由发卡行代持卡人向商户支付。(2)委托支付关系:发卡行接受持卡人委托向商户支付,从而为持卡人提供消费结算服务。(3)储蓄关系:持卡人可以将资金存入信用卡。一般认为在信用卡交易中,持卡人与发卡行的关系是混合合同关系,在交易的不同阶段分别对应不同的法律关系,但整个交易以及后续的持卡人向发卡行偿还信用卡账单的行为应视为一个整体来看待。

发卡行与特约商户签订信用卡受理协议,由发卡行向特约商户就其持卡人的账单予以付款,特约商户需要向发卡行缴纳一定比例的手续费。对于发卡行与特约商户的法律关系,理论上存在委托代理说、债权让与说、债务承担说、票据贴现说、独立担保说等不同的认定。[1] 本书主张发卡行与特约商户成立以委托代理为基础的混合合同关系,其核心内容是商户接受发卡行委托代为审查信用卡及其使用人身份的真实有效性,从而获得来自发卡行保证付款的承诺。信用卡发卡行与收单机构都是卡组织或清算机构的会员单位,两者不必建立直接的法律关系,而是以清算机构为中介接受信用卡业务。发卡行与收单机构通常并不订立正式的合同,但两者均是卡组织或清算机构的会员单位,它们在信用卡收单业务中的权利和义务主要根据清算机构的业务规则确定,可成立事实上的资金清算合同关系。

信用卡的融资信贷功能使得消费者可在获得商品或服务之后再付款,因而具有信息优势,发卡行则处于不利地位,面临消费者可能无法完成后续清偿的信用风险。基于此种交易结构,信用卡法律规制重点在于解决消费者信用风险。市场实践已经发展出通过信贷价格——主要体现为信贷利息和费用等控制消费者的信用风险。相应地,行政监管与司法裁判应特别关注信用卡信贷价格的调整,建立协调机制,并在消费者信息保护、债务催收规范等方面相互补充,促进信用卡业务的协同治理。

2. 非银行机构的消费信用支付

非银行机构消费信用支付产品主要是指非金融支付机构或电子商务平台与获得消费信贷业务许可的消费金融公司或小额贷款公司等合作,为消费者提供融资账户用于支付。典型的例子是"京东白条""蚂蚁花呗",其交易构造本质均为信用支付产品或服务——帮助消费者实现"先消费,后付款"。

---

[1] 刘燕主编:《消费金融的法律结构分析》,经济日报出版社 2007 年版,第 237—240 页。

而在此交易构造中,非银行支付机构只是消费信用支付产品的销售渠道,真正的消费信用由非支付机构——或者是商户或者是具有信贷资质的机构提供。实践中,"京东白条"等消费信用产品的法律属性引发争议,对于该种业务属于金融贷款还是体现商业信用,存在不同观点。有论者认为"京东白条"属于金融贷款业务,消费者先购物、后付款,享受免息期和分期付款等规则的设计,使得该产品与信用卡的实质功能等同,因此它是一种虚拟的信用卡;而另外的观点则认为"京东白条"仅仅是一种赊销赊购的买卖合同,并非金融贷款。[①]　笔者主张"京东白条"和"蚂蚁花呗"等网络消费信用支付业务的法律属性应根据其交易结构进行具体分析,不同的结构设计体现不同的法律关系。对于网络自营电子商务平台内部的信用支付,买卖合同与信贷合同合一,因此相关信用支付业务为信用赊购;对于第三方网络交易平台的信用支付,买卖合同与信贷合同分离,信用支付业务的法律属性则为消费信用贷款。

(1) 网络自营平台内部:信用赊购

电子商务自营平台内部的消费信用产品以早期的"京东白条"为代表。客户填写身份信息和银行卡信息之后可申请开通此种支付方式,京东平台综合评估客户在该平台的各类消费信息,计算其信用额度,据此开通"京东白条"。客户使用"京东白条"可以实现先消费,后付款,享受一定期限的免息期,或者采取付息分期付款方式,相应费率标准随着分期期限的增加而增加,如果客户到期未足额还款,则须支付服务费和违约金。[②]　从"京东白条"的交易架构可以看出,向消费者提供信用的主体是销售商品或服务的京东商城,即授信者同时也是销售者。因此,买卖合同与信贷合同合一是网络交易自营平台内部信用支付产品的核心交易结构。在此类交易构造中,京东公司作为信贷提供方,使用自有资金为客户购买京东自营商品垫付款项,面临较大的资金压力。[③]　京东公司承担的信用风险正源于买卖合同与信贷合同合一的交易结构设计。

"京东白条"的特殊性在于京东商城作为电子商务平台并没有与其他机

---

① 相关观点总结,可参见江苏省高级人民法院民二庭课题组、王国亮:《网络交易平台金融纠纷司法规制研究》,载《法律适用》2017 年第 1 期。

② 参见京东金融官网的介绍,https://jrhelp.jd.com/show/getProblemInfo-2304,2022 年 7 月 18 日最后访问。

③ 有数据显示,在 2016 年 6 月底,"京东白条"逾期率(逾期金额占"京东白条"债权月末余额的比例)为 2.27%,2016 年上半年整体不良率为 1.78%。相比之下,同期商业银行的信用卡整体逾期半年未偿信贷总额占信用卡应偿信贷余额的比例为 1.43%,信用卡透支不良率为 1.80%。王晋之、胡滨:《互联网消费信贷风险分析与应对——基于"京东白条"案例的分析与思考》,载《金融与经济》2017 年第 3 期,第 44 页。

构合作开展此项业务,而是使用自有资金向客户提供资金垫付,并且将客户使用"京东白条"支付的范围限定为京东商城自营产品,因此"京东白条"仅为客户的赊购账户,不具有金融属性。正如论者指出的,"白条服务效果仅仅是付款条件上的延迟,并未产生新的金融债权债务关系和现金流的流动"。[1] "京东白条"在本质上是卖方与买方达成的关于支付结算的特殊安排,卖方将自身享有所有权的货物交付给买方之后,不要求买方立即付款,而是利用赊购账户记录交易详情,买方可在后续付款。即便此种模式的应用场景是网络消费,但其法律属性与线下实体消费的支付结算安排并无本质差异。假设沃尔玛实体超市与其长期客户达成"先消费,后付款"的支付结算安排,客户购买商品后赊账一段时间再向超市付款,即属信用赊购。当线下支付场景转移至线上时,交易本质并未改变,支付结算安排不涉及第三方信用贷款,仅是买卖双方对于支付结算时间的调整。

在电子商务自营平台内部发行消费信用支付产品或提供此类服务,仅为平台促销项目,该支付的应用场景限于平台自营商品消费,属于允许客户赊账的安排,平台可将款项计为应收账款。在会计账务处理方面,当京东发出商品时,借记"发出商品"科目,贷记"库存商品"科目;当客户确认收货时,借记"应收账款"科目,贷记"主营业务收入",同时确认成本等。[2] 自营平台之所以能够向客户提供赊销服务,一方面是其自有资金相对充足,另一方面也是因为电子商务平台可以利用其议价能力,暂不支付供货商的货款,从而形成无须支付资金成本(利息)的应付账款。此外,自营平台还可通过资产证券化等方式获得融资。[3] 整体而言,网络自营交易平台在其平台内部发行的支付产品,没有第三方信贷机构提供贷款,法律关系是自营平台为债权人、客户为债务人的买卖关系。赊销赊购的授信主体为商业企业,自营电商平台以其自身商事信用为消费者提供赊销服务,并未发放贷款,不会为消费者带来额外风险,因此金融法特殊规制不必介入,平台无须获得消费金融或小额贷款等业务许可即可从事该业务。如果产生纠纷,可直接根据《消费者权益保护法》《民法典》等既有私法规则解决。

---

① 孙天驰:《灰色白条》,载彭冰主编:《法律与新金融(2016年第2辑)》,法律出版社2018年版。

② 刘秋萍:《互联网信用支付的相关会计处理——以"京东白条"为例》,载《财会月刊》2014年第11期。

③ 限于主题,本书对互联网消费金融资产证券化业务不作展开分析,相关研究可参见施桢:《京东白条资产证券化分析》,载《上海金融》2016年第3期;丁磊:《互联网消费信贷资产证券化基础资产信用风险与征信——以"京东白条资产证券化项目"为视角》,载《西南金融》2016年第9期。

（2）第三方网络交易平台：消费信用贷款

第三方网络交易平台的信用支付产品以阿里巴巴集团的"蚂蚁花呗"为代表。虽然"蚂蚁花呗"与"京东白条"的功能类似——均为客户提供消费信用支付，但在客户信用额度、免息期限、手续费用等方面存在差别。更重要的是，"蚂蚁花呗"服务提供商——蚂蚁金融服务集团并非自营电商平台，而是作为第三方平台为客户提供非自营商品消费的支付结算。因此，第三方网络交易平台的信用支付产品的交易结构是买卖合同与信贷合同分离，此类交易属于消费金融交易。

虽然"蚂蚁花呗"以"支付宝"为基础，但"支付宝"是非银行支付机构的支付产品，支付宝公司自身并不是"蚂蚁花呗"的发行方，[1]它只能是信用支付产品的销售机构（提供销售渠道和销售平台）及数据支持机构（配合收集整理客户数据信息）。真正发行该支付产品的是具有信贷业务资质的商业银行、消费金融公司或小额贷款公司等，坏账风险也由这些信贷机构承担。"蚂蚁花呗"授信付款服务先后由重庆市蚂蚁小微小额贷款有限公司、重庆蚂蚁消费金融有限公司等提供。[2]　京东公司也在之后通过与小额贷款公司——重庆两江新区盛际小额贷款有限公司合作，[3]拓展了"白条"的应用场景，不再限于自营平台赊销赊购，也为非自营消费提供信贷，例如"旅游白条+""驾校白条""教育白条"等。[4]　"白条+"是"白条"的拓展，"白条+"作为信用支付产品，本质上属于消费信贷产品，其背后的法律关系是小额贷款公司与客户的借贷关系。

第三方网络交易平台的信用支付业务是消费者与消费金融公司或小额贷款公司签订的消费信贷合同——消费者出于个人消费目的与具有信贷资

---

① 《非银行支付机构网络支付业务管理办法》（中国人民银行公告〔2015〕第43号）第九条：支付机构不得经营或者变相经营证券、保险、信贷、融资、理财、担保、信托、货币兑换、现金存取等业务。

② "蚂蚁花呗"保理付款服务由商融（上海）商业保理有限公司提供，消费者购买商品或服务之后，由保理公司根据消费者"花呗"额度和交易金额，购买商户的应收账款债权，从而为消费者提供分期偿还前述应收账款的服务。此外，"芝麻信用"（芝麻信用管理有限公司）作为信用服务机构采集消费者信用信息，相关合同条款可参见《花呗用户服务合同》，https://render.alipay.com/p/f/fd-jcq2gt95/index.html，2022年7月18日最后访问。

③ 在2016年，为"白条+"产品提供贷款的公司是北京京汇小额贷款有限公司，也是获得小额贷款牌照的京东集团旗下公司。

④ 在早期"京东白条"与后来的"白条+"产品之间，还存在另外一种模式，即京东为入驻的第三方商户提供代收货款服务。不同消费者在第三方商户购买货物之后，均由京东先行集中结算，一段时间之后京东再分别与商户结算。由于消费者选择了"京东白条"业务，在消费者未还清款项（例如分期时间较长）而京东需要与商户结算时，京东应先行垫付资金，然而如果京东使用自有资金垫付，信用支付产品的属性仍然是赊销赊购业务。详细分析可参见孙天驰：《灰色白条》，载彭冰主编：《法律与新金融（2016年第2辑）》，法律出版社2018年版。

质的专门机构,就一定时间内使用对方提供的货币资金或者迟延付款而达成的协议,①因而此类消费信用支付业务的法律属性是消费信用贷款。有观点指出,诸如"蚂蚁花呗"之类的网络消费信用产品或服务摆脱了信用卡这一传统载体的束缚,以授予消费者可循环使用的信用额度为核心内涵,在合同的履行上具有继续性,在产品运作模式上多与支付工具直接关联,是一类特殊的消费信用业务。②

尽管网络消费支付产品均可实现向消费者提供"先消费,后付款"的信用供给服务,但它们在法律属性上存在差别。按照"信用提供者"认定标准,区分消费者获得的信用来源于经营者还是第三方贷款机构,是判断信用支付业务法律属性的关键。对于前者,电子商务自营平台的信用支付产品仅在有限范围内使用,消费者获得的信用(赊购)来自自营平台;对于后者,消费信用产品或服务成为一种通用支付方式,可以跨市场、跨行业、跨平台使用,消费者获得的信用(贷款)来自第三方信贷机构,因此也形成消费者—销售者—授信者三方关系。在消费信贷交易中,货物或服务买卖合同下买方与卖方可以相互对抗的义务——卖方交付标的物、买方支付价款,在时间上产生分离,买方可以先获得货物或服务,由第三方信贷机构代为垫付款项,买方在之后再向信贷机构付款。

在延付类电子支付业务中,消费者先获得货物或服务之后再付款,占据信息优势地位,支付服务提供者则面临消费者还款信用风险。因此,延付类业务的规制重点是控制消费者信用风险,但仍需保障消费者的知情权、信息安全和不被非法催收的权利。在规制结构配置上,鉴于行政监管规则在信用风险方面(体现为信贷价格)给予市场更大的自治空间,应以行政监管为主导;而司法机关在消费者信息保护、债务催收规范的私法效果认定等方面具有优势,可承担补充规制功能。

---

① 马寅翔:《冒用电商平台个人信用支付产品的行为定性——以花呗为例的分析》,载《法学》2016 年第 9 期。

② 周颖:《循环消费信用类型化规范研究》,载《大连理工大学学报(社会科学版)》2019 年第 1 期。

第二章 预付类电子支付业务的规制

预付类支付业务的交易结构是消费者"先付款,后消费",即消费者作为电子支付服务接受者将货币资金事先交付给经营者或电子支付服务提供者,再在日后用于所购买的商品或服务的支付。预付类业务属于非对称性交易,消费者已经预先付款,其后能否获得产品、服务或资金返还,存在不确定性,因此消费者处于信息劣势地位,承受较大的资金风险。一般而言,私法对于常态交易的想象是以对称性交易为模型的,例如合同法的主要规定适用于货物买卖合同等对称性合同。尽管合同法等私法也考虑了非对称性交易的矫正,包括基于合同双方地位差异明确格式合同解释规则等,法院可通过私法的适用解决相关纠纷,然而单纯依赖司法事后规制不足以威慑潜在违法行为。在预付类支付业务中,需要事前和事后的规制合作,行政监管与司法治理的规制目标应具有趋同性——保障消费者资金安全和其他合法权益,具体规制措施则应根据不同产品或服务进行选择。

对于预付费用凭证,目前采取的二元化规制方式具有合理性。非银行商业机构发行的单用途预付卡仅限于在发卡机构及其集团体系内部使用,属于限定了流通范围的提货债权凭证,应被定性为非金融产品,由商业主管部门予以监管,宜采取备案、信息披露、履约保险、信用认证等柔性规制措施,并通过司法治理保障消费者合法权益;多用途预付卡的使用范围可以超出发卡机构,体现第三方预付价值,应由金融监管机构进行严格监管,强化对客户资金的监控,并提升司法治理水平,严厉打击非法集资和其他侵害消费者合法权益的行为。

预付账户网络支付业务不需要依附实体卡片,但网络支付机构支付账户的余额所反映的本质也是客户的预付价值,类似于多用途预付卡中的余额。在此类业务中,基础交易与货币转移之间也存在时间差,客户预付的资金会在支付机构账户停留,因而也可能产生资金损失。网络支付业务的规制核心是保障客户资金安全和维护支付系统结算与清算秩序。在前者的规制结构配置方面,需要完善行政监管与司法治理的合作规制,严格控制支付机构对客户备付金的使用,通过行政处罚与司法裁判追究支付机构挪用或非法使用客户资金的法律责任;对于后者,应主要由监管机构行使市场秩序维护之职责,完善备付金集中存管及配套制度。

在上述两类常见的预付类支付业务之外,本章也将讨论新兴的预付押金业务。押金体现预付的性质,押金规制需要注重对消费者资金安全的保障,然而由于押金使用范围有限,且以小额为主,无须建立严格规制。即便互联网分时租赁押金"一人一押"业务改变了传统的"一物一押"模式,新型预付押金交易尚不足以突破传统私法规制框架,押金返还与破产保护应遵循既有私法体系;也不宜按照预付费用规制逻辑对预付押金交易予以严格金融监管,应采取市场自我规制、技术替代、合同自治和司法保障等规制措施,促进市场创新与自律发展。

第一节　预付费用凭证的规制

在商品社会较为广泛使用的预付卡、券是典型的预付费用凭证。非由金融机构发行的商业预付卡在我国被划分为两种类型,分别为单用途预付卡和多用途预付卡,前者是仅限于发卡机构及其集团体系内流通使用的预付费用凭证,后者可在发行机构之外购买商品或服务。针对这两类预付卡在市场流通中产生的不同法律风险,我国行政监管体系也呈现二元化特征——单用途预付卡由商务部实施商业管理,多用途预付卡由中国人民银行实施类金融管理。此外,预付类支付业务特殊的交易结构也导致实践中发生大量持卡人合法权益受到侵犯的案件。本节分别讨论这两类预付卡的规制现状,对相关行政监管和司法裁判予以分析,并提出规制结构配置建议。

一、单用途预付卡的规制

(一)单用途预付卡的行政监管及其效果评价

按照监管规范的界定,单用途(商业)预付卡是指从事零售业、住宿和餐饮业、居民服务业的企业发行的,仅限于在本企业或本企业所属集团或同一品牌特许经营体系内兑付货物或服务的预付凭证,包括以磁条卡、芯片卡、纸券等为载体的实体卡和以密码、串码、图形、生物特征信息等为载体的虚拟卡。[①] 单用途预付卡作为一种支付工具,由持卡人(消费者)在购买商品或服务之前充值获得,其交易机制具有消费者"先付款,后消费"的特殊性,消费者与发卡机构之间存在信息不对称、市场地位不对等的问题。此外,单用途预付卡通常为不记名卡,在费用已经事先支付的情况下,预付卡极易成为行

---

① 《单用途商业预付卡管理办法(试行)》(商务部令 2016 年第 2 号)第二条。

贿、受贿工具,我国对单用途预付卡的行政监管正始于打击腐败。然而,实证研究表明监管目标的错位导致执法不力,单用途预付卡的监管重点应当是消费者权益保护,而非反腐败。

1. 监管源起:预付卡导致反腐败等问题

我国的预付卡在 20 世纪 90 年代出现,一般被称为"购物卡、券"。在预付卡市场发展初期,并未严格区分单用途预付卡与多用途预付卡。各种预付卡的流行源于它双赢的交易机制:消费者获得支付便利和折扣优惠,商户借此营销吸引更多客户并在出售商品或服务之前获得资金。然而,预付卡的流行也带来严重问题。在受监管前,预付卡一般是不记名卡,可充值金额也不受限制,大大便利了收卡受贿行为。据新闻报道,浙江嵊州一地方官员因收受购物卡近 20 万元而被依法惩处。① 此外,由于假发票盛行,不少商户在售卡环节出具虚假发票,便利购卡单位在税前扣除与生产经营无关支出从而偷逃税款。部分商户收取高额手续费、设定短期有效期,或者不提供退卡、挂失等服务,甚至在发卡收钱后"跑路",严重损害消费者权益。

鉴于购物卡券带来的问题,国务院单独或联合中国人民银行等机构发布规范性文件试图严格禁止预付卡的发行和流通。例如,《关于禁止发放使用各种代币购物券的通知》(1991 年)、《关于禁止印制、发售、购买和使用各种代币购物券的通知》(1993 年)、《关于坚决刹住发放使用各种代币购物券之风的紧急通知》(国纠办发电〔1998〕9 号)以及《关于严禁发放使用各种代币券(卡)的紧急通知》(国纠办发电〔2001〕2 号)指出购物卡券存在三大问题:(1) 购物卡券是变相货币,出现了黑市交易,直接影响了人民币的信誉;(2) 发放购物券违反发票管理规定,扰乱了税收、财务管理秩序;(3) 购物券买卖助长了奢侈浪费、贪污受贿等不正之风。

然而预付卡券屡禁不止并持续带来问题。预付卡助长腐败问题在 2011 年 4 月召开的国务院第四次廉政工作会议上引起了特别关注。② 紧接着在 2011 年 5 月 23 日,中央七大部委③联合发布了《关于规范商业预付卡管理意见的通知》(国办发〔2011〕25 号)(以下称"《2011 年规范预付卡通知》"),贯彻落实国务院第四次廉政工作会议的精神。从立法背景资料可以看出,《2011 年规范预付卡通知》确立的预付卡监管主要目标是反腐败。④ 在此目

---

① 《收受购物卡也能构成受贿罪》,载《检察日报》2009 年 7 月 7 日。
② 《温总理谈廉政为何强调"严查收购物卡"》,中国共产党新闻网,2011 年 4 月 6 日,http://cpc.people.com.cn/GB/64093/64103/14325041.html,2022 年 7 月 18 日最后访问。
③ 分别是中国人民银行、监察部、财政部、商务部、税务总局、工商总局、预防腐败局。
④ 《国家预防腐败局办公室负责同志就〈国务院办公厅转发人民银行监察部等部门关于规范商业预付卡管理意见的通知〉有关问题答记者问》,2011 年 5 月 26 日。

标之下,该通知将监管主要对象确定为大额、匿名预付卡的发行和购买行为,监管思路是增加公款购卡、收卡受贿等行为的难度和成本。该通知尽管简短,但厘定了预付卡监管的三项基础性制度:购卡实名登记制、非现金购卡制和限额发行制。① 通知特别强调,"治理收卡受贿等违纪违法行为,是加强反腐倡廉工作的迫切要求和重要环节,必须进一步狠抓落实,加大查处力度"。此外,该通知还要求加强发票和财务管理,拟定了维护消费者合法权益的基础性规定,并明确提出将预付卡区分为单用途预付卡和多用途预付卡分别管理。

为了落实《2011 年规范预付卡通知》,商务部成为单用途预付卡的主管部门,但具体的监督检查由工商部门负责。在 2012 年 9 月,商务部发布《单用途商业预付卡管理办法(试行)》(商务部令 2012 年第 9 号,以下称"《2012年单用途预付卡管理办法》")。试行的管理办法明确了三项监管目标——反腐倡廉、防范资金风险和保护消费者权益,全面建立了单用途预付卡的发行、受理、服务、结算、资金管理等业务监管制度,并新增了预付卡备案制度,要求所有从事零售业、住宿和餐饮业、居民服务业且发行预付卡的企业(不包括个体工商户)都应将发卡情况向相应政府商务部门备案。新办法要求发卡企业应在办法实施之日(2012 年 11 月 1 日)起 90 日内完成备案。如果发卡企业违反规定的,备案机关可以采取责令限期改正、1 万元以上 3 万元以下罚款等处罚措施。备案制度要求发卡企业主动合规,商务部负责全国性的监督管理,县级以上地方政府商务主管部门负责本行政区域内的管理工作。

在 2016 年,商务部对《2012 年单用途预付卡管理办法》进行了部分修改,删除发卡企业备案部分材料要求,形成新的《单用途商业预付卡管理办法(试行)》(商务部令 2016 年第 2 号),但主要延续了此前的监管框架。除备案外,预付卡的发行与受理还应遵循实名制、限额发行等规范,注重消费者权益保护,包括知情权、资金使用权与服务获取权保障。新的管理办法还建立了资金管理制度,要求发卡企业按比例存管客户资金,鼓励采取履约保险等措施化解资金风险。整体而言,单用途预付卡的行政监管以备案管理为基础,以业务流程规范、动态信息监测和预收资金存管为主要规范,规制重心是

---

① 《关于规范商业预付卡管理意见的通知》(国办发〔2011〕25 号)要求:(1) 对于购买记名商业预付卡和一次性购买 1 万元(含)以上不记名商业预付卡的单位或个人,由发卡人进行实名登记。(2) 单位一次性购卡金额达 5000 元(含)以上或个人一次性购卡金额达 5 万元(含)以上的,通过银行转账方式购买,不得使用现金;使用转账方式购卡的,发卡人要对转出、转入账户名称、账号、金额等进行逐笔登记。(3) 不记名商业预付卡面值不超过 1000元,记名商业预付卡面值不超过 5000 元。

加强对单用途商业预付卡发行服务和预收资金的管理。

2. 行政监管效果评价：一个实证研究

在 2016 年《单用途商业预付卡管理办法(试行)》修改之前,商务部在单用途预付卡的行政监管执法方面已经做出了大量工作,包括加强预收资金管理、日常检查、受理和转交预付卡投诉举报、开展宣传培训等。① 为了检验《2011 年规范预付卡通知》和《2012 年单用途预付卡管理办法》的行政监管效果,笔者分析了新闻报道文本并访谈了商务部官员。新闻报道反映公众关注的话题,具有影响法律制度的力量,并成为公民权利救济重要途径之一。② 为了解公众对预付卡及其监管执法的关注重点,笔者使用中国知网(http://www.cnki.net/)的"中国重要报纸全文数据库",收集了自 2011 年 5 月 23 日至 2014 年 12 月 31 日,所有在标题中包含"预付卡""购物卡(券)"的新闻报道,排除不相关报道(例如多用途预付卡等)之后,共获得 137 篇分析样本。③ 此外,为获得立法背景信息和执法数据,笔者对三位商务部官员进行了访谈,他们均直接或间接参与了预付卡监管规则的起草与全国执法工作。

(1) 新闻报道反映的执法情况：消费者权益保护问题最受关注

137 篇预付卡报道样本来自 60 种报纸,其中 16 种全国发行,其余 44 种仅在地方发行,覆盖了 20 个预付卡广泛使用的省份。全国性报纸报道范围比地方性报纸更广,但也会涉及针对特定地区的报道;地方性报纸按照发行范围区分,通常仅报道当地事务。全国性报纸报道预付卡的文章数量占到 41%,地方性报纸占 59%。在样本选择时间段,平均每月有 4 篇报道,当出现新的监管规范时,报道数量上升。④ 部分报道呈现本报记者对预付卡执法情况的实地调查,⑤一些记者重点关注消费者的投诉,⑥另有文章直接曝光商户

---

① 例如,商务部会同监察部、中国人民银行、税务总局等部门开展了多次跨部门联合检查,组织各级商务主管部门开展日常检查和非法集资专题检查 453 次(2016 年数据)。《商务部对十二届全国人大四次会议第 2254 号建议的答复》,2016 年 7 月 27 日。

② 即便在域外研究中,我国新闻媒体的作用也受到认可。See Benjamin L. Liebman, Watchdog or Demagogue? The Media in the Chinese Legal System, Columbia Law Review, Vol. 105, 2005.

③ 值得说明的是,中国知网的"中国重要报纸全文数据库"并未收纳所有的报纸,而且笔者使用的检索方法可能遗漏部分报道(例如属于相关文章但标题中未出现"预付卡"),这是抽样分析存在的缺陷,因此下文主要关注报道的内容。此外关于样本时间的选择,2011 年 5 月 23 日为《2011 年规范预付卡通知》开始实施之日,故将其选为样本时间起点;在《2012 年单用途预付卡管理办法》颁布之后,单用途预付卡备案工作原本应在 2012 年年底 2013 年年初结束,但实践情况并不理想,故将样本时间终点延至 2014 年年底。

④ 在 2011 年 5 月 23 日中央七部委发布通知之后 10 天内,样本中的预付卡报道为 15 篇;在 2012 年 11 月 1 日商务部发布监管办法开始实施之后一周内,样本报道数量为 9。

⑤ 例如《京客隆物美大额购卡仍可用现金》,载《北京商报》2012 年 11 月 2 日;《零售业冷对预付卡新规》,载《商业周刊》2012 年 11 月 7 日。

⑥ 例如《优惠很诱人,纠纷却频发——预付卡,被透支的信用》,载《浙江日报》2014 年 9 月 18 日;《"圈钱跑路"丑闻暴露预付卡消费危机》,载《新华每日电讯》2013 年 7 月 18 日。

不法行为。① 如表 2-1 所示,样本报道主题可分为三类:消费者权益问题、法律规范执法情况以及监管对利益相关人(发卡商户、消费者和政府官员等)的影响,部分报道可能涉及多个主题。数量最多的主题是消费者权益问题,其中多数涉及消费者权益损害案例(78 篇),且集中于居民服务业,特别是美发业,具体问题包括发卡商户乱收费,不披露有效期,不挂失,不提供赎回服务,商户发卡后圈钱跑路等。

表 2-1　样本新闻报道的主题

报道主题		报道数量
消费者权益问题	消费者权益损害案例	78
	政府解决措施	18
法律规范执行情况	《2011 年规范预付卡通知》执法情况	44
	《2012 年单用途预付卡管理办法》执法情况	46
监管对利益相关人的影响		62

　　有 69 篇报道实地调查了发卡企业是否遵守预付卡监管规定,其中仅有 16 篇报道发现企业完全遵守了规定,而且主要来自政府的执法检查,另有 20 篇报道发现大企业很好地遵守了规定,但小企业不合规情况严重。未进行实地调查的报道一般采纳其他资料对预付卡问题进行评论。如表 2-2 所示,在全部样本报道中,消费者权益侵犯问题获得了最多关注(52 篇)。很多发卡商户发现了规避监管的办法(34 篇),例如可以发行多张小额非实名卡,从而规避大额实名登记要求。只有 9 篇文章报道了政府官员不当收受预付卡的腐败情况。其他的问题还包括违反实名制、违反非现金购卡制以及逃避税收等。

表 2-2　样本新闻报道反映的问题

问题	侵害消费者权利	规避法律规范	行贿受贿	违反实名制	违反非现金购卡制	逃税	未提及	总计
报道数量	52	34	9	14	5	5	18	137

　　对于预付卡问题以及发卡商户为何不遵守监管规范的原因分析(见表 2-3),有 51 篇报道认为是法律规范本身的缺陷,包括规范漏洞导致发卡商户可以发行小额预付卡规避实名制要求、处罚过轻不足以威慑违法以及未细

---

① 例如《霸王条款盛行 预付卡陷阱多维权难》,载《南方日报》2013 年 8 月 13 日;《商家跑路 服务打折 押金难退 预付卡"卡"住消费者》,载《呼和浩特日报》2013 年 10 月 10 日。

化规定(主要针对《2011 年规范预付卡通知》);另有 43 篇指出了执法问题,特别是发卡商户没有动力主动合规,因为他们依赖预付卡招揽客户并提前回笼资金。① 其他的原因还包括对个体工商户监管的困难,以及发卡商户自身缺乏诚信等。

表 2-3　样本新闻报道提及的原因

原因分析		报道数量	
法律规范缺陷	规范漏洞	20	51
	处罚过轻	12	
	未细化规定	19	
执法问题	发卡商户没有动力合规	34	43
	地方政府执法资源不足、权责分配不清	9	
难以监管个体工商户		11	
发卡商户缺乏诚信		20	
未提及		12	
总计		137	

　　从上述文本分析可知,媒体报道的核心议题是消费者权益保护问题。调查发现发卡商户未遵守规定或规避监管的情况较为普遍,他们缺乏主动合规的动力。虽然打击行贿、受贿等腐败问题也属于主要监管目标,但没有太多报纸予以报道。

　　(2)访谈中央政府官员:反腐败是启动预付卡监管的主要原因

　　三位被访谈的商务部官员直接或间接参与了预付卡监管项目的立法和执法。他们均表示,预付卡具有积极作用,因此监管部门也没有要求消费者在购买 1000 元以下时登记身份信息,但是预付卡的滥用确实导致了收卡受贿行为的增长。相比于小额卡,大额匿名预付卡更有可能被用作贿赂工具,而由于在 2011 年监管之前,超市等大型发卡企业发行预付卡的额度更大、预付卡可购买商品范围更广,因此大型发卡商户被密切关注。被访者表示:"在 2012 年起草管理办法时,(我们)在商务部网站和中国政府法制信息网公布草案,广泛听取了社会公众意见,在发布前就做了调研,包括大的企业的座谈等。"然而,预付卡监管规范立法中的公众参与较为有限,没有广泛接受

---

① 　例如,《见招拆招玩弄于股掌　预付卡实名制依旧有名无实》,载《上海法治报》2013 年 11 月 11 日;《新规遭遇执行尴尬　预付卡实名制"有名无实"》,载《中国质量报》2012 年 11 月 2 日。

消费者和小企业的反馈,监管机构直接将反腐败挑选为最主要的监管目标。鉴于发行大额预付卡的大企业更有可能助长送礼和贿赂,它们成为监管者的重点关注对象。

直接负责全国预付卡执法监督工作的商务部官员提供的数据显示:在2014年年底,有4523家发卡企业完成了备案,其中包括2838家大企业(集团企业、品牌企业以及规模企业),占全部备案企业的63%;1685家小企业(其他企业),占全部备案企业的37%。① 被访者对这一结果表示担忧:"总的来看,大企业基本都备案了,实现了立法目标。但是小企业,绝大部分都没备案。因为发卡企业数量太多,我们实在无能为力。"尽管执法效果不甚理想,但政府在监管执法方面花费了大量精力。商务部与其他部委联合发起了一些全国性执法检查活动,对地方进行督导,并整顿、处罚违法行为。除联合检查、专项检查和常规会议之外,被访者介绍他们还开发了一款业务动态监测软件,用以随时评估地方工作。在每季度末,企业将发卡情况报告给地方商务主管部门,经审核后再上报商务部,商务部通过监测软件对地方执法情况进行系统化和常态化监督。由于缺乏相应的直接奖惩机制,地方执法效果依赖于各地执法者的重视和投入,如果地方重视程度高,预付卡发卡企业备案比例也更高。

从上述访谈可以看出,大多数大型发卡商户已经完成了备案并且很好地遵守了管理办法,但小企业合规情况并不理想。被访者承认由于小型发卡企业数量太多,难以进行有效监管,地方政府缺乏足够的人力资源对所有小企业进行一一检查。虽然商务部依赖业务评估系统进行监督,但地方政府也缺乏足够动力进行严格的执法检查。

(3)分析与讨论:监管目标错位导致执法不力

将单用途预付卡的主要监管目标设定为反腐败是存在问题的。规范预付卡腐败这一监管目标可从规则文本、政府官员访谈中得到证实,但助长贿赂并不能归责于预付卡自身,因为预付卡只是行贿工具,监管仅注重形式而忽略了本质。为了达成反腐败的目标,政府采取"实名登记制"作为最基本的监管措施,但较易被规避,监管未考虑到变通做法(化整为零、逃避监管),即便对于大额预付卡,发卡企业也仅被要求登记购卡者的身份信息,无须登记实际用卡人的信息。从根本上打击腐败行为应当是对公权力进行监督和约束,加大处罚力度,而不仅仅是对可能导致腐败的工具进行限制。事实上,

---

① 这类数据也可在商务部单用途商业预付卡业务信息管理网站查询:http://yfk.mofcom.gov.cn/card/,2022年7月18日最后访问。

在中央施行"八项规定"严肃查处贪污腐败行为之后,①利用预付卡行贿、受贿问题才得到实质性解决。

对于反腐败的高度关注也扭曲了监管机构的执法策略。单用途预付卡监管对象具有特殊性:一方面,发卡行业众多,监管范围广泛。尽管监管者划定了三大主要发卡行业——零售业、住宿和餐饮业、居民服务业,但这三大行业还包括诸多具体行业,例如零售业涵盖大型商场、超市、家具公司、汽修店、药店、便利店等等。另一方面,发卡企业规模不同,市场力量差别较大。由于大企业发卡数量多,比小企业更易助长贿赂,而且也更易被监管,所以执法者"抓大放小",花费更多精力对大企业的合规情况进行监督检查。一般而言,大企业自身的合规意愿和合规能力高于小企业,因为后者专业技能更差,也面临现金流短缺、资产基础薄弱等问题。② 对于单用途预付卡发行,如果没有监管机构的额外关注,小企业更缺乏主动合规动力,因为不遵守监管规范反而符合其利益——预付卡是替代性短期融资渠道,可以借其吸引客户、提前回笼资金。监管机构执法资源有限,难以一一检查小型发卡商户,加之违法企业越多,每一个被处罚的可能性就越低,因而加剧了违法情形的蔓延,③更何况处罚机制——最高 3 万元的罚款也难以起到威慑作用,因此小企业未遵守监管规范的情况更为普遍。

然而,根据新闻报道文本分析和政府官员访谈可以看出,恰恰主要是小企业在损害消费者权益,尤其是居民服务业中的小型发卡企业以及未被纳入监管对象的个体工商户(例如美发店)。应然的执法重点是小企业,但是实际的执法重点变为大企业,这源于监管目标设定的错位。在"八项规定"政策之后,利用预付卡公款消费、行贿和受贿问题得到实质性解决,单用途预付卡的监管重心才转向消费者权益保护。2016 年《单用途商业预付卡管理办法(试行)》将核心监管目标明确为"加强单用途商业预付卡管理,维护当事人合法权益,防范资金风险",是更为恰当的选择。

(二) 单用途预付卡的司法治理:持卡人权益保护难题

在单用途预付卡司法治理方面,利用关键词"单用途预付卡"在中国裁

---

① 2012 年 12 月 4 日,习近平总书记主持中央政治局会议,审议通过中央政治局关于改进工作作风、密切联系群众的八项规定;2017 年 10 月 27 日,十九届中央政治局第一次会议审议通过了《中共中央政治局贯彻落实中央八项规定实施细则》,对党内腐败问题进行了集中治理。

② See e. g. James S. Ang, On the Theory of Finance for Privately Held Firms, Journal of Small Business Finance, Vol. 1, 1992.

③ See A. Allan Schmid, Conflict and Cooperation: Institutional and Behavioral Economics, Blackwell, 2004.

判文书网（https://wenshu.court.gov.cn/）、无讼（https://www.itslaw.com/）、北大法宝（http://www.pkulaw.cn/）等数据库检索，可以发现相关刑事纠纷主要涉及利用预付卡进行职务侵占、①非法吸收公众存款、②行政纠纷主要涉及消费者向地方商务局提出公开单用途预付卡备案信息、③以及市场监督管理局申请执行对单用途预付卡机构的行政处罚。④ 单用途预付卡的民事纠纷数量最多，主要涉及持卡人作为消费者⑤起诉预付卡发行与受理机构未履行约定或法定义务，主张解除合同、返还预付费用，⑥或者要求补办预付卡、继续履行合同。⑦ 被起诉的发卡机构主要集中于健身会所、教育培训机构、购物商场等。

其他的调查研究也表明单用途预付卡的持卡人权益保护问题是实践中的核心问题。例如在 2019 年，上海"12345"市民热线接到的单用途预付卡投诉达到 44275 件，同比增加 61.53%，涉及企业 7069 家，同比上升 33.9%，呈现投诉总量增长、关门跑路事件影响大、连锁经营类企业投诉量大的特点。⑧针对南京市"12315"消费者维权热线投诉数据的分析也表明，单用途预付卡消费投诉具有量大面广、集中突出的特点，投诉问题集中于商户侵犯消费者合法权益，包括发卡商户乱发卡，以霸王条款强制消费者办卡，办卡后以各种

---

① 例如"郭某某职务侵占案"（湖北省武汉市新洲区人民法院（2017）鄂 0117 刑初 552 号刑事一审判决）。

② 例如"姜忠球非法吸收公众存款案"（江西省景德镇市中级人民法院（2019）赣 02 刑终 109 号刑事二审判决）。

③ 例如"陈强与南阳市商务局政府信息公开行政纠纷"（河南省南阳市中级人民法院（2018）豫 13 行终 68 号行政二审裁定）；"陈强与河南省商务厅行政复议纠纷"（河南省郑州铁路运输中级法院（2018）豫 71 行终 43 号行政二审判决）。

④ 例如"江阴市市场监督管理局申请对江阴市艾乐健身管理有限公司强制执行行政处罚纠纷"（江苏省江阴市人民法院（2019）苏 0281 行审 120 号行政裁定）。

⑤ 此处"消费者"一般指自然人消费者。按照《消费者权益保护法》（2013 年修正）第二条的界定，消费者为生活消费需要购买、使用商品或者接受服务，而企业购买预付卡用于企业购物或二次流通，有别于生活消费，然而持卡人也可能包括企业，并且产生类似于自然人消费者的权益保护问题。

⑥ 例如"陈超与被告南京莘旗健身有限公司服务合同纠纷"（江苏省南京市六合区人民法院（2018）苏 0116 民初 4675 号民事一审判决）；"戴乐杰与徐州市环球雅思培训学校服务合同纠纷"（江苏省徐州市中级人民法院（2019）苏 03 民终 2449 号民事二审判决）；"王舟与千乘（上海）投资发展有限公司服务合同纠纷"（上海市奉贤区人民法院（2018）沪 0120 民初 22677 号民事一审判决）；"新生支付有限公司与单华永网络购物合同纠纷"（浙江省台州市中级人民法院（2020）浙 10 民终 1794 号民事二审判决）。

⑦ 例如"余忠文与温州易初爱莲超市有限公司合同纠纷"（浙江省温州市中级人民法院（2017）浙 03 民终 2653 号民事二审判决）。

⑧ 上海市单用途预付卡协会：《2019 年度"12345"市民热线单用途预付卡投诉情况分析报告》，http://shcard.org/asswork/show.php? itemid=83,2022 年 7 月 18 日最后访问。

理由限制消费,或降低商品或服务品质等。① 司法研究也发现消费者面临交易风险,主要包括发卡机构变更或终止运营、单方面变更合同内容、侵犯消费者隐私权等方面。② 下文结合典型案例讨论单用途预付卡民事纠纷中的持卡人权益保护问题,重点分析如何适用法律和监管规范对持卡人予以倾斜性保护。

1. 适用民事法律及《消费者权益保护法》

就法律关系而言,单用途预付卡的持卡人与发卡机构成立货物买卖或服务合同关系,持卡人受《合同法》(《民法典》)、《消费者权益保护法》等基本法的保护。法院在裁判过程中主要援引这类法律作为裁判依据,而且多以发卡机构未履行合同义务为由支持消费者的权利保障请求。③

"王某诉北京伊露游婴儿用品有限公司服务合同纠纷案"④收录于最高人民法院公布的年度十起维护消费者权益典型案例之中,具有代表性。⑤2013 年 9 月,婴儿王某在北京某婴儿用品有限公司体验游泳一次,其母交纳游泳卡押金 100 元,并于同月交纳办理 40 次游泳卡余款 2498 元(期限为 1年)。办卡后王某曾游泳一次,未出现哭闹的现象,但在第三次和第四次游泳时出现哭闹,其后发卡机构变更营业地址,王某要求解除合同并退还剩余款项。一审法院认为,双方口头订立的服务合同有效,但王某诉称的发卡机构经营范围、地址和发票问题,与合同目的无关,所称发卡机构违反相关管理条例及提供的服务不符合约定,证据不足,无法证明其合同目的无法实现与发卡机构的行为存在因果关系,故判决驳回王某的诉讼请求。在案件二审过程中,法院认定发卡机构未在其经营地及注册地经营,致王某购买的游泳卡无法继续使用,合同事实上已无法履行,符合合同约定的解除情形,法院最终撤销一审判决,判定解除服务合同,由发卡机构返还王某游泳卡费用和押金。本案中,二审的裁判意见更为恰当,法院应根据民法中规定的合同解除原则,重点分析发卡机构行为是否足以导致持卡人合同目的不能实现,再判断能否

---

① 李群群、张龑:《单用途商业预付卡消费法律问题研究——以南京市 12315 消费者维权热线投诉数据为样本》,载《法律适用》2018 年第 2 期。

② 陈颖、蔡伟:《预付式消费合同中消费者权益的司法保护》,载《人民司法·应用》2015 年第 3 期。

③ 此外,还可参见"王舟与千乘(上海)投资发展有限公司服务合同纠纷"(上海市奉贤区人民法院(2018)沪 0120 民初 22677 号民事一审判决)。在该案中,发卡机构声称因设备调试无法在消费者的会员卡到期前提供服务,也未在有效期届满前提示催告尽快使用,法院根据原《合同法》第九十七条认定合同实际已解除,卡内余额应当退还给持卡人。

④ 《最高法 6 月 15 日公布消费者维权典型案例》,最高人民法院网,2015 年 6 月 16 日,http://www.court.gov.cn/zixun-xiangqing-14729.html,2022 年 7 月 18 日最后访问。

⑤ 另外的预付类消费典型纠纷可参见"滕爽诉南京城际教育信息咨询有限公司教育服务合同纠纷案",载《最高人民法院公报》2014 年第 9 期。

满足合同解除条件。

　　此外,还有案件涉及仅具有发行单用途商业预付卡资质的企业发行的预付卡因监管规范调整等原因,不能再使用于其事先宣传的特约商户处的消费,持卡人认为无法按预付卡载明的使用范围进行消费,要求返还卡内余额。法院认为案涉法律关系本质是消费者购买了被告发行预付卡时设置在该卡上的支付、结算服务,双方形成预付卡企业有偿提供支付、结算服务的合同关系,从预付卡背面载明的内容可见,案涉预付卡原本可在其他特约商户使用,但由于合规要求调整后,预付卡使用范围受到限制,属于当事人一方以自己的行为表明不履行主要债务的情形,构成根本性违约,消费者有权解除合同,并要求返还卡内余额。① 此案属于一方当事人行为构成事实性根本违约,法院适用民法中的违约认定规则,可为消费者提供较为充分的保护。

　　2. 适用《单用途商业预付卡管理办法(试行)》

　　在基本法律之外,《单用途商业预付卡管理办法(试行)》也对发卡机构和持卡人的权利义务作出了专门性的规定,可以成为法院裁判的说理依据。但是《单用途商业预付卡管理办法(试行)》属于行政监管机构颁布的部门规章,不具有法律、行政法规的效力,法院如何在民事纠纷审理中适用此规章并以之影响合同效力,存在一定的分歧。

　　有法院根据《单用途商业预付卡管理办法(试行)》中的规定分析记名卡与不记名卡的区别,并在法律后果认定上作出了妥当的裁判。在某预付卡纠纷中,原持卡人在其单用途预付卡被盗后向发卡机构(商场)主张解除合同,要求返还尚未消费的金额。② 法院根据《单用途商业预付卡管理办法(试行)》(2012 年)认定案涉预付卡为仅可在发卡机构各商场提货使用的不记名单用途预付卡。但实际上,发卡机构对案涉预付卡进行了实名登记,而且在盗窃发生后对相应编号的预付卡进行了冻结,使得该预付卡无法在原商场使用,持卡人因此主张原不记名卡实际为记名卡,卡内金额应予返还。法院审理认为,实名登记是发卡商户执行《单用途商业预付卡管理办法(试行)》实施的一项措施,其目的并不是要赋予不记名卡也具有记名卡的挂失功能,而是从严肃财经纪律、防范金融风险、促进反腐倡廉的角度进行的规范,但冻结被盗卡片是出于减轻损失目的采取的补救性技术措施,被盗卡仍可在其他地区的商场使用。如果新的持卡人能够证明其是善意第三人,发卡机构无理由

① "上海百瑞特国际货运有限公司与上海易士多连锁超市有限公司其他合同纠纷"(上海市虹口区人民法院(2015)虹民二(商)初字第 1006 号民事一审判决)。

② "常州市日新树脂有限公司与锦江麦德龙现购自运有限公司厦门湖里商场合同纠纷"(福建省厦门市中级人民法院(2015)厦民终字第 836 号民事二审判决)。

拒绝其持卡消费。法院最终未支持原持卡人解除合同、返还卡内余额的请求。[①]

　　基于便利交易的考量,《单用途商业预付卡管理办法(试行)》允许小额不记名预付卡的存在,即便发卡商户对购卡人进行了实名登记,此种记录也不改变不记名卡的性质。预付卡不记名的优势是卡片可以流通和转让,持卡人支付时,发卡机构无须核对和验证持卡人信息,有利于降低交易成本并提升交易效率。正如本书第一章的分析,单用途预付卡仅为债权凭证,是行使请求权的依据,不具有物权凭证功能,并不能成为货物本身的代表。持卡人向发卡机构出示预付卡,代表其请求发卡机构提供相应的商品或服务,但此种商品或服务无须特定化,预付卡的转移仅代表请求权的转移,不具有物的转移的效力,因此预付卡代表的债权请求权是依据发卡机构承诺的以约定商品或者服务进行偿付的权利。对于不记名预付卡,即便原购卡人主张卡片丢失、被盗或存在其他侵权情形,新的持卡人善意取得卡片的,发卡机构仍需要向新持卡人履行相应兑付义务,因此发卡机构没有直接向原购卡人返还卡内余额的义务。

　　但是也存在部分法院未正确理解《单用途商业预付卡管理办法(试行)》的规定,影响了持卡人权益保障。在一起典型案例中,[②]某健身公司发行单用途预付卡(会员卡),规定持卡人未在一年有效期内开通卡片则失效,持卡人未及时开通卡片,请求解除合同并主张发卡机构返还卡内资金。法院最终未支持持卡人,认为持卡人以自身工作繁忙等原因未及时开卡,违反了合同约定,不能解除合同。法院还指出监管规范——《单用途商业预付卡管理办法(试行)》(2012 年)的规定不适用于健身行业,因为该办法的附件(《单用途商业预付卡行业分类表》)仅涉及零售业、住宿和餐饮业、居民服务业三大类,每类行业之下的具体详细分类未包括健身行业。此判决存在法律适用错误的问题,实际上健身行业可被解释为属于《单用途商业预付卡行业分类表》居民服务业中的"保健服务",因为根据全国保健服务标准化技术委员会确定的职能范围,健身应属于康体保健(包括器械健身和形体健身)。[③] 此外,根据《单用途商业预付卡管理办法(试行)》(2012 年)第十九条的规定,

---

①　类似案例及分析,可参见"牛涛与北京京东世纪信息技术有限公司买卖合同纠纷"(北京市第二中级人民法院(2017)京 02 民终 6609 号民事二审判决);赵雪、康临芳:《单用途商业预付卡消费纠纷的司法裁判》,载《人民司法·案例》2018 年第 23 期。

②　"刘永财与山东银座健身发展有限公司服务合同纠纷"(山东省济南市中级人民法院(2014)济民一终字第 1076 号民事二审判决)。

③　国家标准化管理委员会全国保健服务标准化技术委员会,https://www.bjfwbz.org.cn/about.php,2022 年 7 月 18 日最后访问。

记名卡不得设有效期,不记名卡有效期不得少于 3 年,因此案涉预付卡的 1 年有效期设定存在违规之处。法院应重点分析发卡机构的违规行为是否足以支持持卡人解除合同,发卡机构设定的有效期是否属于行业惯例,是否已对持卡人尽到告知义务,而持卡人自身是否存在过错等,综合考量各项因素之后再明确双方当事人的责任。

囿于《单用途商业预付卡管理办法(试行)》为部门规章,法院根据原《合同法》的规定,①认定违反该管理办法的合同并非当然无效,具有合理性。例如,在某例预付卡纠纷中,发行及出售单用途预付卡的机构未在事前备案,购卡人主张预付卡买卖合同无效。② 一审法院认为,"发售代币购物卡的行为扰乱了金融秩序,给税收和财务管理带来了混乱,属行政法规所禁止的行为,故双方的买卖行为应确认无效"。但是二审法院推翻了一审裁判,认为禁止代币票券的规定是从加强财政金融秩序管理出发作出的规定,而非直接宣布相关行为无效,从其性质上看,应属管理性强制性规定,而非效力性强制性规定,不宜据以认定购物卡买卖行为无效。笔者认同二审法院的裁判,因为《单用途商业预付卡管理办法(试行)》要求发行单用途预付卡的企业进行备案,并未要求其在事先获得行政许可,表明单用途预付卡业务不属于金融特许业务,而且备案要求是行政管理性规范,不应影响预付卡销售合同本身的法律效力。

当然,即便不能直接适用《单用途商业预付卡管理办法(试行)》这类部门规章,法院仍可援引民事法律和《消费者权益保护法》等法律规定的公平原则、诚实信用原则、格式条款解释规则,判断相关合同及条款的效力。例如,对于"消费者单方终止消费,则预付款项不予退还"这类常见的格式条款,法院可以否定条款效力,供援引的裁判依据是《消费者权益保护法》(2013 年修正)第五十三条的规定:经营者以预收款方式提供商品或者服务的,应当按照约定提供。未按照约定提供的,应当按照消费者的要求履行约定或者退回预付款;并应当承担预付款的利息、消费者必须支付的合理费用。③

---

① 《合同法》(1999 年实施,现已失效)第五十二条:有下列情形之一的,合同无效:……(五)违反法律、行政法规的强制性规定。

② "雄风集团有限公司与大众保险股份有限公司诸暨支公司买卖合同纠纷"(浙江省绍兴市中级人民法院(2014)浙绍商终字第 748 号民事二审判决)。还可参见"芦振华与北京至尊缤纷年代餐饮文化有限公司服务合同纠纷"(北京市朝阳区人民法院(2013)朝民初字第 29498 号民事一审判决)。

③ 详细分析可参见刘洋:《预付式消费服务合同中拒绝受领的法律效果——"孙宝静诉上海一定得美容有限公司服务合同纠纷案"评释》,载周赟主编:《厦门大学法律评论(2016 年总第 27 辑)》,厦门大学出版社 2016 年版。

不同于预付卡行政监管从注重反腐败向当事人合法权益保护的转变,单用途预付卡的司法治理重心始终在于解决持卡人与发卡机构的合同纠纷。究其原因,是因为预付机制的设计导致持卡人作为消费者已经预先支付了款项,其对于发卡机构能否在后续履行约定并无控制,持卡人也无其他担保机制,只能依赖于发卡机构的信用。由于信息不对称的存在,持卡人难以了解发卡机构的状况,更无法对发卡机构进行监督,尽管持卡人预付费用之后可获得一定的折扣优惠,但商品与服务质量能否得到保障仍存在疑问。特别是对于部分鱼龙混杂行业,消费者预付的资金可能已经被用于企业经营或其他用途,如果遇到发卡机构资金周转问题,持卡人难以获得承诺兑现。因此,持卡人权益保护是预付卡纠纷的主要争议焦点,也成为司法治理重点。[①]

(三) 司法治理与柔性行政监管的合作规制

单用途预付卡的行政监管重心经历了从反腐败到保障消费者权益的转变。预付卡仅为便利行贿受贿的工具,由此导致的腐败问题并非预付类费用凭证的结构性问题,随着"八项规定"等政策的严格执行,预付卡衍生的腐败问题不再是首要监管关注点。单用途预付卡的核心问题实际上是其特殊的交易结构导致持卡人权益易被侵犯,这也为司法实践所证实。有论者主张为控制消费者权益受损风险,私法上的改革应侧重于事前控制,可采取提前申报、销售收入第三方控制、消费合同强制条款、消费合同担保以及营业转让等方式。[②] 此种建议具有合理性,鉴于预付消费模式的内在结构缺陷——作为持卡人的消费者占据弱势地位,单纯依赖私法改革尚不足以控制消费者资金损失及其他权益受侵害的风险,更为合适的规制结构配置是建立司法治理与行政监管的合作规制。同时,行政监管应主要采取柔性措施而非严格市场准入等命令式控制措施,宜要求单用途预付卡发卡企业进行备案,注重消费者权益保护,并完善履约保险、信用认证等辅助规制措施。

1. 以消费者权益保护为核心规制目标

无论行政监管实证分析还是司法裁判研究,均表明消费者权益保护应成为单用途预付卡规制的核心目标,这根源于预付类支付业务的结构性问题。在单用途预付卡交易中,消费者需要预先向经营者支付一定数额的款项,然

[①]　域外预付卡纠纷审理重点也在于持卡人权益保障问题,典型分析可参见 Judith Rinearson, New Regulatory Risks in the Prepaid Gift Card Industry: What the Simon Mall Gift Card Litigation Teaches Us, Journal of Payment Systems Law, Vol. 1, 2005(讨论发卡机构在预付礼物卡上设置有效期、收取额外服务费、违反美国消费者保护相关法律)。

[②]　叶林:《预付式消费合同的法律管制》,载《哈尔滨工业大学学报(社会科学版)》2011 年第 2 期。

后按照约定分次或在一定期限内进行消费,待其后真正进行商品或服务交易时,相应款项再被发卡商户从已预付资金中扣除。① 对发卡商户而言,发行预付卡可提前回笼资金获得"融资",因此他们愿意向购卡的消费者提供一定的优惠。有研究表明单用途预付卡本质上是对发卡机构的短期融资支持以及对消费者的消费需求的优化配置,②这成为单用途预付卡广泛流行的主要原因。然而,在预付消费的基础合同中,消费者预付费用与经营者提供商品或服务之间存在时间差,属于不对称性交易。此类合同的履行具有继续履行、非即时履行特征,消费者事先已经预交全部价款,但很可能无法获得后续合同履行的保障,因而承担较大交易风险,在交易过程中处于明显的弱势地位。鉴于此种不对称的交易结构,发卡商户可能借用格式合同条款降低商品或服务质量,限制消费者的消费或者不予退款,由此引发诸多侵害消费者权益的问题。

单用途预付卡监管目标设定为反腐败扭曲了执法机制,使得预付卡备案执法"抓大放小",然而小型发卡商户侵害持卡人权益的问题更为突出。2016 年修订的《单用途商业预付卡管理办法(试行)》明确单用途预付卡监管目标在于"维护当事人合法权益,防范资金风险",更为合理。但是该办法仅对零售业、住宿餐饮业和居民服务业制定了管理规范,其他行业以及非由企业法人发行和受理的预付卡尚处于监管空白,尤其是发行预付卡的个体工商户仍需要规范。

为全面保护消费者合法权益,多个地方政府发布了涵盖单用途预付卡规范的消费者权益保护条例。③ 也有部分地区单独制定了单用途预付卡的管理规范,可以成为持卡人权益保障的依据。2019 年 1 月 1 日开始施行的《上海市单用途预付消费卡管理规定》是单用途预付卡地方专门立法的典范。该管理规定要求建设统一的单用途卡协同监管服务平台,归集经营者单用途预付卡发行、兑付、预收资金等信息(第九条);将个体工商户纳入规范体系,要求建立相应的业务处理系统(第十条);规定单用途预付卡主管部门会同相关部门制定合同示范文本,并要求经营者向消费者出示章程(第十三条);确立了单用途卡预收资金余额风险警示制度,要求发卡企业采取专用存款账户管理或者履约保证保险等风险防范措施,以确保消费者资金安全(第十五条)。

---

① 陈颖、蔡伟:《预付式消费合同中消费者权益的司法保护》,载《人民司法·应用》2015 年第 3 期。
② 郭丽静:《单用途商业预付卡在百货行业的融资功能研究》,北京大学光华管理学院会计硕士论文,2013 年。
③ 例如,《江苏省消费者权益保护条例》(江苏省人大常委会通过,2017 年 7 月 1 日实施)第二十七条和二十八条专门规范单用途预付卡。

在既有立法框架中,消费者作为持卡人的合法权益受到侵害的,《消费者权益保护法》(2013 年修正)第三十九条提供了五种救济方式:与经营者协商和解、请求消费者协会等调解、向行政部门投诉、根据与经营者达成的仲裁协议提请仲裁机构仲裁、向人民法院提起诉讼。鉴于消费者承担较大风险,单纯依赖某种救济方式尚不足以为其提供保障,还须将私力救济与公力救济结合起来。在不同法域,预付卡的交易结构具有类似性——持卡人与发卡机构处于明显的不平等地位,完全依赖私法调整不足以矫正持卡人的弱势地位。比较法研究也表明对于预付卡的规制,普遍采取公法与私法相结合的手段,公法上由行政监管机构对预付卡的发行、交易过程进行规范,私法上对预付卡所承载的预付式消费合同进行规范,根据预付式消费长期性和信用性的特点,设定当事人双方的权利义务。[1]

对于我国单用途预付卡的规制,可综合运用行政监管和司法治理路径,建立并完善两者的合作规制。监管机构对违法违规的发卡企业进行行政处罚的依据主要源于《单用途商业预付卡管理办法(试行)》(2016 年修正)的规定。[2] 此管理办法对发卡企业的行政处罚规定较轻,易被诟病。[3] 此外,行政机关还可援引《消费者权益保护法》(2013 年修正)和《侵害消费者权益行为处罚办法》(2015 年国家工商行政管理总局令第 73 号)对特定情形进行严格处罚,提升法律威慑效果。例如,《侵害消费者权益行为处罚办法》规定对预付款故意拖延或者无理由拒绝的,[4]由工商行政管理部门按照《消费者权益保护法》责令改正,根据情节处以警告、没收违法所得、罚款、责令停业整顿、吊销营业执照等。在司法裁判依据方面,《单用途商业预付卡管理办法(试行)》对预付卡业务类型、发卡机构义务的规定,以及《民法典》《消费者权益保护法》等关于诚实信用、公平交易、不得强制交易、格式合同解释、合同违约、合同解除的规定均可适用。

① 王建文:《我国预付式消费模式的法律规制》,载《法律科学》2012 年第 5 期;王博:《台湾地区预付卡法律规制的制度构造及其借鉴》,载《财经法学》2015 年第 6 期。

② 《单用途商业预付卡管理办法(试行)》(2016 年修正)第三十七条:发卡企业或售卡企业违反本办法第十四条至第二十二条规定的,由违法行为发生地县级以上地方人民政府商务主管部门责令限期改正;逾期仍不改正的,处以 1 万元以上 3 万元以下罚款。发卡企业违反本办法第二十四条至第二十七条、第三十一条规定的,由备案机关责令限期改正;逾期仍不改正的,处以 1 万元以上 3 万元以下罚款。集团发卡企业、品牌发卡企业疏于管理,其隶属的售卡企业 12 个月内 3 次违反本办法规定受到行政处罚的,备案机关可以对集团发卡企业、品牌发卡企业处以 3 万元以下罚款。

③ 陈沛:《预付式消费:本质、问题与治理——兼评〈上海市单用途预付消费卡管理规定〉》,载《北方金融》2019 年第 1 期。

④ 《侵害消费者权益行为处罚办法》(2015 年)第十条第二款规定,经营者对消费者提出的合理退款要求,明确表示不予退款,或者自约定期满之日起、无约定期限的自消费者提出退款要求之日起超过十五日未退款的,视为故意拖延或者无理拒绝。

2. 定性为非金融产品予以规制

单用途预付卡的交易结构易导致消费者资金损失,实践中确实也发生了多起发卡商户"卷款跑路"事件,例如媒体报道海鲜自助餐饮企业"金钱豹"负责人失联,未兑付给消费者的预付卡余额达到1000多万元。[①] 有论者建议对单用途预付卡设立金融监管体制,其理由是单用途预付卡具有了融资功能,发卡企业利用预付卡"先付款,后消费"的交易结构安排,吸收资金后可能损害消费者利益甚至携款潜逃,因此预付卡具有了金融属性,应对其予以严格金融监管。[②] 也有论者认为单用途预付卡作为"金融冲动"的突破口,正经历从纯粹的营销手段到属性金融异化的嬗变;[③]商业预付卡与有价证券、期权、期货等金融产品存在一定的共同特征,具有金融属性,应建立以商业预付卡独特金融法律属性为前提的专门性立法。[④]

单用途预付卡或许可能承担部分金融功能,例如发卡机构可以通过预付卡提前收取消费者的资金,以便获得短期融资。然而,特征之间的比较不同于对事物本质的把握和认定。分析一种新兴的支付产品是否具有金融属性,不能仅以经营者获得利益为视角,因为对于经营者而言,预付卡机制的设计目的主要在于市场营销,经营者可以通过预付费用的方式"锁定"顾客而营利。同时,经营者以营利为目的是必然且正当的商业逻辑,无论采取何种方式,经营者均存在融资可能性,但并非所有承担了融资功能的产品都应被严格监管。支付产品是否具备金融属性,应以消费者为视角进行判断。首先应考察消费者预付资金的目的——获得后续消费的对价还是期望投资回报,其次需分析交易结构对资金安全的影响,最后还需要考量监管措施与所规范的行为对社会造成的负外部性之间的比例是否恰当。单用途预付卡的持卡人预付资金的目的在于消费而非投资,预付卡并不等同于金融工具,虽然消费者资金存在受损风险,但法律规范已经限制单用途预付卡仅在企业集团内部发行与受理,因此不宜对其采取严格金融监管。

更应注意的是,严格金融监管通常意味着设立特别许可类的市场准入措施。然而按照《行政许可法》(2019年修正)第十三条的规定,通过四种方式能够予以规范的,可以不设行政许可:(1) 公民、法人或者其他组织能够自主

---

① 《金钱豹跑路 商业预付费卡再成风险陷阱》,新浪财经网,http://finance.sina.com.cn/zl/bank/2017-07-10/zl-ifyhwefp0349504.shtml,2022年7月18日最后访问。

② 李江华:《试论预付式会员卡消费的法律性质》,载《中国商界》2010年第12期;李猛:《论我国商业预付卡金融监管法律问题及其制度完善》,载《上海金融学院学报》2015年第1期。

③ 陈一新:《单用途预付卡金融异化、裁判反思与展望——基于139份案例的实证分析》,载《科技与法律》2018年第1期。

④ 李猛:《我国商业预付卡金融监管制度完善之域外经验借鉴》,载《上海金融》2015年第5期。

决定的;(2) 市场竞争机制能够有效调节的;(3) 行业组织或者中介机构能够自律管理的;(4) 行政机关采用事后监督等其他行政管理方式能够解决的。行政许可在我国成为一种监管实践的常态化机制,甚至形成一种思维方式——只要出现市场问题,人们即寄希望于行政许可、政府管制。之所以如此,是由于监管主体以新生领域的市场竞争机制不成熟、行业组织机构欠缺、事后监管机制无法解决等名义赋予事前监管正当化依据。[①] 然而,行政监管将增加企业合规成本,也有碍市场竞争机制发挥调节作用,并导致消费者依赖政府信用背书,因此对于单用途预付卡的管理,坚持既有备案制而非许可制更为合适。同时,应明确备案制不能异化为许可性备案登记,即备案登记不能作为开展业务的前提条件,政府不能以企业未备案为由不准予其开展业务。综合而言,对于单用途预付卡不宜再采取严格准入监管措施,而应注重消费者权益的保护。

3. 完善履约保险、信用认证等辅助规制措施

单用途预付卡不具有金融属性,不应被予以严格金融监管,因此较高的资金存管要求也不宜适用。尽管发卡企业事先收取资金,随即承担向持卡人兑付相应金额的产品或服务的义务,但这部分预先收取的资金的性质与押金不同,它已经成为发卡企业的预收款项,是应收账款提前变现的收入,属于资产项目,因此不应再对其实施过高的资金存管规制要求,否则不利于企业正常运营。可以将单用途预付卡交易模式与普通零售企业和供货商之间的交易模式进行类比:假设某一家大型供货商将其商品销售给不同的零售企业,其支付安排是零售企业先付款订货、后取货(与单用途预付卡类似),然而企业可将已经收到的资金记为"预收款项",自主决定如何使用而不必存管于商业银行监管账户。在零售企业和供货商的交易模式中,双方当事人谈判实力较为对等,法律无须为任何一方提供额外保护,如若发生纠纷,可通过合同约定以及相关私法适用予以解决。但是,单用途预付卡的持卡人通常为普通个人消费者,相比于发卡商户而处于相对弱势地位,法律规范有必要对其提供一定的额外保护,特别是应厘清消费者所应享有的合法权益。这也是为何《单用途商业预付卡管理办法(试行)(2016 年修正)》对持卡人权益予以专门保护的主要原因。此外,在单用途预付卡辅助规制措施方面,应采取履约保证保险制度,强化信用认证的信息规制。

预付卡履约保证保险是指保险公司向被保险人(预先支付商品或服务对价,合法拥有分次分期消费权的持卡人)承诺,如果投保人(发行与受理预

---

① 沈岿、付宇程、刘权等:《电子商务监管导论》,法律出版社 2015 年版,第 77 页。

付卡的商业企业)出现约定的履约困难情形无法兑付预付卡权利时,持卡者可依保险合同的约定得到一定的赔偿。2013 年商务部与原保监会发布《关于规范单用途商业预付卡履约保证保险业务的通知》(商秩函〔2013〕881 号)对履约保证保险业务进行规范,对财产保险公司加强合规性审查和业务管理,建立信息采集、保全和风险监控机制,组织保险行业协会制定示范性条款,规范理赔服务等。从原保监会发布的《关于中国人民财产保险股份有限公司单用途商业预付卡履约保证保险条款和费率的批复》(保监许可〔2014〕52 号)可以看出,保险公司承保的情形包括投保人申请破产而且法院依法裁定受理、投保人的营业执照被依法吊销、投保人违反《单用途商业预付卡管理办法(试行)》未能向持卡人退还资金被备案机关处以最高限额罚款的行政处罚。总体而言,预付卡履约保证保险可分散消费风险、分担市场监管压力、监督发卡企业从而促进预付卡市场的规范发展。①

　　信用认证方式也可作为单用途预付卡规制的补充措施。部分地区的监管机构已经对单用途预付卡企业采取了信用认证的信息规制方式,包括引入第三方信用评价或政府主管部门公示已完成预付卡发行与受理备案的企业名单,以便为消费者提供引导。例如,行业协会——中国商业联合会下设的商业预付卡规范工作委员会公布了《单用途商业预付卡发行服务规范》等文件,建立了"单用途商业预付卡发卡企业信用评价标准",并在中国预付卡行业峰会中发布了"单用途商业预付卡备案标识",以此促进单用途预付卡市场的信用认证。② 值得注意的是,信用认证不应被解读为规制机构对单用途预付卡发卡机构的信用背书,其本质上更类似于通过辅助手段向市场释放信号,引导消费者选择信用机制相对完善的发卡机构。

二、多用途预付卡的规制

　　多用途预付卡是指以营利为目的发行的、在发行机构之外购买商品或服务的预付价值,包括采取磁条、芯片等技术以卡片、密码等形式发行的预付卡。③ 与单用途预付卡类似,多用途预付卡也体现预付特征,但它的支付范

---

① 对我国预付卡履约保证保险制度的必要性分析以及构造建议,可参见耿姗姗、张志英:《我国商业预付卡保证保险的法律构建》,载《河南财经政法大学学报》2020 年第 1 期。对于类似的履约担保机制的分析,还可参见朱金东、孙婷婷:《我国预付式消费履约担保制度的法律构建》,载《东岳论丛》2014 年第 6 期。

② 参见中国商业联合会商业预付卡规范工作委员会(2012 年 4 月经商务部审核同意、国家民政部批准成立的行业组织):《中国单用途商业预付卡行业报告 2016》,2016 年 7 月 13 日,http://news.zgswcn.com/2016/0713/720571.shtml,2022 年 7 月 18 日最后访问。

③ 《非金融机构支付服务管理办法》(中国人民银行令〔2010〕第 2 号)第二条、《支付机构预付卡业务管理办法》(中国人民银行公告〔2012〕第 12 号)第二条。

围更为广泛,可以在发行机构之外用以购买商品或服务,能够实现跨企业、跨行业支付。如前文讨论,多用途预付卡市场发展曾引发监管机构对货币秩序、腐败、逃税、洗钱等问题的关注。在《关于规范商业预付卡管理意见的通知》(国办发〔2011〕25号)就预付卡规范作出部署之后,多用途预付卡的监管重点集中于客户资金风险防范。司法实践中,多用途预付卡的纠纷也反映出发卡机构非法集资、欺诈、损害消费者利益等问题。对于多用途预付卡市场的治理,应促进严格行政监管与司法裁判的合作规制,保障客户资金安全。

（一）行政监管与司法裁判反映的共同问题:持卡人资金损失风险

1. 行政监管框架:经营许可与风险监管

多用途预付卡业务与网络支付、银行卡收单一同被纳入非银行支付监管体系,根据《非金融机构支付服务管理办法》(中国人民银行令〔2010〕第2号)的规定,开展多用途预付卡发行与受理业务的,应获得支付业务许可。通常在金融监管框架中,设立市场准入的许可制度是针对存在较大风险的金融业务。发行多用途预付卡的企业并不是金融机构,然而在预付交易模式下,发卡企业作为非银行支付机构预先接收了客户的资金,之后再进行商品或服务的兑付,导致消费者对资金的支配和控制减弱,而且消费者与企业之间存在信息不对称,前者不知晓后者是否会履行承诺,因此预付业务模式使得消费者天然地面临资金风险。鉴于企业服务质量、诚信水平和支付安全这类信息在消费者和支付机构之间的分布不对称,客户难以了解支付机构的资质和实力,如果仅仅采取事后规制措施,例如通过适用合同法、侵权责任法等法律解决纠纷,较难全面保护消费者利益。因此,对发卡机构施加市场准入限制,予以最基本的考察,辅之持续监管和事后处罚,可在最低限度内将不诚信企业排除出市场,有利于维护市场交易安全。此外,支付机构的客户主要为个人消费者,其风险意识水平较低,尤其需要额外保护。我国尚未建立健全的信用体系,金融消费者风险意识薄弱,容易成为各类金融诈骗事件的受害者,因此法律规范对非银行支付机构提出强制性要求,对消费者予以倾斜性保护。

在2012年9月,中国人民银行发布《支付机构预付卡业务管理办法》(中国人民银行公告〔2012〕12号),建立风险监管机制,全面规范多用途预付卡的发行、受理和使用。该管理办法的主要制度仍延续了《关于规范商业预付卡管理的意见》(2011年)规定的三大基本制度——实名登记制、非现金购卡制和限额发行制,但规定得更为详细,特别突出了记名卡和不记名卡在资金限额、有效期、挂失、充值、赎回等方面的权利差别,①以防范和控制匿名卡被用于洗钱、逃税、腐败等各类非法活动。此外,该管理办法还禁止使用信用卡购卡和充值,打击"以卡购卡、以卡充卡"等预付卡套现、信用卡套现行为。但为了满足公众的小额支付需求,促进消费者福利的提升,《支付机构预付卡业务管理办法》虽规定预付卡不得用于网络支付,但仍给予一定的豁免,允许预付卡用于在线缴纳公共事业费、实体特约商户的网络商店消费等。②这些情形通常具有真实交易背景,出现信用卡套现、洗钱的风险较小,因此可以适当豁免。③

消费者权益保护是多用途预付卡监管的主要目标。《支付机构预付卡业务管理办法》的具体要求可概括为:(1)保障消费者知情权。监管机构要求发卡企业向购卡人公示、提供预付卡章程或与其签订协议。(2)保障消费者资金使用权。对于超过有效期尚有资金余额的不记名预付卡,发卡机构应当提供延期、激活、换卡等服务,保障持卡人继续用卡的权益。(3)保障消费者基本服务获取权。发卡机构应当提供余额查询、挂失和赎回等基本服务。此外,为保障客户资金的安全,多用途预付卡发卡企业还须遵守备付金监管制度,将为办理客户委托的支付业务而实际收到的预收待付货币资金(备付金)集中存管于特定的存管银行,不得挪用。④

2. 行政执法反映的实践问题:挪用备付金

多用途预付卡监管框架相对健全,然而从实践发展来看,多用途预付卡发卡机构挪用客户备付金现象较为严重,需要重点关注。发卡企业挪用备付金风险的根源在于预付的交易模式设计,发卡机构预先收取客户资金,这些

---

① 具体体现为:(1)区分记名卡和不记名卡。单张 1000 元以下金额的预付卡可以不记名,不可挂失,有效期不得低于 3 年。记名预付卡单张资金额度不得超过 5000 元,可以挂失、赎回,不设置有效期。(2)购卡实名制。购买记名预付卡,无论多少金额均需要登记;购买不记名预付卡 1 万元以上的,也需要进行登记。(3)充值实名制。在个人或单位对记名预付卡,或者一次性金额达到 1 万元以上的不记名预付卡充值时,应进行相关登记。(4)大额购卡和充值应通过银行转账。单位一次性购卡 5000 元以上,个人一次性购卡 5 万元以上,或者办理一次性 5000 元以上充值的,需要通过银行转账办理,以便保障交易可记录、可追溯。

② 《支付机构预付卡业务管理办法》(中国人民银行公告〔2012〕12 号)第三十条还规定,同时获准办理"互联网支付"业务的发卡机构,其发行的预付卡可向持卡人在本机构开立的实名的网络支付账户充值,但同一客户的所有网络支付账户的年累计充值金额合计不超过5000 元。但《非银行支付机构网络支付业务管理办法》(中国人民银行公告〔2015〕第 43号)第十三条规定,在预付卡向网络支付机构的支付账户转账中,应对预付卡转至支付账户的余额单独管理,并且限制支付用途仅在于消费,不得通过转账、购买投资理财等金融类产品等形式进行套现或者变相套现。

③ 《人民银行就〈支付机构预付卡业务管理办法〉答记者问》,2012 年 9 月 27 日。

④ 相关监管规范是《支付机构客户备付金存管办法》(中国人民银行公告〔2013〕第 6 号,已失效)以及更新的《非银行支付机构客户备付金存管办法》(中国人民银行令〔2021〕第 1 号)。

资金停留在发卡机构处,待之后客户再到受理此卡的商户处进行消费时,相应资金才会被扣除。在不确定的时间内,只要预付卡中存在余额,这部分资金就不由客户自己控制,因而实际控制客户资金的发卡机构具有了挤占、挪用客户资金的空间。

与单用途预付卡相比,多用途预付卡可以跨机构、跨行业、跨地域使用,因而一家发卡机构所能吸收的客户数量和资金就可以达到庞大的规模。与网络支付相比,多用途预付卡发行与受理业务的开展不需要投入大量运营资本,相关终端机具及资金结算、清算业务均可外包给其他机构运营,①因而多用途预付卡市场较易进入,行业质量参差不齐,实践中出现多起非法挪用客户资金的事件。根据中国人民银行公告的行政执法信息,截至 2022 年 4 月,在已注销支付业务许可的 47 家机构名单中,有 20 余家预付卡企业被决定不予续展或注销牌照,多用途预付卡发行与受理方面的违规问题成为最主要原因。② 预付卡企业违规挪用备付金的典型案例包括表 2-4 所列的浙江易士、广东益民和上海畅购等。

表 2-4　已注销支付业务许可的多用途预付卡发卡机构情况示例

机构名称	注销日期	业务类型	业务覆盖范围	发证日期	原有效期至
浙江易士企业管理服务有限公司	2015 年 8 月 24 日	预付卡发行与受理	浙江省	2011 年 12 月 22 日	2016 年 12 月 21 日
广东益民旅游休闲服务有限公司	2015 年 10 月 8 日	预付卡发行与受理	广东省	2011 年 12 月 22 日	2016 年 12 月 21 日
上海畅购企业服务有限公司	2016 年 1 月 5 日	互联网支付(全国)、预付卡发行与受理(上海市、江苏省、浙江省、安徽省、山东省)		2011 年 8 月 29 日(2014 年 7 月 10 日变更信息)	2016 年 8 月 28 日

浙江易士企业管理服务有限公司("浙江易士")是第一个被中国人民银行注销《支付业务许可证》的企业。浙江易士成立于 2007 年 10 月,于 2011 年 12 月获得《支付业务许可证》,获准在浙江省开展多用途预付卡发行和受理业务。浙江易士发行的"易士卡"可广泛用于超市消费、加油站付款、水电缴费等多种用途。但是,易士卡在 2014 年开始出现兑付困难的问题。经协

---

① 马梅、朱晓明、周金黄等:《支付革命:互联网时代的第三方支付》,中信出版社 2014 年版,第 238 页。

② 中国人民银行—政务公开—行政审批公示—已注销许可机构,http://www.pbc.gov.cn/zhengwugongkai/4081330/4081344/4081407/4081702/4081749/4081786/index.html,2022 年 7 月 18 日最后访问。

调,在 2015 年 7 月,北京迅壹达贸易有限公司收购易士卡对应的债权。① 中国人民银行在执法过程中检查确认浙江易士存在严重的违规问题,包括通过直接挪用、向客户赊销预付卡、虚构后台交易等方式,大量违规挪用客户备付金,造成资金链断裂,预付卡无法使用;伪造、变造支付业务、财务报表和资料,欺骗、掩饰资金流向;超范围违规发行网络支付产品等。② 最终在 2015 年 8 月,中国人民银行注销了浙江易士的《支付业务许可证》。

广东益民旅游休闲服务有限公司("广东益民")成立于 2009 年 4 月,经营范围为预付卡发行与受理(广东省)和企业管理咨询服务等。广东益民在 2011 年获得《支付业务许可证》,但它在经营过程中挪用客户备付金并涉嫌非法集资。2014 年 10 月,广东益民发出公告称公司资金链断裂导致经营困难,决定启动债权及资产重组程序。③ 2015 年 2 月,广东益民被指控涉嫌通过销售"加油金"等预付卡产品,非法吸收公众资金共计 9 亿多元,最终被检察院提起公诉。④ 最终在 2015 年 10 月,中国人民银行正式注销了广东益民的《支付业务许可证》。

上海畅购企业服务有限公司("上海畅购")成立于 2006 年 11 月,在 2011 年 8 月获得《支付业务许可证》,获准在上海市、江苏省、浙江省、安徽省、山东省开展预付卡发行与受理业务(涉及长三角等地区的 17 个城市),以及互联网支付业务(全国)。经中国人民银行执法检查确认,畅购公司存在的严重违规问题包括:通过直接挪用、隐匿资金、虚构后台交易等方式,大量违规挪用客户备付金;伪造财务账册和业务报表,欺骗、隐瞒客户备付金流向,规避相关监管要求等。⑤ 上海畅购公司资不抵债,无法兑付客户预付卡资金余额,最终由交银国信资产管理有限公司对个人消费者持有的畅购卡资金余额按 8.5 折进行了收购。⑥ 最终在 2016 年 1 月,中国人民银行注销了上海畅购的《支付业务许可证》。

---

① 《浙江易士卡公司被收购 持卡人至 8 月底可全额兑付》,载《浙江在线—今日早报》2015 年 7 月 9 日。
② 《人民银行有关部门负责人就注销浙江易士企业管理服务有限公司〈支付业务许可证〉事宜答记者问》,2015 年 8 月 28 日。
③ 《益民金融"加油金"变理财产品 资金链断裂无力还款》,央广网,2014 年 10 月 10 日,http://finance.cnr.cn/315/gz/201410/t20141010_516573901_3.shtml,2022 年 7 月 18 日最后访问。
④ 《广东益民"加油金"非法吸储超 9 亿 已有 5 人被批捕》,载《南方都市报》2015 年 2 月 14 日。
⑤ 参见中国人民银行官方网站发布的行政执法公告,http://www.pbc.gov.cn/goutongjiaoliu/113456/113469/3001561/index.html,2022 年 7 月 18 日最后访问。
⑥ 参见畅购网的通知,http://cgyy.chang-go.com/changgou-reserve/index.html,2022 年 7 月 18 日最后访问。

3. 司法裁判反映的实践问题:持卡人资金损失风险

以"多用途预付卡"为关键词在主要数据库检索,可以发现相关司法纠纷主要为刑事纠纷和民事纠纷,其中刑事纠纷的核心问题是非法经营、非法吸收公共存款等,①民事纠纷除涉及消费者权益保护问题(与单用途预付卡类似)之外,主要集中于多用途预付卡法律属性认定与发行机构经营资质等问题。

在刑事纠纷方面,为统一法律适用,最高人民检察院在 2017 年发布《关于办理涉互联网金融犯罪案件有关问题座谈会纪要》(高检诉〔2017〕14 号),对非法经营资金支付结算行为的法律性质进行了认定。对于未取得支付业务许可而经营多用途预付卡业务,违反《非法金融机构和非法金融业务活动取缔办法》的规定,②情节严重的,以非法经营罪追究刑事责任③。前述情形主要适用于无证发卡机构非法发行可跨地区、跨行业、跨法人使用的多用途预付卡,收集大量的预付卡销售资金,并根据客户订单信息向商户划转结算资金。值得注意的是,在案件审理过程中,应区分支付工具的正常商业流转与未经许可从事支付结算业务。此外,还应注意区分单用途预付卡业务与多用途预付卡业务,只有多用途预付卡业务的经营才需要事先获得支付业务许可。

在检索到的涉非法经营多用途预付卡刑事案件中,"付大正非法经营、合同诈骗案"④具有典型代表性,被告辩称所发行的预付卡为单用途预付卡,但实际为多用途预付卡,未获得特别许可即开展经营。该案基本案情是在2012 年 3 月,被告以自己开办的某物贸公司向山西省运城市当地经济贸易发展局申请发行预付卡,受关联公司某地产集团委托,拟定在本集团各企业内开展统一支付业务,但由于申报资料一直未完善,相关申请未获得监管部门的认可。被告自 2012 年 3 月开始以房地产集团公司名义非法发行商业预

---

① 此外,多用途预付卡刑事纠纷还涉及贪污案件,例如被告利用其负责公司薪酬福利工作的职务便利,在每月发放公司坐班制员工车贴、饭贴工作过程中,采用虚增应发卡人数的手法,截留并侵吞上海公共交通卡、斯玛特购物卡、锦江 e 卡通等多用途预付卡内的资金,参见"顾某某贪污案"(上海市静安区人民法院(2016)沪 0106 刑初 73 号刑事一审判决)。

② 《非法金融机构和非法金融业务活动取缔办法》(2011 年修正)第四条:本办法所称非法金融业务活动,是指未经中国人民银行批准,擅自从事的下列活动:……(三)非法发放贷款、办理结算、票据贴现、资金拆借、信托投资、金融租赁、融资担保、外汇买卖;(四)中国人民银行认定的其他非法金融业务活动……

③ 《刑法》第二百二十五条:违反国家规定,有下列非法经营行为之一,扰乱市场秩序,情节严重的,处五年以下有期徒刑或者拘役,并处或者单处违法所得一倍以上五倍以下罚金;情节特别严重的,处五年以上有期徒刑,并处违法所得一倍以上五倍以下罚金或者没收财产:……(三)未经国家有关主管部门批准非法经营证券、期货、保险业务的,或者非法从事资金支付结算业务的……

④ 山西省运城市中级人民法院(2018)晋 08 刑终 123 号刑事二审判决。

付卡,发行总量共计 1.5 亿元人民币,已支付 8000 万元,市场流转 5000 万元,剩余库存 2000 万元。其间,房地产集团公司与多家商户联盟签订商业预付卡的联营合同,涉足行业包括餐饮、酒店、服装、烟酒土特产、电器、加油站等。已发行的预付卡部分用于民间借贷充当抵押物品,部分用于联营商户消费刷卡,至案件审理时仍有 7000 万元的预付卡流通于社会而未获兑付。案件审理过程中,运城市商务局向运城市公安局出具公函,证实案涉预付卡按照相关法律规范可认定为多用途预付卡,法院也作出了此种认定。公安局出具的情况说明显示经公安机关了解,案涉预付卡并未在中国人民银行申报或取得任何审批。法院最终认定被告违反国家规定,其所经营的公司未经许可,发行多用途商业预付卡,非法从事资金支付结算业务,构成非法经营罪。

"李艳龙非法吸收公众存款案"①也反映了多用途预付卡可能被用作非法集资工具的问题。公诉机关指控在 2016 年 4 月,被告注册成立公司开展手机销售和预付卡业务,随后利用工作人员口口相传的方式,推广"惠民卡"充值返利,向社会公众变相吸收存款。经会计师事务所鉴定,在 2016 年 5 月至 2018 年 7 月期间,被告共向 6523 人吸收存款 1310 万元,消费储值 1165 万元,会员实际损失合计 144 万元。案件审理查明,案涉预付卡存在线上办理和线下办理两种模式,客户预存资金办理预付卡之后,可以充值兑换积分并获得利益返还,充值资金存入被告公司银行账户和其他个人银行账户,但均由被告保管。可以受理案涉预付卡的合作商户跨行业分布,包括购物、餐饮、车辆保养、生活服务等行业,但中国人民银行当地支行出具的情况说明显示,案涉预付卡业务未获得支付业务许可。法院最终认定,被告成立公司以变相吸收公众存款为主要活动,构成非法吸收公众存款罪。②

上述两个典型案例均属于被告未获得行政许可而开展多用途预付卡业务,被法院认定构成非法经营罪或非法吸收公众存款罪。而在"江林根挪用资金案"③中,被告的上海畅购公司已获得多用途预付卡发行与受理业务许可,但公司管理人员挪用客户已经预付的资金,涉嫌构成挪用资金罪。该案被告为上海畅购公司的总经理,其在 2011 年 10 月至 2012 年 3 月间,利用全面负责公司经营业务的职务便利,指使财务人员将畅购公司资金汇入其控制的另一公司账户,并将 1085 万元转入其个人银行账户用于赌博和消费。在 2013 年 1 月至 2014 年 11 月间,被告再次利用职务便利,擅自将畅购公司对

---

① 内蒙古自治区阿拉善左旗人民法院(2019)内 2921 刑初 60 号刑事一审判决。

② 笔者对该案的定罪存有异议,因为被告没有非法吸收公众存款的主观目的,应以非法经营罪论处更为恰当,详见后文分析。

③ 上海市第二中级人民法院(2017)沪 02 刑终 1378 号刑事二审裁定。

外发行的"畅购一卡通"多用途预付卡出售给案外人,指使其将 1 亿多元的购卡款汇入本人个人银行账户。审理中,被告辩称起诉书指控的汇入其个人账户的钱款均属被告为畅购公司垫付的资金,其并未挪用公司资金。法院认为根据相关法律规定,畅购公司作为多用途预付卡发卡企业,应对其预收资金进行严格管理,仅能将预收资金用于发卡企业主营业务,不得挪作他用,而被告将单位资金挪入个人银行账户,始终未予归还,并进行非法活动,数额巨大,构成挪用资金罪。该案与前文所述的上海畅购被中国人民银行取消《支付业务许可证》相互印证,表明了多用途预付卡发卡机构存在着较为严重的挪用客户资金的问题。

在民事纠纷中,代表性案例"广州市韵泗坊科技有限公司与北京艺尔飞科贸有限公司合同纠纷"涉及预付卡性质认定问题。① 纠纷双方协议设立分公司,就旅游服务会员卡——"畅游卡"的宣传和销售等进行合作。甲方北京艺尔飞公司将经授权代理的云南、港澳等地的旅游畅游卡销售给乙方广州韵泗坊公司,乙方再将卡片销售给消费者,甲方为客户提供咨询、报名服务,在有效期内保证客户出行。此纠纷的争议焦点之一是案涉畅游卡的性质认定。艺尔飞公司主张畅游卡不是预付卡,卡面标注的金额(3800 元)按照另一方的要求打印。而韵泗坊公司则认为,畅游卡是多用途预付式消费商务储值卡,因为艺尔飞公司规定了统一零售价 600 元,该卡由艺尔飞公司发行,从中国国旅公司购买服务,由中国国旅进行结算,即在发行机构之外用于购买商品或服务,所以艺尔飞公司从事了支付业务,但其未经批准许可,因此不得销售案涉卡片。

对于上述案例,一审法院认为,案涉畅游卡的制作样式和标注金额是双方共同确认的,客户购买畅游卡后到中国国旅公司进行消费,并未有证据表明艺尔飞公司在该卡出售后另行取得其他收益。艺尔飞公司向韵泗坊公司收取的每张卡片的价格(200 元每张),是基于艺尔飞公司自身的印刷成本及向韵泗坊公司提供咨询等服务的费用,而非为出售畅游卡所载明的旅游服务进行营利。因此,涉案畅游卡并不属于《非金融机构支付服务管理办法》和《支付机构预付卡业务管理办法》规定的预付卡。二审法院也认为,韵泗坊公司对双方的合作运营模式是清楚的,其在销售 100 张畅游卡后,以艺尔飞公司未获得《支付业务许可证》而销售具有代货币结算功能的畅游卡不符合有关法律规定,致使其无法销售经营为由要求艺尔飞公司退货、支付违约金并赔偿损失,没有法律依据和事实依据。笔者认同法院的裁判,在我国实行

---

① 北京市第二中级人民法院(2019)京 02 民终 3777 号民事二审判决。

单用途预付卡与多用途预付卡的二元规制体系之下,应根据预付卡背后的法律关系认定预付卡本身的法律属性,再判定发卡机构应遵循的法律规范。该案中,并无证据表明畅游卡可以跨机构、跨行业、跨地区使用,不属于多用途预付卡,更宜认定为单用途预付卡,因此不应适用《支付机构预付卡业务管理办法》,不必获得支付业务许可。

(二) 司法治理与严格行政监管的合作规制

多用途预付卡的交易机制较易引发客户资金损失风险,实践中也频频爆发预付卡发卡机构非法吸收或挪用客户资金的案件,应提升法律威慑力,建立并完善司法治理与严格行政监管的合作规制。

1. 强化备付金存管制度

由此前的分析可知,多用途预付卡发卡机构违规挪用客户资金,中国人民银行作为监管机构主要依靠事后检查和执法处罚措施予以规制。为严格控制风险,还应特别发挥事前规制措施的效用,对客户备付金进行严格监管。按照《支付机构预付卡业务管理办法》(中国人民银行公告〔2012〕第 12 号)的规定,多用途预付卡发卡机构应当通过其客户备付金存管银行直接向特约商户划转结算资金,受理机构不得参与资金结算;发卡机构委托销售合作机构代理销售的,代销售资金应直接存入发卡机构备付金银行账户,以切实防范预付卡业务中可能出现的资金风险。

即便法律规范作出了相关要求,但发卡机构预先收取的客户备付金未受到较好的实时监管,这也是导致发卡机构挪用客户资金的重要原因之一。非实时监管制度导致监管机构难以及时了解发卡机构的预收资金情况。例如,从中国人民银行注销浙江易士公司的《支付业务许可证》事件可以看出,易士公司大量挪用客户备付金、伪造变造交易和财务资料、超范围经营支付业务,除浙江易士公司自身原因外,还源于在制度方面监管机构难以做到实时监管,只能通过托管银行的监督以及支付机构的自律来进行一定程度的管理,再在事后追究责任。在广东益民挪用客户备付金案件中,部分消费者认为广东益民取得了支付业务许可,反而对其更加信任,这表明公众并不了解支付机构实际资产和公司经营情况,而认定监管部门为支付机构颁发了牌照就相当于政府对支付机构进行了信用背书。最终广东益民大量挪用客户备付金,甚至发展为非法集资,也反映出此前监管制度的缺陷——监管机构无法做到实时监管,不能及时发现和控制资金风险。

尽管按照 2013 年《支付机构客户备付金存管办法》的规定,①部分支付机构的支付业务可以被备付金银行实时监测,但仍不能有效解决备付金挪用问题。随后监管机构作出了诸多努力,逐步强化了对包括多用途预付卡业务在内的客户备付金安全保障。例如在 2016 年,中国人民银行发布《关于非银行支付机构非现场监管系统上线运行的通知》(银办发〔2016〕247 号),指出逐步完善对非银行支付机构基本信息、备付金信息、业务信息和经营管理信息等的统计分析和监督管理。此外,建立统一的独立的非银行支付清算系统也有助于解决客户资金实时监控的问题,但随后设立的网联清算有限公司主要处理网络支付业务,侧重监测网络支付机构而非多用途预付卡发行机构的资金交易。

2021 年《非银行支付机构客户备付金存管办法》(中国人民银行令〔2021〕第 1 号)更新了此前的备付金存管制度,也区别对待了多用途预付卡业务和网络支付业务(后文详述)。该存管办法第四条规定:非银行支付机构接收的客户备付金应当直接全额交存至中国人民银行或者符合要求的商业银行。非银行支付机构因发行预付卡或者为预付卡充值所直接接收的客户备付金应当通过预付卡备付金专用存款账户统一交存至备付金集中存管账户。第十四条也规定:开展预付卡发行与受理业务的非银行支付机构,可以选择一家备付金银行开立一个预付卡备付金专用存款账户,该账户性质为专用存款账户,仅用于收取客户的购卡、充值资金,不可以办理现金支取或者向备付金集中存管账户以外的账户转账。预付卡备付金专用存款账户资金交存备付金集中存管账户前发起、经由备付金银行审核确认的当日误入款的原路退回交易除外。同时,该法律规范还要求开展多用途预付卡业务的机构应当向客户告知预付卡备付金专用存款账户的开户银行、户名和账号。

因此按照新的备付金存管办法的规定,预付卡备付金并非直接交存至中央银行,而是通过预付卡备付金专用存款账户统一交存至备付金集中存管账户,其中预付卡备付金专用存款账户开设在商业银行,备付金集中存管账户开设在中央银行。按照规定,多用途预付卡的备付金不同于网络支付备付金的直接交存至中央银行账户,需要先通过商业银行的备付金账户再交存至中

---

① 《支付机构客户备付金存管办法》(中国人民银行公告〔2013〕第 6 号)第三十八条:支付机构和备付金银行符合下列条件之一的,支付机构可以向中国人民银行申请适当调整第三十七条所规定的比例:(一)支付机构的支付业务能够被备付金银行实时监测;(二)支付机构和备付金银行能够逐日逐笔核对客户备付金交易明细;(三)支付机构能通过备付金银行为客户提供备付金信息查询;(四)支付机构的公司治理规范、风险管理制度健全、客户备付金安全保障措施有效,以及能够主动配合备付金银行监督、备付金银行对其业务合规性评价较高。

央银行账户,但是商业银行备付金账户内的资金应于每个工作日大额支付系统业务截止前全部交存至中央银行的备付金集中存管账户。之所以作出此类规定,可能是考虑到相比于网络支付的备付金数额,多用途预付卡的备付金资金总额较少、交易频次较低、笔均交易数额较少,每笔交易直接通过中央银行备付金集中存管账户操作的效率较低,因此更适宜先由商业银行备付金账户结算之后再通过大额支付系统归集至中央银行的备付金集中存管账户。资金的具体划拨,交易数据和其他信息的归集、核对与监督,则均由清算机构负责,以形成对预付卡发行机构的监督。

2. 明确非法集资裁判标准

鉴于多用途预付卡的交易机制——消费者预先支付资金,发卡机构并非唯一的商品或服务提供者,预付卡可跨部门、跨行业使用,发卡机构存在广泛的挪用、借用、占用客户备付金的空间,除需要改进行政监管措施之外,还应在司法治理方面加强规制,正确界定相关纠纷的性质与法律后果。实践中,无论是否获得行政许可开展多用途预付卡发行与受理业务,发卡机构及其管理人员违反法律规定使用客户资金,均可能被裁判构成非法集资(非法吸收公众存款或集资诈骗)。然而鉴于非法集资认定的困难,宜进一步明确非法集资裁判标准,更好地实现法律适用的统一。

在规范层面,早在 1996 年国务院即发布《关于立即停止利用发行会员证进行非法集资等活动的通知》(国办发〔1996〕33 号),指出非法集资的形式包括发行会员证;原银监会《关于深入开展防范和打击非法集资宣传教育活动的通知》(银监办发〔2012〕194 号)也强调防范"通过会员卡、会员证、席位证、优惠卡、消费卡等方式","以商品销售与返租、回购与转让、发展会员、商户联盟与'快速积分法'等方式"进行的非法集资。按照非法集资相关司法解释的规定,认定诸如非法吸收公众存款和集资诈骗的非法集资行为,需要符合"非法性""公开性""利诱性"和"社会性"这四个要件。例如,对于非法吸收公众存款,《最高人民法院关于审理非法集资刑事案件具体应用法律若干问题的解释》(法释〔2010〕18 号)第一条规定:违反国家金融管理法律规定,向社会公众(包括单位和个人)吸收资金的行为,同时具备下列四个条件的,除刑法另有规定的以外,应当认定为刑法第一百七十六条规定的"非法吸收公众存款或者变相吸收公众存款":(一)未经有关部门依法批准或者借用合法经营的形式吸收资金;(二)通过媒体、推介会、传单、手机短信等途径向社会公开宣传;(三)承诺在一定期限内以货币、实物、股权等方式还本付息或者给付回报;(四) 向社会公众即社会不特定对象吸收资金。①

　　在前述广东益民"加油金"预付式产品中,发卡企业涉嫌非法集资。新闻报道显示,广东益民向消费者销售汽车加油卡,消费者享受返现或其他优惠,其业务模式实际上构成"一次性付款,分期返还"。以"加油金"的某款体验套餐产品为例:消费者一次性付款 2850 元购买加油卡,之后连续三个月每月获得 1000 元的返还,消费者可选择将获得返还的 3000 元总额再次充入绑定的实名制加油卡,或用以购买等值的预付卡。② 如果消费者使用加油卡消费,相当于享受 9.5 折优惠。但实际上,不少消费者购买加油卡的交易动机、交易目的已经不在于获得消费——享受预付费用对应的商业服务,而是希望成为代理商,通过大量购买此类产品再转售给他人以获得收益;特别是在业务剧增之后,广东益民不再要求消费者将获得返还的资金用于购买加油卡,而是直接返给消费者现金,即将资金直接汇入消费者银行账户。③ 如果消费者一次性交付 2850 元购买预付卡,连续三个月每月返还 1000 元,则三个月利息率为 5%,折合年利息率为 20%。

　　上述广东益民销售预付卡的行为特征符合"非法性""公开性""利诱性"和"社会性"。更重要的是,由广东益民"加油金"的交易模式可以看出,这款预付式产品已经成为投资理财类产品,消费者的交易目的转变为期待获得收益,而且此项收益依赖于发卡机构是否能够履行承诺,直接取决于发卡机构对资金的运营能力,广东益民的行为本质上属于未获许可的直接融资。鉴于多用途预付卡机构利用预付卡非法集资,对社会中的不特定群体(公众)带来严重的资金损失风险,危害甚大,行政监管应与司法治理进行合作规制。这也是为何如前所述,在 2015 年 10 月中国人民银行注销了广东益民的《支付业务许可证》,与此同时检察机关也对广东益民提起了公诉。④

　　对广东益民的非法集资行为应予以严厉打击,但相比之下,在前述"李

---

①　关于非法集资刑事案件认定的司法解释和司法文件还包括《最高人民法院关于非法集资刑事案件性质认定问题的通知》(法〔2011〕262 号),《最高人民法院、最高人民检察院、公安部关于办理非法集资刑事案件适用法律若干问题的意见》(公通字〔2014〕16 号),《最高人民法院、最高人民检察院、公安部印发〈关于办理非法集资刑事案件若干问题的意见〉的通知》(高检会〔2019〕2 号)等。

②　《广东益民支付牌照被摘 曾涉 9 亿元非法吸收》,载《每日经济新闻》2015 年 10 月 20 日。

③　《益民金融"加油金"变理财产品 资金链断裂无力还款》,央广网,2014 年 10 月 10 日,http://finance.cnr.cn/315/gz/201410/t20141010_516573901_3.shtml,2022 年 7 月 18 日最后访问。

④　此外,在司法案例数据库中还可检索到大量用户起诉广东益民公司,要求兑付"加油金"产品的民事案件,可参见"黄建宗与清远市胜海贸易有限公司、广东益民旅游休闲服务有限公司买卖合同纠纷"(广东省清远市清城区人民法院(2015)清城法民二初字第 69 号民事一审判决)等。

艳龙非法吸收公众存款案"中,法院作出非法集资的认定则存在问题。笔者认为此案更宜认定为非法经营罪而不是非法吸收公众存款罪。从中国人民银行当地支行出具的违规经营支付业务情况说明可以看出,案涉预付卡是多用途预付卡,被告设立的公司未取得《支行业务许可证》,属于无证经营多用途预付卡发行与受理业务。案件中展示了预付卡的结算方式:一种是消费者从被告的公司购买多用途预付卡,该公司事先在加盟商处预存现金,待消费者在加盟商处消费后,加盟商从公司储值中划扣相应金额;另一种是消费者在加盟商处持卡消费,被告的公司隔日与加盟商进行结算,结算时加盟商再对公司支付服务费(3%至30%),因此被告公司和消费者都获得了返利,而加盟商获得了稳定的客源。被告主观上不存在非法吸收公众存款的犯罪故意,没有非法牟利的目的,预付卡发卡机构与办理预付卡的消费者之间的合同约定真实有效,相关合同目的——消费者购买预付卡用于消费支付——在一定场合或一定时间内可以实现。实践中,被告公司共销售了1310余万元的预付卡,绝大部分资金(1165余万元)完成了商户结算,除小部分用于公司日常开销之外,造成的会员实际损失为144万余元。因此,难以认定被告主观上存在非法吸收公众存款的故意,更宜将此类案件认定为非法经营罪。

学理上认为我国对非法集资的规制存在改善空间。对于非法集资认定标准,可以参考美国法上对投资行为的认定,须特别考虑如下因素:(1)资金投入者期待未来的回报收益;(2)投入的资金与其他人投入的资金混同使用;(3)收益主要来自他人的努力。[①] 因此,对于发卡机构利用多用途预付卡交易进行非法集资,应当透过现象分析本质,考察消费者购买预付卡的目的在于消费还是获得资金回报,分析资金如何被利用,收益是否来源于消费者之外的人的行为等。认定预付卡非法集资应把握好裁判尺度,在保障客户资金安全的同时,也不能过于偏颇,应当根据罪刑法定、量刑适当的原则追究相关人员的刑事责任。

总体而言,尽管单用途预付卡和多用途预付卡的使用范围存在差异,但两者均由非金融机构发行,其独特的交易结构使得消费者"先付款,后消费"而面临较大的资金损失风险,因此在规制结构配置上应注重行政监管与司法治理的合作规制,明确以消费者权益保护为核心规制目标。鉴于单用途预付卡与多用途预付卡存在着法律属性差异——单用途预付卡仅限于发卡机构及其集团体系内使用,属于限定了流通范围的提货债权凭证,多用途预付卡则可用于在发行机构之外支付商品或服务消费,体现预付价值,宜将单用途

---

① 关于非法集资的认定,可参见彭冰:《非法集资活动规制研究》,载《中国法学》2008年第4期。

预付卡定性为非金融产品,由商业主管部门予以监管,采取备案、信息披露、履约保险、信用认证等柔性规制措施,并通过司法治理保障消费者合法权益;将多用途预付卡定性为第三方预付价值,强化对支付机构预收的客户备付金的严格监控,并提升司法治理水平,明确非法集资的裁判标准,保障客户资金安全,制裁侵害消费者合法权益的行为。

第二节　预付账户网络支付业务的规制

与预付费用凭证相区别,网络支付不涉及卡片等实体支付工具,而是以虚拟账户的形式呈现,由收款人或付款人借助电子设备,依托公共网络信息系统发起支付指令,通过支付机构为收付款人提供货币资金转移。[1] 非银行支付机构提供的网络支付是一种技术过程,它包括互联网支付、移动电话支付、固定电话支付、数字电视支付等技术应用。[2] 无论通过何种技术渠道,按照非银行支付机构是否可以接触、控制客户资金的标准,可将网络支付划分为两种模式。

第一种是网关支付模式,也被称为通道支付、快捷支付模式,它依赖于客户的银行账户本身进行支付,具体是指非银行支付机构作为客户和银行的中介,在前端为签约商户和消费者提供以订单支付为目的的增值服务运营平台,在后端与不同商业银行的网上银行接口连接,提供可兼容多家银行的支付平台。[3] 网关支付模式的支付流程是"付款人—非银行支付机构—银行—收款人",改变了传统的商业银行的"付款人—银行—收款人"支付流程。在这种模式下,客户绑定借记卡或信用卡,通过非银行支付机构的快捷支付通道进行支付,支付机构不接触客户资金,不参与直接的资金转移,而只是形成支付指令,提供通道和技术协助资金的转移,而且资金也不会在非银行支付机构处发生停留。这类业务根据账户绑定借记卡或信用卡的不同情形分属

---

① 《非银行支付机构网络支付业务管理办法》(中国人民银行公告〔2015〕第 43 号)第二条。商业银行也可以从事网络支付业务,其本质是借记卡或信用卡的网络账户支付,体现即付或延付特征,本节不予讨论。

② 支付指令发起过程中,电子设备不需与后台系统交互的支付业务,例如基于手机近场支付功能的电子现金脱机消费业务等,不属于《非银行支付机构网络支付业务管理办法》的规范范畴。其原因在于相关配套技术和安全标准有待根据业务实践检验和完善,监管规范应给予市场探索和创新发展空间,详见《〈非银行支付机构网络支付业务管理办法〉条款释义》,http://www.gov.cn/xinwen/2015-12/29/5028644/files/17589d149b184644aeac8a4fdb317009.pdf,2022 年 7 月 18 日最后访问。

③ 相关定义和解释,可参见杨青、霍炜:《电子货币——互联网金融下的货币变革》,中国金融出版社 2015 年版,第 30—31 页;李莉莎:《第三方电子支付法律问题研究》,法律出版社 2014 年版,第 21 页。

于即付类或延付类业务。

　　第二种是账户支付模式,是指非银行支付机构为客户开立虚拟支付账户,客户事先将资金充值到支付账户,再在之后用于消费或其他支付。非银行支付机构的支付账户是用于记录预付交易资金余额、客户凭以发起支付指令、反映交易明细信息的电子簿记。① 在采取账户支付的网络支付模式下,尽管非银行支付机构也是作为中介对客户资金进行代收代付,但是在客户预付资金之后,资金会停留在支付机构账户中一段时间,即支付机构会实际接触资金,而且客户资金汇总存入特定的银行,以该支付机构名义开立。因此,账户支付模式的核心是非银行支付机构将客户预付的交易资金在之后按照客户指令予以支付,体现"预付"的特征。实践中,多数非银行支付机构均设立了此种账户支付模式,例如支付宝的"余额"账户和微信的"零钱"账户。

　　在网关支付模式中,非银行支付机构仅提供通道服务,疏通资金在不同银行账户之间转移的壁垒。在账户支付模式中,非银行支付机构为客户提供账户来实现资金的跨时间、跨账户转移。这两种模式的主要区别在于资金是否会在支付账户中作较长时间的停留,即是否产生资金沉淀,因此可能对电子支付服务接受者带来不同的风险。采取网关支付模式的支付机构无法直接接触客户资金,因此除技术原因外,支付机构导致客户资金发生损失的可能性较小。比较法上也一般排除对此类支付服务的专门监管,例如美国《统一货币服务示范法》规定仅提供数据传输服务,未经手客户资金的货币转移业务,不受货币转移法的专门监管。② 采取账户支付模式的支付机构可以接触客户资金,存在挪用资金的风险,因此法律上重点针对账户支付模式进行规制,这也是本节的讨论对象。

　　在监管方面,为规范非银行支付机构网络支付业务存在的问题,③监管机构发布《非银行支付机构网络支付业务管理办法》(中国人民银行公告

---

①　《非银行支付机构网络支付业务管理办法》(中国人民银行公告〔2015〕第43号)第三条。在途资金账户(内部过渡账户、内部记账账户、中间账户等)不属于该办法之下的支付账户,因为它们记录的余额是支付指令发起之后、执行完毕之前,客户待收或待付的在途资金金额,而不是客户的预付交易资金余额,而且这些账户通常只具有查询功能,客户不能凭以发起支付指令。

②　United States Uniform Money Services Act (2004), Section 103. http://www. uniformlaws. org/, last visited on July 18, 2022.

③　具体问题表现为:一是客户身份识别机制不完善,为欺诈、套现、洗钱等提供了可乘之机;二是以支付账户为基础的跨市场业务快速发展,沉淀了大量客户资金,加大了资金流动性管理压力和跨市场交易风险;三是风险意识较弱,在客户资金安全和信息安全保障机制等方面存在欠缺;四是客户权益保护亟待加强,存在夸大宣传、虚假承诺、消费者维权难等问题。《中国人民银行有关负责人就〈非银行支付机构网络支付业务管理办法〉答记者问》,2015年12月28日。

〔2015〕第43号），要求支付机构应取得《支付业务许可证》，获得支付牌照开展小额支付业务，服务于电子商务发展。该管理办法详细规定了支付账户分类、身份核实方式及余额付款的交易限额制度，①并要求建立健全风险控制机制、客户损失赔付及差错争议处理等客户权益保障机制。② 除此之外，鉴于支付机构作为隐蔽的资金转移渠道、便利的套现渠道、潜在的资金跨境支付渠道、天然的资金池使其极易招致洗钱风险，③监管机构也专门要求支付机构在资金交易过程中履行反洗钱义务。④

在司法治理方面，司法机关也发布司法解释，针对支付特许经营建立统一的裁判规则。例如，最高人民检察院发布的《关于办理涉互联网金融犯罪案件有关问题座谈会纪要》（高检诉〔2017〕14号）将未取得支付业务许可经营、基于客户支付账户的网络支付业务定性为非法经营资金支付结算行为，未取得支付业务许可从事该业务的行为，以非法经营罪等追究刑事责任。⑤2019年最高人民法院与最高人民检察院联合发布的《关于办理非法从事资金支付结算业务、非法买卖外汇刑事案件适用法律若干问题的解释》（法释〔2019〕1号）进一步将此问题的规范正式化。对于使用受理终端或者网络支付接口等方法，以虚构交易、虚开价格、交易退款等非法方式向指定付款方支付货币资金的，属于刑法规定的"非法从事资金支付结算业务"。⑥

在非银行网络支付带来的问题之中，客户资金（备付金）损失风险以及不当经营导致市场秩序混乱成为最主要的问题，⑦这也是行政监管和司法治

---

① 例如，Ⅰ、Ⅱ类账户余额付款功能仅限于消费和转账，付款限额累计在1000元之内，可以适用非面对面身份核实方式，但年累计付款达到10万元，则需使用面对面方式验证身份，或者至少三个外部渠道的非面对面方式验证身份；Ⅲ类账户除可用于消费、转账之外，还能进行投资理财，余额付款限额为年累计20万元，需要面对面方式验证身份，或者至少五个外部渠道的非面对面方式验证身份。

② 《非银行支付机构网络支付业务管理办法》采取了分类监管，是一大创新，体现差别监管、类型化监管的理念，但也有论者认为分类监管容易促使支付牌照价值分化，催化支付行业垄断的形成。相关论述参见王君权：《〈非银行支付机构网络支付业务管理办法〉述评》，载《吉林金融研究》2016年第2期。

③ 范如倩、石玉洲、叶青：《第三方支付业务的洗钱风险分析及监管建议》，载《上海金融》2008年第5期。

④ 例如，中国人民银行针对支付机构发布专门的《支付机构反洗钱和反恐怖融资管理办法》（银发〔2012〕54号），要求建立客户身份识别制度（遵循"了解你的客户"原则）、提交可疑交易报告、建立反洗钱和反恐怖融资内部控制制度等。

⑤ 此种情形下，无证网络支付机构为客户非法开立支付账户，客户先把资金支付到该支付账户，再由无证机构根据订单信息从支付账户平台将资金结算到收款人银行账户。

⑥ 非法从事资金支付结算业务获得非法经营数额在五百万元以上的，或者违法所得数额在十万元以上的，为"情节严重"；非法经营数额在二千五百万元以上的，或者违法所得数额在五十万元以上的，为"情节特别严重"，加重处罚。

⑦ 例如，《〈非银行支付机构风险专项整治工作实施方案〉的通知》（银发〔2016〕112号）指出网络支付的整治重点是客户资金安全和市场秩序维护等问题。

理的重点。预付账户的网络支付交易结构易导致客户备付金受损,为提升规制威慑力,宜采取命令—控制式规制措施,完善备付金存管制度,并通过司法裁判追究相关主体的责任,形成行政监管与司法治理的合作规制。对于网络支付机构带来的支付结算与清算问题,应由监管机构行使市场秩序维护之职责,建立并完善备付金集中存管和清算业务许可制度。

一、司法与监管合作规制重点:客户备付金安全保障

非银行网络支付机构的支付账户与商业银行的账户所反映的本质属性存在区别:商业银行账户余额是储户的存款,支付账户余额(备付金)是客户的预付价值。商业银行与非银行机构都占有客户资金并负有资金兑付义务,但存款代表着储户对银行享有的债权,受到《存款保险条例》的保障;备付金的所有权被规定为客户享有,突破了"货币占有即所有"的一般原理,但并不受《存款保险条例》的保障。如何确保客户备付金的安全,仍需要在条文规范之下作精细的规制安排。基于支付账户客户备付金治理面临重重问题的背景,[1]下文集中分析备付金兑付风险这一最为核心的风险。从支付机构的角度而言,除技术或操作层面的原因之外,备付金兑付风险主要来源于支付机构挪用备付金、支付机构破产和支付机构利用备付金进行投资遭受损失等。鉴于备付金兑付风险管理的重要性,相应的规制宜采取行政监管和司法裁判合作治理模式。

(一) 客户备付金兑付风险主要来源

1. 支付机构挪用备付金

在预付账户模式下,基础交易与货币转移之间存在时间差:客户需要预先将资金存入支付机构的支付账户,支付机构代为保管这部分资金,待客户需要支付时,向支付机构发起支付指令,支付机构再将资金转移给收款人。实践中,客户备付金均集中存放于支付机构的账户,而且此账户以支付机构名义开立,因此当备付金在支付机构账户中停留时,支付机构挪用资金的风险是客观存在的。如果支付机构挪用客户备付金,将导致在付款人需要将资金转移给收款人时,支付机构无法完成兑付。

在电子化支付市场蓬勃发展之前,我国广泛开展的邮政汇兑业务是纸质化时代下非金融支付的主要形式。邮政汇款曾在 20 世纪八九十年代发生过

---

[1] 另有学者分析了备付金制度规范文本严谨性缺失、备付金概念狭窄、存管银行协管不力、监管体系不完整的问题,参见黎四奇:《我国第三方支付客户沉淀资金治理改良方略》,载《政法论丛》2018 年第 1 期。

兑付危机,被称为"绿条子"事件,①即汇款凭证无法兑付,其实质为纸质时代的支付备付金兑付不能。与电子支付相同,因为存在兑付时间差,汇款人预付的资金(类似于备付金)会在邮政部门产生停留并面临被挪用的风险。在非市场化背景下,兑付危机的发生与当时国家邮政汇兑资金调拨机制设计有关,兑付问题也在其后通过机制改进得以解决。② 然而,无论在纸质时代还是在电子化时代,由于预付模式的存在,客户需要事先将资金交付给第三方,极易产生资金被挪用的风险。代收代付客户资金的机构仅为货币转移中介,不属于商业银行等信用中介,应受到专门监管。

实践中,部分从事网络支付的非银行支付机构挪用客户备付金,受到监管机构的行政处罚,彰显了备付金安全保障的重要性。例如,根据《中国人民银行营业管理部行政处罚信息公示》(银管罚〔2020〕9号),获准开展互联网支付、预付卡发行与受理的商银信支付服务有限责任公司,实施挪用备付金、擅自中止支付业务、未按规定开展备付金集中交存、未按规定结算商户资金、为非法集资平台直接提供支付结算服务等多种违法行为,被给予警告,没收违法所得5000余万元,并处罚款6000余万元,合计罚没超过1亿元。③ 也有行政诉讼表明,消费者向中国人民银行举报其在进行网络投资交易时,非银行支付机构未合法存放或使用客户备付金,要求处罚支付机构。因此中国人民银行需受理投诉举报,对相关支付机构进行调查,查清支付机构是否随意划扣客户备付金。④ 此外,部分机构非法经营支付业务,或者利用合法支付系统诈骗和挪用客户资金,构成刑事犯罪。⑤ 这些均表明客户备付金兑付风险的严重性。

---

① "绿条子"指邮政部门无法兑付汇款而签有"暂不能取"的单据,类似于欠款"白条子"。

② 苏盼:《第三方支付机构客户备付金性质及风险研究》,载《金融监管研究》2017年第9期。

③ 《中国人民银行营业管理部(北京)的政务公开行政处罚》,2020年4月29日,http://beijing.pbc.gov.cn/beijing/132030/132052/132059/4017644/index.html,2022年7月18日最后访问。

④ "王世辉与中国人民银行营业管理部行政纠纷"(北京市高级人民法院(2019)京行申1491号再审审查与审判监督行政裁定)。该案中,中国人民银行经过调查向原告消费者出具了反馈函,认定所举报资金划转存在支付机构为非特约商户提供支付服务的问题,但资金划转为持卡人通过网上银行自行操作发起支付请求,支付机构未随意划扣资金,也未被发现存在违反备付金管理规定的情形,法院最终裁定中国人民银行不存在行政违法行为。类似案例可参见"姜明元与中国人民银行营业管理部行政纠纷"(北京市西城区人民法院(2018)京0102行初945号行政一审判决)。

⑤ "赵谦非法吸收公众存款案"(北京市朝阳区人民法院(2017)京0105刑初1074号刑事一审判决)。学理上的分析,可参见涂龙科:《网络支付环境下盗窃罪适用扩张的路径、弊端及其限制研究——基于司法裁判实践的分析》,载《法学杂志》2017年第6期;浙江省杭州市人民检察院课题组:《涉网络支付犯罪规制的实践范例》,载《人民检察》2019年第6期。

2. 支付机构破产

当支付机构破产时,也将出现客户备付金兑付危机。尽管非银行支付机构接收某一客户资金,再向另一客户付款,但它并不是商业银行这类信用中介。支付机构接收资金的目的不在于发放贷款或者从事高风险投资,而在于转移资金,因此支付机构不是商业银行,也不能获得特殊破产程序等法律制度的保护。如果某个支付机构已经占据市场重要地位,客户规模庞大,在它出现破产危机时,是否有必要因"太大不能倒",由中央银行作为最后贷款人为其提供资金支持?按照《非金融机构支付服务管理办法》(中国人民银行令〔2010〕第 2 号)第三十九条的规定,支付机构因解散、依法被撤销或被宣告破产而终止的,其清算事宜按照国家有关法律规定办理。目前还没有专门针对支付机构破产的法律规定,而根据一般法理,支付结算业务不是商业银行的核心业务,仅从事结算业务的支付机构不是商业银行,因此中央银行没有法定义务对其进行救助。即便中央银行出于保障社会安定的考虑,对客户规模庞大的支付机构进行资金支持,也不同于对商业银行等信用中介机构的法定救助。

为应对支付机构破产导致的兑付风险,有效保障客户资金安全,比较法上一般要求支付机构作出一定的事前保障。例如,美国《统一货币服务示范法》要求支付机构缴纳保证金专门用于客户资金损失偿付,形式上包括担保债券、备用信用证或其他易兑现的保证等,并明确规定这部分资金专门用于解决支付机构营业以及终止营业后五年内客户提起的损失索赔。① 与此类似,我国 2013 年的《支付机构客户备付金存管办法》规定了风险准备金制度,支付机构从其利用客户资金所作商业银行存款的利息中计提 10% 以上作为风险准备金,以应对客户资金损失偿付。② 在备付金存管制度修改之后,2021 年的《非银行支付机构客户备付金存管办法》也规定了非银行支付机构应当缴纳行业保障基金,用于弥补客户备付金特定损失等,但尚未制定具体的缴纳要求。③ 风险准备金或行业保障金能否保障客户资金安全,尚有待验证。我国没有其他针对支付机构客户权益保障措施的强制要求,只是笼统规定支付机构对不能有效证明因客户原因导致的资金损失予以先行赔付。④

如果支付机构不幸进入破产程序,客户能否对其备付金享有取回权值得

① United States Uniform Money Services Act (2004), Section 204. http://www. uniformlaws. org/, last visited on July 18, 2022.
② 《支付机构客户备付金存管办法》(中国人民银行公告〔2013〕第 6 号)第二十九条。
③ 《非银行支付机构客户备付金存管办法》(中国人民银行令〔2021〕第 1 号)第三十五条。
④ 《非银行支付机构网络支付业务管理办法》(中国人民银行公告〔2015〕第 43 号)第十九条、第二十五条。

讨论。在法律介入规制之前,依据一般法理——"货币占有即所有",客户备付金存放于支付机构账户,受支付机构占有及管控,因此客户对其备付金仅享有一般债权,如果支付机构破产,客户仅为一般债权人,无法优先受偿,也无法取回其债权。但是非银行支付行业存在特殊性,其业务性质是"为他人利益而行为"——为收款人、付款人代收代付资金,而且支付机构是特许经营行业,获得《支付业务许可证》的营业外观也足以显示其接受委托为他人利益保管和支付资金。《非银行支付机构网络支付业务管理办法》直接规定备付金所有权在于客户,更加强化了此种营业外观。① 因此,委托债权取回制度存在适用空间,②客户可向支付机构主张取回备付金。当然,陷入破产中的支付机构能否保障备付金的偿还,也存在较大疑问。

3. 支付机构利用备付金投资产生损失

为保障备付金的安全性与流动性,在备付金集中存管制度(后文讨论)出台之前,支付机构需按《支付机构客户备付金存管办法》(2013 年)的规定将备付金存管于商业银行,具体可以以单位定期存款、单位通知存款、协定存款等方式存放。③ 因此,支付机构可利用备付金进行的投资也仅限于这些商业银行的活期存款和单位存款。如果存管商业银行破产,意味着支付机构利用备付金投资产生损失,因而也可能产生备付金无法兑付的风险。鉴于我国已经建立了存款保险制度,如果备付金存管商业银行破产,支付机构存放的客户备付金能否得到存款保险的保障,值得讨论。

按照《非银行支付机构网络支付业务管理办法》(2015 年)第七条的明确规定,支付账户所记录的资金余额不同于客户本人的银行存款,不受《存款保险条例》保护,这表明存款保险并不直接将支付账户持有人作为银行存款人来保护。进一步的问题是,支付机构备付金账户的存款性质是单位存款而非个人存款,能否作为一个整体受到存款保险的保护。按照《存款保险条例》(2015 年)第四条的规定,商业银行吸收的一般存款均属于被保险存款,只是金融机构同业存款除外。由于备付金账户为集合账户,以支付机构名义、单位存款方式开立于商业银行,此类存款并不是被排除的金融机构同业

---

① 《非银行支付机构网络支付业务管理办法》(中国人民银行公告〔2015〕第 43 号)第七条规定:支付机构为客户开立支付账户的,还应在服务协议中以显著方式告知客户,并采取有效方式确认客户充分知晓并清晰理解下列内容:"支付账户所记录的资金余额不同于客户本人的银行存款,不受《存款保险条例》保护,其实质为客户委托支付机构保管的、所有权归属于客户的预付价值。该预付价值对应的货币资金虽然属于客户,但不以客户本人名义存放在银行,而是以支付机构名义存放在银行,并且由支付机构向银行发起资金调拨指令。"

② 许德风:《论债权的破产取回》,载《法学》2012 年第 6 期。关于破产取回权问题,详见本章第三节预付押金部分的讨论。

③ 《支付机构客户备付金存管办法》(中国人民银行公告〔2013〕第 6 号)第十六条。

存款。因为按照《人民币单位存款管理办法》（银发〔1997〕485号），单位定期和活期存款利率均根据公告利率计付利息，即不能像狭义协议存款或金融机构同业存款那样按市场条件协商，不属于金融机构同业存款。因此，虽然每个支付账户持有人不直接受存款保险保护，但是集合了客户资金的支付机构备付金账户的存款作为一个整体仍然可以受到存款保险保护。

尽管备付金账户可作为单位存款受到存款保险保护，但是不能优先受偿。其原因在于《商业银行法》（2015年修正）第七十一条的规定，商业银行破产，在支付破产费用、所欠职工工资和劳动保险费用后，应当优先支付个人储蓄存款的本金和利息，因此当商业银行破产时，支付机构客户备付金这类单位存款不是个人储蓄存款，不享受优先受偿地位。另外，存款保险实行限额偿付，同一账户最高可获得的保险偿付为人民币50万元，①实践中支付机构客户备付金数额远高于50万元，如果商业银行破产，存款保险对这部分资金保障非常有限。即便支付机构可以计提风险准备金对客户予以赔付，但风险准备金也同样存放于备付金存管银行或其授权的分支机构，②在该银行破产时，风险准备金与客户备付金均不在优先受偿之列，于事无补。③

除上述风险来源外，客户自身对备付金的投资也可能导致资金损失。实践中，非银行支付机构开拓了多项业务，促进客户对备付金进行货币市场基金或其他方面的投资，④典型例子是支付宝的"余额宝"和微信的"零钱通"等。是否使用备付金投资是客户个人选择，也由客户自身承担资金风险，如何规制属于另一话题，在此不予赘述。

（二）备付金规制措施：命令—控制式规制

1. 行政监管：事前命令式规制

鉴于客户备付金兑付风险可能严重侵犯消费者权益，影响客户对支付行业的信心，应采取行政监管与司法治理相结合的规制方式，尤其注重事前命令—控制式规制措施的运用。实践中，非银行支付机构的客户备付金监管方案经历了调整。2013年的《支付机构客户备付金存管办法》要求客户备付金

---

① 《存款保险条例》（2015年）第五条。实行存款保险限额偿付制度也是国际惯例，主要是为了防范商业银行的道德风险。如果不对保险额度进行限制，商业银行有动机不顾存款安全，将吸收的资金进行高风险放贷以获取高额回报，因为即使最后无法收回贷款，存款保险也对存款人的所有存款进行赔付。

② 《支付机构客户备付金存管办法》（中国人民银行公告〔2013〕第6号）第二十九条。

③ 张立艳：《破产对第三方支付机构客户备付金的影响》，载北京大学金融法研究中心编：《金融法苑（2014年总第89辑）》，中国金融出版社2014年版。

④ 支付机构将支付账户与投资账户对接，与货币市场基金在交易结构、法律性质及金融风险等方面均有不同。相关论述可参见刘燕：《余额宝：革命三重奏》，载北京大学金融法研究中心编：《金融法苑（2014年总第89辑）》，中国金融出版社2014年版。

存管于商业银行,允许支付机构对客户备付金进行稳健投资,但将投资范围严格限定为活期存款和单位存款;2021 年的《非银行支付机构客户备付金存管办法》采取集中存管模式,除少数特例外,所有支付机构客户备付金均须存管于中央银行,不再计息,即不允许支付机构利用备付金再行投资。前一种方案可被概括为"商业银行存管模式",后一种可被概括为"中央银行存管模式",下文予以评述。

(1) 客户备付金商业银行存管模式

按照 2013 年《支付机构客户备付金存管办法》以及 2015 年《非银行支付机构网络支付业务管理办法》的规定,客户将预付资金(备付金)存放于支付机构,备付金的所有权属于客户,但并不以客户本人名义存放在商业银行,而是以支付机构名义开户,区别于支付机构自有资金账户,但备付金账户由支付机构向银行发起资金调拨指令。支付机构应当并且只能选择一家商业银行作为备付金存管银行办理跨行收付和备付金管理业务,但可以选择多家备付金合作银行收取并在本行支取备付金。备付金的存放形式包括活期存款、单位定期存款、单位通知存款、协定存款,但未明确存款的利息归属,而是交由市场确定(通常约定归属于支付机构)。实践中支付机构通常开立多个备付金账户,[①]形成分散存放的局面。

备付金商业银行存管模式的优势在于它有效发挥了资金效用,并可在一定程度上防范流动性风险。一方面,备付金银行收取的支付机构客户备付金以活期存款、单位存款方式存放,商业银行可利用此笔存款发放贷款,充分发挥资金效用。允许备付金账户计息,可提高支付机构收益,也便利支付机构从此利息中计提风险准备金,用以弥补备付金损失等,风险准备金计提比例随备付金合作银行数量增减而进行动态调整,也保障了灵活性。[②] 另一方面,一家网络支付机构在不同银行设立多个备付金合作账户,有利于缓解银行流动性危机。假设支付行业出现挤提问题:某一家网络支付机构的客户担心资金损失纷纷将支付账户中的余额转出到各自银行卡,与此同时其他支付机构的客户也担心类似问题,于是也发出将资金转出到银行卡的指令。如果

---

① 监管机构曾指出,"平均每家支付机构开立客户备付金账户 13 个,最多的开立客户备付金账户达 70 个",参见《中国人民银行有关负责人就非银行支付机构风险专项整治工作答记者问》,2016 年 10 月 13 日。

② 《支付机构客户备付金存管办法》(中国人民银行公告〔2013〕第 6 号)第二十九条:支付机构应当按季计提风险准备金,存放在备付金存管银行或其授权分支机构开立的风险准备金专用存款账户,用于弥补客户备付金特定损失以及中国人民银行规定的其他用途。风险准备金按照所有备付金银行账户利息总额的一定比例计提。支付机构开立备付金收付账户的合作银行少于 4 家(含)时,计提比例为 10%。支付机构增加开立备付金收付账户的合作银行的,计提比例动态提高。风险准备金的计提与管理办法由中国人民银行另行制定。

一家网络支付机构只有一个备付金账户,即便市场上存在多家网络支付机构(但实践中大量客户集中于少数几家支付机构),风险也会更加集中,相应的备付金银行面临巨大的流动性压力。例如根据中国人民银行公布的数据,2016 年非银行支付机构网络支付金额约 100 万亿元,[①]对比中国工商银行17.8 万亿元的客户存款,可见支付数额体量的庞大。[②] 尽管支付机构本身不会直接导致系统性风险,但由于其客户备付金都存管于商业银行,风险也会传染到银行而产生流动性危机,如果备付金银行资金无法满足需求,可能波及整个金融市场。因此,分散存放备付金可以在一定程度上缓解备付金银行的流动性压力,防范系统性风险。

然而,支付机构客户备付金分散存放于不同的商业银行,也存在诸多弊端,主要表现为未设立二级账户导致资金运转不透明,增加资金被挪用等风险,客户也不能获得充分的存款保险保障。此外,支付机构通过划拨不同备付金合作银行的备付金头寸,绕开清算机构实现备付金的跨行收付,也带来了市场秩序问题(详见后文论述)。

客户备付金存管规范要求备付金以支付机构名义汇集存放于商业银行,但没有借鉴证券交易结算资金管理制度,再要求银行为每名支付机构客户单独建立二级账户,因而无法有效监控资金流向。证券公司客户交易结算资金与支付机构客户备付金类似,是客户为了投资证券而在证券公司开立账户存放的资金。在改进存管制度之前,证券公司以自身名义将所有客户资金开立在一个银行账户之下,银行不能监控这个总账户下每个投资者的资金交易明细,证券公司得以轻易挪用客户资金。例如 2000 年证监会发布公告指出,存在挪用客户交易结算资金的证券公司多达 37 家。[③] 为解决这一问题,证监会逐步修改完善了资金结算制度,[④]要求证券客户交易结算资金存放于商业银行,以每个客户的名义单独立户管理,并由商业银行对证券公司的划款指令进行逐笔审核。因而客户证券账户作为二级账户反映在客户的银行账户

---

① 中国人民银行支付结算司:《中国支付体系发展报告(2016)》,中国金融出版社 2017 年版,第 30 页。

② 相关数据来源于《中国工商银行 2016 年年报》,http://v. icbc. com. cn/userfiles/Resources/ICBCLTD/download/2017/A_20170421. pdf,2022 年 7 月 18 日最后访问。

③ 《关于申银万国证券股份有限公司等 81 家证券公司归还所挪用客户交易结算资金方案的批复》(证监机构字〔2000〕134 号)。

④ 例如,证监会在 2001 年颁布了《客户交易结算资金管理办法》(证监发〔2001〕121 号),并于2004 年出台了《关于进一步加强证券公司客户交易结算资金监管的通知》(证监机构字〔2004〕131 号)。2009 年修改施行的《证券登记结算管理办法》(中国证券监督管理委员会令第 65 号)又作出了详细规定(第四十二条),要求证券登记结算机构须选择符合条件的商业银行作为结算银行,办理资金划付业务,证券登记结算机构须在银行开设用于备付金结算的专用存款账户。

名下,实现了"券商管证券,银行管资金",极大地降低了证券公司挪用客户资金的可能性。基于电子化证券交易时代背景下的证券透明持有模式,商业银行得以审核证券二级账户下的每一笔交易,但在电子支付中,备付金银行没有为每位支付机构客户单独开设二级账户,未实现透明持有。实践中虽然也出台了支付机构与备付金银行核对备付金的机制,①但未形成制度化、体系化的二级账户安排。

此外,未在备付金集合账户之下为客户建立二级账户,还存在额外的劣势:不能为客户提供充分的保障。按照前文的论述,备付金账户可作为一个整体在备付金银行破产时获得最高 50 万元的存款保险,但该笔保险仅能由众多客户共同分享,因此存款保险对每位客户的保障是非常有限的。类似地,美国的贝宝公司(PayPal)属于网络支付机构,②调整后的业务模式之一是开立"客户利益代理人账户"(for benefit of … account),汇总客户资金并按照客户指令用于后续支付,但以贝宝名义开立在商业银行,不计利息。"客户利益代理人账户"类似于我国的备付金集合账户,但此账户资金可以获得美国联邦存款保险公司的存款延伸保险(pass-through deposit insurance)的保障。当存管商业银行发生破产时,延伸保险可以穿透代理关系,覆盖至"客户利益代理人账户"资金的实际所有权人。如果满足以下条件:(1)在受存款保险保护的机构(例如商业银行)的账户明确显示出存管或代理关系;(2)账户资金每一位真正所有人(客户)的身份及资金信息可识别,即建立二级账户;(3)账户由名义所有人(支付机构)开设;(4)名义所有人作为客户代理人行事,③"客户利益代理人账户"的每一位客户均可享受最高 25 万美元的存款保险。④ 存款延伸保险制度无疑将在更大程度上保障客户权益,其关键在于"客户利益代理人账户"的独立化和二级账户的可识别化。我国支付机构备付金集合账户已实现独立化,但未建立二级账户,也未明确建立延伸保险制度,无法为客户提供充分保障。

---

① 在 2014 年,中国人民银行启动支付机构客户备付金监管到户试点工作。监管到户分为客户备付金监管的"大到户"和"小到户"。"大到户"即支付机构收取的客户备付金全额缴存至专用存款账户,进入银行监管体系;"小到户"即支付机构及其备付金银行将预付卡发行、充值、受理、结算等各环节数据逐日传送对比,实现持卡人在支付机构网站可查询卡内资金余额及其所存放的银行,并可在存放银行网站查询卡内资金信息。中国人民银行支付结算司:《中国支付体系发展报告(2014)》,中国金融出版社 2015 年版,第 65 页。

② 贝宝公司在处理客户资金方面也遭遇过诸多监管问题,参见〔美〕埃里克·杰克逊:《支付战争:互联网金融创世纪》,徐彬、王晓译,中信出版社 2015 年版,第 172—176 页。

③ 12 CFR § 330.5 and 12 CFR § 330.7. PayPal, Inc. , Form 10-Q: Quarterly Report on Form10-Q, Second Quarter of 2002, http://www. Paypal. com/cgi-bin/webscr? cmd = _ir-release&rid = 268046, last visited on July 18, 2022.

④ 12 CFR § 330.7 (a) and 12 CFR § 330.1(o).

（2）客户备付金中央银行存管模式

针对上述备付金商业银行存管模式的部分弊端,监管机构改革了网络支付机构客户备付金存管制度,通过渐进式调整,将备付金全额集中存管于中央银行,不再允许支付机构对备付金进行任何投资,并且要求所有的网络支付统一由专门的清算机构进行资金划拨,相关备付金交易信息的归集、核对和监督也由清算机构负责,以便促进交易的透明化。

自 2017 年开始,中国人民银行陆续作出备付金集中存管的渐进安排,要求支付机构与清算机构(中国银联或网联清算公司)对接,根据支付机构的业务类型和分类评级结果,逐步提高支付机构将客户备付金交存至中央银行或商业银行专用存款账户的比例,不再对备付金账户计付利息。大部分网联支付业务的客户备付金须全额存管于在中国人民银行分支机构开立的"备付金集中存管账户",此前在商业银行开立的其余备付金账户均应注销。① 最终,监管机构在 2021 年颁布《非银行支付机构客户备付金存管办法》(中国人民银行令〔2021〕第 1 号),巩固了客户备付金集中存管于中央银行的模式。按照规定,除跨境人民币支付、基金销售支付、跨境外汇支付这三类特定业务之外,非银行支付机构收取的客户备付金均应直接全额交存至中国人民银行。前三类特定业务的客户备付金仍然存管于商业银行,监管机构指出是源于市场机构诉求,需要优化这三类特定业务的账户管理。② 此外,多用途预付卡业务下的客户备付金需要通过预付卡备付金专用存款账户(商业银行账户)统一交存至备付金集中存管账户(中央银行账户)。

在中央银行存管客户备付金模式之下,中央银行破产可能性几乎为零,可避免因商业银行破产导致支付机构客户无法获得充分保障的问题。此种模式更具有独立性,也有助于解决商业银行与支付机构的利益冲突问题。由于支付业务同属于商业银行和支付机构的基础业务,两者存在业务竞争关系。在以往的备付金商业银行存管模式下,商业银行仅能知晓支付机构发起资金调拨指令背后的部分资金流,无法了解交易信息流、商品物流,但交易信息流对商业银行开展市场营销、信贷发放等业务具有重大意义,因此如果商业银行通过存管支付机构客户备付金而接触所有资金信息和交易数据,将获

---

① 《中国人民银行办公厅关于实施支付机构客户备付金集中存管有关事项的通知》(银办发〔2017〕10 号);《中国人民银行办公厅关于印发〈支付机构将部分客户备付金交存人民银行操作指引〉的通知》(银办发〔2017〕45 号);《中国人民银行办公厅关于调整支付机构客户备付金集中交存比例的通知》(银办发〔2017〕248 号);《中国人民银行办公厅关于支付机构客户备付金全部集中交存有关事宜的通知》(银办发〔2018〕114 号)。

② 《中国人民银行有关部门负责人就〈非银行支付机构客户备付金存管办法〉有关问题答记者问》,2021 年 1 月 22 日。

得不当优势地位,有违市场公平。成立网联清算公司之后,由网联作为专门的清算机构负责审核和监控客户备付金相关支付指令和信息,并实际完成资金划拨,可在一定程度上解决利益冲突问题。仅允许一家支付机构开立一个备付金存管账户,不再允许支付机构与商业银行直接连接实现跨机构的资金转移,也有利于促进资金透明化和管理高效化的发展,防范支付机构挪用、借用和占用备付金而出现流动性危机和兑付危机。

然而,中央银行的备付金集中存管账户不再计付利息,不允许支付机构利用备付金进行任何投资(包括诸如银行存款之类的稳健投资),将改变支付机构商业模式,也带来资金效用损失。在 2018 年之前,客户备付金产生的利息是支付机构的主要收入来源之一,例如根据中国人民银行杭州中心支行的数据,浙江省支付机构的备付金利息收入达到全部收入的 10% 左右。[1] 备付金不再计息之后,支付机构需要考虑调整商业模式。基于监管规定,除人民币和外汇跨境支付业务外,基金销售支付业务下的客户备付金仍适用商业银行存管模式,因此支付机构可能基于市场发展需求,扩大基金销售支付业务,压缩其他网络支付业务。客户备付金不再存管于商业银行,也使得商业银行丧失了这部分存款,无法再用其发放贷款,影响了资金效用。相较于美国、欧盟对支付机构客户备付金的监管,这一项弊端尤为明显(参见表 2-5 的比较)。

美国《统一货币服务示范法》规定的支付机构可利用客户资金进行投资的项目范围较为宽泛,有利于提高资金利用效率。与此同时,该示范法基于资金安全保障的考量,对支付机构(货币服务商)利用预收资金进行投资的种类和比例作出了限制。投资限制的核心是要求支付机构所投资项目风险低、流动性高、组合多样且收益稳定。支付机构收取的客户资金(备付金)的投资市值应随时保持不低于已发行而未偿付的货币价值,在支付机构破产时,这部分投资用于偿还消费者。[2] 可投资项目分为两类:第一类是安全性和流动性较高的投资,包括现金、银行存款、银行承兑汇票、评级较高的证券、政府发行的证券等,此类投资没有比例方面的要求。第二类是风险较大的投资,例如货币市场基金份额、生息票据、公开市场的股票等,这类投资不得超过所有可投资项目的 50%。[3] 欧盟的《电子货币指令》和《支付服

① 潘佳峰:《备付金集中存管后第三方支付市场发展问题的思考》,载《金融会计》2019 年第 4 期。

② United States Uniform Money Services Act (2004), Section 701. http://www.uniformlaws. org/, last visited on July 18, 2022.

③ United States Uniform Money Services Act (2004), Section 702. http://www.uniformlaws. org/, last visited on July 18, 2022.

务指令》也作出类似规定,支付机构(电子货币发行机构)接收的客户资金应由专门账户独立存放,与机构自身资金相分离,可投资于监管当局认定的特定低风险、高流动性资产项目,包括银行存款、特定债券等;不得持有其他与支付业务无关的企业股权,机构破产时不得将客户资金用于偿还自身债务。[①]

表 2-5　欧盟、美国、中国支付机构备付金监管主要措施

	欧盟	美国	中国:商业银行存管模式	中国:中央银行存管模式
监管对象	电子货币发行机构	货币服务商	非银行支付机构	
牌照制度	是	是(大多数州)	是	
主要法律规范	《2009 年电子货币指令》;《2015 年支付服务指令》	各州货币服务法(《统一货币服务示范法》)	《非金融机构支付服务管理办法》	
			《支付机构客户备付金存管办法》(2013 年)	《非银行支付机构客户备付金存管办法》(2021 年)
资本/资产要求	(1)初始资本:最低为 35 万欧元;(2)持续自有资本:基于发行机构自身特点和风险特征设定,提供多种计算方法。	各州规定不一,《统一货币服务示范法》:净资产 2.5 万美元。	(1)在全国范围开展支付业务:最低注册资本 1 亿元;(2)在省(自治区、直辖市)范围内开展支付业务:最低注册资本 3000 万元。	
保证金/风险准备金要求	未作特别要求	各州规定不一,《统一货币服务示范法》:5 万美元,每增加一个营业地点,增加 1 万美元,但总额不超过 25 万美元。	计提风险准备金,占客户备付金银行账户利息总额的 10% 以上。	缴纳行业保障基金,用于弥补客户备付金特定损失等。

　① Directive 2009/110/EC of the European Parliament and of the Council of 16 September 2009 on the Taking Up, Pursuit of and Prudential Supervision of the Business of Electronic Money Institutions, amending Directives 2005/60/EC and 2006/48/EC and Repealing Directive 2000/46/EC. Directive (EU) 2015/2366 of the European Parliament and of the Council of 25 November 2015 on Payment Services in the Internal Market, amending Directives 2002/65/EC, 2009/110/EC and 2013/36/EU and Regulation (EU) No. 1093/2010, and repealing Directive 2007/64/EC, https://eur-lex.europa.eu/, last visited on July 18, 2022.

（续表）

	欧盟	美国	中国:商业银行存管模式	中国:中央银行存管模式
客户资金投资限制	电子货币机构自有资金与客户资金分离,可投资于监管当局认定的特定低风险、高流动性资产项目,包括银行存款、特定债券等,但不得持有其他与电子货币业务无关的企业股权。	机构自有资金与客户资金分离,《统一货币服务示范法》规定的可投资项目: (1) 安全性、流动性较高的投资,包括现金、银行存款、银行承兑汇票、评级较高的证券等; (2) 风险较大的投资,包括货币市场基金份额、生息票据、公开市场股票等,这类投资不得超过所有投资的50%。	机构自有资金与客户资金分离,仅可投资于商业银行活期存款和单位存款,计息。	客户备付金直接全额交存至中国人民银行或者符合要求的商业银行,不再计息。

我国监管机构选择采取命令—控制式措施,严格保障客户备付金安全,符合资金风险防范的规制目标,但是过于严格的监管可能打击市场活力与竞争创新。对于规制改革,可以考虑将客户备付金集中存管于商业银行,一家支付机构的备付金统一存管于一家商业银行,允许诸如银行存款之类的稳健投资。为避免商业银行与支付机构的利益冲突,应由专门的清算机构进行支付业务资金清算和数据信息核对。为充分保障客户权益,还需要在备付金集合账户之下建立二级账户,明确每一位客户的权益,实施存款延伸保险制度,规定在存管银行破产时,存款保险也能延伸至支付机构客户,从而更好地实现资金安全与市场效率的平衡。

2. 司法治理:事后责任追究

鉴于客户备付金安全的重要性,还应发挥司法治理在民事和刑事责任追究方面的优势,形成规制威慑力,阻遏客户备付金违法违规行为。在刑事上,未获得支付业务许可从事账户支付业务的,属于非法经营;获得支付业务许可挪用备付金的,涉嫌构成非法集资(详见前文多用途预付卡方面的论述)。在民事案件中,备付金相关纠纷主要是客户因在基础交易关系中遭受损失故诉称支付机构违规划扣备付金,司法裁判难点是如何正确认定支付机构在客户备付金管理方面的义务和责任。

在部分案件中,客户提起合同之诉,要求支付机构承担违约责任。例如,消费者在未获得资质的网站平台从事投资交易,亏损后起诉为此交易提供支付服务的支付机构,称其未依法管理备付金导致客户资金损失。支付机构抗辩认为投资过程与支付过程相互独立,消费者的投资亏损与支付过程没有关联。法院一般认为支付机构具有支付业务许可,与商业银行签订了客户备付金存管协议,仅为基础交易的资金收付提供支付结算服务,按照客户指令进行支付,并不参与基础交易本身,因此未擅自扣留客户备付金,也未违反合同义务。① 也有少数法院认定了支付机构的违约赔偿责任。例如在"讯付信息科技有限公司与窦宝林等合同纠纷"②中,原告多名投资者在未获得资质的网络平台从事高风险投资交易,获得支付业务许可的讯付公司与平台的运营公司签订了《支付合作协议》和《委托付款协议》,并为其建立了独立的网络支付通道以收付投资者资金。投资人发现资金无法提现后,以支付机构客户身份起诉迅付公司要求其赔偿投资损失。法院认为,支付机构与收款人、付款人成立委托代理合同关系,讯付公司作为支付机构具有全网监测义务,并存在分析出非正常交易的可能性,其未尽勤勉尽责义务,给付款人造成了资金损失,应承担先行赔付责任。

通常而言,基础交易关系与支付服务法律关系相互独立,客户不能以基础交易关系不合法、不真实等基础交易关系事由要求网络支付机构承担划扣备付金的赔偿责任。然而,《非银行支付机构网络支付业务管理办法》(2015年)第十九条和第二十五条规定了先行赔付制度,对于非因客户自身过错导致的备付金损失,支付机构应承担先行赔付责任。③ 这也是为何在上述迅付案中,法院将法定义务纳入支付合同义务中,要求支付机构承担先行赔付责任。在将法定义务纳入合同义务过程中,首先,法院需判断何种法定义务可以构成合同义务,应将之限定为具有保护合同相对方之规范目的的那些法定义务。例如,要求支付机构识别基础交易当事人的身份的规范目的主要在于反洗钱,而非专门保护支付机构客户资金安全,因此不宜直接将此公法义务作为支付机构承担先行赔付责任的基础,还应结合案情具体分析。其次,法院应采取理性人标准,判断法定义务履行程度。例如,支付机构应对基础交易予以形式审查,如果支付机构对特约商户的身份识别未尽基本的形式审查

---

① "陈传贵与通联支付网络服务股份有限公司服务合同纠纷"(上海市浦东新区人民法院(2016)沪 0115 民初 33729 号民事一审判决)、"石改美与智付电子支付有限公司网络服务合同纠纷"(广东省深圳市中级人民法院(2016)粤 03 民终 20522 号民事二审判决)。

② 吉林省长春市中级人民法院(2019)吉 01 民终 58 号民事二审判决。

③ 《非银行支付机构网络支付业务管理办法》(中国人民银行公告〔2015〕第 43 号)第十九条第一款:支付机构应当建立健全风险准备金制度和交易赔付制度,并对不能有效证明因客户原因导致的资金损失及时先行全额赔付,保障客户合法权益。第二十五条:支付机构网络支付业务相关系统设施和技术,应当持续符合国家、金融行业标准和相关信息安全管理要求。如未符合相关标准和要求,或者尚未形成国家、金融行业标准,支付机构应当无条件全额承担客户直接风险损失的先行赔付责任。

义务,可以认定支付机构未能提供安全的支付服务,从而可能承担违约责任。但是对于特殊的基础交易,例如事先应获得许可的高风险交易,不宜赋予支付机构过高的注意义务而要求其审核交易资质,因为过高的实质审查义务将额外加重支付机构负担。客户亦应承担一定的注意义务,谨慎参与高风险交易,由此才能保障备付金安全。

除合同纠纷外,也存在较多客户以侵权责任纠纷为案由提起备付金损失赔偿诉讼。客户的索赔请求权基础主要在于支付机构未依法管理备付金,导致客户资金损失,但支付机构通常抗辩客户亏损与支付过程无关,而是源于客户自身未尽审慎注意义务。法院一般认为如果支付机构具有《支付业务许可证》,按照客户指令进行支付,支付机构不存在加害行为、不具有主观过错,而且相关投资或消费交易行为由原告自行操作完成,原告所受损失与支付机构的支付行为之间不存在因果关系,则支付机构不构成侵权。① 法院的其他理由还包括查明支付机构与商业银行签订有《支付机构客户备付金存管协议》,证据表明支付记录与客户提交的转账记录一一对应,因此支付机构不存在擅自扣留客户备付金的情形;② 或者认为原告未提供证据证明被告系统设施及技术不符合国家、金融行业标准及相关信息安全管理要求,而且支付机构对交易双方的基础交易关系没有实质审查义务,因此认定被告不承担先行赔付责任。③ 也有法院特别指出,互联网技术本身具有双向性,网络交易环境具有虚拟性,在遭遇网络诈骗的情况下,要求第三方支付平台对于交易内容合法性、合规性进行实时审核过于苛刻,已经超过了法律的规定以及双方的约定。④ 还有法院认为,即便监管规则对支付机构规定了法定义务,但属于监管机构对非银行支付机构开展网络支付业务的管理性规定,并不是支付机构对客户所负担的民事义务。⑤

对于侵权纠纷,审理的核心是需要论证侵权责任的构成要件,特别是支

---

① "高峰与迅付信息科技有限公司财产损害赔偿纠纷"(上海市徐汇区人民法院(2018)沪 0104 民初 20748 号民事一审判决)、"马东宇与智付电子支付有限公司侵权责任纠纷"(北京市第三中级人民法院(2018)京 03 民终 14474 号民事二审判决)。

② "陶红云与智付电子支付有限公司侵权责任纠纷"(广东省深圳市中级人民法院(2019)粤 03 民终 3318 号民事二审判决)。

③ "吕秀娟与易宝支付有限公司侵权责任纠纷"(北京市第一中级人民法院(2019)京 01 民终 1344 号民事二审判决)。

④ "俞光源与宝付网络科技(上海)有限公司网络侵权责任纠纷"(上海市徐汇区人民法院(2015)徐民一(民)初字第 4261 号民事一审判决)、"章玉栋与中国民生银行股份有限公司成都分行侵权责任纠纷"(四川省乐山市中级人民法院(2016)川 1102 民初 3199 号民事一审判决)。

⑤ "柳松与中国光大银行股份有限公司重庆两路口支行、迅付信息科技有限公司财产损害赔偿纠纷"(重庆市第五中级人民法院 2018 渝 05 民终 4284 号民事二审判决)。

付机构违反法定义务是否应当承担损害赔偿责任,对此需要考察先行赔付制度的规范目的。立法背景资料显示,构建支付机构先行赔付制度的理由在于防范支付机构盲目追求"便捷"而忽视"安全",而且网络支付业务依托公共网络作为信息传输通道,不可避免地面临网络病毒、信息窃取和篡改、网络钓鱼、网络异常中断等各种安全隐患,为保障客户信息安全和资金安全,监管规则从技术和安全标准符合性角度对支付机构提出要求。① 因此,赋予支付机构采取技术措施保障支付安全的义务是法定义务,构成支付机构的注意义务来源,如果支付机构未尽法定义务,构成违法,一般可推定其过错的存在,②即通过比照行为人行为与法律规范,认定行为人无法律上的理由侵害他人权益,主观状态为故意或过失,属于不作为侵权,因而需要先行赔付客户资金损失。

二、特殊的行政监管:支付系统结算与清算秩序维护

除了客户备付金安全保障问题,我国监管机构对网络支付还存在一个特别的关注点——维护支付系统结算与清算秩序,强调网络支付应始终处于支付系统的补充地位。由于新兴电子支付较易存在技术风险等问题,监管机构将之限定于小额支付领域,以免冲击既有支付结算与清算体系。自 2016 年 4月,国务院办公厅发布《互联网金融风险专项整治工作实施方案》(国办发〔2016〕21 号)对包括互联网支付在内的多个领域进行风险整治。随后,十四个部委联合发文指出非银行支付机构整治重点在于客户备付金风险和跨机构清算业务。③ 监管机构采取了包括集中存管备付金、设立网联平台等措施来实施整治方案。之所以重点整治这些方面,与支付机构如何从事支付结算与清算业务相关,此部分对此进行详细分析,并评价整治措施的合理性,提出规制措施完善建议。

按照通俗理解,我国的"结算"是指商业银行或其他机构面向客户的资金计算,即按照规则完成支付指令交换并计算出待清偿债权和债务的结果,

---

① 《〈非银行支付机构网络支付业务管理办法〉条款释义》,http://www. gov. cn/xinwen/2015-12/29/5028644/files/17589d149b184644aeac8a4fdb317009. pdf,2022 年 7 月 18 日最后访问。

② 违法性与过错的关系问题较为复杂,理论上主张根据所违反的法律规范类型来认定违法性与过错的关系,存在违法即过错、违法可推定过错、违法仅为过错证据之一等不同主张,此处不展开讨论,可参见朱虎:《规制法与侵权法》,中国人民大学出版社 2018 年版,第 226—245 页。

③ 《中国人民银行、中央宣传部、中央维稳办、国家发展改革委、工业和信息化部、公安部、财政部、住房城乡建设部、工商总局、国务院法制办、国家网信办、国家信访局、最高人民法院、最高人民检察院关于印发〈非银行支付机构风险专项整治工作实施方案〉的通知》(银发〔2016〕112 号)。

体现为记账过程;而"清算"是银行与银行之间,或其他机构与机构之间的资金转移,即清算在结算之后完成资金最终的划拨。[1] 长期以来,我国对"结算""清算"的界定与国际标准正好相反。[2] 由于国内对这两个术语的使用已被公众熟知,因此本书沿用国内用法,将结算看作是资金计算过程,而清算涉及跨机构间的资金最终转移过程。

　　在我国传统的结算—清算二级支付结构之下,非银行支付机构只是作为商业银行的客户处于结算体系当中。如果同一支付机构内部账户资金需要结算,仅作内部记账即可,无须对外清算。如果支付机构客户备付金账户需要与其他机构发生业务往来,还须进行商业银行跨行清算。商业银行支付系统一般依托专用通信网络,而非银行支付机构内部系统主要依托互联网等公共网络,并且通常支持移动通信和远程接入,具有开放性和灵活性,但因此也更具风险性。[3] 这也是为何法律规范维持结算—清算二级支付结构体系的主要原因。在结算环节,商业银行面对的客户主体众多、交易分散,因此由各个商业银行直接完成对客户的资金收付和结算,可以提升整体支付效率。在清算环节,由中央银行维护商业银行与商业银行之间的资金清算系统,有利于履行中央银行监控资金的职能,也可以提高资金清算效率,避免分散存放与频繁调拨资金,增强商业银行流动性以防范系统性风险。[4]

（一）网络支付结算业务及其风险

1. 网络支付结算业务体现为记账过程

　　网络支付机构可以为客户开立支付账户提供资金转移服务。在电子化交易过程中,资金转移的结果通过账户数值变化来体现。例如,网络支付机构的客户 A 向客户 B 支付 100 元,付款人 A 和收款人 B 都使用支付机构账户内的备付金进行付款和收款,那么最终双方的支付账户内会显示以借贷簿记方式体现的支付指令信息,即付款方有一笔"−100 元"的记账,收款方有一

---

[1] 对结算、清算概念的澄清,可参见中国人民银行条法司、国务院法制办财金司编著:《〈中华人民共和国中国人民银行法〉〈中华人民共和国商业银行法〉修改解读》,中国金融出版社 2004 年版,第 52—54 页;中国支付清算协会编著:《支付清算理论与实务》,中国金融出版社 2017 年版,第 12—17 页。

[2] 国际上一般认为,清算(clearing)是指支付服务组织按照特定规则,完成支付指令的交换,并计算出待清偿债权债务结果的过程。结算(settlement)是将清算过程产生的待清偿债权债务,由支付服务组织将资金(或有价证券)从债务人账户划到债权人账户,从而完成货币资金(或有价证券)的最终转移并通知有关各方的过程。

[3] 欧阳卫民:《非金融机构支付服务的创新与监管》,载《中国金融》2010 年第 15 期。

[4] 详细论述参见杨青、杨光、龙军:《支付机构对跨行资金清算的影响》,载《中国金融》2013 年第 20 期。

笔"+100 元"的记账。这种记录账户数值变化过程即为支付机构提供的结算业务。在上述交易中,网络支付机构对付款方和收款方的账户分别进行了借记和贷记 100 元的处理,完成了结算。①

不同意见可能认为,假设 A 向 B 支付 100 元,B 向 A 支付 50 元,那么最终计算只需要 A 向 B 支付 50 元,才是结算的意义所在,即提高支付效率、减少交易成本。但前述两例都涉及结算,只是存在全额结算、净额结算的差别而已。对于同一家非银行支付机构而言,所有客户的资金均集中存放,前例中客户 A、B 账户数值变化对于集合账户而言,不涉及余额变动,也不需要进行跨机构的资金划拨,支付机构通过逐笔记账可以完成实时的全额结算。

支付结算一向被认为属于商业银行传统业务,但结算是否为商业银行独有的特许业务？如果是特许业务,结算就只能由商业银行来提供,从事了结算业务的非银行支付机构也需要获得商业银行牌照,接受类银行监管。然而,结算并非商业银行特许业务,非银行支付机构也可以从事结算业务,下文予以详细分析。

2. 结算业务特征与风险

我国法律规范明确了支付结算是商业银行业务之一。《商业银行法》(2015 年)第二条规定了商业银行是指依法设立的吸收公众存款、发放贷款、办理结算等业务的企业法人,而且《商业银行法》(2015 年)第十一条还规定了设立商业银行,应当经国务院银行业监督管理机构审查批准。鉴于这些规定,有学者曾主张网络支付机构的结算业务专属于商业银行,为特许经营业务,支付机构应当接受更高标准的监管。② 这类主张的法律依据可归纳为:《支付结算办法》(1997 年)第六条规定,商业银行是支付结算和资金清算的中介机构,未经中国人民银行批准的非银行金融机构和其他单位不得作为中介机构经营支付结算业务。《支付结算业务代理办法》(2000 年)第五条规定,未经中国人民银行批准的非银行金融机构和单位不得办理支付结算业务的代理。《刑法》第二百二十五条规定,未经国家有关主管部门批准,非法从事资金支付结算业务的,构成非法经营罪。因此支付结算及其代理业务似乎均属于银行特许业务。

然而,结算并非商业银行特许业务。首先,尽管相关法律确实作出了上

---

① 根据《支付结算执法检查规定》(银发〔2013〕226 号),非金融支付机构属于中国人民银行支付结算执法检查对象,也说明我国监管机构倾向于认为网络支付机构从事了支付结算业务。

② 黎四奇:《对钓鱼欺诈中第三方支付机构作为或不作为法律问题的思考》,载《法律科学》2012 年第 3 期;李莉莎:《第三方电子支付法律问题研究》,法律出版社 2014 年版,第 67 页。

述规定,但一般包括但书条款——"法律、行政法规另有规定的除外"。就实践而言,我国的非银行支付市场的发展及其规范经历了一个特殊的历程——市场实践先行、法律监管在后。在中国人民银行对非银行支付进行专门监管之前,市场已经有所发展,并接受合同法等一般性法律的约束。我国互联网支付市场在 2005 年已初具规模,但是中国人民银行在 2010 年才颁布《非金融机构支付服务管理办法》,要求已经从事互联网支付等业务的机构补办《支付业务许可证》。2015 年发布的《非银行支付机构网络支付业务管理办法》也明确资金结算方式是支付机构的业务规则之一,必须在支付机构与客户签订协议时明确说明。事后规范平息了相关争议,中国人民银行也明确将支付机构定位为非金融机构,说明它们不是商业银行,不必接受银行类的严格监管标准。

其次,从法理上看,支付结算不是商业银行的本职业务,吸收活期存款从而用于发放贷款,才是商业银行作为信用中介的特殊性所在。[1] 尽管网络支付机构也接收一方资金,再向另一方付款,但它并不是信用中介。在商业银行这类传统的信用中介机构中,存在"三个转换"的金融功能。[2] (1) 期限转换:信用中介将短期负债转换为长期资产,从而将社会闲散资金归集而向社会经济活动提供资金融通,支持实体经济发展。(2) 流动性转换:信用中介将高流动性的存款资金(随时兑付)转化为低流动性的资产(不能及时变现)。(3) 信用转换:信用中介阻隔了资金供给方(存款人)与资金需求方(借款人)之间直接的信用和责任关系,形成"存款人—银行"的储蓄关系和"银行—借款人"的贷款关系。商业银行这类信用中介机构利用杠杆负债经营,其高度失调的资产负债比例导致它吸收损失的能力非常有限,难以应付挤兑危机。由于信息不对称,市场恐慌也可能波及其他银行,加剧系统性风险。银行业的失败具有明显的负外部性,易导致实体经济衰退、就业率下降等社会问题,但银行自身没有动力将此成本内部化。因此,基于银行吸收存款用以发放贷款的业务特性以及银行失败带来的巨大风险,立法者设计了特殊的严格的监管制度。支付结算业务是商业银行吸收存款和发放贷款业务的自然延伸,但它并非银行核心业务,不会为银行业带来系统性风险。

最后,网络支付机构所谓的"担保"业务并非法律意义上的担保,因此它也不是信用中介机构。实践中,网络支付机构的一项重要功能是作为独立第三方解决电子商务交易信用问题,特别是在卖方不履行交货义务时将货款退

---

[1]　彭冰:《商业银行的定义》,载《北京大学学报(哲学社会科学版)》2007 年第 1 期。

[2]　John Armour, Dan Awrey and Paul Davies *et al.*, Principles of Financial Regulation, Oxford University Press, 2016, pp. 362-364.

还给买方,但是此种信用担保不是法律意义上的担保。例如,《支付宝服务协议》明确约定支付宝中介服务是支付宝公司接受客户委托向客户提供的有关买卖交易货款代收代付服务,对于协议项下的任何服务,支付宝公司不提供任何担保与垫资。[①] 在司法实践中,法院判决也明确认定这类中介服务不是法律意义上的担保。例如杭州市中级人民法院在审判一起支付服务纠纷案时认为,支付宝公司按照各项规则的内容向买卖双方提供的"担保支付服务"是中立支付服务,并不是为卖家或者买家提供收款或者收货的法律担保,对于买卖双方达成交易的具体权利义务由交易双方自行约定,支付宝公司并不进行实质性审查,所以"支付宝担保支付服务"中的"担保"并不具有法律意义上的担保含义。[②]

网络支付机构从事支付结算,其接收客户资金的目的在于进一步的转移,而非发放贷款或从事高风险投资,它不是信用中介,也不承担法定担保责任,不会像从事吸收存款、发放贷款的商业银行那样产生系统性风险,因此不需要接受类银行监管。但是,网络支付机构仍然需要获得支付业务许可并接受其他监管,这源于结算导致的客户资金损失风险。在预付账户网络支付模式下,客户需要事先将资金交付至支付机构,再在日后用于支付。客户预存资金之后,能否对资金进行支配完全依赖于支付机构。由于存在信息不对称,客户难以了解交易对手的服务质量、诚信水平和支付安全,无法获得保障,而且客户多为个人消费者或中小商户,这类人群金融知识、风险意识和承受能力相对薄弱,无法达到与支付机构同等谈判地位,因此不能仅通过合同约定防范风险。如果支付机构挪用客户资金而无法满足客户支付需求,此时支付机构已超出其业务范围经营,因此有必要针对非银行支付机构建立专门的支付许可和客户资金安全保障制度。

(二) 网络支付清算业务及其风险

1. 网络支付清算路径

整治网络支付机构的另外一项重点是跨机构清算业务。中国人民银行曾发布《决定对从事支付清算业务的非金融机构进行登记的公告》(中国人民银行公告〔2009〕第 7 号),将支付机构称为"从事支付清算业务的非金融

---

① 参见《支付宝服务协议》(20210510 版本)第三条(支付宝为您提供的服务内容)第 4 项(支付宝中介服务)和第五条(使用支付宝服务的注意事项)第(四)款(我们的承诺和声明),https://cshall.alipay.com/lab/help_detail.htm? help_id=211403#10,2022 年 7 月 18 日最后访问。

② "范奇与支付宝网络技术有限公司网络服务合同纠纷"(浙江省杭州市中级人民法院(2014)浙杭商终字第 129 号民事二审判决)。

机构",并认为"支付清算业务"包括网上支付、电子货币发行与清算、银行票据跨行清算、银行卡跨行清算等,但此处"支付清算"的称谓并不严谨。后来正式公布的《非金融机构支付服务管理办法》(中国人民银行令〔2010〕第2号)不再使用支付清算的概念,而使用"支付服务"涵盖网络支付、预付卡的发行与受理、银行卡收单等业务,并明确了它们的非金融业务性质。

　　然而,实践的发展表明网络支付机构可能在事实上从事跨机构清算业务。在传统的结算、清算系统中,商业银行为其客户提供资金结算,清算组织(例如中国银联)和中央银行提供跨行清算服务。监管机构担心非银行支付机构绕过清算组织和中央银行而在事实上从事跨机构清算业务,这与网络支付机构曾与银行直接连接、支付机构开设多个备付金账户相关。传统清算组织及其搭建的数据传递系统类似于"接线板",便利商业银行与商业银行跨行交换数据,计算应该转移的资金情况,最终的资金划拨通过中央银行调整商业银行开立在中央银行的账户头寸来完成。如果网络支付机构与各个商业银行直接连接,意味着不再需要"接线板",双方建立系统完成支付,然后可以通过调整支付机构在不同商业银行的备付金集合账户头寸,绕过传统清算系统而直接完成资金划拨和转移。假设网络支付机构的客户A通过支付账户向客户B付款100元,付款人A将其支付账户绑定了X银行的银行卡,收款人B绑定了Y银行的银行卡。支付机构与X、Y银行直接连接,并在这两个银行都开设了备付金账户。如图2-1所示:

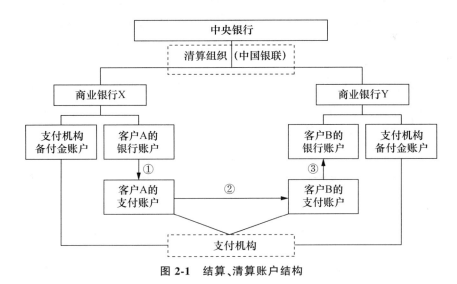

图2-1　结算、清算账户结构

　　此时,结算、清算存在两种路径。在第一种传统清算系统提供清算的路径下,具体的步骤可以表述为:① A将其X银行卡内的100元转入支付账户,A 的 X 银行卡账户"−100 元",A 的支付账户"+100 元",支付机构 X 银行备付金账户"+100 元";② A 将其支付账户 100 元转入 B 的支付账户,A 的支付账户"−100 元",支付机构 X 银行备付金账户"−100 元",支付机构 Y 银行备付金账户"+100 元",B 的支付账户"+100 元";③ B 将其支付账户的 100 元转入 Y 银行卡,B 的支付账户"−100 元",支付机构 Y 银行备付金账户"−100 元",B 的 Y 银行卡账户"+100 元"。在此路径下,支付机构的 X、Y 银行备付金账户均进行了资金变动,需要通过传统清算组织的跨行清算系统完成,并由中央银行通过调整 X、Y 银行在中央银行设立的账户实现最终的资金划拨。具体如表 2-6 所示:

表 2-6 传统清算系统提供的清算步骤

	A 的 X 银行卡 账户	A 的 支付 账户	支付机构 X 银行 备付金账户	支付机构 Y 银行 备付金账户	B 的 支付 账户	B 的 Y 银行卡 账户
① A 的 X 银行卡 →A 支付账户	−100	+100	+100			
② A 支付账户→ B 支付账户		−100	−100	+100	+100	
③ B 支付账户→ B 的 Y 银行卡				−100	−100	+100

第二种路径是网络支付机构提供清算,其步骤更为简化:① A 将其 X 银行卡内的 100 元转入支付账户,A 的 X 银行卡账户"−100 元",A 的支付账户"+100 元",支付机构 Y 银行(而不是 X 银行)备付金账户"+100 元";② A 将其支付账户 100 元转入 B 的支付账户,A 的支付账户"−100 元",支付机构 Y 银行(而不是 X 银行)备付金账户"−100 元",B 的支付账户"+100 元";③ B 将其支付账户的 100 元转入 Y 银行卡,B 的支付账户"−100 元",B 的 Y 银行卡账户"+100 元"。如表 2-7 所示:

表 2-7 网络支付机构提供的清算步骤

	A 的 X 银行 卡账户	A 的 支付 账户	支付机构 X 银行 备付金账户	支付机构 Y 银行 备付金账户	B 的 支付 账户	B 的 Y 银行卡 账户
① A 的 X 银行卡 →A 支付账户	−100	+100		+100		
② A 支付账户→ B 支付账户		−100		−100	+100	
③ B 支付账户→ B 的 Y 银行卡					−100	+100

　　上述简化的结算、清算步骤也得到实践验证。例如,在一起网络支付机构涉诉案件中,某支付机构陈述:甲欲通过其农业银行账户内资金向乙招商银行账户支付人民币 100 元,乙为连连银通公司(网络支付机构)客户,遂甲通过其农业银行发起支付,指令连连银通公司将 100 元支付给乙。连连银通公司使用在农业银行开立的备付金收付账户接收该笔款项,并在乙的商户号上计入一笔金额为 100 元的余额记录,至此付款已经结束。乙向连连银通公司发出提现指令,连连银通公司使用其在招商银行开立的备付金收付账户向乙指定的招商银行账户转账,完成提现。① 此过程与上文描述一致。

　　支付机构与 X、Y 银行分别直接连接,并且均开立了备付金账户,此备付金账户以支付机构名义开立,并未设立二级账户,商业银行无法知晓每一笔具体的交易,仅了解总账及其变化。在此路径下,支付机构不调整 X 银行备付金账户数额,而是调整了 Y 银行的备付金账户,Y 银行只需接受支付机构指令,调整客户 B 的银行账户数额即可,因此最终不需要进行 X、Y 银行之间的跨行转账和清算。支付机构调整其备付金账户头寸即可完整资金的转移,完全绕开了传统的清算系统。这也是为何有市场意见认为我国非银行支付机构已经不满足于做简单的通道业务,逐渐把触角伸向了隐性的资金账户服务,从事着类银行、类银联等业务,但又没有受到严格监管。②

　　2. 清算业务特征与风险

　　清算业务相比于结算业务具有系统重要性。在银行卡清算方面,我国逐渐完善了清算许可及其对外开放的规范构建,体现于《国务院关于实施银行卡清算机构准入管理的决定》(国发〔2015〕22 号)以及《银行卡清算机构管理办法》(中国人民银行、中国银行业监督管理委员会令〔2016〕第 2 号)。之所以对银行卡清算机构实施准入监管,源于清算业务的特别风险:第一,银行卡作为支付工具在我国的使用非常广泛,银行卡清算业务包含持卡人、商户、收单机构和发卡机构的大量金融信息,涉及重大公共利益;第二,银行卡清算业务系统属于重要金融市场基础设施,它需要搭建数据传递系统并连接多个主体,其风险防范和稳定运行对支付体系具有重大影响。③ 清算系统是基础性的公共设施,可能传递风险进而危及整个系统中的其他机构,因此清算机

① "谢君与连连银通电子支付有限公司、鼎盛盈通投资咨询(北京)有限公司网络侵权责任纠纷"(广东省佛山市中级人民法院(2018)粤 06 执复 261 号执行审查类执行裁定)。
② 中国银行业协会:《杨再平:为非银支付立规矩 成银网合作大方圆》,2015 年 8 月 27 日,http://www.china-cba.net/do/bencandy.php? fid=43&id=14392,2022 年 7 月 18 日最后访问。
③ 《人民银行有关负责人就〈国务院关于实施银行卡清算机构准入管理的决定〉答记者问》,2015 年 4 月 22 日。

构及其负责的清算系统具有系统重要性。国际上颁布了《金融市场基础设施原则》要求加强风险管理,①我国对银行卡清算机构实施特许监管也符合国际社会要求。

在国务院颁布上述准入规定之前,为落实国家金卡工程和银行卡联网通用政策要求,中国人民银行于 2002 年批准成立了中国银联股份有限公司,专门建设和运营全国统一的银行卡交易处理和资金清算系统。② 在 2002 年至2015 年间,中国银联是我国境内事实上的唯一的银行卡清算机构。尽管作为清算组织,中国银联只传递交易信息并不接触资金,但它负责建设和运行银行卡跨行支付清算系统这一金融市场基础设施,关乎整个金融体系的安全,③因而被特许参与我国中央银行清算系统。④ 中央银行负责商业银行与商业银行之间的跨行资金清算,中国银联作为特许参与者,在中央银行支付系统开设清算账户,主要用于临时应急,在商业银行自身清算账户不足以支付的情况下,可以暂时代替商业银行付款,确保银行卡支付业务的顺利完成。⑤

在上述体系中,商业银行跨行资金清算业务由清算机构和中央银行共同提供,其条件是:第一,中央银行与各商业银行连接,商业银行在中央银行开设清算账户;第二,清算机构建设基础服务设施并提供数据交换,以便中央银行通过调整商业银行清算账户头寸来完成跨行资金转移。按照《非银行支付机构网络支付业务管理办法》(2015 年)第八条的规定,支付机构不得为金融机构以及从事信贷、融资、理财、担保、信托、货币汇兑等金融业务的其他机构开立支付账户,因此各项资金收付基于银行账户办理,防止支付机构调整金融机构账户头寸来完成资金划拨,成为"中央银行"。但支付机构与商业银行直接连接,在多家银行开立客户备付金账户,通过调整各个客户备付金账户余额,绕开了中国银联的清算系统,实际上从事了跨机构清算业务。⑥

---

① 《中国人民银行办公厅关于实施〈金融市场基础设施原则〉有关事项的通知》(银办发〔2013〕187 号)。

② 参见中国银联网站,http://cn.unionpay.com/,2022 年 7 月 18 日最后访问。

③ 关于金融市场基础设施的重要性及法律规范,参见《中国人民银行办公厅关于实施〈金融市场基础设施原则〉有关事项的通知》(银办发〔2013〕187 号)。

④ 根据《中国人民银行支付系统参与者监督管理办法》(银发〔2015〕40 号),特许的参与中央银行清算系统的机构包括中国银联(人民币银行卡跨行交易资金结算)、城市商业银行汇票处理中心(汇票资金移存和兑付)、中国外汇交易中心(外汇交易资金结算)、中国国债登记结算公司(债券发行、兑付和交易资金结算)。

⑤ 杨青、霍炜:《电子货币——互联网金融下的货币变革》,中国金融出版社 2015 年版,第 100 页。

⑥ 类似观点可参见范如倩、石玉洲、叶青:《第三方支付业务的洗钱风险分析及监管建议》,载《上海金融》2008 年第 5 期;杨青、杨光、龙军:《支付机构对跨行资金清算的影响》,载《中国金融》2013 年第 20 期。他们主要认为客户的支付指令由第三方支付机构掌握,商业银行按照支付机构的指令将资金在客户银行账户和支付中介账户(即备付金账户)之间划转,因此第三方支付机构具备了跨系统轧差清算功能。

当然,支付机构也可以申请成为银行卡清算机构,但需要符合特别的要求。实践中,中国银联股份有限公司与连通(杭州)技术服务有限公司获准成为银行卡清算机构。①

网络支付的跨机构清算本质上是线上银行卡清算。原本也可以要求所有网络支付业务接入商业银行,再通过银行卡清算机构完成清算,但实践中设立了专门针对非银行网络支付业务的清算机构,即网联清算有限公司。网联平台专用于处理非银行支付机构发起的涉及银行账户的网络支付业务,可实现非银行支付机构及商业银行一点接入,提供交易信息转接和资金清算服务。② 有学者论述了网联以及客户备付金存管的必要性:网联一端连接支付机构,另一端连接客户备付金的存管银行,作为集中存管的技术平台对资金的专管账户予以集中监测,有助于改变监管不到位的情况,实现交易信息的真实性和可追溯性。③ 要求网联平台统一处理网络支付跨机构清算确实具有合理性。尽管网络支付机构主要从事小额业务,④但其客户数量庞大,特别是多达数亿的个人消费者和中小商户,已经与居民生活密切相关。如果网络支付机构未经审查从事清算业务,资金无法被监控,一旦支付机构自身面临操作风险、市场风险和信用风险等,可能波及系统中包括商业银行在内的其他机构。另外,网络支付机构具有开放性特征,其风险传染速度更快、传播范围更广,社会影响也更为严重。将所有网络支付业务纳入网联平台统一清算,有利于防范支付机构自行从事清算业务的诸多风险,但也被批评有碍网络支付创新,并形成了新的垄断格局。⑤

(三) 网络支付结算与清算业务的规制应对

对于网络支付机构结算业务带来的风险,规制重点应在于完善客户备付金保障制度;对于网络支付机构清算业务带来的风险,规制重点应在于建立清算业务特别许可制度。

为防止网络支付机构成为事实上的商业银行而挪用备付金等导致备付

---

① 来源于中国人民银行网站的政府信息公开行政审批公示信息,http://www.pbc.gov.cn/zhengwugongkai/4081330/4081344/4081407/4081702/index.html,2022 年 7 月 18 日最后访问。

② 参见网联清算有限公司网站,https://www.nucc.com/,2022 年 7 月 18 日最后访问。

③ 刘晓纯、刘雅秋:《"集中存管"下第三方支付中沉淀资金的法律监管》,载《天津法学》2019 年第 1 期。

④ 例如在 2016 年,支付机构累计发生网络支付业务 1639.02 亿笔,金额 99.27 万亿元,计算得出笔均金额为 605.7 元,中国人民银行支付结算司:《中国支付体系发展报告(2016)》,中国金融出版社 2017 年版,第 30 页。

⑤ 朱子琳:《对设立网联平台的批判》,载彭冰主编:《法律与新金融(2018 年第 1 辑)》,法律出版社 2019 年版。

金无法兑付,主要监管措施包括:(1) 建立支付业务许可制度,在资金、技术标准、组织管理等方面设立准入门槛,将不合格机构筛选出市场,最低限度保障客户权益;(2) 明确备付金归属于客户,要求支付机构对支付账户进行风险管理,禁止支付机构以任何形式挪用客户备付金;(3) 限制支付机构对客户资金的投资,构建备付金存管制度,加强资金监控,要求支付机构接收的客户备付金全额缴存至专用存款账户。实践中,监管机构通过执法检查不断强化了上述基本规制措施,并如前文所述选择逐步建立支付机构客户备付金集中存管制度,取消对支付机构客户备付金的利息支出,要求除少数业务之外,备付金须全额存管于中央银行专用账户。

由于网络支付机构能够从事清算业务主要在于支付机构与商业银行直接连接,同时又在不同商业银行开设了多个备付金账户,为规范网络支付机构的清算业务,需要消解这两项现实条件:第一,打破网络支付机构与商业银行直接连接的做法,另行建立统一的清算组织,为支付机构提供数据交换、资金清算服务;第二,对备付金进行集中存管,要求一家支付机构只能开设一个备付金账户。已经建立的网联清算公司是非银行支付机构网络支付清算平台。网联平台获得特许可以从事跨机构清算业务,非银行支付机构与商业银行直接连接开展的业务全部迁移至网联平台处理,消解支付机构单独的违规跨行清算功能,有利于节约连接成本、提高清算效率、监控资金流向。未来还应打破实践中的清算机构垄断,允许符合资质获得许可的清算机构参与其中,促进市场的开放竞争。

实践中,为维护网联支付结算与清算秩序,监管机构将非银行支付业务严格限定为小额支付领域。此种定位从一开始就非常清晰。例如,中国人民银行发布的《关于中国支付体系发展(2011—2015 年)的指导意见》(银发〔2012〕4 号)指出,我国非现金支付工具广泛应用,形成以票据和银行卡为主体,互联网支付、移动支付等电子支付为补充的工具系列。由中国人民银行等部门联合发布的《关于促进互联网金融健康发展的指导意见》(银发〔2015〕221 号),也确定了互联网支付服务电子商务发展和为社会提供小额、快捷、便民小微支付服务的定位。监管者认为,部分支付业务已经延伸至资产管理、投资理财等金融领域,超越了商业银行的业务范围,但问题在于,网络支付机构的市场准入门槛相比于银行更低,所受监管更为宽松,如果网络支付机构从事类银行业务,应当接受资本充足率等银行业严格监管;如果支付机构仅从事支付通道业务,则可以淡化资本金要求。

中国人民银行在 2015 年发布的《非银行支付机构网络支付业务管理办法》体现了将网络支付限定为小额支付的监管要求,表现为:非金融支付机构不得吸收存款,资金应该进入商业银行账户;不得形成支付机构资金闭环循环系统,支付业务应回归支付通道本质。① 非银行支付业务是否必须局限于小额支付,存在一定的争议,如果技术措施足以保障客户资金安全,似乎不宜再限制非银行支付业务,但维护支付机构结算与清算秩序构成监管机构特别的关注点,因此未来很可能长期维持差异化、多层次的支付市场现状。

　　总体而言,与预付费用凭证相区别,网络支付以虚拟账户的形式呈现,但也包含预付业务内容,即网络支付机构支付账户的余额所反映的本质是客户的预付价值,类似于预付卡中的余额。由于预付账户交易结构的设计,基础交易与货币转移之间存在时间差,客户预付的资金会在支付机构账户停留,因而也可能产生资金损失风险。行政监管和司法实践反映出网络支付业务存在的问题主要也集中于保障客户资金安全和维护支付系统结算与清算秩序这两个方面。对于前者的规制结构配置,鉴于支付机构客户备付金的风险在于资金可能被挪用,或者因为支付机构破产、投资不当等原因而无法兑付给客户,因此需要完善行政监管与司法治理的合作规制,限制支付机构对客户备付金的使用,通过行政处罚与司法裁判追究支付机构挪用或非法使用客户资金的法律责任。对于后者的规制结构配置,应主要由监管机构行使维护市场秩序的职责,建立并完善备付金集中存管及清算业务许可制度。

第三节　预付押金交易模式的创新与规制

　　押金也是预付类支付业务之一。押金支付方式的变革引发了广泛的社会关注并带来法律挑战。本节以新型押金交易模式为讨论对象,分析法律规制如何回应技术变革的问题。随着技术的发展,共享经济中的互联网租赁押金模式呈现出"一人一押""一物数押"的特点,改变了传统租赁中的"一物一押"模式。在新的交易模式下,出租人占有押金时间延长并产生资金沉淀,带来资金安全隐患。实践中存在呼声,希望建立押金特殊规则,保障承租人的押金返还请求权,并进行金融规制,严格防范押金损失风险。在 2017 年 8 月,交通运输部联合中央宣传部、中央网信办等部委发布《关于鼓励和规范互联网租赁自行车发展的指导意见》(交运发〔2017〕109 号)(下文简称"《共享单车指导意见》"),建立互联网租赁押金规制,要求设立专项账户保管押金,押金账户应做到专款专用、接受监管,并且能够实现即租即押、即还即退。此外,2019 年施行的《电子商务法》第二十一条也明确规定,电子商务经营者

---

① 有从业人员对这两点进行了较为详细的分析,参见陈宇:《风吹江南之互联网金融》,东方出版社 2014 年版,第 175—185 页。

按照约定向消费者收取押金的,应当明示押金退还的方式、程序,不得对押金退还设置不合理条件。消费者申请退还押金,符合押金退还条件的,电子商务经营者应当及时退还。

共享经济预付押金类交易的创新对法律规制带来何种挑战?司法治理与行政监管是否应突破传统法律制度?下文拟对此类问题进行讨论,重点关注新型押金模式对传统模式的变革,分析押金保管与返还规则能否突破既有规范框架,类金融监管是否值得反思,如何进行规制应对等问题,期冀在保障交易安全与鼓励商业创新之间寻求平衡。

共享经济借助全球定位系统、云计算、移动互联网、物联网等技术,可实现共享经济(sharing economy)、按需经济(on-demand economy),随时随地为客户提供持续性分时租赁服务。新型预付押金模式带来了根本性的变革:一份押金担保合同从属于数份租赁合同,押金成为后续多次间断租赁的统一担保。由于间断性租赁具有频次高、时间短的特点,新型押金模式中的承租人通常不会在一次租赁之后立即要求退还押金,否则合同将立即终止。因此,承租人预付的押金对应于后续数次间断租赁服务,改变了传统模式下的押金的法律属性,也带来资金沉淀问题。

新型押金模式虽未改变押金的担保功能,但由"一物一押"变为"一人一押",押金按人收取而非按物收取,一份租赁物对应多个承租人预付的押金,形成一份资产、多份押金的局面。法律属性的演变为承租人带来潜在风险:押金支付给出租人之后由出租人长期占有,导致资金产生沉淀;而且一份租赁物上吸纳的押金总额可能超过租赁物自身价值,沉淀的资金规模急剧扩张,易引发出租人挪用资金的风险。据交通部数据,在共享单车行业发展高峰的 2018 年,我国共有 77 家共享单车企业,累计投放 2300 万辆单车,注册用户 4 亿人,[1]按照 99 元至 299 元押金收取标准,共享单车押金总额达到百亿规模。

虽然共享单车经营者有可能依靠用户支付的租金覆盖制造成本,[2]但更有可能利用押金进行企业运营周转,从而造成押金损失风险。例如,卡拉单车创始人披露在莆田市试运营的共享单车项目中,投资人借掌管财务之便直接划走用户押金 10 万余元。[3] 江苏町町单车负责人已经在 2017 年 8 月被报

---

① 张畅:《共享单车押金监管政策初定》,载《北京商报》2018 年 2 月 8 日。

② 假设一辆普通单车造价 300 元,每辆车单日被使用 5 次,收入 5 元,两个月即可回收该车造价成本。

③ 《卡拉单车,共享单车倒闭潮中的样本》,财经网,2017 年 11 月 15 日,http://yuanchuang.caijing.com.cn/2017/1115/4361313.shtml,2022 年 7 月 18 日最后访问。

道"跑路",大量用户押金尚未退还。① 此外,ofo 单车面临经营困难,用户无法赎回押金,并且因服务质量问题被北京市交通委立案调查。② 这些事例均凸显了押金被挪用或者无法退还用户的现实风险。共享经济押金运作模式切实地引发了公众担忧,也带来了是否应当对新型押金模式予以特殊规制的讨论。具体而言,预付押金交易模式创新带来的法律挑战表现在如下两个方面:其一,在法律适用(司法)方面,承租人押金返还请求权能否得到充分保障,特别是在企业破产时能否突破传统法律制度而对押金实行破产取回;其二,在行政监管方面,押金是否具有金融属性,可否对出租人保管押金实施特殊的金融规制。

一、押金交易模式创新带来的司法挑战与应对

互联网租赁押金的法律属性发生变革,押金返还与租赁服务使用时间产生偏离,承租人预付押金之后能否获得押金返还保障存在疑问。有论者认为共享经济预付押金模式可能存在刑事风险。③ 然而,除非互联网租赁经营者存在非法集资的主观目的,不宜以刑事制裁追究经营者不予退还押金的责任,因为按照《最高人民法院关于审理非法集资刑事案件具体应用法律若干问题的解释》(法释〔2010〕18 号),非法吸收公众存款罪的构成需要满足"非法性""公开性""利诱性""社会性"四要件,而共享单车经营者要求客户预付押金,并不承诺回报,至少不满足"利诱性",难以构成非法吸收公众存款等非法集资罪。④

如果日常申请押金退还存在方式和程序上的不便利,不能实现"即租即押、即还即退",承租人可在《民法典》《消费者权益保护法》及《电子商务法》之下主张权利。例如上海市闵行区人民法院审理了一系列被告为上海享骑电动车服务有限公司的服务合同纠纷,法院均支持消费者(电动单车承租人)按照合同约定申请电动车公司随时退还押金的请求。⑤ 此外,在"刘颖与沈阳国安电气有限责任公司租赁合同纠纷"中,原告在发现"骑了么"共享单车软件无法正常使用时向经营者主张退还已预付押金 298 元,法院认为被告

① 《江苏町町单车"跑路":大量押金未退,消协建议诉讼或报警》,澎湃新闻网,2017 年 8 月 10 日,http://www.thepaper.cn/newsDetail_forward_1757939,2022 年 7 月 18 日最后访问。
② 《北京市交通委关于互联网租赁自行车行业 2019 年下半年运营管理监督情况的公示》,北京市交通委网,2020 年 2 月 24 日,http://jtw.beijing.gov.cn/xxgk/tzgg/202002/t20200224_1666806.html,2022 年 7 月 18 日最后访问。
③ 李涛:《共享单车刑事法律风险评估》,载《检察日报》2017 年 4 月 19 日。
④ 详细讨论参见徐宏:《共享单车"押金池"现象的刑法学评价》,载《法学》2017 年第 12 期。
⑤ 可参见"赵军与上海享骑电动车服务有限公司服务合同纠纷"(上海市闵行区人民法院(2019)沪 0112 民初 27856 号民事一审判决)等。

平台在原告起诉时已不能正常使用,视为被告以自己行为明确表示不履行合同主要义务,双方之间的租赁合同应当解除,且根据共享单车平台行业规范,应当允许用户随时随地自由退还押金。法院最终也支持了原告的押金退还请求。①

除此之外,由于金钱质押的特殊规则,若出租人出现经营困难而破产时,承租人能否获得押金的优先返还仍然存在争议。《共享单车指导意见》指出"互联网租赁自行车运营企业实施收购、兼并、重组或者退出市场经营的,必须制订合理方案,确保用户合法权益和资金安全",强调了对押金的特别保护。尽管如此,笔者认为对押金返还的保护不宜突破担保法与破产法的规定。

(一) 金钱质押规则的适用

押金属于何种法律性质,在理论界存在争议,②但押金以货币为标的承担担保功能则无疑义。有论者专以"押金担保"称之:押金作为一种"物"的担保方式,债务人或者第三人将一定数额的金钱或者等价物移交给债权人占有,以担保债权的受偿,为押金担保。③ 由于货币是一般等价物,具有高度流动性,通常适用"货币占有即所有"原则,④在比较法及我国法上均存在类似认定。互联网租赁平台经营者自受让押金之时起至返还押金于承租人时止,享有对该笔押金的所有权,可在此阶段内就押金进行使用和处分。⑤ 尽管互联网租赁押金担保属性发生了一定的变化,但因不能满足特定化要求而无法构成金钱质押,而这不影响押金的担保功能,只是不能据以认定应当对押金采取特户管理。

1. 金钱质押规则中的特定化要求

关于金钱质押规则,在比较法上,美国传统判例法对动产租赁押金

---

① 辽宁省沈阳市沈北新区人民法院(2017)辽 0113 民初 9729 号民事一审判决。

② 例如,有观点认为押金属于特殊质押,债权人仅占有押金,债务人保留押金所有权,参见马俊驹、余延满:《民法原论》,法律出版社 2016 年版,第 571 页。另有观点认为押金通常为债权性质的担保,债权人占有押金并享有所有权,仅在特定情况下构成金钱质押,参见王利明:《物权法研究》,中国人民大学出版社 2016 年版,第 1335—1336 页。

③ 李国光等:《最高人民法院〈关于适用〈中华人民共和国担保法〉若干问题的解释〉理解与适用》,吉林人民出版社 2000 年版,第 162 页。

④ 对"货币占有即所有"原则的讨论与反思,可参见其木提:《货币所有权归属及其流转规则——对"占有即所有"原则的质疑》,载《法学》2009 年第 11 期;朱晓喆:《存款货币的权利归属与返还请求权——反思民法上货币"占有即所有"法则的司法运用》,载《法学研究》2018 年第 2 期。

⑤ 李洪健、王晴:《论共享单车押金之性质及其法律规制》,载陈云良主编:《经济法论丛(2018 年第 1 期)》,社会科学文献出版社 2018 年版。

（security deposit）的性质存在不同主张而影响到该规则的适用。① 具体的主张包括：（1）"信托说"（trust），将押金视作为承租人利益所设的信托，因此押金必须具有独立性，不得与出租人财产混同，但由于租赁关系在理论上难以具备信义性质，只有极少数法院采纳此种主张。（2）"质押说"（pledge），将押金视为质押给出租人的承租人财产，法律上并未规定出租人是否应向承租人支付利息，而是由承租双方进行合同约定，实践中存在部分法院采纳该主张。（3）"债权说"（debt），此为绝大多数法院所采纳，押金被视为承租人的债权，租期届满时出租人有义务返还同等数额的金钱，②因此押金可以与出租人个人财产混同，出租人使用押金并不必承租人支付利息。比较法上的主流债权说理论即采取了"货币占有即所有"原则，主张押金所有权在押金交付时已随占有移转于收受方，形成新的债权债务关系——收受方仅负有以同等数额金钱返还押金的债务，因此押金可与收受方（出租人）个人财产混同。这与我国学理上讨论不涉及特定化的押金担保的法律属性完全相同。③

我国法上设置的金钱质押规则涉及特定化问题，应予专门讨论。金钱质押规则先后规定于《最高人民法院关于适用〈中华人民共和国担保法〉若干问题的解释》（法释〔2000〕44 号，已失效）第八十五条和《最高人民法院关于适用〈中华人民共和国民法典〉有关担保制度的解释》（法释〔2020〕28 号）第七十条。该规则的含义是债务人或者第三人为担保债务履行，将金钱设立专门的账户（例如保证金、封金等），移交债权人占有或实际控制，当债务人不履行债务时，债权人可以就该金钱优先受偿。对于金钱质押的法律属性，学理上出现了动产质押说、债权质押说、账户质押说、特殊（货币）质押说等不同主张。④ 在理论争议之外，最高人民法院公报案例"中国农业发展银行安徽省分行诉张大标、安徽长江融资担保集团有限公司保证金质权确认之诉案"⑤确立了基本的司法裁判规则：金钱质押的生效要件包括特定化和移

---

① R. Wilson Freyermuth, Are Security Deposits "Security Interests"? The Proper Scope of Article 9 and Statutory Interpretation in Consumer Class Actions, Missouri Law Review, Vol. 68, 2003, pp. 81-87.

② See e. g. Yeager v. GMAC, 719 So. 2d 210 (Ala. 1998); Knight v. Ford Motor Credit Co., 735 N. E. 2d 513 (Ohio Ct. App. 2000).

③ 李巍、朱四臣：《论押金担保》，载《当代法学》2000 年第 4 期。

④ 赵一平：《论账户质押中的法律问题》，载《人民司法》2005 年第 8 期；董翠香：《账户质押论纲》，载《法学论坛》2006 年第 5 期；毋爱斌、陈渭强、刘晓宇：《保证金账户可以特定化并构成货币质押》，载《人民司法·案例》2012 年第 10 期；其木提：《论浮动账户质押的法律效力——"中国农业发展银行安徽省分行诉张大标、安徽长江融资担保集团有限公司保证金质权确认之诉纠纷案"评释》，载《交大法学》2015 年第 4 期；徐化耿：《保证金账户担保的法律性质再认识——以〈担保法司法解释〉第 85 条为切入点》，载《北京社会科学》2015 年第 11 期。

⑤ 最高人民法院（2014）民申字第 1239 号民事裁定书，载《最高人民法院公报》2015 年第 1 期。

交债权人占有,金钱质押的法律后果是债权人可在债务人不履行债务时以该金钱优先受偿。

2. 押金特定化的构成存在困难

有观点认为,按照金钱质押规则,金钱特定化是质权人优先受偿权得以实现的充分且必要条件,因此在共享单车等运营模式中,以金钱方式设立的担保必须采取特定化方式进行特户管理,押金账户与企业自有资金账户必须分别立户。①

然而,金钱质押规则的制度宗旨在于将债权物权化从而保障质权人的优先受偿权,而物权指向特定物,因此法律明确要求金钱质押采取专门账户的形式以实现特定化。金钱特定化是质权人得以优先受偿的前提,但法律并未要求以金钱方式提供担保就应当特定化——特定化只是担保权人优先受偿的必要条件,其特别意义在于案外人提出执行异议时,该部分财产为独立财产,不适用"货币占有即所有"原则,但特定化并非实现担保功能的必要条件。实践中押金制度普遍存在,其担保功能已被广泛认可,押金的收取与保管并没有一律采取特定化的方式。未经特定化的金钱担保也能实现其功能——保障债的履行。例如在住房租赁期间,如果承租人损坏了家具,出租人可扣减押金充抵修补费用,承租人当无异议。此种情形下,押金并不需要特定化,其被出租人占有的事实以及双方关于此笔资金用途的约定可以实现押金的担保功能。

司法实践中,法院在处理承租人要求共享单车经营者退还押金的民事纠纷时,存在认定简单化的问题。例如,有法院认为,"为保证用户合法、规范及文明地使用共享单车,被告作为共享单车平台的经营者在原告注册使用时收取一定的押金,该笔押金以保证金形式特定化后可以成为质押标的,区别于普通意义上的货币,即押金之所有权与占有权相分离。共享单车押金作为金钱质押,金钱作为质物转移给单车平台占有。当单车用户与单车平台之间租赁关系解除后,单车平台应将押金返还给用户。当用户出现违约行为或者给单车造成损害时,单车平台可以就押金主张优先受偿的权利。"②实际上,动产租赁押金是承租人直接交付货币的担保方式,如果承租人与出租人之间并无金钱质押的意思表示,押金仅是以金钱为标的的一般担保,并不构成金钱质押。虽然押金对于债权人的债权保障力较强,但对于债务人请求债权人返

---

① 例如,王传薇、田雨:《关于共享单车押金的法律思考》,载《中国市场》2017 年第 17 期。

② "刘颖与沈阳国安电气有限责任公司租赁合同纠纷"(辽宁省沈阳市沈北新区人民法院(2017)辽 0113 民初 9729 号民事一审判决)。对此案件的分析可参见王雪:《共享单车押金性质与法律规制之探讨——从共享单车押金退还案件说起》,载《电子科技大学学报(社科版)》2019 年第 5 期。

还押金的债权而言,仅属于普通债权,不是法律意义上的担保。① 所谓债权保障力即为广义的担保功能,而押金不构成担保法上的金钱质押。②

由于特定化只是构成金钱质押使得担保权人可以优先受偿的必要条件,并非实现担保功能的必要条件,动产租赁押金无须特定化,也可作为承租人履行债务的担保,即当用户违约或给单车造成损害时,单车平台经营者可就押金主张优先受偿的权利。③ 既然特定化不是实现担保功能的充分且必要条件,因此也不能直接套用相关司法解释的规定要求押金必须特定化,即实行押金特户管理。《共享单车指导意见》要求共享单车企业开立用户押金专用账户,实施专款专用,其理论依据无法源于司法解释设立的金钱质押规则。

更进一步的问题是,在共享经济模式中,押金支付是电子支付而非现金支付,加之实名制要求,经营者对每一位用户支付的押金数额均存在记录,可否认为记账满足了特定化形式要求而成立金钱质押? 此问题的本质在于如何设定金钱特定化的解释标准。有学者认为存在不同标准:如果从严解释,特定化形式只包括特户、封金、保证金等,并且应该固定化——货币进入特定账户后再无其他支出活动;如果从宽解释,特定化并非固定化,只要货币能与其他资金通过进账与出账记录相区分,仍然可以认定金钱的特定化。④ 公报案例"中国农业发展银行安徽省分行诉张大标、安徽长江融资担保集团有限公司保证金质权确认之诉案"表明如果账户内资金由于相关业务需要而处于浮动状态,未用于非保证金业务的日常结算不影响特定化的构成。⑤ 2020年的《最高人民法院关于适用〈中华人民共和国民法典〉有关担保制度的解释》第七十条也认可了从宽解释规则,规定"当事人以保证金账户内的款项浮动为由,主张实际控制该账户的债权人对账户内的款项不享有优先受偿权的,人民法院不予支持"。

比较法上存在的解决担保物金钱混同问题的规则也认可从宽解释。例如,美国《统一商法典》(Uniform Commercial Code)第九编设置了"最低中间余额规则"(lowest intermediate balance rule):如果担保权人对所控制的担保

① 崔建远:《"担保"辨——基于担保泛化弊端严重的思考》,载《政治与法律》2015年第12期。
② 此种观点将押金视为附解除条件债权,即债务人预付押金,当债务人不履行债务时,债权人对债务人所负的押金返还义务在债权人受到损害的范围内解除。详细讨论可参见李国光主编:《担保法新释新解与适用》,新华出版社2001年版,第859页。
③ 另有学者主张互联网租赁押金的性质可被认定为欠缺特定化要件的金钱质押,参见张友连、吴宏乔:《互联网租赁押金的性质及监管模式》,载陈云良主编:《经济法论丛(2019年第2期)》,社会科学文献出版社2019年版。
④ 许德风:《破产法论——解释与功能比较的视角》,北京大学出版社2015年版,第236—237页。
⑤ 霍楠、夏敏:《保证金账户质押生效则不能成为另案执行标的》,载《人民司法·案例》2014年第4期。

账户进行资金花费导致账户余额发生变动时,最后花费的才是担保物所指向的价值或收益,而之后向该账户存入的不相关资金不构成担保物指向的收益,除非债务人存入的金钱旨在恢复或部分恢复收益余额。[①] 但是此规则为价金识别规则,其存在的前提是账户特定化已经构成。共享单车押金支付模式难以构成账户特定化,因为虽然《共享单车指导意见》要求共享单车企业严格区分企业自有资金和用户押金,但用户的押金之间仍然可以混同。即便采用电子支付记录每一位用户所支付的押金数额(以电子记账数值反映),记账过程看似将不同用户的资金相互区别开来,但是各用户与企业之间的资金变动仅由企业进行内部记账。商业银行、非银行支付机构等独立第三方无法了解记账详情,企业内部记账的准确性、终局性均存在疑问,也就难以认定押金支付模式构成账户特定化,[②]因此不应适用金钱质押规则。

(二) 破产取回权的适用

1. 破产取回权适用的情形

如果共享单车企业出现经营困难而破产,用户预付的押金能否被界定为破产债权,即可以通过破产程序获得清偿的债权,对用户利益保护至关重要。如果用户预付的押金被认定为用户对经营者享有的押金返还之破产债权,则用户并非居于普通债权人而是特殊债权人地位,可以获得优先清偿。实践中,小鸣单车经营管理方——广州悦骑信息科技有限公司被申请破产清算,[③]反映出这一问题的现实意义。我国《企业破产法》(2007 年)第十八条规定:人民法院受理破产申请后,管理人对破产申请受理前成立而债务人和对方当事人均未履行完毕的合同有权决定解除或者继续履行,并通知对方当事人。[④] 在美国法的押金信托说主张之下,出租人应将承租人预付的押金以信托方式管理,实现财产独立化,在出租人破产时,押金不属于出租人的财产,可被承租人取回,但是此种主张并非主流意见,也与我国实际情况不符。

---

① 详见云晋升、彭诚信:《完善我国动产担保的新路径探索(下)》,载《交大法学》2018 年第 1 期。

② 法律规范对非银行网络支付等业务中的客户备付金采取了不同的处理方式。支付机构占有客户备付金,并可将不同客户备付金混同,但这些备付金的所有权被明确规定属于客户而非支付机构,并全额保管于中央银行或符合要求的商业银行。

③ 可参见“张璐与广州悦骑信息科技有限公司破产纠纷”(广东省广州市中级人民法院(2018)粤 01 破 12-1 号民事裁定)。

④ 在租赁押金破产债权制度的讨论中,一般会考虑承租人破产情形,例如王欣新、乔博娟:《论破产程序中未到期不动产租赁合同的处理方式》,载《法学杂志》2015 年第 3 期。域外法的相关讨论可参考:Eng Beng Lee, Security Deposit Arrangements in Insolvency, Singapore Academy of Law Journal, Vol. 8, Part 2, 1996; Michael St. James, Landlord Beware: Will a Security Deposit Survive a Bankruptcy? California Bankruptcy Journal, Vol. 26, 2001。但在共享单车这类经营模式中,承租人一般是个人,讨论意义不大。

　　鉴于押金的特殊性,首先考虑特殊规则是否适用。尚未履行完毕的合同在破产程序中具有特殊性,但它是指双方的义务均未履行完毕,①如果共享单车租赁中,承租人(共享单车用户)已预先支付押金和费用,完成了给付义务,在出租人(共享单车经营者)破产时,该情形不属于尚未履行完毕合同,只是债权的破产取回问题。破产法律制度的宗旨在于公平清理债权债务,但是基于“不能以他人财产偿债”的朴素正义观,破产法允许他人财产被取回。例如,我国《企业破产法》(2007年)第三十八条规定:人民法院受理破产申请后,债务人占有的不属于债务人的财产,该财产的权利人可以通过管理人取回。

　　在共享单车企业破产时,用户是否对其已预付的押金享有取回权? 此问题的特殊性在于,一般认为破产取回权的基础权利是物权,而押金是债权,不具有公示效力,能否被取回? 根据破产法的基础性原则——债权平等原则,②债权通常难以被取回,仅存在少数例外:当破产企业具有“为他人利益而行为”的属性以及必要的“营业外观”时,可以确立委托债权取回制度。③行纪、证券经纪、非银行网络支付这几类业务均满足前述要求,其营业外观为公众所知晓——均属于接受委托为他人利益保管、经营财产,并不得擅自挪用客户款项。监管机构要求开展非银行网络支付业务的,应获得支付业务许可,并将客户资金独立存管,更加强化了此类营业外观的公示性。

　　2. 押金不属于破产取回权适用情形

　　以上述框架分析共享单车租赁押金取回权,可以看出:对于“为他人利益而行为”,共享单车企业主营业务是提供自行车出租服务,不同于接受委托类服务,不满足此项条件;对于“营业外观”,共享单车企业要求客户预付押金是作为债的担保,法律未作规定亦无任何约定时,押金债权不具有公示性,也不符合营业外观要求。

　　此外,虽然公众普遍预期互联网租赁押金应予以返还,但是这种公众预期不属于考虑因素。可类比银行存款进行分析:商业银行并非为他人利益而

---

①　理论讨论可参见丁晓春:《未履行或未完全履行的双务合同在破产程序中的命运——德国支付不能法第103条》,载《天津市政法管理干部学院学报》2008年第1期;许德风:《论破产中尚未履行完毕的合同》,载《法学家》2009年第6期。

②　按照我国《企业破产法》的规定,破产企业在破产前特定时间内主动清偿债务的,可被撤销。具体规定是《企业破产法》(2007年)第三十二条:人民法院受理破产申请前六个月内,债务人有本法第二条第一款规定的情形(企业法人不能清偿到期债务,并且资产不足以清偿全部债务或者明显缺乏清偿能力),仍对个别债权人进行清偿的,管理人有权请求人民法院予以撤销。但是,个别清偿使债务人财产受益的除外。

③　其他情形还包括基于债权归属性特征、与所有物密切关联及公平考量为基础的债权破产取回,可参见许德风:《论债权的破产取回》,载《法学》2012年第6期。前一种情形涉及“货币占有即所有”原则,已在前文讨论;后一种情形与押金相去甚远,故不展开讨论。

从事吸储业务,恰恰是完全为自己利益吸收公众存款再"合法挪用"客户资金用于发放贷款从而赚取利差,商业银行因此也受到严格监管。储户的存款债权只在一般破产债权中享有优先受偿顺位,并不能被取回。① 银行存款也被公众预期应予以返还并具有制度保障,②但是银行存款债权不符合取回权构成要件,因此公众预期不是判断债权是否可被取回的核心要素。涉及货币资金"占有即所有"原则,共享单车用户预付押金之后即对押金丧失所有权,只对单车企业享有一笔同等数额的债权,而此类债权在目前法律框架下难以享有取回权。③ 实践中,共享单车经营企业破产后,通常不具有足够可供分配和执行的财产,因此其他具有法律优先顺位的债权也难以执行,遑论用户押金的取回。

欲突破现有法律保护共享单车用户,赋予用户押金取回权,还应讨论必要性的问题。类似地,我国证券经纪业务客户资金取回权也并非自始即存在。在我国证券市场发展初期,由于未建立完善的证券结算资金存管制度,证券公司挪用客户资金的现象非常严重,最高人民法院曾提出以财产是否混同为主要标准认定客户资金取回权规则的行使。④ 目前,我国已经采取证券透明持有模式,即在存管总账户下再为每一位投资者开立明细账户,以便清楚显示客户资金,较好地解决了这一问题。⑤ 共享单车押金取回权也可以在未来通过立法进行修改,那么问题是作此立法修改有无必要? 从比较法上看,消费者预付押金可享有一定的优先受偿权。例如,美国联邦《破产法》第507条规定:如果自然人为了个人、家庭或日常使用目的而购买或租赁财产或服务,并预先支付押金,在债务人破产而财产或服务尚未提供时,可优先受偿,但上限不得超过2850美元。⑥ 之所以作出此项规定,理论基础在于预付的交易模式可能对消费者造成资金损失风险,由此产生消费者权益保护的法律需求。然而,共享单车预付押金数额相对较低,并且逐渐采取了利用信用体系免除押金的方式,现阶段予以立法保护的现实性较为欠缺,2019年施行的《电子商务法》也仅在第二十一条作出了原则性要求,未对押金取回权进

---

① 我国《商业银行法》(2015年修正)第七十一条规定:商业银行破产清算时,在支付清算费用、所欠职工工资和劳动保险费用后,应当优先支付个人储蓄存款的本金和利息。

② 这类预期被法律保障,例如我国《商业银行法》(2015年修正)第二十九条规定:商业银行办理个人储蓄存款业务,应当遵循存款自愿、取款自由、存款有息、为存款人保密的原则。

③ 可参见"李先进与广州悦骑信息科技有限公司国内非涉外仲裁裁决执行纠纷"(广东省广州市天河区人民法院(2018)粤0106执22151号执行裁定)。在该案中,共享单车企业员工工资支付无法获得执行。

④ 许德风:《论债权的破产取回》,载《法学》2012年第6期。

⑤ 楼建波、刘燕:《证券持有结构对投资人证券权利法律定性的影响——一个新的分析框架》,载王保树主编:《商事法论集(2009年第1卷)》,法律出版社2009年版。

⑥ 11 U.S. Code § 507-Priorities (Effective: April 1, 2016) (a) (7).

行规定。

虽然共享经济互联网租赁押金具有担保功能,突破了传统法律属性而使得一次担保对应多次租赁,但这种概括性担保仍以货币资金的形式存在,仍须适用"货币占有即所有"的原则。在现行法律框架下,用户预付押金后未经账户特定化,不再对押金享有所有权,只对出租企业享有一笔同等数额的债权,而此类债权只是一般债权,不宜突破既有法律框架获得破产取回,否则有违债权平等原则。总之,尽管共享经济中的互联网租赁押金模式在交易结构以及法律属性上均进行了变革,但带来的司法挑战有限,不足以突破现有法律制度。基于担保法、破产法的分析表明,由于新型押金支付模式仍然属于以金钱为标的的非典型担保,难以构成特定化,不适用金钱质押规则,也不能直接要求押金特户管理;互联网租赁服务并非为他人利益而行为,不具备营业外观,无法适用债权破产取回的特殊规则。押金作为一般债权,不能在企业破产时被承租人取回,因此司法层面的押金返还与破产保护问题应在既有法律框架下解决。

二、押金交易模式创新带来的监管挑战与应对

在司法层面,共享经济押金返还保护并不能突破既有法律制度,而在监管层面,无论是公众还是学术界均存在观点认为互联网分时租赁押金具有金融属性,实践中也确实出台了相关指导意见予以规制。但是,此种规制理念及其实践应予检讨。

(一)押金"金融属性"之争

由于"一人一押"的共享经济押金模式为出租人带来巨额资金沉淀,有意见认为押金具有了金融属性,应对其进行严格监管,例如设置市场准入门槛,建立专门的资金存管账户监控押金等。[①] 笔者理解此种意见所表达的资金安全疑虑,但认为应当谨慎认定押金的金融属性,以免影响市场创新与自律发展。特别是考虑到金融法上的规制相对严格,包括事前的市场准入——设立行政许可或要求备案(信用认证),事中的行为规制——强制信息披露、

---

① 翟业虎、刘田鑫:《共享单车租赁的法律问题》,载《扬州大学学报(人文社会科学版)》2017年第4期;宋佳儒:《共享单车押金资金沉淀的监管问题探析》,载《甘肃金融》2017年第4期;罗浩亮:《金融的属性:共享单车"押金"治理模式研究》,载《甘肃金融》2017年第11期;王传薇、田雨:《关于共享单车押金的法律思考》,载《中国市场》2017年第17期;赵姿昂:《对共享单车押金的法律思考》,载《人民司法·应用》2018年第13期。此外,新闻报道引用一些专家的观点,表明"共享单车押金具有金融属性"的认识较为普遍,参见刘红霞等:《押金数十亿 监管成难题》,载《人民日报》2017年3月28日。

资金存管,以及事后的责任追究等,不宜对共享经济预付押金予以严格的金融监管。

1. 押金损失风险源于预付机制安排

公众对共享单车押金安全的担忧,不仅在于沉淀资金规模的急剧扩张,还源于押金需要预付的机制安排。无论何种支付形式,如果付款人支付的资金与获得产品或服务之间存在时间差,则可能产生资金风险,在付款人需要预付资金时,付款人所承受的资金风险最大。押金即为预付方式,预付押金与预付费用(例如租金)的交易结构类似,均需要用户将资金预付给经营者或交易对手方。《共享单车指导意见》要求保障用户资金安全的规定既针对押金也针对预付费用,也表明了两者的类似性。

虽然押金与预付费用均属于消费者预付的资金,但也存在差异。押金在经营者会计账目上记为应付款项,属于经营者的负债,通常需要退还给消费者。预付费用则较为复杂。例如,对于预付费用凭证,需要区分单用途预付卡和多用途预付卡这两类凭证的资金属性。单用途预付卡发行主体具有基础主营业务(例如商品销售或服务提供),发卡人与经营者为同一主体,消费者预付的费用代表着消费者享有的要求经营者提供约定商品或服务的债权,在会计上记为经营者的预收款项,属于经营者的资产,是企业应收账款提前变现的收入;多用途预付卡发行主体并不当然具有基础主营业务,发卡人(支付机构)与经营者可能为不同主体,消费者预付的费用是客户备付金,属于发卡人预收待付的资金,用于满足消费者未来的支付需求。由于多用途预付卡内的资金会沉淀于支付机构账户处一段时间,消费者面临资金损失风险,所以法律特别规定这部分资金的所有权属于消费者,支付机构应将其全额存管至中央银行或符合要求的商业银行。

预付机制实则是导致资金风险的根源所在。由于押金与预付费用均是消费者事先将资金预付给经营者或第三方支付机构,消费者可能无法获得资金返还或者相应货物或服务。共享单车用户需要事先将押金支付给单车企业,押金的收取、保管及返还均由企业通过格式合同规定,作为承租人的用户只能选择全部接受或者全部不接受合同安排。新型押金交易模式从传统押金的"一物一押"变革为"一人一押",出租人收取的押金总规模急剧扩张,难以保证出租人不将这些资金挪作他用,因此加重了资金安全疑虑。《共享单车指导意见》要求企业资金应与客户押金相互区分,主要依据也在于防范客户资金损失风险。

2. 押金自身并不具有金融属性

尽管预付押金的交易机制容易带来资金风险,但是押金自身并不具有金融属性。金融广义上是指资金的融通,由于货币资金的广泛运用,关乎资金融通的产品或服务层出不穷,但并非所有类似活动均具有金融属性。对于一项产品或服务是否具有金融属性,特别在涉及金融规制必要性判断时,不应仅从经营者角度考虑,因为众多工商业企业要求消费者预付资金(押金或费用),均具有融资可能性。企业本以营利为目的存在,几乎所有的经营行为都是为了获得收益而进行,因此企业无论以何种方式占有他人资金均存在融资目的,只是方式不同而已。是否具有融资目的是经营者的主观感受、内心思量,很难准确界定,并且仅仅具有融资目的,也不满足可归责性。① 区分一项产品或服务的金融与非金融属性,还须结合付款人(消费者)预付资金的目的予以判断。在金融法规制中,如果消费者预付资金目的在于获得资金回报,则存在金融属性讨论的可能性,产生行政特许及刑法规制适用空间;但如果预付资金在于其他目的,例如消费或消费之担保,则此类资金支付难以具备完全的金融属性。

之所以出现共享经济模式下押金的金融属性争论,是由于立法及司法扩张了非法集资罪名的边界,加之实践中确实出现部分企业涉嫌非法集资,导致人们对共享单车等押金模式刑事风险的紧张化认识。② 但是,互联网分时租赁押金自身并不具有金融属性。共享单车商业模式虽然包含了要求客户预付押金这类交易前提,但单车企业主营业务在于提供自行车租赁服务,收取押金是为了防范及补偿客户损坏车辆的风险,本身具有合理性。消费者预付押金、支付费用的目的在于获得租赁服务,并非获取资金回报,因此不宜采取市场准入、资金存管等严格金融监管措施,否则将迫使企业增加额外合规成本,不利于市场的创新发展。

(二) 修正规制理念:押金交易不宜适用严格金融监管

在押金金融属性学理讨论之外,目前我国及域外监管实践已存在部分金融规制措施,但是我国措施的有效性存在不足,而域外措施的针对对象并非动产租赁押金,因此不宜对共享经济中互联网租赁押金采取严格的金融监管。

---

① 彭冰:《非法集资行为的界定——评最高人民法院关于非法集资的司法解释》,载《法学家》2011 年第 6 期。

② 徐宏:《共享单车"押金池"现象的刑法学评价》,载《法学》2017 年第 12 期。

1. 我国金融监管措施有效性不足

我国监管部门已经出台的共享单车指导性规范意见包含了部分金融规制措施,例如交通部等部委发布的《共享单车指导意见》规定对于企业收取押金的,应严格区分自有资金和用户押金,并应开立押金专用账户,实施专款专用,接受交通、金融等主管部门监管。部分省市的监管部门,如北京市①、上海市②、广州市③、深圳市④等地政府也已发布指导意见,作出了类似的要求。尽管这些规制措施的目的在于保障客户资金安全,但存在有效性不足的问题。

首先,由于法律效力不足,交通部《共享单车指导意见》及地方政府发布的指导意见不能作出押金专款专用要求。根据《人民币银行结算账户管理办法》(中国人民银行令〔2003〕第 5 号)第十三条的规定,开立专用存款账户需要法律、行政法规和规章的规定,而《共享单车指导意见》只是一般规范性文件,并非部门规章,无法满足法律效力要求,不能成为开设共享单车专用存款账户的法律依据,因此无法实现其设置的专款专用目的。⑤ 这也为实践所证明,例如在小鸣单车经营管理方涉诉的案件中,单车公司表示其在银行开设的是一般存款账户,因为"一直拿不到政府允许开立专用存款账户的批文,未能开立专款账户"。⑥

其次,指导意见宣示意义大于操作价值。指导意见缺乏详细规定导致诸多问题并没有得到解决,例如开设押金专用账户如何操作,专款专用中的"专用"用途包括哪些,企业收取的押金可否用于企业主营业务,或者仅可存管于商业银行等。如果没有细化措施的规定,指导意见可能流于形式。有论者也指出专款专用的可操作性低,监管机构应追求押金的相对安全而非绝对安全。⑦ 据媒体报道,小鸣单车爆发押金问题时,商业银行表示小鸣单车的

---

① 《北京市鼓励规范发展共享自行车的指导意见(试行)》(京交发〔2017〕224 号)除要求企业收取用户押金须在本市开立专用账户之外,还规定中国人民银行营业管理部及企业开户的商业银行要按照职责加强专用账户资金监管。

② 《上海市鼓励和规范互联网租赁自行车发展的指导意见(试行)》(沪府〔2017〕93 号)规定人民银行上海总部、上海银监局加强对企业资金专用账户监管,防控用户资金风险。

③ 《关于鼓励和规范广州市互联网租赁自行车发展的指导意见》(穗交规字〔2018〕1 号)。

④ 《深圳市关于鼓励规范互联网自行车的若干意见》(深交规〔2017〕1 号);《深圳市互联网租赁自行车规范管理整治行动实施方案》(深交规〔2017〕3 号)。

⑤ 详见彭雨晨:《共享单车押金及预付资金监管规则的反思与重构》,载洪艳蓉主编:《金融法苑(2018 年总第 96 辑)》,中国金融出版社 2018 年版。

⑥ 参见"广东省消费者委员会与广州悦骑信息科技有限公司纠纷"(广东省广州市中级人民法院(2017)粤 01 民初 445 号民事一审判决)被告广州悦骑公司的委托代理人答辩部分。

⑦ 彭运册:《共享单车政府规制研究》,载甘培忠主编:《共享经济的法律规制》,中国法制出版社 2018 年版,第 190—194 页。

结算账户为一般存款账户,而非专用账户,银行并无第三方监管义务。[1] 指导意见对于此类事件的解决并无助益。

最后,指导意见是否能够得到贯彻执行存在疑问。指导意见要求企业区分押金与自有资金,但未要求对不同客户的押金进行再区分。如果要求企业将不同客户支付的押金账户进行区分,在商业银行为每个客户开设二级账户,企业合规成本过高;但是如果不作出前述要求,客户资金混同难以实现资金的透明监控——商业银行无法知晓资金是否均为押金,所有押金是否均受到监管等。共享单车普遍采取信用免押金模式之后,此问题得以解决(或被规避)。然而规制者在面对后续其他新问题时,仍应考量规范的可执行性问题。

2. 域外金融规制并非针对动产租赁押金

尽管比较法上确实存在租赁押金的金融规制,但其适用对象为不动产租赁,而非动产租赁。

美国的押金制度也采取预付制[2]并具有代表性,可作比较分析。美国联邦法律对租赁押金予以专门规范的主要目的在于保护特殊群体,[3]对于一般的不动产住房租赁押金的系统性规范则由州法确立。自1968年至1973年,美国各州开始在立法中专门规范住房租赁押金,对处于弱势地位的承租人予以倾斜性保护,保障其押金返还请求权的顺利实现。[4] 这项革命性变化的根本缘由在于美国社会、政治及思想潮流的巨变,特别是受到"平权运动"的影响,美国司法及立法层面均大大提升了承租人权利。[5] 在此背景下订立的美国《住房租赁统一示范法》(Uniform Residential Landlord and Tenant Act)沿用至今,并在2015年进行了修订,增加了押金处置条款。[6] 美国《住房租赁统一示范法》界定押金是向房东出租人提供的资金,用以确保承租人在租赁关系下的支付或其他义务的履行(第102条)。该法专门对出租人保管及返还

---

[1] 《被挪用的共享单车押金:银行称专用账户平台并没有监管到位》,澎湃新闻网,2017年12月11日,http://www.thepaper.cn/newsDetail_forward_1898550,2022年7月18日最后访问。

[2] 押金协议是租赁协议的从属,从美国一些州将预付租金也视为押金可看出押金具有预付性质,具体包括加利福尼亚州、密歇根州、纽约州等。相关综述参见John P. Ludington, Landlord-Tenant Security Deposit Legislation, American Law Reports 4th, Vol. 63, 1988, §9[c]。

[3] See 24 CFR §891.435 Security Deposits.

[4] 周珺:《押金之返还与承租人之保护——以美国法为中心》,载《武汉大学学报(哲学社会科学版)》2011年第2期。

[5] Edward H. Rabin, The Revolution in Residential Landlord-tenant Law: Causes and Consequences, Cornell Law Review, Vol. 69, 1984, pp. 517-584.

[6] 美国《住房租赁统一示范法》最早在1972年颁布,已被21个州全部或部分采纳,2015年修订版(Revised Uniform Residential Landlord and Tenant Act (2015))增加了押金处置等条款。资料来源:http://www.uniformlaws.org/,2022年7月18日最后访问。

押金提出了要求:第一,押金应当可识别,出租人开立专门银行账户保管押金并维护押金记录,但不要求建立二级账户,银行没有责任监督押金使用情况,账户是否为生息账户各州规定不一。第二,在不影响承租人利益的前提下允许混同各承租人押金(前提是各承租人不受不利影响),但不能将承租人押金与出租人自有资金混同,以保护承租人按时获得押金返还的合理预期(第1202、1203条);如果出租人无法返还押金,须支付一定数额的惩罚性赔偿(第1204条)。在一些州法中,下列情形可视为未发生财产混同:扣留押金以作为到期未付租金的支付;并未将押金存入生息账户(部分州不作强制要求);如果在租赁合同中存在明确约定,押金可用于购买租赁楼宇;如果发生了财产混同,一些州法规定出租人不得扣留押金并立即返还给承租人。①

德国法也存在类似规定,其立法目的与美国法相同——保护房屋承租人预付的押金可被返还。例如《德国民法典》第551条规定:出租人必须按通知终止期间为3个月的储蓄存款的通常利率,将作为担保而交给自己的金额向信贷机构投资。合同当事人双方可以约定其他投资方式。在这两种情形下,投资必须与出租人的财产分开进行,且收益属于承租人。②

然而,美国法对动产租赁押金的规制远宽松于不动产租赁,其原因在于前述主流债权说理论适用"货币占有即所有"原则,并未要求押金的第三方独立存管。在美国联邦法层面,《统一商法典》第2A编的动产租赁,以及专门的《消费租赁法》(Consumer Leasing Act)均作为消费者保护法要求出租人进行信息披露,以便消费者在不同租赁物之间进行比较和选择,获得更大自主权,但除此之外并无押金保管、返还的特殊规定。在州法层面,美国《消费租赁统一示范法》(Uniform Consumer Leases Act)③内容更为细化,指出押金的作用在于减少出租人风险;考虑到出租人维护押金需要付出管理成本,该法不要求出租人就押金收益向承租人支付利息,也未限制押金数额,并不要求押金与出租人财产隔离(第303条)。

---

① Land v Gladol Realty Corp. (1959) 18 Misc 2d 103, 187 NYS2d 216, see John P. Ludington, Landlord-Tenant Security Deposit Legislation, American Law Reports 4th, Vol. 63, 1988, §12 [e], §13[a].

② 《德国民法典》(第4版),陈卫佐译注,法律出版社2015年版,第197—198页。

③ 美国州法层面的《消费租赁统一示范法》与联邦法层面的《消费租赁法》类似,均排除对短期(4个月以下)租赁的适用。美国《消费租赁统一示范法》的文本可参见 https://www.uniformlaws. org/HigherLogic/System/DownloadDocumentFile. ashx? DocumentFileKey = fef329c8-e36c-6979-38b5-bef9dcbf485a&forceDialog=0,2022年8月12日最后访问。

区分动产、不动产租赁押金制度的主要考量在于所涉利益重大性不同。① 通常而言,不动产租赁押金数额高于动产租赁押金,因此对后者无须按照前者规范制度予以严格要求,否则有碍交易效率。正如有论者指出的,共享单车等共享经济采取动产租赁押金制度,要求消费者预付押金,而经营者利用"一人一押"的创新获得资金周转,一定程度上减轻了经营的成本负担,是商业模式的创新,若对其严格监管,企业融资能力将受到损害,也无法根据自身发展需求调整其资本结构促使生产经营达到最佳水平。②

三、规制目标与规制措施的调整

面对市场创新,法律规制目标应该在于寻求交易安全与鼓励创新的平衡。美国法、德国法就不动产租赁进行了资金第三方独立存管这类特殊规制,但主要源于社会思潮的影响,而我国不动产租赁并没有类似规则。通常而言,动产租赁押金的金额较小,其所受规制相较不动产租赁押金更为宽松,例如美国法上未对动产租赁押金利息归属、财产区隔作出强制性要求。虽然共享单车等新型动产租赁押金模式较传统模式进行了较大变革,在一定程度上改变了押金的法律属性,但押金并不具有金融属性,而且押金专门监管的有效性也存在疑问。即使保障客户资金安全的规制目的具有正当性,针对押金的行政监管仍存在小额豁免制度的适用空间。在押金规制的措施选择方面,可考虑市场自我规制、技术替代、合同自治与司法保障等路径,以便达成鼓励市场发展与维护安全和秩序的平衡。

(一) 采取豁免机制保障押金的相对安全

虽然共享经济预付押金模式可能导致消费者资金损失风险,但对于押金的监管,可考虑豁免机制,否则严格的监管将加重经营者的合规成本,而经营

---

①　我国在历史上对不动产租赁押金制度存在较为详细的规范,但欠缺系统性立法。目前的不动产制度侧重保护承租人利益,表现为买卖不破租赁等规则。正由于法律对承租人的倾斜性保护,实践中出租人利用合同条款予以制衡,普遍要求承租人预付押金以作担保。民事基本法并未再对押金进行专门规范,部门规章及地方性规范文件中包含少量零散规则,均较为原则。例如《商品房屋租赁管理办法》(住房和城乡建设部令 2011 年第 6 号)规定:"房屋租赁合同一般应当包括以下内容:……租金和押金数额、支付方式……";《国务院办公厅关于加快培育和发展住房租赁市场的若干意见》(国办发〔2016〕39 号)也规定:"住房租赁合同期限内,出租人不得随意克扣押金"。总体而言,我国对不动产租赁押金没有系统性规制,仅在较低层级的规范性文件中体现住房租赁押金之承认与返还要求。进一步讨论可参见孙峰:《构建以住房承租人权利为核心的法律制度》,载《西南民族大学学报(人文社会科学版)》2020 年第 1 期。

②　邓大鸣、李子建:《共享单车押金的性质及其监管问题探究》,载《西南交通大学学报(社会科学版)》2017 年第 4 期。

者也会将此部分成本再转移至消费者。预付费用凭证规制中的小额豁免与主营业务豁免,对预付押金类业务的规制具有借鉴意义。

我国预付卡的发行与受理规制在一定程度上采取了小额豁免机制,例如单张 1000 元以下的预付卡不需要进行实名登记管理。① 另外,考虑到单用途预付卡的使用范围有限,法律规范对单用途预付卡发卡企业按照规模大小分配资金存管比例,且不要求规模发卡企业、集团发卡企业和品牌发卡企业之外的其他发卡企业进行客户资金存管。② 小额豁免的理论基础在于成本收益考量:如果采取严格监管,经营者合规成本高企,不利于市场创新。小额豁免机制的适用是利益权衡的结果,其在其他诸如股权众筹等领域也存在。③

在共享经济中,平台经营者对每位承租用户收取的押金一般在 300 元以下,对个体利益影响较小,也存在豁免基础。反对观点可能认为虽然每位用户交付的押金金额较少,但共享经济采取了“一人一押”的经营模式,导致同一个经营者收取的押金总额极高。然而,共享单车等互联网平台经营者承担着沉重的运营成本,包括单车投放、日常运营、损耗弥补在内的成本并不少于所收取的押金,因此其利用押金维持企业运营的模式具备一定的商业合理性。实际上,在共享单车企业收取押金时,用户所支付的租车费用相对较低,因此押金被占有的时间成本也可算作用户享受租车服务的对价之一。待共享单车企业不再收取押金,或者收取押金数额降低时,企业需要通过提高租车费用等方式维持运营,④用户支付的对价也提高了,可谓是市场的理性回应。从前文讨论的比较法上对不动产、动产租赁押金的区别规制也可看出,动产租赁押金一般为小额,其所受规制不如不动产租赁押金那般严格,特别是法律未对动产租赁押金利息归属、财产区隔等问题进行直接的规定。即使共享汽车、共享奢侈品等模式中押金额度达到数百元甚至上千元,仍可诉诸《民法典》《电子商务法》及《消费者权益保护法》解决纠纷,并不必然需要金

---

① 《单用途商业预付卡管理办法(试行)》(商务部令 2016 年第 2 号)第十八条;《支付机构预付卡业务管理办法》(中国人民银行公告〔2012〕第 12 号)第七条。

② 《单用途商业预付卡管理办法(试行)》(商务部令 2016 年第 2 号)第二十六条:规模发卡企业、集团发卡企业和品牌发卡企业实行资金存管制度。规模发卡企业存管资金比例不低于上一季度预收资金余额的 20%;集团发卡企业存管资金比例不低于上一季度预收资金余额的 30%;品牌发卡企业存管资金比例不低于上一季度预收资金余额的 40%。

③ 彭冰:《投资型众筹的法律逻辑》,北京大学出版社 2017 年版,第 179—208 页。

④ 实践中确实如此,参见《共享单车骑行费用上涨,你还会使用吗?》,载《西安晚报》2019 年 6 月 12 日。

融法的规制。①

除小额豁免机制之外,还存在主营业务豁免机制讨论的空间。单用途预付卡发行与受理机构的主营业务不是支付,而是提供货物或服务销售,立法规范对其采取主营业务豁免机制,即单用途预付卡发行机构收取的客户预付资金除接受一定的资金存管外,其余部分可用于发卡企业的主营业务,不必专户管理。② 相比之下,多用途预付卡发行机构以支付业务为主营业务,即专门从事支付活动,其所受监管更为严格,开展此类业务应获得特别的业务许可,并且须对客户资金进行专户管理。③ 共享单车等企业运营模式更类似于单用途预付卡企业,虽然共享单车租赁业务包含了预付押金这类交易,但企业主营业务在于提供自行车租赁服务而非支付业务,因此押金所受监管也不能过于严格。

在比较法上,欧盟对非金融支付机构进行监管时,特别注意到移动网络电信运营商(mobile network operators)的主营业务是为客户提供通信服务,但其同时也为客户提供非通信运营的第三方货物或服务的小额支付服务,包括音乐下载、停车收费的支付等,支付的资金从客户事先已经付款的话费或流量中扣除。鉴于欧盟成员国法律已规定移动运营商从事电信网络运营服务需要事先取得许可,并接受财务审核以确保安全稳健运营,防止消费者利益受到损害,④因此为了鼓励市场创新,欧盟《2009 年电子货币指令》建立了宽松的法律监管环境,明确移动网络电信运营商在主营业务之外从事支付业务的,不再受到额外的限制。这类规制的价值考量是在新的技术改革背景之下,欧盟希望将移动支付作为突破口,促进支付市场一体化发展,如果移动运营商需要从事支付业务而不得不分拆为两个实体,将被迫增加合规成本,不利于支付市场的发展。⑤ 类似地,共享单车等共享经济行业的主营业务是提

---

① 例如,共享汽车和共享奢侈品等动产租赁,押金额度更大,也出现押金退还困难的问题,参见《用户称 GOFUN 共享汽车押金难退 共享经济领域遇通病》,载《证券日报》2017 年 10 月 19 日。

② 《单用途商业预付卡管理办法(试行)》(商务部令 2016 年第 2 号)第二十四条:发卡企业应对预收资金进行严格管理。预收资金只能用于发卡企业主营业务,不得用于不动产、股权、证券等投资及借贷。

③ 《支付机构预付卡业务管理办法》(中国人民银行公告〔2012〕第 12 号)第二十四条:发卡机构应当通过其客户备付金存管银行直接向特约商户划转结算资金,受理机构不得参与资金结算。

④ Application of the E-Money Directive to Mobile Operators, Summary of Replies to the Consultation Paper of DG Internal Market, 2004, p. 10.

⑤ Commission of the European Communities, Impact Assessment of the Proposal for a Directive of the European Parliament and of the Council Amending Directive 2000/46/EC on the Taking Up, Pursuit of and Prudential Supervision of the Business of Electronic Money Institutions, September 2008, p. 11.

供互联网分时租赁服务,收取押金仅为其业务运营中的一环。为了鼓励市场创新,降低经营者的合规成本,不宜采取严格的金融监管。当然,这并非意味着共享经济预付押金业务不受任何规制,后文将提供具体的规制建议。

此外,鉴于共享单车、共享汽车的普及有助于缓解交通拥堵,并具有节能环保的优势,承担部分的公共服务职能,因此也有必要讨论公共服务特别规制的可能性。共享单车与共享汽车可与既有的公共交通进行比较。公共交通领域的公交卡中消费者预付价值一般也包括预付费用(充值资金)和押金,但所受规制较为复杂。一方面,对于仅能用于公交费用支付而不用于商业用途的单用途公交卡,鉴于其公共服务属性,豁免适用于单用途商业预付卡的规制。① 另一方面,公交卡的公共服务属性也为其带来严格规制。由于不少地区的公交卡收取了押金,②部分地方政府颁布了专门的公共交通卡管理规范。例如,《上海市公共交通卡管理办法(修正)》(沪建管联〔2014〕463号)第十七条规定,押金应当设立专户,实行专款专用、专户存储,专户内的押金仅限用于退还持卡人。该管理办法第十八条还规定,押金产生的利息收入应当用于公共交通卡普通卡采购、制作、发行、退卡维修等成本支出,不得挪作他用。

共享单车是否属于公共交通运输还需要讨论,特别是公共性在何种维度上得以构成仍存在疑问。公共性是针对主体还是对象而言,即服务对象是社会公众即可认为具有公共性,还是要求服务提供主体必须是政府等公共机构,是否即使是私人提供的面向公众的服务也不具有公共性?早在2007年我国就存在由政府经营的有桩租赁自行车,后续的技术发展促成了无桩私营共享单车的出现。③ 无桩的互联网租赁自行车实际上比原有的政府有桩自行车面向更多的公众、提供了更大的便捷性。然而即便如此,《共享单车指导意见》指出互联网租赁自行车是"方便公众短距离出行和公共交通接驳换乘的交通服务方式",也明显区别了公共交通的优先发展与互联网租赁自行车的统筹发展,说明共享单车在定位上并不属于公共交通服务,因此共享单

---

① 《单用途商业预付卡管理办法(试行)(2016修正)》列举的行业分类不包括公共交通领域。但是如果公交卡还可跨行业使用,则为多用途预付卡,需接受《支付机构预付卡业务管理办法》的监管。

② 公交卡收取押金源于《集成电路卡应用和收费管理办法》(国家计委、国家金卡工程协调领导小组、财政部、中国人民银行计价格〔2001〕1928号)的规定。该管理办法第八条规定:事业单位提供经营性服务,公交、供水、供气、供电、铁路、邮电、交通等公用性服务的行业或具有行业垄断性质的企业提供生产经营服务,推广使用IC卡所需费用,通过对用户的服务价格补偿,不得向用户单独收取费用。为控制发行费用,对不单独收费的IC卡,可以按照一定的标准向用户收取押金,押金的具体管理办法由省、自治区、直辖市人民政府制定……

③ 宋佳儒:《共享单车押金资金沉淀的监管问题探析》,载《甘肃金融》2017年第4期。

车押金规制也不同于公共交通卡的押金规制。

(二) 以市场自治和司法治理为主导

按照《电子商务法》(2019年)第七十八条的规定,电子商务经营者未向消费者明示押金退还的方式、程序,对押金退还设置不合理条件,或者不及时退还押金的,由有关主管部门责令限期改正,可以处五万元以上二十万元以下的罚款;情节严重的,处二十万元以上五十万元以下的罚款,①表明押金问题适用于一般的行政处罚,并未上升至严格的专户监管等规制。面对市场创新,法律规制目标应定位为寻求交易安全与鼓励创新的平衡,有效性不足的类金融监管措施应予以改进。鉴于粗线条的规定只具有宣示意义而缺乏实际执行力,过于细化的规定又可能打击市场创新活力,因此可考虑如下规制结构配置:

第一,自我规制。正如有论者指出的,对于共享经济这类市场创新,应彰显鼓励创新的理念,采取回应型规制策略,建立合作监管和自律监管的混合规制模式。② 中央及地方发布的指导意见均鼓励共享单车企业采用信用模式免除用户押金,实践中不少企业也推行了用户信用积分达到一定分数以上即可免押金租赁车辆的规则。摩拜单车、ofo小黄车也曾在2017年与商业银行达成押金监管、支付结算等安排以实现自我规制。③ 随着我国征信体制的逐步完善,押金的信用补强功能可以通过其他信用方式得到替代;加之市场自由化发展,不同企业之间的市场竞争也有助于在一定程度上保障用户资金安全,因此不必实施严格干预。

第二,技术替代。技术的发展可以部分地解决法律规制难题。收取共享单车押金可以采取资金预授权冻结方式:当用户支付押金时,经营者通过技术手段冻结其银行账户或支付账户相应数额,冻结期间为用户租赁使用自行车相应期间,待用户行程结束则自动解冻。④ 这种方式也符合《共享单车指导意见》即租即押、即还即退的要求。如果采取技术手段,只需要民事法律提供事后司法裁判救济,不需要金融监管的事前规制介入。

---

① 立法背景资料表明,《电子商务法》规定此类行政处罚意在弥补《关于鼓励和规范互联网租赁自行车发展的指导意见》不具有法律强制力而不能成为行政处罚依据的缺陷,参见电子商务法起草组编著:《中华人民共和国电子商务法条文研析与适用指引》,中国法制出版社2018年版,第84—85、299—302页。

② 唐清利:《"专车"类共享经济的规制路径》,载《中国法学》2015年第4期;彭岳:《共享经济的法律规制问题——以互联网专车为例》,载《行政法学研究》2016年第1期;蒋大兴、王首杰:《共享经济的法律规制》,载《中国社会科学》2017年第9期。

③ 王涵:《共享单车押金监管困局》,载《民主与法制时报》2017年12月17日。

④ 任震宇:《冻结押金"预授权"防止资金流失》,载《中国消费者报》2017年12月22日。

　　第三,合同自治。在押金保管产生的利息归属问题上,美国法、德国法上存在押金利息归属于承租人的规定,其源于信托设定等问题,但同时也存在不要求出租人将押金利息支付给承租人的法律规定。根据我国的规定,担保权人享有收取孳息的权利,但合同另有约定的除外,①因此可考虑将押金利息归属问题交由当事人通过合同达成约定。因个体消费者所支付的押金产生的利息较少,对消费者利益影响较小,实践中经营者利用格式条款规定利息归属于经营者的做法并无不当。

　　第四,司法保障。通过提起消费者公益诉讼可以解决押金保管与返还的争议。例如,广东省消费者委员会以小鸣单车经营管理方广州悦骑信息科技有限公司为被告,针对小鸣单车经营者长期占有消费者押金、押金管理使用不公开、违背按时退还押金承诺、侵犯众多不特定消费者合法权益的问题,向广州市中级人民法院提起消费民事公益诉讼。法院最终也支持了广东省消费者委员会的诉讼请求,裁判广州悦骑公司根据承诺向消费者退还押金,对新注册消费者暂停收取押金,将收取而未退还的押金向公证机关提存,并向未退还押金的消费者公告等。② 公益诉讼解决了个体消费者维权成本过高的问题,可有效保障消费者权益。

　　总体而言,押金也体现预付的性质,需要注重对消费者资金安全的保障,然而由于押金使用范围有限,并且以小额为主,无须建立严格规制,规制结构配置应以司法治理为主。共享经济中的互联网租赁押金虽仍负有担保债之履行功能,但其法律属性已转变为后续多次间断租赁的统一担保,押金模式从传统的“一物一押”变为“一人一押”,导致出租人占有押金时间及规模均大幅增长,资金沉淀带来押金安全问题。然而,对押金的保护不宜挑战或突破传统法律制度。在司法层面,押金作为一般债权不能享有破产取回,押金返还问题应在既有法律框架下解决。在监管层面,金融规制所要求的设立专户、专款专用措施有效性不足,应予以改进。整体上,押金监管可以适用豁免机制,并采取市场自我规制、技术替代、合同自治与司法保障等措施,以便促进市场创新与自律发展。

　　共享经济行业发展变化迅速,部分企业退出市场或者被其他企业收

----

① 例如《民法典》(2021 年实施)第四百三十条规定:质权人有权收取质押财产的孳息,但是合同另有约定的除外。
② “广东省消费者委员会与广州悦骑信息科技有限公司纠纷”(广东省广州市中级人民法院(2017)粤 01 民初 445 号民事一审判决)。

购,①很多共享单车平台不再依赖押金获得资金周转,而是通过降低运营成本、提高用户租金或会员费、收取第三方广告费用等方式维持运营,②共享单车预付押金模式可能将被彻底改变。即便如此,讨论预付押金的规制仍然具有意义,相关分析框架可适用于其他行业预付押金业务的规制。此类讨论更关乎在技术变革背景下,法律如何回应支付机制和商业模式创新这一永恒命题。根本而言,应当厘清规制理念和规制重点:严格的金融监管排斥市场竞争,产生巨大的企业合规成本,不利于发挥优胜劣汰的市场资源配置机制,规制者应慎重对待,考量是否具有突破既有法律制度的现实紧迫性,在设定规制目标及选择规制措施时均应寻求交易安全与鼓励创新的平衡。

---

① 前述小鸣单车即被申请破产清算。在 2018 年 4 月,摩拜单车被美团全资收购,参见傅光云、蔡淑敏:《摩拜花落美团,共享单车终成巨头的游戏》,载《国际金融报》2018 年 4 月 9 日。

② 关于国外共享单车企业收费方式的简要介绍,可参见钱玉文、吴炯:《论共享单车押金的性质及其法律规制》,载《常州大学学报(社会科学版)》2018 年第 4 期。

第三章　即付类电子支付业务的规制

在即时支付交易中,消费者在获取商品或服务的同时进行付款,可以实现"一手交钱、一手交货",电子支付服务者提供的服务是按照客户支付指令转移资金。即付交易使得当事人债权债务关系即时了结,而且由于各方信息较为对称,消费者不易因支付服务提供者或经营者的信用风险遭受资金损失。因此,相关法律规制的重点不在于控制债务履行这类信用风险,而在于防范和应对技术创新风险,以及在事后分配非授权交易损失。在规制结构配置上,不必以行政监管建立统一规则为主导,而应以司法治理为主,以便减少规制成本。尽管监管规范也作出了原则性规定,但由于个体差异,可赋予法官自由裁量空间,发挥司法个案裁判优势。行政监管则需侧重制定技术规范,发挥监管机构技术专业优势,妥当处理技术发展与市场安全之间的关系。

商业银行借记卡即付业务的行政监管重点是业务规范、交易安全保障和市场秩序维护,监管机构可以通过发布技术规则在事前建立统一的规则,改善交易安全防护水平,并利用执法处罚提升规制威慑力,同时注重给予市场自主竞争空间,促进市场的高效发展。借记卡即付交易的司法治理重点是解决非授权交易纠纷,应针对借记卡盗刷问题建立安全程序规则,明确各主体之间的权利义务关系和举证责任配置机制,在消费者权益保护基础之上合理分配资金损失。

非银行机构条码即付业务是移动支付场景下的技术创新。当支付账户绑定借记卡时,支付机构充当支付通道,也体现即付特征。由于不存在信用风险,宜利用司法裁判事后规制的低成本优势,发挥个案灵活性,但为了提升法律威慑力,还应统一司法裁判规则。鉴于条码支付业务面临着额外的技术风险,需要监管机构建立平衡支付安全与支付便捷的规制理念,在事前制定统一的技术标准保障技术安全,并加强风险管理和市场秩序维护。总体而言,条码即付业务的规制结构配置应是司法裁判与行政监管各有侧重,前者注重解决非授权支付的民事和刑事纠纷,后者注重防范和应对支付技术创新带来的支付安全与市场秩序问题。

第一节　商业银行借记卡即付业务的规制

按照《银行卡业务管理办法》（银发〔1999〕17号）的界定，借记卡是商业银行向社会发行的具有存取现金、转账结算，而不具备透支功能的支付工具。根据中国人民银行公布的《2021年支付体系运行总体情况》，截至2021年末，我国借记卡数量达到84.47亿张，人均持有5.98张，①表明借记卡在我国的广泛使用。

借记卡由商业银行发行，可被持卡人用于特约商户处的消费支付，收单银行或非银行收单机构受理支付并完成资金结算。持卡人可以持借记卡物理介质在受理机具上刷卡支付，也可以将借记卡绑定于网络支付账户，但无论在线下还是线上交易中，借记卡均属于现金支付的替代工具。虽然持卡人在使用银行借记卡时需要预先在卡内保留资金，否则无法用于消费支付，但与商业预付卡等预付费用凭证不同的是，借记卡不体现专门的"提货凭证""债权凭证"功能，而是替代现金的支付工具：在持卡人刷卡当时，其银行账户余额立即减少，消费者在获取商品或服务的同时进行付款，可以实现"一手交钱、一手交货"。在此类交易中，支付的功能体现为转移货币资金、当即完成债务清偿。由于借记卡即付交易中各方信息较为对称，交易核心风险不在于某一方交易主体的信用风险，而在于电子支付的技术风险，因此如何防范和应对因技术问题导致的借记卡资金损失成为此类交易结构反映出来的主要问题。

本节首先梳理实践中的借记卡规制需求，分析借记卡行政监管规范侧重于建立业务规范、保障交易安全和维护市场秩序，总结借记卡刑事、行政和民事纠纷所反映的司法治理问题，再专门讨论非授权支付资金损失这一规制重点与难点议题。鉴于借记卡即付交易结构所体现的核心风险不同于预付交易中的信用风险，借记卡支付业务的规制结构应以司法治理为主，宜发挥个案裁判的灵活性，降低规制成本，而行政监管应侧重建立统一的技术标准，维护交易安全与市场秩序。

一、规制需求：行政监管与司法裁判反映的主要问题

（一）借记卡监管重点

借记卡业务涉及发行与受理、结算和清算等不同内容，中国人民银行等

---

① 中国人民银行：《2021年支付体系运行总体情况》，http://www.pbc.gov.cn/zhifujiesuansi/128525/128545/128643/4523666/index.html，2022年7月18日最后访问。

监管机构颁布部门规章和部门规范性文件对借记卡业务及其市场发展实施监管。实践中反映出的问题主要集中于交易安全和市场秩序等方面,相关主管机构也有针对性地展开了监管。

1. 业务规范

借记卡的业务规范是借记卡行政监管中最为基础的内容,监管机构针对包括借记卡在内的银行卡发行与受理业务、收单业务和清算业务建立了较为全面的监管框架。相关的法律规范主要是《银行卡业务管理办法》(银发〔1999〕17 号)、《银行卡收单业务管理办法》(中国人民银行公告〔2013〕第 9 号)以及《银行卡清算机构管理办法》(中国人民银行、中国银行业监督管理委员会令〔2016〕第 2 号)。

中国人民银行对银行卡的发行业务实施核准,商业银行发行借记卡需要经过中国人民银行的批准。[①]《银行卡业务管理办法》对借记卡的不同业务的计息和收费标准、账户和交易管理、风险防范和管理以及当事人权利义务等方面均作出了详细规定。[②] 例如,由于借记卡法律关系中包含储蓄关系,《银行卡业务管理办法》规定了借记卡业务的存款计息、收单业务结算手续费、跨行取现费用标准等;针对借记卡各项风险,发卡银行被要求不得为持卡人或委托单位垫付资金,并应加强对止付名单的管理。针对银行卡收单结算业务,《银行卡收单业务管理办法》重点规范银行卡受理协议签订,以及收单机构按约定承担银行卡交易资金结算责任这两项核心业务;将线上收单与线下收单业务一并纳入监管,并实施相同监管标准;严格规范特约商户管理,建立特约商户实名制和收单业务本地化经营与管理制度;明确收单业务风险管理和业务监管检查及违规处罚规定。前述借记卡发行与受理以及收单结算业务均属于商业银行的业务,而银行卡清算业务是银行卡清算机构的特许业务。鉴于银行卡清算基础设施具有系统重要性,《银行卡清算机构管理办法》对清算业务的申请、许可、变更、终止等均作出了严格规定。我国的银行卡清算机构主要包括中国银联和网联清算公司,此外按照《国务院关于实施银行卡清算机构准入管理的决定》(国发〔2015〕22 号)的规定,境外机构也可经批准取得银行卡清算业务许可证后在我国成立银行卡清算机构。

2. 交易安全保障

随着实践中频频爆发电信网络诈骗、伪卡欺诈和网络盗刷等事件,监管

---

① 中国人民银行规定了详细的银行卡业务审批条件和程序,详见《银行卡业务管理办法》(银发〔1999〕17 号)第十三条至第十七条。

② 从《银行卡业务管理办法》(1999 年实施)第七章规定"银行卡当事人之间的职责"可以看出,该管理办法并非一部纯粹的行政监管规章,也混杂了私法内容,对银行卡法律关系中的各个主体——发卡银行、持卡人、特约商户等的权利和义务均作出了具体规定。

机构发布多项规范性文件,从技术规范等方面加强借记卡交易安全管理。例如,中国人民银行发布《关于加强银行卡业务管理的通知》(银发〔2014〕5号)、《关于进一步加强银行卡风险管理的通知》(银发〔2016〕170号),指出加强银行卡信息的安全管理,包括对支付敏感信息实施内控管理和安全防护、应用支付标记化技术、规范收单外包服务;注重银行卡互联网交易风险的防控,强化客户端软件安全管理,加强业务开通身份认证安全管理,建立健全个人银行结算账户分类管理机制,加强互联网交易风险监控和支付风险联动防控。

中国人民银行还发布了《关于强化银行卡受理终端安全管理的通知》(银发〔2017〕21号)、《关于强化银行卡磁条交易安全管理的通知》(银办发〔2017〕120号)、《关于进一步规范和加强商业银行银行卡发卡技术管理工作的通知》(银发〔2011〕47号)等规范性文件,要求发行银行卡的商业银行以及相关支付机构强化银行卡受理终端的规范管理,加强银行卡磁条交易风险管理,建立基于大数据技术的风险防控机制。此外,监管规范还采取分类规制策略,要求商业银行和非银行支付机构根据交易额度、交易频次等实施分级分类管理,提升支付安全防护水平。作为自律监管组织的中国支付清算协会也多次发布技术标准性文件,对借记卡等银行卡业务实施风险控制和安全管理,包括银行卡敏感信息安全防范、收单外包机构风险管理等方面的指引。[①]

针对银行卡业务易导致洗钱、恐怖主义融资和其他犯罪的问题,中国人民银行单独或联合其他部门发布了《关于加强银行卡业务反洗钱监管工作的通知》(银办发〔2009〕151号)和《关于加强银行卡安全管理预防和打击银行卡犯罪的通知》(银发〔2009〕142号),强调监管机构对银行卡经营机构履行客户身份识别制度、账户实名制、支付清算规则、反洗钱等方面的情况实施检查,综合运用事前预防、事中执法和事后处罚等规制手段,保障银行卡交易安全,打击相关违法犯罪行为。

3. 市场秩序维护

在借记卡的市场秩序问题方面,由于借记卡的发行受到严格管制,市场秩序较为稳定,而主要问题在于借记卡受理方面,即收单市场秩序混乱。监管机构曾指出银行卡收单市场各参与方权责不清晰,不利于风险防范和产业

---

① 可参见中国支付清算协会发布的《银行卡业务风险控制与安全管理指引》(中支协发〔2014〕39号)、《关于加强银行卡敏感信息安全管理防范终端机具改装的倡议书》(中支协发〔2016〕99号)、《银行卡收单外包机构登记及风险信息共享办法》(中支协发〔2016〕128号)等。

持续发展。① 银行卡收单市场秩序混乱的本质问题实际上是银行卡业务的市场竞争和利益分配存在不公平的情况。在早期,针对银行卡业务的混乱竞争,例如银行卡受理机具不兼容,各商业银行"自行发卡、自建受理网络、分散发展",中国人民银行发布《关于促进银行卡业务公平竞争联合发展的紧急通知》(银发〔1999〕217号),要求商业银行在同各类非银行机构发行联名卡或者为合作发卡提供结算服务时,不得提供卡片和机具等投资,也不得降低结算手续费标准,而且安装的受理机具及读卡器不得具有排他性,并须经过技术测试。技术问题通过行政规范强制性要求得以解决,而市场秩序方面的另一核心问题一直持续存在,即银行卡收单业务结算手续费标准是否制定、由谁制定以及如何制定的问题。

在中国银联成立之前,银行卡收单业务的手续费收入在发卡银行、收单机构和银行卡信息交换中心之间由行政调控。之所以采取行政定价而非市场自主定价方式,是因为早期银行卡受理主要集中在高档酒店、大型商场等少数商户,而且每家银行布放的受理机具只能受理本行发行的银行卡,一家商户的收银台普遍放置多台受理机具,监管者认为统一调控可以避免银行卡受理市场的恶性竞争。② 1999年《银行卡业务管理办法》第二十四条直接规定,银行卡受理商户所承担的结算手续费标准为交易金额的2%(餐饮娱乐等)和1%(其他)两类,这部分收益在发卡行、收单行、转接中心之间按照8∶1∶1的比例分配。此后,为了鼓励银行卡的发行与受理,中国人民银行在2001年发布《关于调整银行卡跨行交易收费及分配办法的通知》(银发〔2001〕144号,现已失效),降低了商户缴纳手续费的标准,同时不再硬性规定收单行的手续费收入。

随着"金卡工程"的实施,银行卡联网通用并实现了受理机具和自动存取款机具网络资源共享,作为银行卡清算机构的中国银联也得以成立。中国人民银行在2003年颁布《中国银联入网机构银行卡跨行交易收益分配办法》(银复〔2003〕126号),重新调整了跨行交易商户结算手续费分配机制,仍采用固定发卡行收益和银联网络服务费方式,但降低了商户需要缴纳的手续费。在2012年,为了进一步降低流通环节成本、减轻商户负担,监管机构调整了银行卡刷卡手续费标准,将商户分为四大类别——餐饮娱乐类、一般类、民生类和公益类,依类别设置不同的手续费标准,并降低了各类手续费。每

①　《中国人民银行有关部门负责人就〈银行卡收单业务管理办法〉有关问题答记者问》,2013年7月10日。
②　相关历史背景参见《中国人民银行有关方面负责人就〈中国银联入网机构银行卡跨行交易收益分配办法〉答记者问》,2004年1月15日;以及《中国人民银行有关负责人就银行卡刷卡手续费标准调整工作答记者问》,2013年2月25日。

笔收单交易的手续费收入在发卡银行、收单机构和清算机构之间分配。[①]　在 2016 年,国家发改委和中国人民银行联合发布《关于完善银行卡刷卡手续费定价机制的通知》(发改价格〔2016〕557 号),再次修改了定价机制,取消了商户行业分类定价,开始实行借记卡、贷记卡差别计费,并从总体上下调了费率水平(详见表 3-1)。

表 3-1　银行卡刷卡手续费项目及费率上限表（2016 年开始施行）

收费项目	收费方式	费率及封顶标准
收单服务费	收单机构向商户收取	实行市场调节价
发卡行服务费	发卡机构向收单机构收取	借记卡:不高于 0.35%(单笔收费金额不超过 13 元)
		贷记卡:不高于 0.45%
网络服务费	银行卡清算机构向发卡机构收取	不高于 0.0325%(单笔收费金额不超过 3.25 元)
	银行卡清算机构向收单机构收取	不高于 0.0325%(单笔收费金额不超过 3.25 元)

在此之后,监管机构也根据具体情况的变化对小微企业等制定了银行卡手续费优惠标准。[②]　虽然银行卡刷卡手续费新标准取消了行业分类,并考虑到借记卡和信用卡在交易成本构成、业务风险特征等方面存在的区别,而采取了差别定价方式,然而即便行政监管不作出此类安排,市场竞争也可能将此种差异纳入市场定价考虑范畴。监管者需要关注的是促进市场的有序竞争而非直接的费用安排,因此未来应该改革规制措施,取消行政定价,通过市场有序竞争实现资源的优化配置。

(二) 借记卡司法纠纷主要类型

利用“借记卡”“汇款”等作为关键词在裁判文书网、无讼和北大法宝数

---

① 中国人民银行发布《关于切实做好银行卡刷卡手续费标准调整实施工作的通知》(银发〔2012〕263 号),国家发展和改革委员会发布《关于优化和调整银行卡刷卡手续费的通知》(发改价格〔2013〕66 号)。

② 例如《中国人民银行、银保监会、发展改革委、市场监管总局关于降低小微企业和个体工商户支付手续费的通知》(银发〔2021〕169 号)要求银行卡清算机构协调成员机构,对标准类商户借记卡发卡行服务费、网络服务费在现行政府指导价基础上实行 9 折优惠,封顶值维持不变,对优惠类商户发卡行服务费、网络服务费继续在现行政府指导价基础上实行 7.8 折优惠。收单机构应同步降低对商户的收单服务费,切实将发卡行、银行卡清算机构让利传导至商户。

据库进行检索,可发现大量司法纠纷,其中刑事和行政纠纷远少于民事纠纷。① 借记卡纠纷的刑事案件主要涉及侵犯财产罪、妨害社会管理秩序罪和破坏社会主义市场经济秩序罪,行政案件主要涉及行政管理、行政确认、行政处罚等事项,民事案件中错误支付和非授权支付是最主要的两大类型,涉及《电子商务法》《商业银行法》《合同法》(《民法典》)等法律的适用。

1. 刑事和行政纠纷

典型的涉借记卡刑事纠纷包括盗窃罪,金融诈骗罪,非法经营罪,伪造、变造、买卖国家机关公文、证件、印章罪等的认定。涉借记卡行政纠纷主要是商业银行不服行政处罚而提起行政诉讼。

在最高人民法院公布贯彻宽严相济刑事政策的典型案例中,有一则案例涉及借记卡盗窃案。② 该案中,被告人盗窃了近亲属的一张农业银行借记卡,通过猜配密码刷卡并在签购单上冒充原持卡人签名的方式,消费12.8万元,销赃后将款项用于归还被告所欠他人的货款。被告人被抓获归案后退赔了全部赃款。法院认定被告行为人构成盗窃罪,并予以从宽处理。此外,"朱某某等信用卡诈骗、妨害信用卡管理、掩饰、隐瞒犯罪所得、出售公民个人信息、非法获取公民个人信息案"③也较为典型。被告人通过互联网获取他人信息,购买相关银行卡卡号、余额等信息资料,猜取银行卡密码并利用拨打电话银行的方式查验密码是否正确,先后掌握了多名受害人的银行卡卡号和密码,再通过收取手续费的方式利用受害人银行卡为他人支付电话费或公共事业费用,累计转出的受害人银行卡金额达到200余万元。法院最终认定被告人以非法占有为目的,通过非法方式获取他人信用卡信息资料后,伙同他人利用互联网、通信终端等进行使用,冒用他人信用卡进行信用卡诈骗活动,数额特别巨大,其行为构成信用卡诈骗罪、妨害信用卡管理罪等。④

"中国银行安康分行不服安康市工商行政管理局工商行政处罚决定案"⑤是典型的涉借记卡行政纠纷。安康市工商行政管理局接到群众投诉,称中国银行安康分行的借记卡在其他银行的自动取款机取款时,每次收费

---

① 在2020年7月利用"借记卡"作为关键词在北大法宝数据库检索,可得到26641件刑事案例、717件行政案例和181570件民事案例。

② 《最高法院公布3起贯彻宽严相济刑事政策典型案例》,载《人民法院报》2013年2月28日。

③ 上海市闸北区人民法院(2011)闸刑初字第823号刑事一审判决。

④ 刑法上的"信用卡"与金融法上的"信用卡"含义不同。《全国人民代表大会常务委员会关于〈中华人民共和国刑法〉有关信用卡规定的解释》(2004年)说明,刑法规定的"信用卡"是指由商业银行或者其他金融机构发行的具有消费支付、信用贷款、转账结算、存取现金等全部功能或者部分功能的电子支付卡,因此刑法意义上的"信用卡"包括借记卡。

⑤ 陕西省高级人民法院(2004)陕行终字第19号行政二审判决。

10 元。安康工商局调查取证后,以中国银行安康分行未按照中国人民银行发布的《关于〈银行卡业务管理办法〉跨行交易收费条款补充规定的通知》(银发〔2000〕72 号,2004 年失效)的跨行交易收费规定执行,每笔交易多收取手续费 8 元,属滥收费用为由,依据《反不正当竞争法》(1993 年实施)第二十三条和国家工商行政管理局《关于禁止公用企业限制竞争行为若干规定》(1993 年实施)第五条规定,责令停止违法行为,并处以 8 万元罚款。中国银行安康分行不服该行政处罚,诉称多收手续费侵犯的是消费者权益,并未构成限制竞争及不正当竞争,安康工商局以构成不当竞争为由进行处罚,存在错误。法院审理认为,原告虽违反了有关银行卡收费规定,但并不构成排挤其他经营者公平竞争及损害其他经营者合法权益的不正当竞争行为,被告安康工商局的行政处罚定性不当,适用法律错误,应予撤销。

2. 民事纠纷

民事案件中的"借记卡纠纷"是银行卡纠纷之下的一类独立案由,既包括合同纠纷,也包括侵权纠纷。理论上银行卡关系的主体包括持卡人、发卡行、取款行、特约商户和实际取款人或刷卡人。不同主体之间的法律关系是:发卡行与持卡人之间成立储蓄存款合同关系和委托代理支付结算关系,持卡人和特约商户之间构成买卖合同关系,持卡人和实际取款人之间成立委托代理关系(存在授权)或者侵权关系(未经授权)。实践中的银行卡民事纠纷基本符合这几类界定,合同纠纷和侵权责任纠纷占据绝大多数。其中,与借记卡法律关系直接相关并涉及支付机构责任认定的纠纷主要是错误支付与非授权支付。

错误支付是指支付指令传输结果不符合支付意愿。错误支付中发生的错误可能存在两种情形:付款人错误或者支付机构错误。[1] 按照《电子商务法》(2019 年)第五十五条第一款的规定,付款人负有核对支付指令的义务,即在发出支付指令前,应当核对支付指令所包含的金额、收款人等完整信息。如果付款人发出错误支付指令,例如付款对象或付款数额错误,由于付款人与支付机构之间成立委托代理支付的法律关系,支付机构并未发生错误而是按照支付指令进行资金划拨的,即为完成委托事项,支付机构不必承担相关责任。[2] 至于付款人的损失,可利用不当得利、执行异议等制度向支付机构

---

[1] 此外,按照中国银联发布的《银行卡跨行业务差错处理暂行办法》(2003 年 9 月 19 日中国银联业务管理委员会第一届第一次会议通过),跨行清算机构也可能发生错误,属于差错。

[2] 理论基础为指示给付理论,被指示人(支付机构)只要完成指示人(付款人)发出的指令即视为履行义务,指令错误不影响被指示人已履行完毕的义务,参见陈自强:《委托银行付款之三角关系不当得利》,载《政大法学评论》1996 年总第 56 期。

之外的人寻求救济。① 不当得利与执行异议的核心问题实际上是举证责任分配问题,应由法院根据证据规则在付款人和实际收款人之间合理分配举证责任。② 如果付款人支付指令正确,但支付机构发出错误支付,按照《电子商务法》(2019 年)第五十五条第二款的规定,由电子支付服务提供者承担赔偿责任,除非能够证明支付错误非自身原因造成,实际上是采取了举证责任倒置原则对错误支付责任予以配置。

　　典型案例"中国工商银行股份有限公司郑州市二里岗支行、刘永民不当得利纠纷"③关乎商业银行作为支付服务提供者的责任。该案中,原告通过网银转账的方式向另一自然人马某的工商银行借记卡账户错误汇入 5 万余元,原告随即向马某的申办信用卡账户的工商银行发出律师函,要求暂将上述款项保留在马某的借记卡账户中,但此后工商银行发现马某信用卡逾期未还款,遂将其借记卡的余额(实际为原告错误汇入的款项)通过系统直接划扣的方式偿还了信用卡欠款。一审法院审理认为,马某未实际付款却取得了已清偿工商银行 5 万余元债务的不当利益,造成原告损失,应予返还,但是工商银行仅系银行业务的办理机构,原告未通过诉讼保全或其他有效措施冻结该账户资金,致使之后该款项被银行自动入账,工商银行对此不存在过错,因此未支持原告要求银行承担还款责任的诉求。二审法院则认为,工商银行在收到律师函并知晓款项汇错之后,却将该款项用于归还马某在该行其他信用卡账户的欠款,其应当向原告承担返还款项的责任,因而改判为马某和工商银行共同承担不当得利返还责任。最终,再审法院认为律师函不具有冻结银行账户的法律效力,案涉借记卡内款项被自动划转至信用卡账户清偿欠款,工商银行并无过错,也未获得不当利益,故撤销了二审判决,维持了一审判决。此案中,一审法院和再审法院的裁判更为妥当,不宜认定工商银行存在

---

① 民商法的分析可参见彭粒一:《银行存款账户错误汇款问题的实证案例分析》,载彭冰主编:《金融法苑(2020 年总第 102 辑)》,中国金融出版社 2020 年版;其木提:《错误转账付款返还请求权的救济路径——兼评最高人民法院(2017)最高法民申 322 号民事裁定书》,载《法学》2020 年第 2 期;谷昔伟:《特殊类型错误汇款返还请求权性质之理论重构》,载《甘肃政法学院学报》2020 年第 2 期。

② 关于不当得利的案件,可参见"福州顺华进出口有限公司与重庆市开平贸易有限公司、常自信不当得利纠纷"(重庆市高级人民法院(2014)渝高法民终字第 00373 号民事二审判决)。关于执行异议案件,可参见"河北银行股份有限公司维明街支行与青岛金赛实业有限公司、青岛喜盈门双驼轮胎有限公司执行异议纠纷"(最高人民法院(2015)民提字第 189 号民事再审判决),"河南省金博土地开发有限公司与刘玉荣及第三人河南元恒建设集团有限公司案外人执行异议纠纷"(最高人民法院(2017)最高法民申 322 号再审判决,载《最高人民法院公报》2018 年第 2 期)。

③ 河南省三门峡市渑池县人民法院(2015)渑民初字第 2218 号民事一审判决;河南省三门峡市中级人民法院(2016)豫 12 民终 1570 号民事二审判决;河南省高级人民法院(2018)豫民再 649 号民事再审判决。

过错而进行了错误支付。

在错误支付案件中,法院审理的核心是判断商业银行是否存在过错。[①] 银行作为支付服务提供者,未经账户所有人或法律法规授权,不能主动发起支付指令直接划扣账户资金。如果一方当事人主张存在错误汇款,但商业银行的行为符合法律法规和监管要求,也不存在其他操作失误的,难以被认定具有过错。相较错误支付案件,非经权利人授权而发生的盗刷案件数量更多、争议更大,为借记卡司法治理带来挑战,下文将予以专门讨论。

（三）借记卡行政监管与司法治理的配合

实践中反映的借记卡规制需求表明行政监管与司法治理的重点有所不同,为了从整体上把握规制结构配置,应发挥两种规制路径的优势,形成相互配合、各有侧重的优化安排。

鉴于借记卡交易结构的即时支付特征,行政监管重点不在于控制任何一方交易主体的信用风险,而在于防范和应对技术风险。可发挥行政监管事前规制的优势,建立技术标准,及早防控借记卡技术风险,从而维护借记卡业务交易安全。中国人民银行等监管机构通过发布技术标准,在事前建立统一的规则,充分利用行政监管在统一规制方面的优势,要求商业银行和非银行支付机构执行监管规则,改善交易安全防护水平。此外,监管机构还可进行事中执法和事后处罚,补强事前监管。例如在 2016 年,中国人民银行公开处罚中信银行上海分行,因该银行违反了银行卡收单业务交易处理与资金结算等问题,没收违法所得 146 万余元,并处违法所得一倍的罚款。[②] 通过实施这类执法和处罚措施,监管机构进一步提升规制威慑力以阻遏违法行为。

由于技术问题导致借记卡资金损失能够产生负外部性,损害消费者对借记卡业务及其市场发展的信心,因此严格的行政监管确有必要。然而,对于借记卡收单业务手续费这类市场秩序问题,应给予市场自治发展空间,不宜采取严格行政控制措施。从银行卡收单业务手续费监管沿革可以看出,监管机构采取了直接制定价格标准的控制—命令式规制措施。尽管伴随实践发展,监管机构不断降低了各类手续费,并逐步取消行业分类,对不同业务类型采取差别定价,但是不同机构利用差异化价格获取套利的机会仍然存在。虽

---

① 在另外一起典型案例"吴会娟与中国农业银行股份有限公司沈阳皇姑支行储蓄存款合同纠纷"（辽宁省高级人民法院 (2016) 辽民申 3126 号民事再审裁定）中,付款人起诉银行工作人员要求其承担不当操作导致错误汇款的赔偿责任,法院审理发现银行工作人员是根据付款人填写的存款凭条办理了汇款,不存在错误操作和违约行为。

② 中国人民银行行政处罚银支付罚决字〔2016〕1 号,2016 年 3 月 23 日。

然秩序维护也属于借记卡业务监管范畴,但命令式规制阻碍了市场的充分竞争,无益于解决相关机构寻租套利、扰乱市场秩序的问题。未来的规制改革应给予市场更大的自主空间,取消行政统一定价,鼓励支付服务提供者通过有序竞争和协商定价来提升市场效率,从而实现有序发展。

借记卡业务的刑事与行政争议较为可控,但是民事纠纷数量极大,反映了即时支付交易结构本身带来的风险和问题:如何确认支付的完成,支付何时可以撤销,如何解决支付错误问题,以及由谁承担非授权支付的损失风险。① 支付终局性与支付可撤销性是一个问题的两面,按照国际惯例《国际贷记划拨示范法》(1992 年)等的规定,在支付已经完成的情况下,支付指令无法撤销。② 我国也存在类似规定。③ 在小额即时支付交易中,支付几乎可以实现瞬时完成,一般当支付发起方的银行接受支付指令时,支付程序开始启动,而当支付受益方的银行贷记收益方账户时,支付就完成。在借记卡交易中,错误支付和非授权支付的争议更为明显。如前文典型案例所述,审理错误支付纠纷的关键在于认定商业银行等电子支付服务机构是否存在过错,此问题下的裁判规则较为统一,并不构成司法治理的重点与难点。

对于非授权支付案件,由于真正的责任主体——盗刷银行卡的第三人往往难以查明,如何在持卡人与发卡行、非银行支付机构之间分配未经权利人授权而产生的资金损失,存在诸多困难。在规范层面,2019 年施行的《电子商务法》对未经授权的电子支付中支付机构的责任进行了原则性规定。有学者认为《电子商务法》第五十七条第二款④确立了"电子支付服务提供者承担非授权支付责任+证明责任"的基本规范,但存在粗疏与文义不清的问题,未能提供可资适用的教义学构造,也未明确电子支付服务提供者应就何种事由承担证明责任。⑤ 对于此问题的解决,行政监管助益有限,因为尽管监管机构可以在事前制定技术标准,要求支付机构防范和减少盗刷风险,但在事前制定技术标准的成本较大,监管机构需要掌握足够信息去划定具体标

---

① 这四大问题也是理论上认为的支付法核心问题。See Rhys Bollen, The Law and Regulation of Payment Services: A Comparative Study, Kluwer Law International, 2012; Ronald J. Mann, Payment Systems and Other Financial Transactions: Cases, Materials, and Problems, Wolters Kluwer, 6th edition, 2016.

② UNCITRAL Model Law on International Credit Transfers (1992), Article 12. 该法是联合国国际贸易法律委员会通过的示范性法律,构成国际贸易惯例,https://uncitral. un. org/en/texts/payments/modellaw/credit_transfers,2022 年 7 月 18 日最后访问。

③ 《电子支付指引(第一号)》(中国人民银行公告〔2005〕第 23 号)第十九条第二款规定:发起行执行通过安全程序的电子支付指令后,客户不得要求变更或撤销电子支付指令。

④ 该款规定的内容是:未经授权的支付造成的损失,由电子支付服务提供者承担;电子支付服务提供者能够证明未经授权的支付是因用户的过错造成的,不承担责任。

⑤ 李建星:《互联网非授权支付的责任分担规则》,载《法律科学》2020 年第 4 期。

准,较为困难。更为有效的方式是依靠司法裁判的事后规制:在统一的裁判规则的指引下,法院通过个案灵活裁判,对处于弱势地位的持卡人予以一定的倾斜性保护,合理分配非授权支付资金损失,可以反向激励电子支付服务提供者自行提升技术标准建立风险防范和控制机制。

二、司法治理重点:非授权支付损失分配

实践中的借记卡非授权支付纠纷主要包括伪卡盗刷和网络盗刷两大类型,在这两种情形之下,持卡人账户均由于本人意思表示之外的原因减少资金,但前者是他人使用伪造的银行卡刷卡取现、消费或转账,后者是他人盗取并使用持卡人银行卡网络交易身份识别信息和交易验证信息进行网络交易。[①] 在网络支付技术兴起之前,伪卡盗刷案件更为普遍,由于通常难以追究到真正侵权人的责任,究竟由持卡人还是发卡行来承担资金损失的责任一直是司法审判难点。[②] 为统一法律适用,最高人民法院通过多种方式推进非授权支付纠纷中损失分配机制的构建。例如,2015 年最高人民法院民事审判第二庭庭长杨临萍的报告——《关于当前商事审判工作中的若干具体问题》(2015 年 12 月 24 日发布),专门提及伪卡盗刷中的责任认定,指出应特别注意举证责任、各方当事人权利义务、责任承担这三个方面的问题。[③] 最高人民法院发布多起公报案例(参见附录 2),逐渐明确了发卡行与持卡人的义务,建立了以过错责任为基础的损失分配机制,赋予支付服务机构更大的安全保障义务,为类似案件审判提供了方向性的指导。

[①] 相关概念参见《最高人民法院关于审理银行卡民事纠纷案件若干问题的规定》(法释〔2021〕10 号)第十五条。网络盗刷此前主要指线上非授权支付纠纷,参见广东省广州市中级人民法院金融庭课题组:《线上非授权支付纠纷的裁判规则》,载《人民司法·应用》2018 年第 1 期。

[②] 例如 2001 年的"张某与南京市中央门工商银行储蓄合同纠纷案"和 2005 年的"何某与樊西农行储蓄合同纠纷案",法院均以原告对密码保管不善为由,判决驳回原告向被告主张的损失赔偿请求;而 2000 年的"聂某与广西宾阳工行储蓄合同纠纷案"(此起案例是持卡人存款被他人冒领),法院以持卡人未妥善保管密码,商业银行未尽审核义务,双方均存在过错为由判决各自承担一定的责任。相关论述参见中国银行业协会编:《中国银行业法律前沿问题研究(第一辑)》,中国金融出版社 2010 年版,第 271—277 页。

[③] 具体内容包括:(1) 关于举证责任:持卡人应当对因伪卡交易导致其银行卡账户内资金减少或者透支款数额增加的事实承担举证责任。发卡行、收单机构、特约商户应提交由其持有的案涉刷卡行为发生时的对账单、签购单、监控录像等证据材料。无正当理由拒不提供的,应承担不利法律后果。(2) 关于各方主体权利义务:发卡行负有按约给付存款本息、保障持卡人用卡安全等义务;收单行负有保障持卡人用卡安全的义务;持卡人负有妥善保管银行卡及密码的义务;特约商户负有审核持卡人真实身份和银行卡真伪的义务。任何一方违反义务,均应承担相应责任。(3) 关于责任承担:持卡人基于银行卡合同法律关系起诉发卡行,发卡行因第三人制作伪卡构成违约的,应当向持卡人承担违约责任。发卡行承担责任后,有权向第三人主张权利。

学者曾广泛主张建立非授权支付持卡人责任限制制度,因为持卡人是金融消费者,其金融需求——支付结算、信用供给和金融资产运用等——构成接受金融服务的基础,①在金融机构提供服务满足消费者金融需求的过程中,法律应对金融交易活动中获利的一方给予一定限制,将损失风险分配给能以最低成本承担的一方,对风险控制能力弱的消费者适用直接的责任限制规则,从而减少社会成本。然而,无论立法还是司法均未确立学界倡导的消费者责任限制制度。② 在2021年,最高人民法院发布《关于审理银行卡民事纠纷案件若干问题的规定》(法释〔2021〕10号),对银行卡伪卡盗刷和网络盗刷纠纷审理进行了系统性规定,仍然以过错责任制度为核心,但对持卡人予以倾斜性保护。为了构建更具操作性的司法治理体系,下文以网络盗刷纠纷为例展开分析(伪卡盗刷纠纷的审理也可参酌适用),建议在安全程序规则之下细化举证责任分配,在各相关主体之间合理配置非授权支付交易的损失。

网络盗刷纠纷的增长源于技术的发展。相比于银行卡刷卡消费,网络支付无须借助银行卡物理介质,提高了交易效率,但也增加了侵权人通过网络账户实施盗窃或欺诈的风险。根据全国警民联动网络诈骗信息举报平台——猎网平台发布的报告,2019年该平台收到的网络诈骗举报数量为15505例,举报者被骗总金额达到3.8亿元,人均损失为24549元,其中包括银行卡欺诈在内的金融类网络诈骗数量最多。③ 在无法追究侵权人责任的情况下,网络盗刷导致的资金损失如何分配,与支付服务提供者(商业银行与非银行支付机构)如何传递、验证支付指令以及划拨资金密切相关,依此可将主要的网络支付模式创新划分为三种类型(如表3-2所示):(1) 网银支付。支付指令的传递、验证和资金划拨均由商业银行完成,持卡人通过发卡行提供的物理介质(优盾等)或者非物理介质(银行卡号、手机号、密码、短信

---

① 何颖:《金融消费者刍议》,载北京大学金融法研究中心编:《金融法苑(2008年总第75辑)》,中国金融出版社2008年版。

② 中文讨论详见彭冰:《银行卡非授权交易中的损失分担机制》,载《社会科学》2013年第11期;任超:《网上支付金融消费者权益保护制度的完善》,载《法学》2015年第5期;阳东辉:《论银行卡欺诈民事责任分配规则》,载《法学评论》2015年第6期;冯辉:《论银行卡盗刷案件中银行赔偿责任的认定与分配——基于司法判决的类型化分析》,载《社会科学》2016年第2期。英文讨论详见 Fred M. Greguras, The Allocation of Risk in Electronic Fund Transfer Systems for Losses Caused by Unauthorized Transactions, University of San Francisco Law Review, Vol. 13, 1979; Craig H. Weber, Overcoming the Obstacles to Implementation of Point-of-Sale Electronic Fund Transfer Systems: EFTA and the New Uniform Payments Code, Virginia Law Review, Vol. 69, 1983; Robert D. Cooter and Edward L. Rubin, A Theory of Loss Allocation for Consumer Payments, Texas Law Review, Vol. 66, 1987.

③ 《2019年网络诈骗趋势研究报告》,2020年1月7日, http://zt. 360. cn/1101061855. php? dtid = 1101062366&did = 610412125,2022年7月18日最后访问。

验证码等)完成支付,支付流程为"付款人—商业银行—收款人"。(2)快捷支付。持卡人注册第三方支付平台账户并绑定银行卡,首次开通需要经过商业银行与非银行支付机构的双重身份验证,后续交易由非银行机构传递和验证支付指令,而由银行完成资金的划拨,支付流程为"付款人—非银行支付机构—商业银行—收款人"。(3)支付账户支付。持卡人事先将资金转移至第三方支付平台账户,然后在交易时直接利用支付账户中的资金(备付金)进行支付,支付指令的传递、验证和资金划拨均由非银行支付机构完成,支付流程为"付款人—非银行支付机构—收款人"。

表 3-2　网络支付主要模式

模式	支付指令传递与验证	资金划拨	交易流程
网银支付	商业银行	商业银行	付款人—商业银行—收款人
快捷支付	首次开通:商业银行与非银行机构;后续交易:非银行支付机构	商业银行	付款人—非银行支付机构—商业银行—收款人
支付账户支付	非银行支付机构	非银行支付机构	付款人—非银行支付机构—收款人

在上述网络支付中,支付账户支付模式属于第二章第二节讨论的预付业务,也不直接涉及发卡银行,相关网络盗刷案件为合同或侵权纠纷,而网络支付和快捷支付主体均包括发卡行,相关网络盗刷案件为银行卡纠纷。本节主要讨论借记卡网络盗刷问题,但最核心的举证责任分配制度也可适用于信用卡和支付账户支付。[1] 相比于传统的伪卡盗刷案件,新型支付模式下的网络盗刷不再以实体银行卡为交易介质,产生了重大变化:(1)盗刷方式从复制有形的物理载体转向复制无形的电子信息,因此无法以持卡人在案涉交易前后是否持有银行卡认定交易性质。(2)侵权人盗刷手段的专业化、多样化与隐蔽化发展导致持卡人难以识别盗刷。网络盗刷常见的原因行为是电信诈骗,侵权人通过改号软件、伪基站等方式发出类似商业银行官方信息,持卡人"防不胜防"。[2] (3)风险从支付交易环节向前延伸至业务开通环节,支付服

---

[1]　网络支付绑定的支付工具不同,资金划拨主体和流程、资金损失性质、相关主体的法律关系等存在差异,但举证责任分配制度可以一并适用。

[2]　另外还包括假冒银行客服、第三方服务机构等以"额度调整""积分兑换现金""退货"等名义诱骗客户点击"钓鱼"网站链接。不法行为人引导客户输入银行卡号、身份证号、手机号、密码等信息,最后借助"虚拟扣款"名义进一步骗取客户输入动态验证码,或通过植入木马病毒等方式拦截动态验证码,从而利用获取的银行卡信息实施网络盗刷。可参见上海银监局发布的《银行业金融机构操作风险重要风险点及防范措施(3.0 版)》(沪银监办通〔2018〕125 号)。

务提供者对客户的身份认证义务和安全保障义务变得更为重要。(4)交易主体与交易环节的增多使得交易中的法律关系变得更为复杂,例如在快捷支付模式下,需要商业银行与非银行支付机构合作完成客户身份认证、支付指令传递与资金划拨。以上变化增加了交易风险与案件审理难度,给司法治理带来新的挑战。下文通过典型案例总结司法实践中的主要问题,再引入比较法上的安全程序规则,构建更具操作性的网络盗刷银行卡纠纷损失分配机制。

(一) 网络盗刷纠纷审理的主要问题

通过中国裁判文书网、北大法宝和无讼案例数据库检索"网络盗刷 银行卡纠纷",可以筛选出典型案例(如附录3所示)。纠纷审理中的主要问题体现为下述几个方面。[①]

1. 非授权交易认定存在困难

认定案涉交易是否经过了持卡人的授权是对损失进行分配的前提条件。常见的未经持卡人授权的网络盗刷交易情形主要包括持卡人未开通网络支付业务,但手机丢失或中毒之后被侵权人开通网络业务从而遭受资金损失,以及持卡人已开通网络支付业务,受电信诈骗点击病毒短信之后遭受信息泄漏和资金损失。典型案例表明法院认定是否存在非授权交易主要考察如下因素:(1)持卡人是否开通了网络支付业务;(2)是否存在其他授权人知晓账户信息和密码;(3)案涉交易特征是否显著异常;(4)网络交易地址是否与持卡人的常用地址保持一致;(5)持卡人知晓案涉交易后如何行为,是否挂失、报案等;(6)持卡人是否已被刑事判决确认为受害人。司法实践中的困难在于即便综合考察多项因素也难以完全确定网络盗刷行为的存在,其原因是网络支付无须实体银行卡而通过电脑或手机传输相关信息,可进行多地点、多人次交易操作,无法排除持卡人授权交易的可能性。[②]

多数案例或明确或隐含地采取高度盖然性标准认定案涉交易未经持卡人授权而属于网络盗刷,但部分案例指出了授权交易情形,主要包括:(1)持卡人存在明确的事先授权行为;(2)持卡人开通了网络支付业务并进行过大

---

① 典型案例的诉讼主体均为个人持卡人和发卡行,此部分主要讨论资金损失在这两者之间的分配,非银行支付机构的义务和责任与发卡行类似,故不再单独讨论。需要说明的是,通过补充其他关键词,例如"无卡盗刷""第三方支付""盗刷"等还可以检索到更多案例,但本书并非想要穷尽所有案例,更非量化分析,而侧重通过检索筛选出典型案例进行规范分析。

② 例如"马秀兰、招商银行股份有限公司北京宣武门支行银行卡纠纷"(北京市第二中级人民法院(2018)京02民终4328号民事二审判决),银行提出相关抗辩:不能从交易发生地、银行卡持有人所在地及银行卡持有人在争议交易发生后出具银行卡的时间来推定网络支付是否属于非本人交易。

量交易,案涉小额低频交易并无异常;(3) 不存在网络盗刷的常见原因行为,例如手机丢失、电信诈骗、短信被屏蔽等;(4) 持卡人仅证明银行卡资金减少,而未能证明资金减少是网络盗刷所致。前三种情形的考量具有一定合理性,但第四种情形本质上是要求持卡人承担网络盗刷的举证责任,是否合理有待商榷。

2. 发卡行义务认定不一致

在明确交易属于网络盗刷后,法院需要认定持卡人与发卡行的义务及其履行情况。发卡行的主要义务包括:首次身份识别和验证、风险提示与告知、按照约定执行支付指令、在持卡人账户资金变动时进行通知以及保障支付安全等义务。相应地,持卡人义务包括:妥善保管相关信息、按照约定使用银行卡、发现损失之后及时止损等。如果持卡人未尽到妥善保管密码、验证码等信息的义务,一般须承担相应责任。① 实践中争议较大的是发卡行的义务构成与范围。

第一,在商业银行的身份认证义务方面,不同支付环节存在不同认定。如果在案涉交易前持卡人未开通网络支付业务,发卡行需要证明已履行首次身份认证义务,否则承担全部资金损失。② 此种认定的合理性并无争议。然而,如果持卡人已开通网络支付业务,商业银行对后续交易的认证义务应达到何种程度,存在不一致的认定。有判决认为发卡行目前发送动态验证码的认证方式已经足够安全,③另外的判决则认为现有验证方式不足以防范网络盗刷,发卡行应当改进。④ 第二,商业银行的安全保障义务认定与身份认证义务的认定也存在类似分歧。值得注意的是,部分案例主张为有效防范网络盗刷,应将银行义务合理拓展至资金安全与信息安全的双重保障,⑤此种主

① 参见"董小林、中国农业银行股份有限公司山西省分行营业部借记卡纠纷"(山西省太原市中级人民法院(2017)晋01民终3300号民事二审判决)、"刘婉芳、中国农业银行股份有限公司广州农讲所支行借记卡纠纷"(广东省广州市中级人民法院(2017)粤01民终14928号民事二审判决)。

② 参见"王某、中国建设银行股份有限公司天水分行借记卡纠纷"(甘肃省天水市中级人民法院(2017)甘05民终649号民事二审判决)、"马瑛、中国工商银行股份有限公司赣州分行借记卡纠纷"(江西省赣州市中级人民法院(2018)赣07民终3837号民事二审判决)。

③ 参见"刘婉芳、中国农业银行股份有限公司广州农讲所支行借记卡纠纷"(广东省广州市中级人民法院(2017)粤01民终14928号民事二审判决)。

④ 参见"马秀兰、招商银行股份有限公司北京宣武门支行银行卡纠纷"(北京市第二中级人民法院(2018)京02民终4328号民事二审判决)。

⑤ 例如"王某、中国建设银行股份有限公司天水分行借记卡纠纷"(甘肃省天水市中级人民法院(2017)甘05民终649号民事二审判决)、"马秀兰、招商银行股份有限公司北京宣武门支行银行卡纠纷"(北京市第二中级人民法院(2018)京02民终4328号民事二审判决)。

张也不乏理论支持。① 第三,在银行的附随义务——风险告知和交易提醒方面,部分裁判将附随义务作为银行承担责任的重要考量因素。② 例如,通常法院均认定发卡行负有风险告知义务,该义务属于合同附随义务而非主要义务,但部分法院对发卡行提出了过高的要求,认定发卡行需要确认持卡人收到了交易提醒短信才算完成风险提示义务,无疑增加了银行成本。③

3. 举证责任配置混乱

多数法院仍然延续伪卡盗刷案件的审理思路,在分析发卡行与持卡人各自义务履行情况之后,通过举证责任及其后果的配置来划分损失。在传统伪卡盗刷案件中,通常按照"谁主张、谁举证"的原则分配举证责任,例如持卡人应当提供银行卡及其在涉案时间内的使用记录、报警记录或挂失记录等证据,发卡行应当提供案涉刷卡行为发生时的对账单、签购单、监控录像等材料。但是此种举证责任分配机制在网络盗刷案件中存在一定的障碍,因为网络交易无须实体银行卡也能完成,持卡人难以证明非授权行为的存在。举证责任分配成为网络盗刷案件审理的关键,但究竟应当由发卡行还是持卡人证明非授权交易,司法实践中存在着极大的分歧。

上述分歧根源于裁判者对非授权交易损失主体认识的差异。在判决持卡人承担责任的案例中,法院倾向于认为资金损失人是持卡人,其理论依据来源于银行账户的特殊性——由于银行账户不同于一般的会计账簿,银行账户记载的余额是银行与持卡人共同的权利凭据,具有绝对性,银行不能单方面修改,因此非授权交易导致持卡人对银行的债权实际消灭或减少,持卡人发生了损失。④ 但另外的观点认为非授权交易的损失人是发卡行——持卡人的银行账户资金并未特定化,持卡人对账户资金不享有所有权,而仅对发卡行享有债权,当发卡行向侵权人支付资金时构成不适当履行,此种支付对持卡人不产生法律效力,⑤这一观点实际运用了向无受领权限之第三人清偿

---

① 关于商业银行的信息安全保障义务的学理讨论,可参见李晗:《大数据时代网上银行的安全保障义务研究》,载《当代法学》2016 年第 4 期。

② 参见"张高中、中国建设银行股份有限公司河间支行借记卡纠纷"(河北省沧州市中级人民法院(2016)冀 09 民终 6059 号民事二审判决)。

③ 典型案例中的裁判结果并不一致,例如在前述张高中案中,法院要求发卡行证明持卡人收到了短信提醒,而在刘婉芳案中,法院认为持卡人称其未收到动态验证码及短信通知,持卡人并未能提供相关证据予以证实。

④ 王建平:《论储蓄合同存款兑付效力和违约责任确定》,载《政治与法律》2004 年第 5 期。

⑤ 北京市第二中级人民法院课题组:《银行卡盗刷案件审判思路探析——以案件相关主体间的法律关系分析为重点》,载《法律适用》2017 年第 3 期。

的理论。① 如果法院认为网络盗刷损失主体是持卡人,则倾向于将损失原因方面的举证责任置于持卡人承担,即需要持卡人证明是发卡行的过错或违约行为导致持卡人资金损失;②反之,如果法院认为损失主体是银行,则要求发卡行证明持卡人存在过错。③

4. 损失分配与责任划分机制不统一

非授权支付纠纷在性质上究竟属于侵权纠纷还是违约纠纷,很多判决语焉不详。④ 民法上确立了违约责任原则上是无过错责任的立场,然而也保留了过错责任的例外,实践中不乏法院对违约责任的构成按照过错进行分析。

典型案例展现了三种损失分配机制:(1) 持卡人承担全部损失,其场景为持卡人未能证明案涉交易为非授权交易,或者持卡人存在过错,或者持卡人未能证明银行存在过错。(2) 发卡行承担全部损失,银行未尽相应义务,包括首次开通网络支付业务的身份认证义务、安全保障义务和风险告知义务等。(3) 持卡人、发卡行按比例承担部分损失,此种情况下双方未尽各自义务。目前法院在发卡行与持卡人之间分配损失承担责任,主要围绕双方合同义务的履行情况进行认定,如果持卡人在案涉交易之前从未开通网络支付业务,可以直接认定发卡行未尽客户身份认证义务而要求银行承担责任,但是当持卡人已开通网络支付业务,发卡行履行后续的身份认证义务和安全保障义务应达到何种程度,裁判结果并不统一。

由前述典型案例分析可知,网络盗刷银行卡纠纷的司法实践存在的主要问题在于:一方面,在非授权交易认定与损失分配方面,存在较大分歧,实践标准也较为混乱。另一方面,法院对银行义务要求或者过于严格,例如认定

---

① 由于向无受领权限之第三人清偿的法律效果非常僵化——或者是持卡人承担全部责任,或者是发卡行承担全部责任,不存在两者分担损失的可能性。与之相关的表见代理制度(均在探寻是否保护他人对虚假外观的信赖以及保护到何种程度)则存在考量持卡人过错的空间。详细论述参见解亘:《冒领存款纠纷背后的法理——王永胜诉中国银行南京河西支行储蓄存款合同纠纷案评析》,载《浙江社会科学》2013 年第 2 期。类似的将"准占有理论"适用于伪卡盗刷案件的观点也可参见陈承堂:《存款所有权归属的债法重述》,载《法学》2016 年第 6 期。另外还有论者讨论了银行行为是否属于"合同履行对象错误",参见姜新林、李世寅:《绑定第三方支付平台的银行卡被盗刷的责任承担》,载《人民司法·案例》2016 年第 29 期。

② 参见"李丽华、中国邮政集团公司湖北省长阳土家族自治县分公司储蓄存款合同纠纷"(湖北省宜昌市中级人民法院(2018)鄂 05 民终 1766 号民事二审判决)。

③ 参见"王某、中国建设银行股份有限公司天水分行借记卡纠纷"(甘肃省天水市中级人民法院(2017)甘 05 民终 649 号民事二审判决)。

④ 违约和过错一并提及的案例可参见前述董小林案,法院分析了发卡行与持卡人的合同义务,认定发卡行负有资金安全保障义务,但由于发卡行未能保证持卡人收到了资金变动提示信息,存在过错,因此承担 50% 的责任。

银行发出的余额变动短信需要持卡人收悉才表明银行尽到了告知义务;或者过于宽松,例如认定银行只需按照现有技术规则验证支付指令匹配程度即完成其义务。

(二) 域外安全程序规则及其司法实践

我国司法实践产生问题的部分原因在于缺乏明确而具体的裁判依据,特别是未建立统一的裁判规则厘清银行的主要义务并明确举证责任分配机制。法院主要援引《合同法》(《民法典》)、《商业银行法》等法律作为裁判依据,但是相关规定较为宏观,不具有可操作性,加重了法院裁判的说理负担。2021 年最高人民法院发布的《关于审理银行卡民事纠纷案件若干问题的规定》,对银行卡盗刷纠纷的审理进行了系统的规定。该司法解释在总结司法实践的基础上,按照《民法典》等基本法的规定,要求法院围绕持卡人与发卡行的传统义务及其履行情况展开审理,在举证责任分配上对持卡人予以倾斜性保护,具有合理性。但是,如何具体地认定非授权交易并合理分配损失,仍需要可操作性的指引。比较法上的安全程序规则在此方面具有借鉴意义。安全程序规则是美国《统一商法典》规定的处理大额资金划拨非授权交易的规则,其主要内容是要求商业银行建立安全验证程序防范盗刷与欺诈,并明确了举证责任分配——由银行证明安全程序具有商业合理性,并且善意接受客户指令进行了支付,否则由银行承担资金损失。国内学者已对安全程序规则予以关注,但主要集中于非银行支付交易①和大额资金划拨商事交易②,笔者主张可以借鉴安全程序规则的司法实践,在小额银行卡民事纠纷审理中改进安全程序规则,完善非授权支付损失分配制度。

1. 引入安全程序规则的必要性与合理性

(1) 符合我国既有法律规范要求

即使对于小额民事纠纷,安全程序规则对银行提出的身份认证和安全保障义务也符合我国既有法律规范要求(参见表 3-3)。《关于审理银行卡民事纠纷案件若干问题的规定》第六条也提及法院应当审查交易系统、技术和设

---

① 例如,黎四奇:《对钓鱼欺诈中第三方支付机构作为或不作为法律问题的思考》,载《法律科学》2012 年第 3 期;罗培新、吴韬:《非授权交易中第三方支付机构的法律责任》,载《华东政法大学学报》2017 年第 3 期;郭琼艳:《第三方支付机构非授权支付的责任承担机制研究》,载洪艳蓉主编:《金融法苑(2017 年总第 94 辑)》,中国金融出版社 2017 年版。

② 郑顺炎:《电子资金划拨的安全程序》,载北京大学金融法研究中心编:《金融法苑(2001 年总第 42 辑)》,中国金融出版社 2001 年版;刘颖:《支付命令与安全程序——美国〈统一商法典〉第 4A 编的核心概念及对我国电子商务立法的启示》,载《中国法学》2004 年第 1 期。

备是否具有安全性等事实,①非授权支付纠纷裁判可在此基础上作出具体认定。

首先,在客户身份认证方面,商业银行通常以《电子签名法》(2019年修正)第九条作为依据主张银行验证支付指令与信息相互吻合即完成义务,②但是网络支付中银行还需要履行开通网络业务首次身份认证义务,如果银行未履行此义务则应承担资金损失。相关法律依据包括《非银行支付机构网络支付业务管理办法》第十条,《关于加强商业银行与第三方支付机构合作业务管理的通知》第三条等。法院可以援引这些规定作为说理依据认定发卡行的责任。

其次,在交易验证方面,监管部门已为商业银行设定了限制交易额度、监控异常交易等义务。法律依据包括《非银行支付机构网络支付业务管理办法》第十条,《电子支付指引》(第一号)第四十五条的规定。③此外,《关于加强商业银行与第三方支付机构合作业务管理的通知》第十四条和第十五条均明确了商业银行对交易的监控义务。地方监管部门也曾发布规范性文件,要求银行加强客户身份认证,保障持卡人资金安全。④

最后,在安全程序保障方面,《电子银行业务管理办法》规定金融机构承担因系统原因导致的损失,客户承担密码泄露导致的损失,基本上采取了过错责任原则分配非授权支付损失,但是此管理办法在第八十九条留出了余地。规定得更为详细、法律效力层级也更高的《电子商务法》明确对支付客户予以倾斜性保护,特别要求电子支付服务提供者承担主要举证责任。

---

① 《最高人民法院关于审理银行卡民事纠纷案件若干问题的规定》(法释〔2021〕10号)第六条:人民法院应当全面审查当事人提交的证据,结合银行卡交易行为地与真卡所在地距离、持卡人是否进行了基础交易、交易时间和报警时间、持卡人用卡习惯、银行卡被盗刷的次数及频率、交易系统、技术和设备是否具有安全性等事实,综合判断是否存在伪卡盗刷交易或者网络盗刷交易。

② 例如"王涛诉招商银行股份有限公司南京南昌路支行卡纠纷"(江苏省高级人民法院(2017)苏民申1630号民事再审裁定)的核心争议焦点即为商业银行的操作是否符合《电子签名法》的规定从而免除非授权支付的责任承担。

③ 此条规定了商业银行的安全程序设立义务,但认为资金所有权人为客户,非授权支付损失人也是客户,这一点在学理上存在争议。有观点认为,按照"货币占有即所有"的原理,客户资金一旦转移至银行账户,银行即享有资金所有权,而客户仅对银行享有债权。相关论述参见解亘:《冒领存款纠纷背后的法理——王永胜诉中国银行南京河西支行储蓄存款合同纠纷案评析》,载《浙江社会科学》2013年第2期。

④ 例如,早在2012年广东银监局即发布《关于加强银行卡客户身份认证防范"克隆卡"风险的通知》,指导商业银行根据客户用卡行为习惯进行风险分级,并要求银行对高风险操作设定额外验证模式。参见《广东银监局针对克隆卡案件出台新规要求银行提高技术防范手段》,中国银监会,2012年9月24日,http://www.cbirc.gov.cn/branch/guangdong/view/pages/common/ItemDetail.html? docId=16943&itemId=1543&generaltype=0,2022年7月18日最后访问。

表 3-3　安全程序规则相关规范

名称	效力	相关条文	内容概括
《电子签名法》（2019年修正）	法律	第九条:数据电文有下列情形之一的,视为发件人发送: (一) 经发件人授权发送的; (二) 发件人的信息系统自动发送的; (三) 收件人按照发件人认可的方法对数据电文进行验证后结果相符的。 当事人对前款规定的事项另有约定的,从其约定。	电子支付指令的认证
		第三十二条:伪造、冒用、盗用他人的电子签名,构成犯罪的,依法追究刑事责任;给他人造成损失的,依法承担民事责任。	明确了侵权人的责任,但未明确侵权人责任无法追究时的损失分担
《电子商务法》（2019年实施）	法律	第五十七条:用户应当妥善保管交易密码、电子签名数据等安全工具。用户发现安全工具遗失、被盗用或者未经授权的支付的,应当及时通知电子支付服务提供者。 未经授权的支付造成的损失,由电子支付服务提供者承担;电子支付服务提供者能够证明未经授权的支付是因用户的过错造成的,不承担责任。 电子支付服务提供者发现支付指令未经授权,或者收到用户支付指令未经授权的通知时,应当立即采取措施防止损失扩大。电子支付服务提供者未及时采取措施导致损失扩大的,对损失扩大部分承担责任。	客户发现非授权支付的及时通知义务;非授权支付的责任分担;支付服务提供者的止损义务
《电子银行业务管理办法》（中国银行业监督管理委员会令2006年第5号）	部门规章	第八十九条:金融机构在提供电子银行服务时,因电子银行系统存在安全隐患、金融机构内部违规操作和其他非客户原因等造成损失的,金融机构应当承担相应责任。 因客户有意泄漏交易密码,或者未按照服务协议尽到应尽的安全防范与保密义务造成损失的,金融机构可以根据服务协议的约定免于承担相应责任,但法律法规另有规定的除外。	金融机构自身原因导致客户资金损失的赔偿责任;客户妥善保管密码的义务

（续表）

名称	效力	相关条文	内容概括
《非银行支付机构网络支付业务管理办法》（中国人民银行公告〔2015〕第43号）	部门规章	第十条：支付机构向客户开户银行发送支付指令，扣划客户银行账户资金的，支付机构和银行应当执行下列要求：（一）支付机构应当事先或在首笔交易时自主识别客户身份并分别取得客户和银行的协议授权，同意其向客户的银行账户发起支付指令扣划资金；（二）银行应当事先或在首笔交易时自主识别客户身份并与客户直接签订授权协议，明确约定扣款适用范围和交易验证方式，设立与客户风险承受能力相匹配的单笔和单日累计交易限额，承诺无条件全额承担此类交易的风险损失先行赔付责任；（三）除单笔金额不超过200元的小额支付业务，公共事业缴费、税费缴纳、信用卡还款等收款人固定并且定期发生的支付业务，以及符合第三十七条规定的情形以外，支付机构不得代替银行进行交易验证。	支付机构与商业银行对客户的身份认证义务；非授权交易情形下商业银行的先行赔付责任；商业银行与支付机构的交易验证责任分配
《电子支付指引（第一号）》（中国人民银行公告〔2005〕第23号）	部门一般规范性文件	第四十二条：因银行自身系统、内控制度或为其提供服务的第三方服务机构的原因，造成电子支付指令无法按约定传递、传递不完整或被篡改，并造成客户损失的，银行应按约定予以赔偿。因第三方服务机构的原因造成客户损失的，银行应予赔偿，再根据与第三方服务机构的协议进行追偿。	银行自身或其合作方原因导致客户资金损失的赔偿责任
		第四十五条：非资金所有人盗取他人存取工具发出电子支付指令，并且其身份认证和交易授权通过发起行的安全程序的，发起行应积极配合客户查找原因，尽量减少客户损失。	非授权支付情形下商业银行协助客户减少损失的义务
《中国银监会、中国人民银行关于加强商业银行与第三方支付机构合作业务管理的通知》（银监发〔2014〕10号）	部门一般规范性文件	三、客户银行账户与第三方支付机构首次建立业务关联时，应经双重认证，即客户在通过第三方支付机构认证的同时，还需通过商业银行的客户身份鉴别。账户所在银行应通过物理网点、电子渠道或其他有效方式直接验证客户身份，明确双方的权利义务。	商业银行与第三方支付机构对客户的双重身份认证义务
		四、商业银行通过电子渠道验证和辨别客户身份，应采用双（多）因素验证方式对客户身份进行鉴别，对不具备双（多）因素认证条件的客户，其任何账户不得与第三方支付机构建立业务关联。	商业银行采取电子方式验证客户身份的双（多）要素验证要求

（续表）

名称	效力	相关条文	内容概括
《中国银监会、中国人民银行关于加强商业银行与第三方支付机构合作业务管理的通知》（银监发〔2014〕10号）	部门一般规范性文件	十四、商业银行应将与第三方支付机构的合作业务纳入全行业务运营风险监测系统的监控范围，对其中的商户和客户在本行的账户资金活动情况进行实时监控，达到风险标准的应组织核查。特别是对其中大额、异常的资金收付应做到逐笔监测、认真核查、及时预警、及时控制。	商业银行监控交易的义务
		十五、商业银行应对客户通过第三方支付机构进行的交易建立自动化的交易监控机制和风险监控模型，及时发现和处置异常行为、套现或欺诈事件。	

正如有判决指出，由于网络支付存在被盗刷的风险，根据收益与风险相匹配的原则，商业银行负有创设安全的身份识别要素、身份验证要素及验证方式的义务，在现有的验证方式下，已经发生的具有一定数量的盗刷交易的存在表明，银行创设的验证要素及方式存在风险，银行应当意识该风险的存在，并改进现有的验证方式，而不是简单以尽到验证义务为由免除或减轻责任。① 由于商业银行支付系统非人工操作的特点，一旦支付信息吻合即自动启动支付指令，因此银行在支付的那一刻确实是善意无过失的，否则构成错误支付，由银行承担相应责任。但是如果不对银行提出更高程度的安全保障要求，将难以预防和减少盗刷的欺诈行为。对银行安全保障义务进行合理拓展符合获利与风险相适应的原则，具有危险控制理论的支持，可以实现社会成本最小化。②

（2）激励效应与举证责任分配的合理化

安全程序规则最重要的优势在于对商业银行施加更高的安全验证义务将产生改善现状的激励效应：银行不再被动接受支付指令，而是主动监测异常交易，通过增加验证程序有效避免或减少损失。例如商业银行被要求加强技术和支付环境安全保障之后，采取措施推进磁条卡向芯片卡迁移，改造自动取款机具操作台设计，在一定程度上解决了伪卡盗刷的风险。对于网络盗刷的防范与治理，安全程序规则将促使商业银行进行技术革新，完善事前风险提示，加强事中交易监测，并在事后积极追回损失。实践中，非银行支付机

---

① 参见"马秀兰、招商银行股份有限公司北京宣武门支行银行卡纠纷"（北京市第二中级人民法院〔2018〕京02民终4328号民事二审判决）。

② 详细展开参见陈冲：《网上银行被盗案中的银行责任探析》，载北京大学金融法研究中心编：《金融法苑（2011年总第82辑）》，中国金融出版社2011年版。

构往往建立防范网络盗刷的风险控制系统,通过分析客户支付行为、监测异常交易及时发现盗刷或欺诈行为,因此有必要通过安全程序规则的引入激励商业银行也进一步完善打击网络盗刷的安全验证程序。

为实现激励效应,安全程序规则的设计需要将主要的举证责任置于商业银行一方,即由发卡行证明安全程序合理并善意行事,这有助于解决我国司法实践中举证责任配置混乱的问题。实践中普遍采取的“谁主张、谁举证”原则[①]不应一概适用于网络盗刷案件,因为在确定侵权人之前,持卡人极难证明其所主张的交易未经授权的事实。《关于审理银行卡民事纠纷案件若干问题的规定》第四条规定了持卡人的初步举证责任之后也明确了发卡行的举证责任,[②]这是非常有必要的。借助补充性标准——证明危机原则[③]和高度盖然性原则[④],可以在持卡人和发卡行之间合理分配举证责任:在持卡人提供初步证据证明资金损失之后,主要的证明责任转移至具有举证便利的发卡行,而且发卡行承担证据保存不力等举证不能的后果。实际上,商业银行在网络盗刷案件中具有举证便利——银行具有雄厚的资金和技术优势,且是交易中的系统终端,可以查找客户网络地址和上网痕迹,应由发卡行证明其采取的安全程序及相应行为是合理且善意的。在此规则之下,持卡人和发卡行均无须就较难证明的事实进行举证,避免了证明危机;判断商业银行是否善意则综合考虑了网络盗刷的可能性与安全程序的妥当性,符合高度盖然性原则。

（3）负外部性问题不足以成为制度构建障碍

安全程序规则主张对持卡人予以倾斜性保护,赋予商业银行安全验证义

---

① 主张权利者应就权利产生要件承担证明责任,而对方当事人应就权利阻碍要件和权利消灭要件承担证明责任。相关论述参见〔德〕汉斯·普维庭:《现代证明责任问题》,吴越译,法律出版社 2006 年版,第 363 页。

② 《最高人民法院关于审理银行卡民事纠纷案件若干问题的规定》(法释〔2021〕10 号)第四条:持卡人主张争议交易为伪卡盗刷交易或者网络盗刷交易的,可以提供生效法律文书、银行卡交易时真卡所在地、交易行为地、账户交易明细、交易通知、报警记录、挂失记录等证据材料进行证明。发卡行、非银行支付机构主张争议交易为持卡人本人交易或者其授权交易的,应当承担举证责任。发卡行、非银行支付机构可以提供交易单据、对账单、监控录像、交易身份识别信息、交易验证信息等证据材料进行证明。第五条:在持卡人告知发卡行其账户发生非因本人交易或者本人授权交易导致的资金或者透支数额变动后,发卡行未及时向持卡人核实银行卡的持有及使用情况,未及时提供或者保存交易单据、监控录像等证据材料,导致有关证据材料无法取得的,应承担举证不能的法律后果。

③ 证明危机原则是指免除证明困难一方的证明责任,而由较易证明的一方证明,详细讨论参见胡东海:《民事证明责任分配的实质性原则》,载《中国法学》2016 年第 4 期。

④ 对于根据日常经验可以判断的发生概率(盖然性)较高的事件,主张该事实发生的当事人不负举证责任,相对人就该事实不发生承担举证责任。相关论述参见毕玉谦:《试论民事诉讼证明上的盖然性规则》,载《法学评论》2000 年第 4 期。在司法裁判规则上,《最高人民法院关于民事诉讼证据的若干规定》(2002 年施行)第七十三条确立了“高度盖然性”的证明标准。

务和主要举证责任,可能会带来负外部性问题——增加银行成本并助长持卡人道德风险。这也是此前我国学界主张建立持卡人责任上限制度而一直未得到实施的原因之一。然而,负外部性问题可以通过成本转移和交易监测的方式解决。

首先,对于银行成本问题,可以通过另行转移的方式解决。就比较法实践而言,一些国家或地区建立了持卡人责任上限制度,但是这些地区的银行卡行业发展迅速而平稳,并没有因为行业成本过高而出现危机。之所以如此,主要原因在于银行可以有效转移风险和损失。库特(Robert D. Cooter)和鲁宾(Edward L. Rubin)建立的经典分析框架论证了由商业银行承担主要风险符合损失分散原则(loss spreading principle)、损失减少原则(loss reduction principle)和损失确定原则(loss imposition principle)。[1] 商业银行拥有雄厚的资金可以抵御风险,支付交易的损失对其财富状况影响较小;而且银行可以有效分散损失,通过建立模型预测银行卡被欺诈或盗刷的概率,计算出损失成本,再将此类成本分摊至每一位客户或通过商业保险转移相关风险。此外,银行更有能力进行技术创新。法律若将损失分配给银行承担,银行更有动力改进技术以减少损失的发生;加之受市场竞争的影响,银行忽视法律要求是不理性的,因此也比持卡人更能够积极回应法律规定。同理,安全程序规则要求银行采取技术手段监测资金状况,在发现异常交易之后启动验证程序,并未过重增加银行负担。因此,安全程序规则可能增加银行成本的问题可以得到解决。

其次,对于道德风险[2]问题,如果持卡人欺诈发卡行声称出现资金损失而要求赔偿,银行可以通过监测交易发现欺诈从而要求持卡人承担全部损失并追究其法律责任。美国典型判例梅瑞莎诉美国银行案[3]对商业银行处理道德风险问题具有重要参考意义。该案中,持卡人声称银行卡遭到多笔盗刷,要求发卡行承担非授权支付损失共计1.5万余美元。银行认为案涉交易经过了授权:案涉第一笔交易是自动取款机取款600美元,该项交易触发了欺诈警告(超过了之前设定的350美元取款上限),银行发出了三个安全问题进行验证均得到正确回答,因此取款上限获得提高。此后,案涉借记卡在同

---

① Robert D. Cooter and Edward L. Rubin, A Theory of Loss Allocation for Consumer Payments, Texas Law Review, Vol. 66, 1987, pp. 63-130.

② 道德风险(moral hazard)是经济生活领域普遍存在的难题,只要存在交易一方难以观测或监督另一方的行为即有可能产生此种风险。经济学上较早的研究参见 Kenneth J. Arrow, Essays in the Theory of Risk-Bearing, Markham Publishing Company,1971. Bengt Holmström, Moral Hazard and Observability, Bell Journal of Economics, Vol. 10, No. 1,1979。

③ Merisier v. Bank of America, N. A. 688 F. 3d 1203, 11th Cir. (Fla.), July 31, 2012.

一台取款机上发生了数笔取现业务。持卡人主张她从未丢失过案涉借记卡，可能存在伪卡交易，但银行认为案涉卡是加密卡，取款人必须同时知晓密码以及安全验证问题的答案才能够取款，因此这些交易均得到了持卡人授权。另外，银行还注意到案涉交易特征显著区别于该卡通常的几百美元账户余额。银行的调查员举证表示接到了与案涉交易高度相似的其他三起投诉，而原告与其他投诉人均相互认识，并虚构了律所向银行发函投诉。法院认为被告银行有效完成了证明责任，因此认定案涉交易涉及欺诈，属于已授权交易，由持卡人承担全部损失。在此案中，银行通过安全程序启动、交易模式监控、相关背景调查最终完成了授权支付的证明责任，可为我国商业银行处理类似道德风险问题提供借鉴，其中安全程序的设计——欺诈警告程序启动更为复杂的安全验证问题，发挥了关键性作用。

2. 域外安全程序规则司法实践的借鉴意义

美国通过立法和司法判例发展出较为丰富的安全程序规则实践标准，可为我国完善网络盗刷损失分配机制，特别是在银行义务和举证责任分配方面提供参考。美国《统一商法典》（Uniform Commercial Code）第 4A 编"资金划拨"（Funds Transfer）规定了非授权商事交易的安全程序规则，在 1989 年由美国统一法律委员会通过后被各州采纳。资金划拨可理解为银行执行发起人的支付指令从而为受益人付款。为了保障银行根据客户授权的支付指令进行付款，法律要求银行与客户协议设定安全程序。安全程序具体是指由客户与银行协议达成的程序，旨在验证支付指令或相关修改、取消讯息由客户作出，或者检测支付指令及讯息在传输中或在内容上存在的错误。

安全程序规则体现为：首先推定银行收到的支付指令经过了商业客户的授权，其次明确如果客户与银行达成的安全程序协议满足相应条件，则无论支付指令是否授权，均由客户承担资金损失。具体的条件是银行需要同时证明：第一，安全程序在防范非授权支付上具有商业合理性；第二，银行善意接受了支付指令，并遵守与客户书面达成的安全验证程序安排。安全程序规则被《统一商法典》规定为法定责任，当事人不得通过合同将之修改。对于安全程序规则的理解与适用，下述具有影响力的判例虽然在结果上有所差异，但均是在统一的分析框架下进行的裁判。

（1）"选择"公司诉合众南方银行案：授权交易的构成分析

美国联邦第八巡回上诉法院在 2014 年判决的该案是一项支持银行的经典判例。[①] 原告"选择"公司是一家房地产资金托管公司，在被告银行处开立

① Choice Escrow and Land Title, LLC v. BancorpSouth Bank, 8th Cir. (Mo.), June 11, 2014.

了信托账户专用于为客户利益的汇款。原告开通了网上银行,被告银行提供了四种安全验证程序:(1)网上银行的注册账号和密码核对;(2)可记录持卡人登录网银时的网络地址等信息的验证软件;(3)每日汇款最高交易额度设置;(4)双重控制系统——在持卡人发送汇款命令之后,资金并非立即转移,而是待定至第二位授权用户再次登录网银并发送相同汇款命令。此案中原告仅使用了用户账号、密码验证及验证软件这两种验证方法。2009年11月,原告公司收到关于钓鱼病毒①提醒的邮件,并转发给发卡行询问相应措施及可能的责任。被告银行回复无法按照原告所要求的仅停止外国汇款,并建议启动双重控制系统。原告拒绝了被告的建议。在2010年3月,原告公司员工电脑遭受钓鱼病毒袭击,导致一笔44万美元资金被转移到塞浦路斯某银行账户。

法院认为,美国《统一商法典》确立的第三方非授权支付商事交易的责任认定规则是:通常由银行承担损失,但在两种情形之下损失转由持卡人承担:(1)银行可以证明持卡人授权了案涉支付;(2)银行与持卡人同意使用安全验证程序来避免欺诈,该安全程序对于防范非授权支付具有商业合理性,而且银行证明其接受支付命令是出于善意,并遵守了安全程序及持卡人其他关于限制支付的书面要求。针对原告提出以"交易分析"标准(即人工逐条审核支付命令)来判断安全程序是否具有商业合理性,法院认为过于严格,银行无法有效完成,案涉安全程序具有合理性,客户坚持使用安全性更低的程序,银行方面并无责任。关于银行是否善意,法院认为案涉交易仅一笔,其44万美元的数额并非原告公司既往交易中最大的一笔,即使案涉交易"备注:设备"这项信息与持卡人一贯行为不符(以往只有13%的支付命令存在备注),也不能要求银行对其成千上万个客户的支付备注进行一一核查,否则将严重影响银行的支付效率和正常经营。关于持卡人书面指示的判断,法院认为原告发出的"停止外国汇款"仅为咨询而非指示,而且银行回复无法停止外国汇款之后,原告未再就此问题进行沟通,说明银行并没有违反持卡人指示。法院最终支持了银行的意见,判决由原告承担全部资金损失。

(2)"帕特科"建筑公司诉人民联合银行案:安全程序商业合理性分析

在该案中,美国联邦第一巡回上诉法院重点分析了银行的安全程序是否具有商业合理性并最终认定由银行承担损失。② 原告是一家建筑公司,在被告银行开立的电子银行账户于七天内发生六笔争议交易,损失34.5万美元。

---

① 钓鱼病毒(phishing)指钓鱼式攻击,侵权人通过假冒权威性机构官方渠道(例如网页、邮件、短信等),诱骗客户点击信息后窃取客户银行卡号、密码、验证码等相关信息。

② Patco Const. Co., Inc. v. People's United Bank, 1st Cir. 684 F. 3d 197 (2012).

原告此前的支付交易具有一致特征:均在周五支付,发起交易的网络地址为同一地址,并伴随每周提取的税收预扣,历史支付最高额为 3.6 万美元。原告选择了高级安全程序,包括用户账号及密码、隐形设备身份验证、风险分析、安全验证问题、额度限制、电子反欺诈网络等六种措施。案涉交易发生时,银行的安全系统评估的风险得分达到 790 分,而原告日常交易风险得分是 10—214 分(得分越少风险越低),但案涉各笔交易均提交了正确的安全验证答案,银行并未通知原告而是照常处理了交易。

一审法院认为银行的安全程序具有商业合理性,而且原告同意了这些程序,因此由原告承担全部损失。二审法院分析了原告此前的交易均具有高度一致性,并认为银行采取的一项安全措施——要求 1 美元以上的交易均需回答安全验证问题——实质上增加了欺诈交易风险而违背了安全程序初衷,因为毕竟任何转账交易超过 1 美元都需要持卡人输入验证答案,事实上增加了他人捕获该信息的概率。被告银行采取"一刀切"的做法并没有为不同客户设置不同的门槛,不符合《美国商法典》的要求。银行的安全系统将案涉交易标记为异常"高风险"(与原告通常的支付时间、价值与地理位置均不一致),但银行未向原告作出通知。最终,二审法院推翻了一审判决,认为银行安全程序并不具有商业合理性,由银行承担全部损失。

(3)"体验"金属公司诉联信银行案:银行善意行事分析

此案与前一案例均认定由银行承担非授权交易损失,但此案侧重分析银行是否善意行事。[①] 原告公司在被告银行开立账户,除常规安全程序外,原告选择无须回电确认支付指令、不设置支付额度限制。2009 年 1 月 22 日,原告员工电脑遭受钓鱼病毒攻击,自 7:30 至 14:02 这段时间,原告不同的公司账户共发生 93 笔支付,超过 190 万美元被转移至俄罗斯、爱沙尼亚等国家的账户,部分资金被追回后仍损失 56 万美元。

法院认为此案的争议焦点在于:第一,案涉交易是否属于授权交易,银行是否遵守了安全程序;第二,银行的支付是否出于善意。对于第一点,法院认为公司员工有权操作公司账户,银行在支付过程中遵守了相关安全程序。对于第二点,法院认为银行在主观上没有不诚实,因此分析重点在于客观方面——银行是否遵守了公平交易的合理标准。法院引用美国《统一商法典》的官方评论指出,采用客观标准不等于分析主观过失,因为需要判断的是行

---

① Experi-Metal, Inc. v. Comerica Bank, United States District Court, E. D. Michigan, Southern Division, No. 09-14890. June 13, 2011.

为的公正性和合理性而非注意程度。法院又引用另外一个案例①中确定的方法来进行分析：首先，判断银行的行为是否与行业标准相符；其次，判断这些商业标准是否在实现公平交易上具有合理性。具体到本案，整个银行业针对钓鱼病毒确实采取了反欺诈措施，而考虑到本案的风险因素——原告此前极不活跃的支付行为历史（两年内仅有两笔交易）、案涉交易的异常频次（七小时内发生 93 笔支付）、异常收款方信息（多为俄罗斯账户名）、异常支付目的地（俄罗斯和爱沙尼亚等网络犯罪高发地区），难以认定银行的做法符合公平交易的合理标准，因此法院最终认定银行没有达到善意要求，需承担网络盗刷导致的全部损失。

由以上美国立法和司法实践分析可以看出，非授权支付损失分配的重点在于银行需要证明其安全程序同时满足以下条件：第一，安全程序对于防范非授权支付具有商业合理性。主要考察：（1）安全程序本身的合理性：正面考虑——多要素验证程序的合理性高于单一验证；反面考虑——安全程序启动标准不能过低，否则反而增加验证信息被捕获可能性。（2）银行成本考量：例如不能要求银行人工逐条审核支付指令。（3）客户自主选择：客户自愿选择安全性更低的程序，仍属合理。第二，银行接受支付指令出于善意并符合客户指示。主要考察：在主观上，银行是诚实的；在客观上，银行进行了公平交易，需要判断银行的行为是否与商业标准相符，以及该商业标准是否是为了实现公平交易的合理标准。具体需要结合案情分析客户支付行为历史、案涉交易频次与数额、支付时间、支付网络地址、收款方信息以及支付目的地等。

（三）细化我国网络盗刷银行卡纠纷裁判规则

1. 适当修改安全程序规则

美国在非授权交易规则上采取了民商分立体制，将安全程序规则的适用范围限定于商事交易。由于商事交易通常为大额交易，要求发卡机构为客户提供多样化的安全程序，具有正当性。但是对于民事小额交易，也要求发卡行建立安全程序，是否增加了商业银行的负担？在我国典型网络盗刷民事案件中，有判决即认为涉案金额 4 万余元相对于银行系统每日处理的海量交易数据并非大额，不宜对银行监控提出过高要求。② 类似区分民事与商事非授

---

①　Maine Family Fed. Credit Union v. Sun Life Assurance Co. of Canada, 727 A. 2d 335, 340 (Me. 1999).

②　"刘婉芳、中国农业银行股份有限公司广州农讲所支行借记卡纠纷"（广东省广州市中级人民法院（2017）粤 01 民终 14928 号民事二审判决）。

权支付的观点也存在学理支持。① 但是考虑到我国既有的民商合一体制,②可以将域外安全程序规则进行适当修改再予以借鉴,具体路径是在考察安全程序的合理性方面,在个案中灵活判断小额民事与大额商事交易对安全程序要求的不同合理标准,例如民事交易不要求银行提供过多的安全验证程序,从而避免过分增加银行负担。

2. 具体机制设计

结合比较法上的安全程序规则与我国《关于审理银行卡民事纠纷案件若干问题的规定》及既有实践,围绕最为核心的举证责任问题,可以构建更具操作性的网络盗刷银行卡纠纷损失分配机制(如表 3-4 所示):首先是明确前提,持卡人主张因非授权交易导致损失,由持卡人提供初步证据予以证明。其次区分持卡人此前是否开通了网络支付业务进行分析。如果持卡人声称未开通网络支付业务,由银行证明已按照《非银行支付机构网络支付业务管理办法》《关于加强商业银行与第三方支付机构合作业务管理的通知》的要求履行了首次身份认证义务,例如通过物理网点或双(多)要素电子渠道进

表 3-4 网络盗刷银行卡纠纷损失分配机制

前提	情形	证明责任	后果
持卡人主张因非授权交易导致损失	持卡人未开通网络支付业务	发卡行未履行首次身份验证义务,损失全部由发卡行承担	
	持卡人已开通网络支付业务	发卡行证明持卡人存在明确授权或欺诈	损失全部由持卡人承担
		发卡行证明持卡人存在过错	损失按持卡人过错程度分配(理性人标准)
		其他情形,发卡行证明:安全程序具有合理性;发卡行善意行事	两项均得到证明,损失全部由持卡人承担
			任意一项未得到证明,损失全部由发卡行承担

---

① 黎四奇:《析我国电子银行业务中未经授权交易的损失承担》,载《法商研究》2008 年第 2 期。

② 我国法院处理非授权支付纠纷采取了民商合一的思路,对于商事案件的审理也采用了与民事纠纷相同的裁判路径,可参见"无锡恩特路润滑油科技有限公司与中国银行股份有限公司无锡惠山支行结算合同纠纷"(江苏省无锡市中级人民法院(2017)苏 02 民终 1526 号民事二审判决)。

行了验证。如果银行不能证明,则承担全部损失。① 如果持卡人在案涉交易之前已开通网络支付业务,由银行承担非授权交易的证明责任。

在银行承担非授权交易证明责任方面,具体可分为三个部分:第一,银行如果能够证明持卡人对案涉交易存在明确授权或者实施了欺诈,例如授权自动划扣款项、与他人合谋欺诈银行等,由持卡人承担全部损失。第二,银行如果能够证明持卡人存在过错导致损失,则根据持卡人过错程度分配损失。持卡人的核心义务在于妥善保管信息以及防止损失扩大。持卡人存在过错的典型情形是其违反核心义务的情形,包括持卡人将密码等信息告知他人,该人超出持卡人授权范围进行支付(构成表见代理②);或者持卡人未及时将非授权交易通知给银行而扩大了损失。需要注意的是,过错程度应根据一般理性人标准判断,如果持卡人属于不慎点击病毒信息导致资金被盗,但根本原因在于侵权人通过伪基站、模拟银行或支付机构常用号码发送信息,此种情况按照一般人注意标准也难以防范的,应认定持卡人并不存在过错。第三,在其他情形之下,银行需要证明安全程序的合理性及其善意行事以避免承担损失。对此,可借鉴美国安全程序规则的核心内容,并结合我国司法实践中的考量因素,将银行的证明义务分解为两个步骤。

第一步是银行需要证明安全程序对于防范非授权支付具有商业合理性。主要考察:(1) 安全程序本身合理性:一方面,多要素安全验证程序的合理性高于单一验证程序,银行提供安全程序给予持卡人选择权,包括密码、签名、动态验证码、物理介质、双重验证、异常交易监控及验证、交易额度限制、到账时间延迟等;另一方面,安全程序启动标准不能过低,否则增加验证信息被捕获可能性。(2) 银行成本:根据交易规模和交易性质(民事、商事)的不同进行区分,例如不能要求银行人工逐条审核支付指令,不能要求银行对小额民事交易提供与其成本不相符合的安全程序。(3) 客户自主选择:银行不能仅因建立安全程序免责,但是如果银行提供了合理的安全程序而客户未选择的,银行不承担责任。

第二步是银行需要证明其接受支付指令出于善意。主要考察:(1) 主观上,银行是诚实的,不存在欺诈或故意导致持卡人资金损失的主观过错。

---

① 商业银行对客户的身份认证义务实际上对应美国安全程序规则中的第三项——银行接受支付指令须符合客户的书面指示。最高人民法院发布的公报案例"伊立军与中国工商银行股份有限公司盘锦分行银行卡纠纷案"也明确强调了银行的首次身份认证义务,参见《最高人民法院公报》2017年第8期。

② 关于表见代理制度在网络盗刷案件中的适用,可参见张雪楳:《银行卡网上盗刷的责任认定》,载《法律适用》2017年第18期。

（2）客观上，银行进行了公平交易，需要判断银行的行为是否符合行业标准，①以及该标准是否是为了实现公平交易的合理标准。具体应结合案情分析银行是否履行了相应义务而积极行事，包括提示与告知风险，及时提醒和通知交易，②监控异常交易，例如对比客户支付行为历史、交易频次与规模、支付网络地址、收款方信息、支付目的地等，按照高度盖然性标准判断是否为非授权交易，从而判断银行行为是否合理，例如是否采取止付、冻结、延缓资金划拨等方式避免或减少损失。

由持卡人提供初步证据证明存在网络盗刷等非授权交易是较为妥当的安排，如果银行能够证明持卡人已经开通网络支付业务，交易已被持卡人授权，或者持卡人存在重大过错，或者银行提供的安全验证程序具有合理性并善意行事，则由持卡人承担全部损失；如果银行未能证明，由银行承担全部损失，在持卡人存在其他过错时可以相应减轻银行责任。网络盗刷银行卡纠纷损失分配机制的设计，在价值取向上应综合考量持卡人与发卡行的利益：一方面，需要对作为金融消费者的持卡人予以倾斜性保护，由于持卡人具有信息不对称的劣势并存在有限理性，损失分配规则应充分保障持卡人的知情权、选择权以及资金安全。另一方面，亦应避免过度提高银行的合规成本，以免影响支付效率、阻碍支付创新、增加客户道德风险。安全程序规则的引入对此有所助益，通过举证责任及后果的合理分配，可以保护持卡人，同时激励商业银行改进技术，及时防范和减少网络盗刷等非授权交易，达致不同利益的平衡。

总体而言，商业银行借记卡作为现金支付的替代工具被广泛使用，在持卡人支付当时，其银行账户余额立即减少，因此借记卡即付交易的核心风险不在于某一方的信用风险，而是技术风险，特别是因技术问题出现的非授权交易风险。鉴于此，借记卡支付业务的规制结构配置应以司法治理为主，充分发挥个案裁判的灵活性，降低规制成本。借记卡即付交易的行政监管重点是保障交易安全和维护市场秩序，监管机构可以通过发布技术规则，在事前建立统一标准，充分利用监管机构在统一规制方面的优势，要求商业银行和非银行支付机构执行监管规则，改善交易安全防护水平，并利用事中执法和事后处罚，提升规制威慑力。但是，对于银行卡收单业务的跨行交易手续费

---

① 案涉银行可能抗辩银行业没有建立健全的安全程序，因此主张其不必承担非授权损失，但此处"行业"应理解为电子支付服务提供行业，不仅包括了商业银行，还包括非银行支付机构，而后者已经建立起多要素验证的安全程序。

② 由于银行向客户手机发出交易提醒信息需要承担通信成本，因此可以向客户收取一定的费用（即实践中的有偿短信提醒业务），如果客户选择不开通，银行还应提供其他方式给予客户选择权，包括应用程序、邮箱等即时通知方式。

等市场秩序问题,应改革规制措施,取消行政统一定价,给予市场自主竞争空间,提升市场效率。借记卡即付交易的司法治理重点是解决非授权交易纠纷,在统一的司法裁判规则之下,还需要考虑引入并改进安全程序规则,细化银行、非银行支付机构与持卡人的权利义务及举证责任分配,实现支付安全与效率的平衡。

第二节　非银行机构条码即付业务的规制

除常见的银行卡交易受理机具之外,其他技术手段也可以实现银行卡收单,例如实践中发展出的近场支付(NFC)[①]和条码支付等技术创新。本节重点分析已较为广泛使用的条码支付,它是指银行业金融机构、非银行支付机构应用条码技术实现收付款人之间货币资金的转移。[②] 条码是一种信息储存载体,具有广泛的应用场景,甚至有助于实现对社会主体的身份认证、识别和行为追踪,成为社会治理手段。[③] 在支付领域,条码的应用需要通过银行卡或支付账户完成资金转移,例如消费者在其账户上绑定商业银行借记卡、信用卡或网络余额账户等,再利用条码技术进行支付。条码支付需要经历一个信息编译的技术过程:"开始→数据分析→信息编码→纠错编码→生成图像→扫描识读→图形定位→纠错编码→信息解码→信息展示→结束。"[④]这一环节又可概括为条码的生成与条码的受理。

在条码生成方面,相比于磁条卡、芯片卡、光卡等自动识别技术,二维码在抗磁力、抗静电、抗损性方面都具有优势,特别是一旦条码生成,条码可折叠,可局部穿孔,还可局部切割。[⑤] 作为应用更为广泛的条码,二维码相比于一维码具有更多的编码方法。按照编码原理,二维码的生成方式大致可分为行排式和矩阵式两种类型。前者是指将信息堆积成两行或多行,后者是指在一个矩形空间通过黑白像素在矩阵中的不同分布进行信息编码。由于目前二维码应用市场并没有形成统一的编码标准,因此一种二维码识别器难以识

[①] 近场无线通信技术可实现电子设备之间的非接触式数据传输,但需要事先在终端(例如手机、智能手表等)配备相应装置。详细分析可参见中国支付清算协会编著:《移动支付理论与实务》,中国金融出版社 2015 年版,第 80—82 页。

[②] 参见中国人民银行发布的《条码支付业务规范(试行)》(银发〔2017〕296 号)第二条。

[③] 胡凌:《扫码:流动性治理的技术与法律》,载杨明主编:《网络法律评论(2020 年总第 23 卷)》,中信出版社 2021 年版。

[④] 林佳华、杨永、任伟:《QR 二维码的攻击方法与防御措施》,载《信息网络安全》2013 年第 5 期。

[⑤] 参见中国物品编码中心网的介绍,http://www.ancc.org.cn/Knowledge/BarcodeArticle.aspx? id＝136,2022 年 7 月 18 日最后访问。

别所有的二维码。① 不同的条码生成方式所产生的风险存在差别,因而对加密生成、定期更新、终端唯一标识绑定等安全规制提出新的要求。

条码支付的完成需要受理终端识别出支付信息和相应交易请求,并根据支付指令传输给支付后台,经核对信息后,再完成交易指令确认和扣款。条码支付的受理主要是通过受理终端,例如条码扫描枪,接受并处理相关信息。实践中应用广泛的二维码支付受理场景被区分为线上与线下,前者应用于网络支付,后者应用于网络和实体之间的支付。线上二维码支付中,二维码可以取代无二维码线上支付过程中的支付链接,二维码与支付链接均包括支付金额、收款方账户信息等,但二维码还包括了付款人账户信息,扫码软件扫描受理二维码中的信息不需要付款人再输入付款账户,因此更为方便。如果包含了付款人账户信息的条码不变动,即维持静态码的状态,付款人可能面临账户资金被盗的风险,因此静态码的使用应限制在小额交易中。对于交易安全性要求较高的大额交易,需要在技术上实现动态码,即条码在一定时间之后就进行更新。

与前文讨论的银行卡即付交易类似,条码支付的部分业务也存在即时支付的特征,特别是当条码支付账户绑定借记卡时,银行或非银行支付机构作为支付服务提供者为客户提供扫码支付服务,消费者的交易过程仍然是"一手交钱、一手交货",体现即付特征。条码即付类业务的交易构造是消费者通过手机等移动终端主动或被动扫码传递支付指令,再就发起的支付指令在手机等网络支付应用端输入支付密码或其他诸如指纹或虹膜的验证指令,支付服务提供者与特约商户实时结算交易款项,从而完成付款人与收款人之间的货币资金转移。在此类交易构造中,不存在规制信用风险的特殊需要,但相比于条码信用支付,条码即付不存在支付时间差,资金的移转几乎是立即实现的,一旦出现损失则难以止付或追回资金,因此技术安全保障问题更为突出。

与借记卡刷卡业务相同的是,条码即付业务中各方主体信息较为对称,不存在预付或垫付等情形,因此也就不存在任何一方的信用风险。条码即付相关司法实践反映出的核心问题在于裁判者应当如何应对技术创新带来的风险及其法律挑战,这突出体现为偷换二维码行为的法律定性和刑事评价。而与借记卡刷卡业务不同的是,条码即付业务面临额外的技术风险,因此需要监管者制定统一的技术标准。总体而言,条码即付业务的规制结构配置应是司法裁判与行政监管各有侧重,前者注重解决未经权利人授权的支付相关

---

① 王志宇:《二维码支付到底还能走多远?》,载彭冰主编:《互联网金融实践的法律分析》,北京大学出版社 2017 年版,第 15—16 页。

民事和刑事纠纷,应利用司法裁判事后规制的低成本优势,发挥个案裁判的灵活性,但为了提升法律威慑力,宜统一裁判规则;后者注重防范和应对支付技术创新带来的支付安全和市场秩序问题,宜由监管者在事前制定统一的技术标准,并对市场秩序问题进行执法检查。

一、条码即付的司法治理重点

包括条码即付业务在内的条码支付技术创新为法律适用带来挑战,大量的条码支付纠纷也反映出司法治理需求。利用"条码支付""二维码支付"作为关键词,在主要数据库检索,可以发现刑事纠纷占据多数,主要涉及侵犯财产(盗窃、诈骗),妨害社会管理秩序和破坏社会主义市场经济秩序等犯罪,特别是偷换二维码行为应被认定为盗窃罪抑或诈骗罪,引发学术界和实务界的广泛关注。条码支付民事纠纷主要涉及合同、非授权支付等纠纷,极少数行政纠纷涉及行政处罚。①

(一) 条码即付纠纷主要类型

1. 民事纠纷:业务资质对合同效力的影响

涉及二维码支付的民事纠纷中,合同纠纷占主要部分,此外还包括专利纠纷、侵权责任纠纷等。在合同纠纷中,条码支付非授权交易案件较多,但鉴于相关规制思路与措施的选择与前文所讨论的借记卡网络支付非授权纠纷处理类似,此部分不再予以专门讨论;支付服务合同纠纷的争议较为简单,②也不再展开分析。下文主要分析合同纠纷中较为特殊的一类——如何确认未获得支付业务许可而签订的支付服务合同的效力。由于条码支付涉及特殊的经营许可问题,此类纠纷具有典型性,同时也反映出公私法接轨理论在实践中的应用。

---

① 例如在 2020 年 7 月,在无讼数据库(https://www.itslaw.com/home)以"二维码支付"作为关键词进行检索,可得到 245 件民事案例,1397 件刑事案例和 6 件行政案例。由于难以直接使用"条码即付"作为关键词进行检索,此部分将包括了条码即付的条码支付业务进行整体分析,但在具体分析时区分即付与预付、延付的差别,仅重点讨论即付业务。

② 例如在"吴思毅与深圳市达派支付有限公司合同纠纷"(广东省深圳市中级人民法院(2016)粤 03 民终 2693 号民事二审判决)中,原告在电子商务平台某数码专营店购买了被告手机刷卡器,虽然被告否认授权该专营店销售该产品,但该刷卡器标明为被告产品及其移动支付的二维码支持系统。法院认为双方形成支付服务协议关系,原告刷卡后未能按照被告承诺的实现次日到账,被告应承担相应违约责任。此外,在"邯郸市复兴区安海雅网络科技有限公司与苏州天中诚网络科技有限公司服务合同纠纷"(江苏省苏州市虎丘区人民法院(2017)苏 0505 民初 3229 号民事一审判决)中,原被告签订移动支付合作协议,约定被告授权原告推广二维码支付服务,被告称因原告发展的商户是虚拟商户,故多次关闭了移动支付平台,原告因此未完成合同约定的推广义务,法院最终判决解除合同,被告返还被告多收取的技术服务费。

实践中,法院通常根据支付业务性质和条码支付监管规范的要求,认定未获得支付业务许可的合同的效力。在典型案例"马华锋与青岛快付通数据服务有限公司合同纠纷"中,法院适用"法不溯及既往"原则,认定相关机构在开展条码支付业务时,监管机构尚未颁布资质要求,因此支付服务合同有效。① 该案中,被告数据服务公司成立于 2013 年,主要从事支付相关业务。原告与被告于 2015 年签订支付系统的数据代理协议,约定由被告作为独立的收单单位为特约商户提供银行卡收单服务。其后,原告以被告未取得支付业务许可为由,主张双方签订的支付代理协议无效。法院审查认为,根据中国人民银行当地支行出具的说明,案涉支付机构没有相关支付业务资质,但条码支付的相关业务规范和技术标准在当时尚未正式对外发布,故被告无从取得《支付业务许可证》,因此其开展业务不需要相关资质证明。

另外的典型案例"山东金龍网络文化传媒有限公司与微易拍科技(北京)有限公司合同纠纷"("山东金龙案")②与上述案例的案情较为类似,双方当事人于 2018 年签订协议开展支付委托代理合作,被告支付机构授权原告网络公司销售其研发的支付产品及从事相关产品的服务。之后,原告主张被告支付机构未取得银行卡收单业务许可和网络支付业务许可,不具备在全国范围内开展该项目代理并收取加盟费的资质,认为其开展业务的行为应属无效。法院根据《条码支付业务规范(试行)》判定,案涉支付机构并非该规范的适用对象,原告被授权代理的支付产品属于支付结算工具及系统,被告不需要取得支付业务许可。

除上述案例外,实践中也存在判决认定开展二维码收款业务的机构未取得支付业务许可而签订的合同无效,典型案例为"左海红与甘肃美可优电子商务有限责任公司、石步国确认合同效力纠纷"("左海红案")。③ 在 2018 年4 月,原告自然人与被告公司签订了区域运营代理合同,约定原告成为被告的代理人(代理费 8 万余元),由被告在互联网上建立分享消费微信支付平台,向原告指定的合作商户提供线上应用服务,包括为原告使用被告的二维码支付功能提供安全加密和身份认证,为原告的商务平台进行在线实时结算及相关信息查询服务等。合同签订后,原告在当地商户之间做支付程序的线下推广和应用,但各商户因为应用该程序所收款项不能马上进入商户自己的账户,还需经过被告的平台中转结算,均不接受支付程序。原告推广程序失

---

① 山东省青岛市中级人民法院(2016)鲁 02 民终 5997 号民事二审判决、山东省高级人民法院(2018)鲁民申 2315 号再审审查与审判监督民事裁定。
② 北京市第一中级人民法院(2019)京 01 民终 7150 号民事二审判决。
③ 甘肃省庆阳市西峰区人民法院(2019)甘 1002 民初 706 号民事一审判决。

败,向中国人民银行当地分行反映情况后得知,被告从事的手机二维码公众收款业务需要取得《支付业务许可证》,原告遂请求法院确认案涉代理合同无效,要求被告返还代理费并赔偿办公费用等损失(约 8000 元)。另外,被告案涉支付小程序平台于 2018 年 11 月关闭。法院审理认为,被告作为中介机构在收付款人之间提供了货币资金的网络支付,但未取得支付业务许可,违反了《中国人民银行法》和《非金融机构支付服务管理办法》的规定,因此案涉代理合同无效;根据原《合同法》第五十八条的规定,[①]被告返还原告代理费,但鉴于原告作为具有完全民事行为能力人,未对电子商务进行必要的了解,盲目进行投资推广,亦存在过错,应自行承担经济损失。

2. 刑事纠纷:偷换二维码行为性质认定

技术创新发展为刑事法律适用带来挑战,在条码支付相关刑事案件中,数量较多并且引发较大学术争议的是偷换二维码案。对于此类行为人偷换或置换权利人二维码获利的财产类犯罪案件,刑事实务界与理论界存在定性分歧,主要争议是受害人是商户还是顾客,行为人构成盗窃罪还是诈骗罪。有学者总结对于偷换二维码获取财物的行为,刑法理论界主要存在盗窃罪说和诈骗罪说两种观点,在主张盗窃罪的学说之下,还存在盗窃财物(盗窃本属于商户的款项)和盗窃债权(盗窃本属于商户的财产权益)的分歧;而在主张诈骗罪的学说之下,另有一般诈骗(顾客既是受骗人又是受害人)和三角诈骗(顾客既是处分人也是财产所有人,商户是受害人)等分歧。[②]

在典型案例"倪建飞盗窃案"[③]中,法院认定行为人偷换二维码构成盗窃。2017 年 11 月至 12 月,被告将事先准备的微信二维码偷贴于多处商户(包括彩票店、五金店、面馆、手机维修店等)用于收取货款的微信二维码上,从而获取顾客通过微信扫描支付给商户的钱款,最终获利 985 元。法院认定被告以非法占有为目的,多次窃取他人财物,构成盗窃罪。[④]

理论界也存在支持认定为盗窃罪的观点。例如有论者认为,行为人在受害人不知情的情况下偷换二维码获取他人财物,违反受害人意志,属于秘密窃取;而且无论站在社会观念还是所有权意识角度,至少在顾客扫码支付的

---

① 《合同法》(1999 年实施,已失效)第五十八条:合同无效或者被撤销后,因该合同取得的财产,应当予以返还;不能返还或者没有必要返还的,应当折价补偿。有过错的一方应当赔偿对方因此所受到的损失,双方都有过错的,应当各自承担相应的责任。

② 相关综述可参见周铭川:《偷换商家支付二维码获取财物的定性分析》,载《东方法学》2017年第 2 期;蔡颖:《偷换二维码行为的刑法定性》,载《法学》2020 年第 1 期。

③ 上海市金山区人民法院(2018)沪 0116 刑初 357 号刑事一审判决。对本案的学理分析可参见许浩:《偷换商家收款二维码的行为定性》,载《人民司法·案例》2018 年第 35 期。

④ 该案中,鉴于被告到案后如实供述自己的罪行,积极退赔受害人损失并获得谅解,法院最终判处被告拘役四个月,并处罚金人民币 1000 元。

那一瞬间,钱款属于商户所有和占有,行为人通过秘密手段将商户财物转移为自己非法占有,符合盗窃罪的构成特征。对于这种盗窃行为的特征,可以用隔时犯理论来解释,即行为时间与结果发生的时间存在间隔。① 另有学者提出"盗窃债权说",②认为盗窃行为的特点是违反权利人意愿,将权利人占有的财物或享有的财产性利益转移为自己占有或享有。如果顾客对收款二维码账户不负有审查义务,则商户是受害人,行为人构成盗窃罪,但盗窃对象不是商户的财物,而是商户的财产性利益,也即商户针对顾客的债权。行为人盗窃了商户的债权人地位,法律后果是违反商户意愿,将商户针对顾客的债权转移给自己享有。

但在"邹晓敏盗窃案"③中,检察机关实际以诈骗罪对偷换二维码的行为人提起公诉。该案的基本案情是在 2017 年 2 月至 3 月,被告乘无人注意,将不同商场附近的店铺、摊位上的微信收款二维码调换为自己的微信二维码,共获利约 7000 元。理论界不乏支持诈骗罪的学术观点。一般而言,诈骗罪的行为结构是:行为人实施欺骗行为→对方产生或维持错误认识→对方基于错误认识处分财产→行为人或第三人取得财产→对方遭受财产损失。④ 有学者认为偷换二维码取财行为符合一般诈骗的行为结构,因为行为人利用偷换的二维码实施了诈骗行为,使顾客对二维码的归属产生错误认识,陷入了处分财产的错误,顾客基于该错误认识根据商户指示扫码付款,有意识地处分了自己的财物,行为人取得财物,顾客遭受损失。⑤ 另有观点认定构成特殊诈骗——三角诈骗,认为在偷换二维码案中,商户不仅是最终的受害人,也是直接受害人,因为商户的财产损失结果应当归属于行为人的偷换二维码行为。此类新型三角诈骗的特殊性在于,受骗人与受害人不同,具有处分权限的受骗人基于认识错误处分本人的财产,但导致第三方受害人遭受财产损失。⑥

此外,也有论者提出应认定为特殊的"以债权实现为对象的诈骗",认为在二维码支付交易中,商户一方面负担合同义务出售商品或服务,另一方面享有合同债权,要求顾客按照指定方式支付对价。与通常的诈骗发生在前一方面不同,偷换二维码的诈骗发生于后一方面,即商户误以为置换后的二维

---

① 周铭川:《偷换商家支付二维码获取财物的定性分析》,载《东方法学》2017 年第 2 期。
② 柏浪涛:《论诈骗罪中的"处分意识"》,载《东方法学》2017 年第 2 期。
③ 福建省石狮市人民法院(2017)闽 0581 刑初 1070 号刑事一审判决。该案中,法院最终认定被告构成盗窃罪,判处有期徒刑 8 个月,并处罚金人民币 2000 元。
④ 张明楷:《刑法学》,法律出版社 2011 年版,第 889 页。
⑤ 张庆立:《偷换二维码取财的行为宜认定为诈骗罪》,载《东方法学》2017 年第 2 期。
⑥ 张明楷:《三角诈骗的类型》,载《法学评论》2017 年第 1 期;孙杰:《更换二维码取财行为的刑法评价》,载《政法论丛》2018 年第 2 期。

码连通的是自己的账户,基于此错误认识指示或接受顾客的支付,此时合法债权无意义地消灭,商户损失合同债权,行为人获得作为合同债权的具体内容的款项。"以债权实现为对象的诈骗"具有三个特点:一是受害人享有合法的债权,二是受骗人处分的是债权而非财物,三是受害人处分的是自己的债权,但行为人获得的是债权得以实现而产生的财产。①

（二）条码即付司法裁判评析

在民事纠纷中,提供条码支付相关服务的机构是否需要获得支付业务许可,最重要的是从业务性质角度分析该机构是否有可能接触他人资金,特别是资金是否会被此机构掌控,例如停留在机构账户。如果相关机构仅提供技术服务,例如信息整合服务、后台技术支持等,没有机会接触或控制商户或客户资金,则其从事的业务不属于支付许可事项（例如"山东金龙案"）;而如果支付结构设计中还需要经过相关机构的中转结算,即意味着客户或商户的资金停留在相关机构的平台账户（例如"左海红案"）,可能发生资金挪用风险,因此需要被严格监管,相关机构应在事先获得支付业务许可。

在合同效力认定的法律依据方面,虽然规定支付业务许可事项的《非金融机构支付服务管理办法》创设行政许可,不符合《行政许可法》的原则性规定,②但国务院采取了发布决定的方式授权中国人民银行设定此项行政许可,③因此部门规章设立的支付业务许可具有上位法依据。《非金融机构支付服务管理办法》仅为部门规章,虽不满足原《合同法》第五十二条第五项所规定的否定合同效力法律位阶（法律、行政法规）的要求,但是结合原《最高人民法院关于适用〈中华人民共和国合同法〉若干问题的解释（一）》（法释〔1999〕19号）第十条的规定——"当事人超越经营范围订立合同,人民法院不因此认定合同无效。但违反国家限制经营、特许经营以及法律、行政法规

---

① 蔡颖:《偷换二维码行为的刑法定性》,载《法学》2020年第1期。

② 《行政许可法》（2019修正）第十四条:本法第十二条所列事项,法律可以设定行政许可。尚未制定法律的,行政法规可以设定行政许可。必要时,国务院可以采用发布决定的方式设定行政许可。实施后,除临时性行政许可事项外,国务院应当及时提请全国人民代表大会及其常务委员会制定法律,或者自行制定行政法规。

③ 由于高位阶法律规范的修订耗费时间,无法满足金融创新监管需要,中国人民银行采取了变通方式。根据《〈支付业务许可证〉核发服务指南》,在2004年,中国人民银行以法律、行政法规为依据设定并经国务院行政审批制度改革工作领导小组确认了"支付清算组织准入"行政许可项目,明确中国人民银行对非金融机构支付业务的监督管理权限。在2013年,遵照国务院行政审批制度改革工作领导小组的相关建议,该项目名称调整为"《支付业务许可证》核发"。

禁止经营规定的除外",①以及原《合同法》第五十二条第四项规定的"损害社会公共利益",可以认定支付业务属于国家特许经营项目。因此,相关机构未取得支付业务许可开展支付服务,不利于金融安全,其超越经营范围与他人签订的支付服务合同应为无效合同。2021 年《民法典》生效施行之后,法院也可援引《民法典》第一百五十三条的规定——"违反法律、行政法规的强制性规定的民事法律行为无效。但是,该强制性规定不导致该民事法律行为无效的除外。违背公序良俗的民事法律行为无效",论证未经许可开展支付业务对公共利益(金融安全)的影响。

在刑事纠纷中,理论界和实务界对于如何认定偷换二维码的行为存在分歧,较难达成一致。例如,也有学者认为偷换二维码既不构成盗窃罪,也不构成诈骗罪,而构成侵占罪,主要理由是:顾客对于商户提供的二维码存在合理信赖,是民事合同中受保护的当事人,而二维码被偷换的交易风险应由商户承担,因而此类案件中的受害人是商户,财产对象是顾客通过二维码支付形式发生的债权这一财产性利益。行为人导致商户没有获得应得的债权利益,非法取得了受害人的财产,属于恶意占有,而且支付款非基于委托关系即由行为人擅自占有,行为人对非法取得的商户财产负有返还义务,拒不返还,符合侵占罪本质,即将自己占有的或者脱离占有的他人财物,转化为自己非法所有。②

也有论者主张难以按照传统的盗窃罪、诈骗罪理论将偷换二维码的行为认定为盗窃罪或诈骗罪,因为仅通过罪名比较进行反向的排除,无法充分论证行为的构成要件该当性。之所以存在认定困难,也与支付关系的非现金化、复杂化发展,以及与支付过程采用自动化计算机技术相关。论者建议应当顺应互联网时代财产流转的新特点,引入类似计算机诈骗的构成要件对相应的数据不当使用行为进行规制。③ 另有论者认为刑事理论界关注的争议焦点是受害人为顾客还是商户,而从民法视角解读偷换二维码行为,由于顾客作为消费者,可能是表见法理中的善意相对人,受到保护,因而真正的受害人是商户。④

鉴于无论在理论界还是实务界,对偷换二维码行为的性质认定存在较大

① 司法解释是司法裁判文书应当引用的法律依据,参见《最高人民法院关于裁判文书引用法律、法规等规范性法律文件的规定》(法释〔2009〕14 号)第四条:民事裁判文书应当引用法律、法律解释或者司法解释。对于应当适用的行政法规、地方性法规或者自治条例和单行条例,可以直接引用。
② 张开骏:《偷换商户支付二维码侵犯商户应收款的犯罪定性》,载《上海政法学院学报》2018 年第 2 期。
③ 徐凌波:《置换二维码行为与财产犯罪的成立》,载《国家检察官学院学报》2018 年第 2 期。
④ 杨群:《"二维码案"背后的表见法理》,载《江西社会科学》2018 年第 4 期。

分歧,未来应通过统一的裁判规则澄清法律适用问题。对于偷换二维码之类的违法犯罪行为的规制,一般难以通过行政监管机构在事前制定标准予以应对,尽管监管规范可以要求客户以被动扫码为主,同时限制主动扫码金额,并通过技术标准的事前设计,在一定程度上降低风险。① 相应的规制结构配置应以司法事后惩戒为主,因为司法机关可实施严厉的刑罚,并且通过罚金等制度,提升规制威慑力,但鉴于实践中对同一犯罪行为的不同性质界定,未来应统一法律适用规则和裁判尺度。

二、条码即付的行政监管重点

条码即付与预付、延付业务均面临技术创新带来的风险,因此行政监管的重点是技术安全保障,同时风险管理和市场秩序问题也是监管者关注的内容。以下首先分析条码支付业务规制理念的发展演变过程,再分别讨论行政监管措施,厘清规制重点。

(一) 规制理念:安全与便捷的平衡

1. 条码支付的监管历程

我国的条码支付监管历程经历了从紧急叫停市场创新到规范技术发展的转变。在 2011 年,支付宝、财付通等非银行支付机构将二维码技术应用于支付领域。鉴于扫码支付带来的便利,此种支付业务创新迅速流行,并在线下实体支付环境中广泛使用。然而当时尚未出现针对二维码支付的统一检测认证等技术标准,并且实践中以客户主动扫码模式居多,存在较大风险。在 2014 年 3 月,中国人民银行支付结算司下发《关于暂停支付宝公司线下条码(二维码)支付等业务意见的函》,指出"将条码(二维码)应用于支付领域有关技术,终端的安全标准尚不明确。相关支付撮合验证方式的安全性尚存质疑,存在一定的支付风险隐患",因此立即暂停了线下条码支付业务,并要求将产品详细介绍、管理制度、操作流程、机构合作情况及利润分配机制、客户权益保障机制、应急处置等内容上报。监管机构认为二维码支付突破了传统受理终端的业务模式,其带来的风险直接关系到客户信息与资金安全。

经历了市场调整和技术准备之后,支付机构与商业银行的二维码支付业务均获得了更高的安全性,特别是付款人二维码被动扫码模式的开发,增强了安全保障。与此同时,监管规则也在不断完善。中国支付清算协会(受中

---

① 例如《条码支付业务规范(试行)》(2018 年实施)第十二条规定了商业银行和非银行支付机构应根据风险防范能力的分级,对个人客户的条码支付业务进行限额管理。

国人民银行主管)于 2016 年 8 月发布《条码支付业务规范(征求意见稿)》,指出条码支付是"传统线下银行卡支付的有益补充",认可了条码支付业务并提出了规范要求。在 2017 年 12 月,中国人民银行发布《关于加强条码支付安全管理的通知》(银办发〔2017〕242 号),对条码支付的安全技术规范和受理终端技术规范提出了明确的要求。同月,中国人民银行在支付清算协会征求意见稿基础之上,正式发布了《条码支付业务规范(试行)》(银发〔2017〕296 号),对条码支付业务进行了较为全面的规范。

尽管商业银行与非银行支付机构分别开展条码支付业务,但是《条码支付业务规范(试行)》对两者进行统一管理,以"行为监管"替代"主体监管",具有合理性。在制定统一的监管规范之外,监管机构还通过行政执法活动强化规制效果。例如,由于兴业银行三明分行为非法交易平台、无证机构经营支付业务提供条码服务,未落实商户实名制,未落实交易信息真实性、完整性、可追溯性及支付全流程一致性的规定等,中国人民银行福州中心支行在 2020 年 6 月对其作出行政处罚,给予兴业银行警告,没收违法所得 56 万余元,并处罚款 320 万余元。①

2. 暂停二维码支付的争议与思考

中国人民银行暂停二维码支付引发了广泛的争议。有论者对紧急叫停二维码支付的做法提出质疑,认为新生事物不应成为暂停创新的理由,正因为创新,才需要大规模试验以便检验安全性,而且暂停二维码支付侵犯了消费者的选择权,存在处罚主体不适格及行政越权的问题,涉嫌维护国有银行和清算服务机构利益,并将导致规制悖论。② 相反观点则认为,二维码技术、业务模式没有统一标准,支付流程的不同环节仍具有风险隐患,而且域外比较法上均存在暂停移动支付创新业务的实践,因此中国人民银行暂停二维码支付是正当的过程监管,有利于维护市场秩序、促进产业公平健康发展、打击

---

① 中国人民银行福州中心支行福银罚字〔2020〕26 号,2020 年 6 月 9 日。兴业银行时任总经理助理也被给予警告,罚款 5 万元。

② 论者援用桑斯坦教授提出的政府规制悖论框架来分析中国人民银行暂停二维码支付所导致的结果:(1)要求用最佳可得技术实际上阻碍了技术发展,二维码支付被暂停,意味着回归相对安全的银行卡支付,那就不会有比银行卡更好的支付方式出现了;(2)为了支付安全而规制二维码支付的新风险,使得假钞和银行卡诈骗等旧风险继续存在,并降低了支付安全;(3)通过规制确保每位消费者都能够得到安全的支付环境,但最终损害了消费者利益,因为他们需要为等候交易牺牲更多时间;(4)严厉的规制导致了规制不足,除支付宝、财付通之外的未获得支付业务许可的支付服务提供者未被暂停业务,它们仍可能从事二维码支付,将给消费者带来更大损害。相关论述参见傅蔚冈:《暂停"二维码支付"的规制悖论》,载《上海金融》2014 年第 9 期。

监管套利并保护金融消费者的合法权益。①

尽管反对暂停的观点存在一定偏激之处,毕竟大规模试验确实可能带来信息和资金风险,但笔者也认为监管机构应给予市场创新发展空间,特别是应当依赖有序竞争促进市场创新,并保持适当的容错度,侧重柔性监管——要求支付服务提供者进行风险提示,提供客户限制交易额度的机会,并承担因其技术创新导致客户资金损失的赔偿责任。

暂停二维码事件反映了监管机构注重安全的规制理念。在此种理念影响下,中国人民银行于 2017 年发布《关于规范支付创新业务的通知》(银发〔2017〕281 号),要求银行业金融机构与非银行支付机构在开展所有支付创新产品或服务时,均应对业务合规性和安全性进行全面评估,并在业务开展前 30 日向中国人民银行及其分支机构进行书面报告。该通知还对支付创新业务的报告内容进行了详细的列举,具体包括:拟推出产品或者服务的名称、基本业务流程、支付指令传输路径、资金清算及结算方式,合作机构名称及业务开展情况、合作方式,业务规则、技术标准、客户权益保护措施、内部控制及风险管理制度,业务试点开展时间及区域,收费项目及标准,潜在市场影响,相关合同及协议模板等。

要求支付创新进行事前报告的规制理念及措施是否合理值得反思。一方面,应对支付创新实验予以一定的市场宽容,直接面向消费者的电子支付通常应用于小额交易,即便由于创新产品技术不成熟导致损失,也可在事前进行风险提示,并通过保险在事后转移风险。另一方面,培育市场竞争可以更有效地激发创新。在竞争环境中,支付服务提供者为争取市场,可能本着对客户负责的态度开发和试验创新产品,因此监管者不应过多干预。竞争构成市场体系的本质特征,从政治上来看,竞争有助于权力的分散配置从而避免过度限制和干涉个人自由;从经济上来看,竞争有助于资源的有效配置从而达到社会效益最大化。竞争的缺乏将打击企业追求成本最小化的积极努力而导致生产的无效率。② 作为双边市场,③支付市场通过平台企业将付款人、收款人连接起来,体现网络外部性——进入此网络的用户越多,相应产品

---

① 论者列举的域外实践包括:2013 年 11 月,欧洲中央银行建议商业银行、移动运营商、设备制造商等在涉及移动支付业务时向监管者报备;2014 年 1 月,我国台湾地区金融监管委员会以违反《电子票证条例》为由紧急叫停支付宝与台湾支付企业合作的"当面付"业务。相关论述参见佚名:《暂停二维码支付是支付产业的一大幸事》,载《上海金融》2014 年第 9 期。

② 关于竞争的简短综述及相关文献,参见〔英〕安东尼·奥格斯:《规制:法律形式与经济学理论》,骆梅英译,苏苗罕校,中国人民大学出版社 2008 年版,第 22—23 页。

③ 相关理论文献参见 Mark Armstrong, Competition in Two-Sided Markets, RAND Journal of Economics, Vol. 37, 2006;黄纯纯:《网络产业组织理论的历史、发展和局限》,载《经济研究》2011 年第 4 期。

对用户的价值越高。尽管电子支付业务模式之间存在差异,但基本符合网络外部性规律,因为支付系统具有公共服务基础设施属性,投入固定成本之后,支付系统网络覆盖范围越广泛,单位成本越低。具有网络外部性的双边市场可能倾向于自然垄断,因而对竞争的要求较低,即不充分竞争的格局仍可以产生效率(当然并非意味着不需要竞争)。技术的进步以及需求的变动可能改变自然垄断的边界,使一个自然垄断产业转化为寡头垄断甚至竞争性产业。① 总之,创新对市场发展和消费者福利增进具有良好作用,而创新又需要通过充分有效的市场竞争获得,因此应营造一个相对宽松的市场环境鼓励竞争和创新,这有赖于政府转变监管理念——在安全与便捷之间达成平衡。

(二) 技术安全与风险管理

按照"中国人民银行就发布条码支付规范答记者问"(2017 年 12 月)指出的,条码支付主要利用互联网和非专业设备处理交易,存在较大的技术风险,主要体现为以下几个方面:(1) 可视化风险,条码在开放互联网环境下以图形化方式进行展示,不法分子可通过截屏、偷拍等手段盗取支付凭证,在支付凭证有效期内盗用资金;(2) 易携带恶意代码的风险,条码不仅可存储支付要素,也可携带非法链接或程序代码,不法分子可将木马病毒、钓鱼网站链接制成条码,诱导客户扫描,窃取支付敏感信息;(3) 信息单向交互风险,条码支付只能实现发起方或接收方的单向信息交互,不法分子可利用该弱点实施"中间人攻击",绕过身份认证机制,造成用户资金损失;(4) 扫码设备安全强度低的风险,条码支付对设备要求低,普通的手机摄像头、超市简易的收银机扫描枪等不具备加密、防拆机等安全功能的设备均可识别条码,易被不法分子非法改装使用。

中国银联发布的《移动支付安全大调查分析报告》表明,我国手机用户在 2019 年使用移动支付频次继续上升,日均使用逾三次,受调查人群的月均使用移动支付数额超过 2900 元,使用二维码支付占据移动支付②的 79%,而扫描来源不明(例如优惠促销)的二维码仍然是移动支付面临的主要风险之

---

① 例如,在电信领域,卫星和微波系统已经发展出替代传统有线网络的新型方式,不同形式的终端装置已能够接入现存网络,改变了固有的自然垄断格局。相关论述参见〔英〕安东尼·奥格斯:《规制:法律形式与经济学理论》,骆梅英译,苏苗罕校,中国人民大学出版社2008 年版,第 32 页。其他案例可参见史晋川、董雪兵等:《法律·规制·竞争》,经济科学出版社 2008 年版,第 246—247 页。

② 另外两种移动支付是近场支付和在线支付。

一。[①] 条码支付的风险源于条码支付单技术、多信息的特点。[②] 为防控上述风险,应提高条码支付的技术要求。在 2017 年中国人民银行发布《关于加强条码支付安全管理的通知》和《条码支付业务规范(试行)》之前,已经存在的条码支付技术标准包括两项:一项是 1997 年中国物品编码中心在借鉴国际自动识别制造商协会所发布的《PDF417 规范》的基础上编制的《四一七条码》国家标准(GB/T 17172-1997);另一项是 2000 年的《快速响应矩阵码》(GB/T 18284-2000)。然而这些技术标准并非强制执行标准,因此需要监管机构以规范性文件形式制定技术标准,保障强制执行力。

在条码支付技术风险防范方面,需要厘清两方面的规制重点:一是在建立和识别客户身份方面,完善实名制要求;二是在信息传递方面,保障信息传递过程的安全,防范信息泄露导致未授权支付等情形。

1. 建立与识别客户身份

由于条码的生成与受理是条码支付的两大核心业务内容,与之相对应的,建立与识别客户身份是商业银行和非银行支付机构的核心义务。

建立客户身份需要客户进行账户注册,完成账户名称、密码、权限等相关登记。建立客户身份存在如下要求:(1)保障客户身份的唯一性,否则会为后续客户身份识别带来障碍。当然,客户身份的表现形式可以是多样的,包括身份数据信息和生物信息等。身份数据信息是指身份证号码、银行卡信息(号码和有限期等)、手机号码、支付账号等;生物信息包括指纹、虹膜、声纹、掌静脉等人体生理特征信息。条码支付主要是将身份数据信息储存在动态条码中完成后续的支付。(2)保障客户实名登记,特别是在绑定银行卡的条码支付业务中,必须要求客户进行身份证件信息实名登记,确保账号真实性,以便为下一步识别客户身份奠定良好的基础。

识别客户身份方式可以有多种,包括设置密码、数字证书、静态条码、动态验证码,核对电子签名等,可归纳为口令(包括密码、验证码等),标记(数字证书等)和签名三大类别,这些识别方式也是《条码支付业务规范(试行)》所规定的交易验证方式。监管规范要求商业银行和非银行支付机构按照分级制度,对大额交易实行多项交易验证,对小额交易则可以减少验证方式,均是为了在识别客户身份过程中维护交易安全。

与条码支付机构建立与识别客户身份义务直接相关的法律问题是未经授权的支付交易产生的客户资金损失由谁承担。如此前所讨论的,未授权支

---

① 《中国银联:2019 移动支付安全大调查报告》,新浪科技,2020 年 4 月 11 日,https://tech.sina.com.cn/roll/2020-04-11/doc-iircuyvh7203107.shtml,2022 年 7 月 18 日最后访问。

② 高小强:《条码支付:业务模式、发展前景与对策建议》,载《南方金融》2017 年第 1 期。

付问题在银行卡支付业务、网络账户支付业务中也广泛存在。在条码即付业务中,客户将账户绑定了借记卡,因此最终的资金损失是客户借记卡内资金,关涉发卡银行是否也应承担责任的问题。条码即付未授权支付交易的特殊性在于其主要为小额支付,可以通过交易额度限制等方式来防范和减轻支付风险。对于事后的责任分配机制设计,可参考前文借记卡未授权支付安全程序规则,通过安全程序合理性分析、支付机构主观过错讨论和举证责任配置,平衡支付服务提供者与客户之间的利益关系。

2. 保障信息传递及其他安全

虽然条码支付建立与识别客户身份过程也涉及信息的传递,但鉴于信息传递安全的重要性,有必要专门予以规制。

条码即付业务通常为小额支付,其特点是交易笔数多、交易频率高,但交易金额低,如果逐笔实时确认交易结果并完成支付结算和清算,实现最终扣款,支付系统将面临较大压力,可能存在技术挑战。由于利用了互联网在线支付,条码即付等移动支付可以利用无线应用协议(WAP)接入互联网,从而实现实时交易结果确认和清算。然而也正因为连接了互联网,条码支付的信息传递过程可能遭遇非法入侵风险,特别是加密信息被破解后将危及信息和资金安全。

《条码支付业务规范(试行)》对信息安全作出了原则性规定,该规范第二十六条要求商业银行和非银行支付机构妥善处理交易数据信息,并保障交易信息安全。有学者指出,虽然这些监管要求为市场规范提供了一定的制度供给,但尚未解决二维码自身安全问题,表现为:第一,没有解决二维码的发布技术标准和统一管理问题;第二,没有提出如何保障二维码安全、有效、真实和完整的细化标准。[1] 对于前一问题,笔者认为技术标准由国家质检总局和中国人民银行协同拟定更为合理。一方面,国家质检总局在条码技术标准的制定方面具有专长,可以设立条码支付技术标准的门槛,确保技术安全与统一发展。另一方面,中国人民银行是我国支付体系的监管机构,在支付风险治理方面积累了专业优势,因此可以与技术监管机构合作以便实现较好的技术管理。对于后一问题,在立法技术上可由监管机构在后续制定详细的技术标准,而不宜在《条码支付业务规范(试行)》这一框架性文件中直接规定。[2]

---

① 黎四奇:《二维码扫码支付法律问题解构》,载《中国法学》2018 年第 3 期。

② 有学者论证了由监管机构主导制定二维码技术标准,有利于促进条码支付市场的竞争,Xingyu Yan, Towards a More Competitive Mobile Payment Industry: Standardization And Beyond, Journal of Competition Law & Economics, Vol. 17, Issue 2, 2021.

信息安全在大数据时代具有越来越重要的意义。支付机构不仅需要保障信息传递过程的安全，还需要确保信息采集、存储和利用等环节的安全。实践中，支付机构可能通过线上格式合同获取客户授权而进行信息开发。例如支付宝公司的服务协议中列明了"您(客户)理解并同意我们及关联公司可以存储、使用、复制、修订、编辑、发布、展示、翻译、分发您的非个人隐私信息或制作其派生作品，并以已知或日后开发的形式、媒体或技术将上述信息纳入其他作品内或授权给其他第三方使用。"①除了市场自律，未来的规制改革还应强化责任制度，特别是在既有的人格权、隐私权保护之外，强化支付客户的信息数据权保护。相较于传统的隐私权，信息数据权的权能范围更为全面，因为非隐私的个人公开信息也体现财产和人格价值，也具有可保护性。此外，对于客户基于信息安全受到损害提出损害赔偿的诉讼请求，司法裁判者应支持追究支付服务提供者未尽信息安全保障义务的责任，从而更好地威慑信息违法行为。

3. 限制交易额度

监管机构认为条码支付安全性较差，需要采取交易限额的应对措施。《条码支付业务规范(试行)》(2018年实施)区分动态与静态支付实施交易限额制度：对于动态支付，具体的分级包括 A、B、C 三级；而对于静态支付，无论使用何种交易验证方式，均属于 D 级。具体分类情况如表 3-5 所示：

表 3-5　条码支付交易限额制度安排

风险防范能力	交易验证方式	交易限额(同一客户单日累计额)	
		银行(单个账户)	支付机构(所有支付账户)
A 级	采用包括数字证书或电子签名在内的两类(含)以上有效要素进行验证	自主约定	自主约定
B 级	采用不包括数字证书、电子签名在内的两类(含)以上有效要素进行验证	5000 元	5000 元
C 级	采用不足两类有效要素进行验证	1000 元	1000 元
D 级	使用静态条码	500 元	500 元

D 级使用静态条码的交易限额为 500 元，数额相对较低，但鉴于实践中条码支付主要应用于小额支付领域，单日 500 元的交易限额不足以严重影响交易结算便利性。例如，根据中国支付清算协会发布的《2018 年移动支付用户调研报告》，在 2018 年的移动支付中，43.16%的用户单笔支付金额在 100

---

① 参见《支付宝服务协议》(20220130 版本)"(三)支付宝服务规则"的第 7 项，https://render. alipay.com/p/f/fd-iztow1fi/index.html，2022 年 7 月 18 日最后访问。

元以下;29.48%的用户单笔支付金额为 100—500 元;13.4%的用户单笔支付金额为 500—1000 元;13.96%的用户单笔支付金额在 1000 元以上。条码支付成为移动支付中最常使用的方式,支付场景主要为超市、便利店、餐饮店、电影院、自动售卖机、乘坐公共交通等日常生活消费领域。对于条码支付分级限额管理制度,61.7%的用户表示了解。① 这说明交易限额影响较小,如果客户存在超出限额的支付需求,仍可选择动态码或者多要素验证以及条码支付之外的其他方式支付。

尽管限额管理制度具备一定的正当性,但仍有疑问的是在静态条码支付中,如何落实同一客户所有支付账户单日限额总计 500 元的规定。此规定实际上要求对不同支付机构的账户交易信息均进行汇总,而非仅统计客户单项支付账户信息。鉴于支付机构之间的信息不会共享,需要一个独立第三方来了解和汇总所有信息,但是此独立第三方并未在《条码支付业务规范(试行)》中予以明确,较为合适的机构应当是网联清算平台。2021 年颁布的《非银行支付机构客户备付金存管办法》(中国人民银行令〔2021〕第 1 号)第三十条作出了规定,要求非银行支付机构之间因合作产生的、基于真实交易的客户备付金划转通过清算机构办理,而且发起支付业务的支付机构应当提供交易流水、收付款人信息等表明交易实际发生的材料,支付机构之间不得相互直接开放支付业务接口,不得相互开立支付账户。该规定正式明确了网联清算平台的信息统计和监督功能。

值得注意的是,监管机构制定事前标准(例如各级别具体的交易额度)需要掌握足够的信息并花费较大的调查成本。如果直接交由市场自主决定交易额度,客户可以根据自身需要选择适当的限额标准,无须监管机构划定统一的事前标准。因此待条码支付技术进一步完善之后,可取消统一限额的规范措施。监管机构仅侧重于事后监管即可,包括追究支付服务提供者未尽风险提示、未按约定实施限额、未能有效防范风险的相应责任,从而节省规制成本并给予市场更大自由。

(三) 市场秩序维护:条码受理与聚合支付的清理整顿

1. 条码受理业务问题及其规制

条码支付的受理业务属于收单业务,与传统的线下银行卡收单业务互为补充。条码支付设备及其维护成本大大低于传统的银行卡受理终端,因此在小额支付领域得到广泛应用,特别是在服务小微商户、偏远地区方面具有优

---

① 中国支付清算协会:《2018 年移动支付用户调研报告》,http://www.pcac.org.cn/index.php/focus/list_details/ids/654/id/50/topicid/3.html,2022 年 7 月 18 日最后访问。

势。然而,条码支付受理市场也存在违规发展商户、加剧套现等问题。特别是在网联支付清算平台成立之前,条码支付业务的网络搭建没有卡组织的参与,条码受理商户拓展方自行发展用户和商户,利用自有结算渠道形成交易闭环,形成多方收单市场。① 条码支付模式冲击了传统的银行卡收单市场格局,并且也遭遇了合法性问题。

在银行卡收单市场中,中国银联负责建立和运营全国银行卡跨行信息转接网络,减少各银行刷卡终端重复建设造成的浪费,实现银行卡跨行通用。② 中国银联曾是我国事实上的唯一的银行卡跨行清算机构,它要求所有从事中国境内银行卡业务的机构必需接入其系统完成清算。随着技术的发展,我国人民币银行卡跨行(跨法人)交易转接模式也开始变化。在中国银联成立之前,发卡银行与收单机构直接互联,或通过银行卡信息交换中心完成跨行交易转接;在中国银联成立之后,四方模式(发卡银行、收单机构、清算机构、特约商户)成为主流模式,收单机构接入清算机构网络——中国银联,然后由中国银联再将交易信息传输至发卡银行;在非银行支付机构出现之后,部分收单机构并没有接入中国银联的系统,而是直接与发卡银行开放的接口对接,即发展出三方模式(发卡银行、收单机构、特约商户),收单机构直接将交易信息发送给发卡银行,不再经过清算机构转接。

中国银联在 2012 年 12 月 19 日印发《关于规范与非金融支付机构银联卡业务合作的函》(银联业管委〔2012〕17 号文件),号召银联入网成员银行对非银行支付机构的开放接口进行清理整治,并将银行卡业务上收至总行以实现银行卡"接口"服务的集中审批、统一接入和统一定价,最终推动非金融支付统一接入银联网络。③ 中国银联认为,支付机构"普遍绕开银联网络,④采取各种不合规手段开展业务,⑤扰乱了市场秩序,损害了成员银行的利益"。一方面,随着支付机构的势力扩张,成员银行失去其在支付体系中的惯有地位而陷入被动,"据调研,在线上支付业务中,非金融机构向银行支付的实际

---

① 高小强:《条码支付:业务模式、发展前景与对策建议》,载《南方金融》2017 年第 1 期。

② 《中国人民银行关于规范和促进银行卡受理市场发展的指导意见》(银发〔2005〕153 号)。

③ 中国银联的这一文件为内部文件,相关信息转引自《银联发文欲招安第三方支付 银行沉默观望》,载《财经国家周刊》2013 年 6 月 10 日。

④ 中国银联此项文件显示,29 家非金融支付机构与 17 家主要成员银行的银联卡业务接口超过 630 个,平均每家非金融支付机构连接 12 家主要成员银行,平均建立接口 22 个,转引自《银联发文欲招安第三方支付 银行沉默观望》,载《财经国家周刊》2013 年 6 月 10 日。

⑤ 中国银联认为部分支付机构的不合规手段包括接入银行系统之后,大量变造交易类型,如将代收代付、转账等交易类型套用至现场消费交易场景中,同时套用公益类商户编码、变造商户资料、异地移机,或私自留存持卡人详细资料等,转引自《银联发文欲招安第三方支付 银行沉默观望》,载《财经国家周刊》2013 年 6 月 10 日。

手续费率平均仅为 0.1% 左右,大大低于银联网络内 0.3%—0.55% 的价格水平";①另一方面,支付机构压低发卡银行手续费的收入、争抢商户的行为也严重冲击了传统的银行卡结算手续费价格标准体系。②

在 2013 年《银行卡收单业务管理办法》正式颁布实施之前,我国法律法规要求收单业务必须接入中国银联的清算网络,即四方模式才具有合法性。例如,《中国人民银行关于规范和促进银行卡受理市场发展的指导意见》(银发〔2005〕153 号,现已失效)规定,中国银联是专门从事人民币银行卡跨行信息转接的清算组织,第三方服务商不得从事银行卡信息交换业务;2012 年中国人民银行发布的《银行卡收单业务管理办法(征求意见稿)》第二十九条也规定,收单机构为特约商户提供人民币银行卡收单服务,涉及跨法人交易转接和资金清算的,应通过中国人民银行批准的合法银行卡清算组织进行。收单机构和外包服务机构不得从事或变相从事银行卡跨法人交易转接服务。由于彼时经批准的合法银行卡清算组织只有中国银联一家,所有收单机构都必须接入中国银联网络。

但是,由于市场上新兴业务模式的出现乃至普及,2013 年正式出台的《银行卡收单业务管理办法》改变了上述要求。该管理办法在第二十六条规定,收单机构将交易信息直接发送发卡银行的,应当在发卡银行遵守与相关银行卡清算机构的协议约定下,与其签订合作协议,明确交易信息和资金安全、持卡人和商户权益保护等方面的权利、义务和违约责任。这项规定取消了征求意见稿中要求收单机构必须接入清算机构系统的强制性规定,为非银行支付机构直接与商业银行连接的做法留出了余地。由此可以看出,银行卡收单业务模式的变革带来市场格局的改变,特别是新兴支付机构市场力量的上升直接或间接地促进了规制的变更——监管规则从此前的强制要求收单机构与清算机构(中国银联)对接,改为非强制要求。然而,2013 年的《银行卡收单业务管理办法》并没有直接明确三方模式的合法地位,因此商业银行与非银行支付机构之间仍存在利益纠纷。③ 此后,2017 年的《条码支付业务规范(试行)》明确了商业银行与非银行支付机构均可从事条码支付业务,并将三方模式下的条码支付纳入收单业务范畴,正式确立了三方模式的合法地位,也平息了利益之争。

---

① 中国银联估算认为,各商业银行的此项手续费年损失超过 30 亿元,转引自《银联发文欲招安第三方支付 银行沉默观望》,载《财经国家周刊》2013 年 6 月 10 日。

② 转引自《银联发文欲招安第三方支付 银行沉默观望》,载《财经国家周刊》2013 年 6 月 10 日。

③ 《银联鏖战第三方》,载《财经》2013 年第 26 期。

2. 聚合支付业务问题及其规制

由于不同支付服务提供者的条码技术标准并不一致,扫码应用程序互不兼容,因此客户需要下载不同支付服务提供者的应用程序进行条码支付,商户也需对接多家支付服务提供者,普遍面临支付平台布设程序烦琐等问题。为了解决"支付碎片化"问题,实践中发展出聚合支付业务,将各种类型的支付接口聚合在一个平台,以便改善支付体验并提升支付效率,但同时也带来了市场风险。

与单一条码支付相区别,聚合支付业务中条码的生成与受理的主体存在分离。按照中国人民银行的界定,聚合支付是指"收单机构运用安全、有效的技术手段,集成银行卡支付和基于近场通信、远程通信、图像识别等技术的互联网、移动支付方式,对采用不同交互方式、具有不同支付功能或者对应不同支付服务品牌的多个支付渠道统一实施系统对接和技术整合,并为特约商户提供一点式接入和一站式资金结算、对账服务"。① 通俗而言,聚合支付服务提供者将不同机构的条码整合为一个通用码,从而在特约商户处开放。用户可以在手机等移动终端使用任何一种已聚合的收单机构的应用程序扫描通用码,再输入相应支付信息和验证指令完成支付。②

实践中,聚合支付呈现出两种形式:一种是特约商户放置智能终端,即融合扫码、刷卡、指纹支付等两种或两种以上的支付方式的智能受理机具、平板或其他终端;另一种是特约商户放置条码台牌,即商户张贴或布放二维码,支持不同的商业银行或非银行支付机构客户通过扫取同一个二维码完成支付。聚合支付可以同时聚合多种支付渠道,就像一个多用充电器或插线板,降低了特约商户系统投入和运营成本,获得了较为广泛的应用。

部分聚合支付机构未经审批而违规开展条码支付和二次清算业务,即未获得支付业务许可的聚合支付机构以其自身技术系统为基础,直接拓展商户并接入收单机构业务系统,而聚合支付机构充当内部网络搭建者,为商户开立支付账户,并设立资金池提供资金结算和清算服务。此外,如果缺乏较为完善的内部控制和外部监督,聚合支付机构还可能泄露客户、商户和支付机构的数据信息。再者,聚合支付机构在后端需要将支付数据传输至相应的支付服务提供者,包括商业银行和非银行支付机构,而聚合支付机构还可以再将收单业务外包,形成多级支付链条,在过长的支付链条中,信息可靠性和完整性无法得到充分保证,因此支付交易的可追溯性较差,不利于后续风险处

---

① 《中国人民银行关于持续提升收单服务水平规范和促进收单服务市场发展的指导意见》(银发〔2017〕45 号)。
② 詹欣:《条码支付业务模式比较及风险管理研究》,载《科技促进发展》2018 年第 6 期。

理和应对。①

为防范违规聚合支付业务风险,中国人民银行发布了《关于开展违规"聚合支付"服务清理整治工作的通知》(银支付〔2017〕14 号)和《关于持续提升收单服务水平规范和促进收单服务市场发展的指导意见》(银发〔2017〕45 号),将聚合技术服务机构定位于收单外包机构,对聚合支付机构提出了具体的规范要求:(1) 不得从事商户资质审核、受理协议签订、资金结算、收单业务交易处理、风险监测、受理终端(网络支付接口)主密钥生成和管理、差错和争议处理等核心业务;(2) 不得以任何形式经手特约商户结算资金,从事或变相从事特约商户资金结算;(3) 不得伪造、篡改或隐匿交易信息;(4) 不得采集、留存特约商户和消费者的敏感信息。

本质上,聚合支付的规制重点是区分支付服务提供者是否经手资金结算。如果相关机构仅为支付机构和客户提供技术开发服务,例如传输交易订单、提供技术支持等,并不具有接触、留存、控制账户资金的机会,不应将之视为支付机构进行严格监管,以免向市场施加过重的合规负担,阻碍市场创新发展。

在此问题上,司法裁判应与行政监管保持一致。在典型案例"深圳市每天惠电子商务有限公司与青岛商联商务数据服务有限公司合同纠纷"②中,法院分析提供聚合支付服务的机构未参与接入商户的资金结算,仅提供信息技术等服务,不必获得支付业务许可证。当事人签订合作协议,约定由被告为原告定制聚合支付系统,即聚合了包括但不限于微信、支付宝、百度钱包为一体的二维码收单系统,通过统一的软硬件平台来实现承载,为商户提供线下移动扫码支付,原告支付了 45 万元的合作款项。之后,原告主张被告未获得支付业务许可,案涉合同无效,要求退还合作款。法院审理发现,被告作为微信和支付宝的签约服务商,提供维护软件和信息系统、帮助商户接入微信支付、传输交易信息等方面的服务,并未提供货币资金转移服务,最终认定原告主张的案涉合同违法无效,没有事实和法律依据。

然而,未获得支付业务许可而开展聚合支付也可能涉及资金结算。例如

---

① 李涛:《聚合支付发展的风险及监管对策研究》,载《金融科技时代》2017 年第 12 期。
② 广东省深圳市中级人民法院(2018)粤 03 民终 15359 号民事二审判决。类似案例可参见"北京经纬智慧信息科技有限公司与现在(北京)支付股份有限公司委托合同纠纷"(北京市第二中级人民法院(2018)京 02 民终 830 号民事二审判决),该案法院也认为一方当事人未能提供充分证据证明另一方当事人的聚合支付涉及货币资金转移,因此不支持涉案《电子支付服务协议》因当事人未获得支付业务许可而无效的主张。

在"胡帅非法经营案"①中,公诉机关指控,被告在未取得《支付业务许可证》的情况下,经营聚合支付软件,为用户提供资金结算和信用卡套现服务,订单总额约790万元,收入总额达到3.5万元。法院最终认定被告未经国家有关主管部门批准,非法从事资金支付结算业务,构成非法经营罪。如果聚合支付机构具有接触客户和商户资金的可能性,特别是可以获得资金沉淀(资金停留在聚合支付自身账户),即应将其视为支付机构进行监管,取消聚合支付机构变相清结算资金的业务,或者将其纳入网联平台进行统一监测管理,从而确保客户和商户资金的安全。此外,还应加强对聚合支付全链条、全流程的监测,要求支付信息记录完整可追溯,以便有效防范和应对风险。

总体而言,条码支付作为银行卡收单业务的技术创新,是一种技术过程,可将消费者的支付账户绑定借记卡之后实现无卡即付。在条码即付业务中,消费者能够实现"一手交钱、一手交货",各方信息较为对称,不存在信用风险,因此宜利用司法机关事后规制的低成本优势,发挥个案裁判灵活性,但为了提升法律威慑力,还应统一裁判规则。此外,条码支付创新业务面临额外的技术风险,因此需要行政监管机构在事前制定统一的技术标准,保障技术安全,并加强风险管理和市场秩序维护。整体上,条码即付业务的规制结构配置应是司法裁判与行政监管各有侧重,前者注重解决非授权支付的民事与刑事纠纷,后者注重防范和应对支付技术创新带来的支付安全和市场秩序问题。

---

① 湖北省武汉市中级人民法院(2019)鄂 01 刑终 1038 号刑事二审裁定。类似案例可参见"余凌烽非法经营案"(福建省莆田市荔城区人民法院(2019)闽 0304 刑初 573 号刑事一审判决)。

第四章　延付类电子支付业务的规制

延迟支付类交易的特点是消费者在获得商品或服务对价之后再付款,属于"先消费,后付款",支付具有了融资信贷功能,因此延付交易也是信用交易。与预付类业务相反,消费者作为付款人在延付交易中处于信息优势,因其已在付款前获得了所需购买的商品或服务,而经营者或支付服务提供者并不知晓消费者是否有能力在后续完成清偿。基于此种交易结构,法律规制的关注重点不在于防范消费者资金损失风险,而在于控制消费者信用风险,并注重保障消费者的其他权益。对于规制路径选择,鉴于行政监管机构制定的信用卡费率规则等给予了市场自治更大的空间,而司法机关在消费者信息保护、债务催收规范的私法效果认定等方面具有优势,应以行政监管为主导建立规制架构,同时发挥司法治理的补充规制功能。

商业银行信用卡业务的规制重点是信用风险控制,即信用卡的利息和费用规制问题。消费者的信贷成本是否过高成为实践中信用卡纠纷的主要争议,而金融监管规则与司法裁判规则在信用卡价格规制问题的处理上存在着冲突。鉴于目前行政监管注重信用卡业务的市场化发展方向,因此规制结构配置应以行政监管为主、司法裁判为辅。然而,无论是行政监管还是司法治理,均应逐步取消统一的价格限定,侧重规制信用卡的定价过程与定价条件,完善信息披露和提醒通知等激励式规制措施。此外亦应建立司法治理与行政监管的协调机制,从根本上化解规则竞争,实现协同规制。

非银行机构消费信用支付业务可以帮助消费者实现资金垫付或信贷。在此类交易构造中,非银行支付机构仅是消费信用支付产品的销售渠道,真正的消费信用贷款由其他机构——或者是商户或者是具有信贷资质的机构提供,相关业务属性也因机构性质不同而有所差异。对于网络自营电子商务平台内部的信用支付,买卖合同与信贷合同合一,因此相关信用支付业务为信用赊购;对于第三方网络交易平台的信用支付,买卖合同与信贷合同分离在不同主体之间达成,信用支付业务的法律属性是消费信用贷款。非银行消费信用支付业务的整体规制结构配置应以行政监管为主、司法治理为辅,因为一旦明确了交易结构和法律属性,即可通过既有法律的适用解决相关司法纠纷,但由于消费信用支付业务特殊的交易结构设计,经营者可能面临消费者无法还款的情况,需要通过行政监管控制消费者的信用风险。同时,相较于商户或电子支付服务提供者,消费者(尤其是个人消费者)的谈判力量较弱,可能受到不公待遇,法律规制亦应注重保障消费者的知情权、信息安全和不被非法催收等方面的权利。

第一节　商业银行信用卡交易的核心问题与规制

作为延付交易的典型代表,商业银行信用卡业务在我国已经获得长足发展。信用卡是由发卡银行给予持卡人一定信用额度,持卡人可在信用额度内"先消费,后还款"的支付工具,本质上反映持卡人与商业银行的金融借款合同关系和委托支付结算关系。根据中国人民银行公布的《2021 年支付体系运行总体情况》,截至 2021 年末,我国信用卡和借贷合一卡开立数量为 8.00亿张,人均持有数量为 0.57 张;授信总额为 21.02 万亿元,卡均授信额度为2.63 万元,授信使用率为 40.99%。[①] 虽然相比于借记卡,信用卡在发卡规模上不占优势,但它仍然是最为重要的支付工具之一。

对于信用卡业务的行政监管,在 1999 年《银行卡业务管理办法》(银发〔1999〕17 号)出台之前,中国人民银行发布《信用卡业务管理办法》(银发〔1996〕27 号)对信用卡业务实施专门的监管,具体内容包括信用卡的申领与销户、转账结算、存取现金等方面的业务规则和监管制度。《银行卡业务管理办法》随后统一了信用卡与借记卡业务的管理。直到 2011 年,原银监会颁布实施《商业银行信用卡业务监督管理办法》(中国银行业监督管理委员会令 2011 年第 2 号),再开始对信用卡业务进行专门规范。该项部门规章对信用卡发卡业务和收单(受理)业务的准入、信息管理、营销管理、授信管理和风险管理等方面均作出了详细规定。[②] 表 4-1 总结了我国主要的信用卡业务监管规范(以部门规章、规范性文件为主)。

①　中国人民银行:《2021 年支付体系运行总体情况》,http://www.pbc.gov.cn/zhifujiesuansi/128525/128545/128643/4523666/index.html,2022 年 7 月 18 日最后访问。
②　《商业银行信用卡业务监督管理办法》(2011 年)第八条至第十四条界定了信用卡的发卡业务包括营销推广、审批授信、卡片制作发放、交易授权、交易处理、交易监测、资金结算、账务处理、争议处理、增值服务和欠款催收等业务环节,收单业务包括商户资质审核、商户培训、受理终端安装维护管理、获取交易授权、处理交易信息、交易监测、资金垫付、资金结算、争议处理和增值服务等业务环节。

表 4-1 我国主要的信用卡业务规范

实施日期	规范名称	制定部门	效力位阶
1997.4.18	《关于对信用卡透支问题的复函》(银函〔1997〕174 号)	中国人民银行	部门规范性文件
1997.8.20	《关于〈信用卡业务管理办法〉有关条款的解释》(银条法〔1997〕48 号)	中国人民银行	部门规范性文件
1999.3.1	《银行卡业务管理办法》(银发〔1999〕17 号)	中国人民银行	部门规章
2006.3.8	《关于防范信用卡风险有关问题的通知》(银发〔2006〕84 号)	中国人民银行、中国银监会	部门规范性文件
2008.5.19	《关于信用卡套现活跃风险提示的通知》(银监办发〔2008〕74 号)	中国银监会	部门规范性文件
2009.6.23	《关于进一步规范信用卡业务的通知》(银监发〔2009〕60 号)	中国银监会	部门规范性文件
2011.1.13	《商业银行信用卡业务监督管理办法》(银监会令 2011 年第 2 号)	中国银监会	部门规章
2011.7.8	《关于贯彻落实〈商业银行信用卡业务监督管理办法〉若干事项的通知》(银监办发〔2011〕222 号)	中国银监会	部门规范性文件
2013.5.28	《关于切实保护信用卡持卡人合法权益的通知》(银监办发〔2013〕149 号)	中国银监会	部门规范性文件
2013.7.8	《关于开展信用卡格式合同不合理条款自查自纠工作的通知》(银监办发〔2013〕189 号)	中国银监会	部门规范性文件
2017.1.1	《关于信用卡业务有关事项的通知》(银发〔2016〕111 号)	中国人民银行	部门规范性文件
2020.12.31	《关于推进信用卡透支利率市场化改革的通知》(银发〔2020〕327 号)	中国人民银行	部门规范性文件
2021.3.31	《关于所有贷款产品均应明示贷款年化利率的公告》(中国人民银行公告〔2021〕第 3 号)	中国人民银行	部门规范性文件

　　信用卡行政监管的核心之一是维护市场秩序。针对实践中频频爆发的信用卡市场秩序问题,监管机构采取回应型规制策略,就风险事件发布专门的规范性文件,并进行执法处罚,以便快速稳定市场秩序。除下文将详细讨论的价格规制外,因预授权引发的信用卡套现事件曾引起广泛关注。① 预授权是指信用卡持卡人向信用卡内存入大额溢缴款,可以获得额外的信用额度

---

① 关于信用卡预授权制度的学理分析,可参见欧阳珍妮:《信用卡预授权相关制度构建——预授权交易环节再厘定》,载《天津法学》2016 年第 3 期。

进行支付。例如,一张 2 万元信用额度的信用卡,用户存入 100 万元之后,可支付额度扩大至 115 万元。在 2014 年年初,大量持卡人和商户相互串通利用上述预授权规则通过收单机具进行大额信用卡套现。① 2014 年 3 月,中国人民银行印发《关于银行卡预授权风险事件的通报》(银发〔2014〕79 号),要求八家违规支付机构②暂停新增商户拓展,两家机构自查整改。随后,中国人民银行开展了广泛的执法检查,并在 2014 年 9 月发布《关于 2014 年银行卡收单业务专项检查情况的通报》(银发〔2014〕267 号),要求四家支付机构有序退出了部分银行卡收单市场。

在信用卡业务的司法治理方面,法院面临较大的压力,因为信用卡相关纠纷案件数量众多。信用卡民事纠纷主要类型包括商业银行要求持卡人偿还欠款③、持卡人起诉特约商户未尽审核义务而承担赔偿责任④、商业银行要求持卡人承担非授权交易损失⑤、持卡人起诉商业银行未尽合同义务而承担赔偿责任⑥等。此外,信用卡刑事纠纷也不断涌现新类型。⑦ 例如,利用新技术冒用信用卡的行为层出不穷,在典型案例"彭凯江利用虚假二维码链接骗

---

① 中国人民银行发现全国涉嫌利用预授权业务实施信用卡套现的商户约 1700 户,涉及信用卡约 5 万张,实际完成资金结算金额约 50 亿元,占用发卡银行信用额度约 6 亿元。可参见中国人民银行支付结算司:《中国支付体系发展报告(2014)》,中国金融出版社 2015 年版,第 17—18 页。

② 这八家非银行支付机构是:汇付天下、易宝支付、随行付、富友、卡友、海科融通、盛付通、捷付睿通。

③ 此类案件本质上是持卡人对发卡银行的欠款返还问题,实践中争议较大的是费率计算问题,详见下文分析。

④ 针对特约商户的信用卡民事纠纷典型情况是,权利人主张特约商户未尽签账单签名审查义务,导致信用卡被冒用,为权利人带来损失。可参见"余铜海与上海城隍庙第一购物中心有限公司等财产损害赔偿纠纷"(上海市第二中级人民法院(2006)沪二中民一(民)初字第 24号民事一审判决。相关分析参见沈志先、林晓镍:《遗失信用卡被冒用的损失由谁承担?》,载《人民司法·案例》2007 年第 4 期)。此外,也可参见"蔡红辉诉金才来信用卡纠纷",载《最高人民法院公报》2010 年第 12 期。

⑤ 对于非授权支付纠纷,由于不同支付类型的交易结构本身不影响非授权损失分配规则的适用,因此信用卡业务的非授权损失分配可准用借记卡规则。美国立法上区分借记卡与信用卡建立了两套非授权交易规则,实际上并无必要,学者也提出了批评,see Ronald J. Mann, Making Sense of Payments Policy in the Information Age, Georgetown Law Journal, Vol. 93, No. 2, 2005.

⑥ 通常涉及信用卡格式合同相关义务的解释问题,例如在"盲人李某某诉广发银行要求激活信用卡纠纷"(江苏法院 2019 年度十大典型案例之一)中,终审法院认为发卡银行要求持卡人抄录表明自身已知悉合同内容的语句并签名确认,目的在于说明格式条款,持卡人存在视力障碍,发卡行不应拒绝激活信用卡,而应采取其他措施向持卡人履行说明义务。关于其他争议较大的"视为本人"格式条款的学理分析,可参见金印:《论信用卡合同中"视为本人"条款的法律效力》,载《东方法学》2015 年第 2 期。

⑦ 根据《全国人民代表大会常务委员会关于〈中华人民共和国刑法〉有关信用卡规定的解释》(2004 年),刑法规定的信用卡还包括借记卡,此部分仅讨论金融法意义上的信用卡。

取用户信息实施信用卡诈骗案"①中,行为人向受害人发送虚假的银行网站二维码链接,骗取受害人输入银行卡账号、密码等信息登录,在后台获得上述信息后登录真实银行网站转走受害人卡内款项,被法院最终认定为冒用他人信用卡行为,构成信用卡诈骗罪。②

实践中,恶意透支信用卡受到严格刑事规范的问题也引发了广泛的讨论。③ 根据最高人民法院的司法大数据分析发现,恶意透支成为信用卡诈骗罪的主要行为样态,④占到信用卡诈骗罪的 80%;而且恶意透支刑事案件的量刑整体偏重,五年以上有期徒刑、无期徒刑等判决呈逐年上升趋势。然而,相对于信用卡诈骗罪的其他类型,恶意透支的社会危害性相对较小。⑤ 2018年最高人民法院与最高人民检察院发布《关于修改〈关于办理妨害信用卡管理刑事案件具体应用法律若干问题的解释〉的决定》(法释〔2018〕19 号),对恶意透支和其他信用卡诈骗犯罪予以区分对待,特别是明确了恶意透支与使用"伪卡""假卡""废卡""冒用卡"等信用卡诈骗存在重大区别,本质上系持卡人与发卡银行的民事债权债务纠纷,不宜过分依靠刑法予以解决。因此,2018 年的司法解释上调了恶意透支定罪量刑的数额标准,完善了相关数额计算方法,体现了对恶意透支的从宽处理。

鉴于司法裁判规则的修改,信用卡刑事问题在规范层面已经得到阶段性解决,本节重点关注信用卡的价格规制,即信用卡发卡机构收取的利息和费用的规范问题,它突出反映了行政监管与司法治理这两种规制路径的冲突与协调。信用卡的规制结构配置应实现司法裁判与行政监管的调和,但也应注意两者存在的功能分工——行政规制在事前引导价格信息的恰当披露,司法干预仅在事后介入个案调整,并且整体上应以行政监管为主导。由于现代金

---

① 江苏省宜兴市人民法院(2016)苏 0282 刑初 1009 号刑事一审判决,载《江苏省高级人民法院公报》2018 年第 2 辑。

② 另外,引起广泛讨论的案例还包括"段君华信用卡诈骗案",参见上海市第一中级人民法院(2018)沪 01 刑终 1757 号刑事二审裁定。相关分析参见金果:《扫描付款二维码转移财产构成盗窃罪》,载《人民司法·案例》2019 年第 20 期。该案中,被告利用其本人及他人的身份信息,在某商户微信公众号平台注册了 5 个账户,并绑定相关银行卡账户。之后,被告获得他人应用程序内设定的付款二维码信息,利用商户账户扫码功能,将他人在应用程序内所绑定的信用卡账户内资金转移至其控制的个人银行账户,获利 7 万余元。检察机关指控被告构成信用卡诈骗罪,但法院认为被告以非法占有为目的,采用刷取非法获得的他人付款二维码的方法,获得他人账户资金,构成盗窃罪。

③ 学理上的分析可参见田宏杰:《恶意透支型信用卡诈骗案实证分析》,载《法学杂志》2018 年第 12 期;张明楷:《恶意透支型信用卡诈骗罪的客观处罚条件——〈刑法〉第 196 条第 2 款的理解与适用》,载《现代法学》2019 年第 2 期。

④ 信用卡诈骗的方式主要包括恶意透支、冒用他人信用卡、使用伪造信用卡、使用以虚假的身份证明骗领信用卡、使用作废的信用卡等。

⑤ 详细解读可参见耿磊:《〈关于修改〈关于办理妨害信用卡管理刑事案件具体应用法律若干问题的解释〉的决定〉的理解与适用》,载《人民司法·应用》2019 年第 1 期。

融市场的发展要求法律规制从具体的行为与机构管控,转向以减少交易费用和提高风险控制为核心规则的治理方式,①应改革信用卡的规制措施,取消对信用卡费率的严格限制,采取激励—信息型规制措施,以实现市场效率与公平的平衡。

一、信用卡价格规制中裁判规则与监管规则的竞争

(一)"费率约定"与"费率限定"政策与规则

信用卡法律规制包括信用卡发行、受理、业务规则、账户管理、风险管理、信用信息管理、信用卡犯罪等各个方面,本节重点关注在司法实践中引发广泛争议的信用卡价格条款及其规制问题,进一步讨论我国信用卡费率的规制结构配置。利息和费用是信用卡合同的核心条款,也是信用风险的衡量尺度。在信用卡业务中,持卡人"先消费,后付款",其能否还款的信用风险由发卡行承担,因此发卡行为了控制持卡人的信用风险,在合同中拟定了诸多利息和费用条款,向持卡人收取资金成本,即为信贷的价格。就市场实践而言,信用卡的利息和费用主要包括表 4-2 所展示的一般费用(年费、取现手续费等)和违约费用(透支利息、滞纳金、超限费、违约金等)。

表 4-2　信用卡的主要费用构成

名称	适用情形	性质
年费	按年度交纳	一般费用
取现手续费	提取现金	
透支利息	持卡人已偿还最低还款额(通常为全部欠款的 10%),但未还清全部欠款	违约费用
滞纳金	持卡人未偿还最低还款额	
超限费	持卡人超过信用额度用卡	
违约金	持卡人逾期未还清欠款	

信用卡的利息和费用是否过高成为信用卡纠纷的核心争议,监管机构与司法机关均对此进行规制,颁布了相关规则和政策,体现在不同的规范性文件之中。

1. 行政监管规则:"费率约定"政策

我国信用卡业务仅能由商业银行从事,因此信用卡的价格规制属于金融监管范畴。中国人民银行作为信用卡业务的监管机构,曾对信用卡的利息和

---

① 冯辉:《公共产品视野下信用卡滞纳金的法律规制》,载《广东社会科学》2018 年第 5 期。

费用进行了统一的规制。最为重要的监管规范是《银行卡业务管理办法》（银发〔1999〕17 号），它在 1999 年至 2016 年间稳定维持了日万分之五的信用卡透支利率、滞纳金和超限费（最低还款额未还部分或者超过信用额度部分的 5%）的统一定价。该规定持续适用了近二十年，对市场影响深远。之所以对信用卡价格进行统一定价，中国人民银行的解释是：在信用卡产业发展初期，政府规定统一固定利率，有利于形成标准化、规范化信用卡产品和服务，对推动信用卡产业快速发展起到积极作用。①

随着金融市场改革的进展，中国人民银行顺应了利率自由化的改革步伐，颁布《关于信用卡业务有关事项的通知》（银发〔2016〕111 号），规定自 2017 年 1 月 1 日起，设立信用卡透支利率上限和下限区间管理制度，利率上限仍为日万分之五，但下限变为原来的 0.7 倍，并取消信用卡滞纳金和超限费，将违约金事项交由发卡行和持卡人进行合同约定，转而强化发卡行对价格信息的披露以及行业自律监管。最终，中国人民银行发布《关于推进信用卡透支利率市场化改革的通知》（银发〔2020〕327 号），规定自 2021 年 1 月 1 日起，彻底取消信用卡透支利率上限和下限管理，信用卡透支利率由发卡机构与持卡人自主协商确定，并再次强化信息披露监管，要求信用卡发卡机构通过官方网站等渠道充分披露信用卡透支利率并及时更新，在信用卡协议中以显著方式提示信用卡透支利率和计结息方式，确保持卡人充分知悉并确认接受。

上述信用卡息费监管历程表明行政规制工具使用的转向——由命令式规制逐步转向激励式规制，注重市场自治并强化信息披露，可将之概括为尊重"费率约定"的规制策略。

2. 司法裁判规则："费率限定"政策

与信用卡价格监管规则形成一定区别的是，司法规制体现"费率限定"的价值导向。由于我国实行利率二元化规制体系——金融借贷与民间借贷利率分立规范，前者受制于中国人民银行的行政监管，后者由最高人民法院进行司法调整。信用卡业务属于金融机构提供的金融贷款，个人或企业向其他个人或非金融机构的借款属于民间借贷。

对于民间借贷，司法裁判规则一贯地主张限定借贷费用和利息。例如，最高人民法院于 1991 年发布《关于人民法院审理借贷案件的若干意见》（法（民）〔1991〕21 号），将民间借贷利率与商业银行同类贷款利率挂钩，规定前者最高不得超过后者的四倍（"四倍利率规则"）。后来鉴于金融贷款利率的

---

① 《中国人民银行有关负责人就〈关于信用卡业务有关事项的通知〉答记者问》，2016 年 4 月 15 日。

市场化改革,最高人民法院在 2015 年出台司法解释——《关于审理民间借贷案件适用法律若干问题的规定》(法释〔2015〕18 号),将"四倍利率规则"改为"24%—36%两线三区利率上限标准"。① 在 2020 年,最高人民法院发布了修订的《关于审理民间借贷案件适用法律若干问题的规定》(法释〔2020〕17号),将司法保护标准限定于"合同成立时一年期贷款市场报价利率四倍",但实际上更加严格地限制了民间借贷利率标准。②

最高人民法院也在部分司法规范中提及对金融贷款利率的认定。例如,在 2017 年第五次全国金融工作会议之后,最高人民法院发布《关于进一步加强金融审判工作的若干意见》(法发〔2017〕22 号),明确要求地方法院将民间借贷 24%费率标准适用于金融借贷。③ 在信用卡纠纷方面,2021 年最高人民法院发布了《关于审理银行卡民事纠纷案件若干问题的规定》(法释〔2021〕10 号),要求各级法院综合考虑国家有关金融监管规定、未还款的数额及期限、当事人过错程度、发卡行的实际损失等因素,根据公平原则和诚信原则对信用卡费率进行裁量。④

尽管借贷合同利率规则经历了历史沿革,但整体而言,司法裁判规则主张"费率限定",而金融监管规则尊重"费率约定",两种相互竞争的规则分别

---

① 《最高人民法院关于审理民间借贷案件适用法律若干问题的规定》(法释〔2015〕18 号)第二十六条:借贷双方约定的利率未超过年利率 24%,出借人请求借款人按照约定的利率支付利息的,人民法院应予支持。借贷双方约定的利率超过年利率 36%,超过部分的利息约定无效。借款人请求出借人返还已支付的超过年利率 36%部分的利息的,人民法院应予支持。

② 《最高人民法院关于审理民间借贷案件适用法律若干问题的规定(2020 第二次修正)》(法释〔2020〕17 号)第二十五条:出借人请求借款人按照合同约定利率支付利息的,人民法院应予支持,但是双方约定的利率超过合同成立时一年期贷款市场报价利率四倍的除外。前款所称"一年期贷款市场报价利率",是指中国人民银行授权全国银行间同业拆借中心自 2019 年 8 月 20 日起每月发布的一年期贷款市场报价利率。

按照 2020 年 7 月 20 日发布的一年期贷款市场报价利率 3.85%的四倍计算,民间借贷利率的司法保护上限为 15.4%。参见《最高人民法院关于修改〈关于审理民间借贷案件适用法律若干问题的规定〉的决定》,新闻发布会,最高人民法院官网,2020 年 8 月 20 日,http://www.court.gov.cn/zixun-xiangqing-248891.html,2022 年 7 月 18 日最后访问。

③ 《最高人民法院关于进一步加强金融审判工作的若干意见》(法发〔2017〕22 号)第 2 条:严格依法规制高利贷,有效降低实体经济的融资成本。金融借贷合同的借款人以贷款人同时主张的利息、复利、罚息、违约金和其他费用过高,显著背离实际损失为由,请求对总计超过年利率 24%的部分予以调减的,应予支持,以有效降低实体经济的融资成本。规范和引导民间融资秩序,依法否定民间借贷纠纷案件中预扣本金或者利息、变相高息等规避民间借贷利率司法保护上限的合同条款效力。

④ 最高人民法院发布的《关于审理银行卡民事纠纷案件若干问题的规定》(法释〔2021〕10号)第二条第二款:发卡行请求持卡人按照信用卡合同的约定给付透支利息、复利、违约金等,或者给付分期付款手续费、利息、违约金等,持卡人以发卡行主张的总额过高为由请求予以适当减少的,人民法院应当综合考虑国家有关金融监管规定、未还款的数额及期限、当事人过错程度、发卡行的实际损失等因素,根据公平原则和诚信原则予以衡量,并作出裁决。

体现于最高人民法院和中国人民银行的规范性文件之中(详见表 4-3)。地方法院如何处理信用卡业务中的费率问题,他们对哪种规则更为认同? 以此问题为出发点,下文从实然层面观察法院在裁判结果上对规则的选择性认同,以及在裁判路径上对规则竞争的回应。

表 4-3　(信用卡)费率监管规则与司法裁判规则的沿革

	实施日期	名称	主要内容	效力
监管规则	1999.3.1	《银行卡业务管理办法》(银发〔1999〕17号)	① 透支利率:日万分之五,记复利。 ② 滞纳金/超限费:最低还款额未还部分的 5%。	部门规章
	2017.1.1	《中国人民银行关于信用卡业务有关事项的通知》(银发〔2016〕111号)	① 透支利率:上限为日万分之五,下限为上限的 0.7 倍,计息可约定。 ② 滞纳金/超限费:取消。 ③ 违约金:可约定,但不计息。	部门一般规范性文件
	2021.1.1	《中国人民银行关于推进信用卡透支利率市场化改革的通知》(银发〔2020〕327号)	取消透支利率上限和下限管理。	部门一般规范性文件
司法裁判规则	1991.8.13	《最高人民法院关于人民法院审理借贷案件的若干意见》(法(民)〔1991〕21号)	民间借贷:最高不得超过银行同类贷款利率的四倍(包含利率本数)。超出此限度的,超出部分的利息不予保护。	司法解释(已失效)
	2015.9.1	《最高人民法院关于审理民间借贷案件适用法律若干问题的规定》(法释〔2015〕18号)	民间借贷:年利率 24% 以下的,予以支持;年利率 36% 以上的,不予支持;24%—36% 为自然债务。	司法解释(被修改)
	2017.8.4	《最高人民法院关于进一步加强金融审判工作的若干意见》(法发〔2017〕22号)	金融借款:可以调减超过年利率 24% 的部分。	司法文件
	2021.1.1	《最高人民法院关于审理民间借贷案件适用法律若干问题的规定(2020 第二次修正)》(法释〔2020〕17号)	民间借贷:超过一年期贷款市场报价利率四倍的,不予支持。	司法解释
	2021.5.25	《最高人民法院关于审理银行卡民事纠纷案件若干问题的规定》(法释〔2021〕10号)	信用卡业务:综合考虑国家有关金融监管规定、未还款的数额及期限、当事人过错程度、发卡行的实际损失等因素,根据公平原则和诚信原则予以衡量。	司法解释

(二) 信用卡纠纷裁判中的规则选择

地方法院可能根据金融贷款利率与民间借贷利率的关系来调整信用卡费率。在个案层面,"中国银行股份有限公司成都高新技术产业开发区支行诉沙某某信用卡纠纷案"①具有典型意义。该案法官在裁判书说理依据中援引宪法,也被称为"信用卡滞纳金违宪案",引发广泛关注。在该案中,持卡人于 2013 年 9 月申领中国银行信用卡,逾期后发卡行诉至法院要求偿还本金及利息、滞纳金,共计 37 万余元。持卡人请求对滞纳金予以减免。法院最终将费率调整为以年化 24% 利率为上限,其核心理由是:第一,信用卡透支在本质上属于信用贷款业务,按照体系解释,贷款利率受到《商业银行法》和《合同法》的法律限制。第二,中国人民银行发布的部门规章《银行卡业务管理办法》等规定的信用卡采取万分之五或 5% 滞纳金方式,前提是在法律规定的利率限度之内;如果认可信用借款超高额利率将违反《宪法》确立的"法律面前人人平等"精神。第三,按照《合同法》违约金酌减规则,法院可调整、限制高息。第四,信用卡业务具有特殊性,但现行社会信用及法律体系已经对信用卡业务风险进行了较高保护,信用卡滞纳金不应超过年利率 24% 的规定。有观点赞同该案判决结果,认为有利于金融消费者权益的全面保护;②但也有观点提出批评,认为信用卡债务不宜适用利率管制规则。③

为了较为系统地了解法院在信用卡纠纷裁判中如何选择费率规则,下文展开案例分析。在中国裁判文书网和无讼案例数据库中,设定案由为"信用卡纠纷",关键词为"利息 过高",文书性质为"判决",排除一审判决之后再剔除不相关案例,例如重复案例、非授权交易纠纷、民间借贷纠纷等,最终得到 237 个样本案例,均为中级人民法院作出的二审判决。样本案例的判决时间分布是自 2009 年至 2018 年,地域分布以广东省判决最多,占样本案例的32%(广东省信用卡发卡量居全国前列)。在样本案例中,主要涉及的监管规则是 1999 年《银行卡业务管理办法》和 2017 年《关于信用卡业务有关事项的通知》中规定的信用卡透支利率及滞纳金、违约金标准,相关司法裁判规则主要是 1991 年的"四倍利率规则"和 2015 年的"24%—36% 两线三区利率上

---

① 四川省成都市高新技术产业开发区人民法院(2015)高新民初字第 6730 号民事一审判决。

② 孔令学、米泉硕:《金融消费者公平交易权法律保障机制:信用卡滞纳金违宪案》,载《金融发展研究》2016 年第 11 期;麻松林:《信用卡定价法律问题研究——以"信用卡滞纳金否决第一案"为切入点》,载《学术论坛》2016 年第 11 期;柳冠儒:《信用卡违约金的司法认定与调整》,载《人民司法·应用》2018 年第 34 期。

③ 缪因知:《论信用卡债务与银行贷款不适用利率管制规则》,载洪艳蓉主编:《金融法苑(2016 年总第 93 辑)》,中国金融出版社 2016 年版。

限标准"。①

1. 裁判结果之抗衡

样本案例的纠纷双方是持卡人(极少数情况下为担保人)和发卡银行,纠纷争议焦点均为持卡人主张信用卡违约费率过高而请求调整。考虑到裁判文书中无法直接采用抓取关键词的方法来回应所要研究的问题,因此将调整违约费率的裁判简化为法院选择了"费率限定"的司法规则,而未调整费率的判决视为法院认同了"费率约定"的监管规则。最终统计结果是法院未调整违约费率的有 106 个案例(占 45%),调整违约费率的有 131 个案例(占55%),表明法院对两种规则的认同基本抗衡,但自 2017 年起出现了较为明显的变化,越来越多的法院基于司法裁判规则调整了信用卡费率(如表 4-4所示)。

表 4-4　信用卡纠纷样本案例裁判结果统计

裁判年份	未调整费率	调整费率	裁判总数
2009	2	0	2
2010	0	1	1
2011	0	0	0
2012	0	3	3
2013	1	0	1
2014	2	1	3
2015	18	5	23
2016	25	9	34
2017	40	47	87
2018	18	65	83
总计	106	131	237

出现 2017 年、2018 年的规则选择变化,主要是因为中国人民银行发布的《关于信用卡业务有关事项的通知》(自 2017 年 1 月 1 日起生效)取消了饱受争议的滞纳金,2017 年之后裁判的案例多以此项通知为依据调整信用

---

① 案例检索时间截至 2019 年 7 月,案例判决时间截至 2018 年 12 月底。考虑到处理大规模数据的难度以及对法院裁判说理的关注,此部分仅分析二审审判决。对信用卡纠纷裁判的其他实证研究,可参见蓝寿荣:《信用卡纠纷裁判不当问题研究》,载《政法论丛》2016 年第 3 期。对于 2020 年《关于审理民间借贷案件适用法律若干问题的规定》颁布之后的信用卡利率纠纷分析,可参见詹涛:《论信用卡利率在审判实践中的调整》,载《北方金融》2021 年第 5 期。

卡费率,不支持发卡行的滞纳金要求。然而,前述通知的本意是促进利率市场化发展,即强化"费率约定"规则,并非支持利率调整和干预。信用卡持卡人所需支付的违约费用仅在名称上由滞纳金改为违约金,商业银行可在后续调整信用卡章程,改变违约费用名称,但实际上仍然适用原费率标准。因此尽管 2017 年之后选择"费率限定"规则的判决数量更多,总体上仍然可以认为地方法院对司法裁判规则与监管规则的选择基本抗衡。

2. 裁判路径之对立

样本案例的裁判结果呈现"费率限定"司法裁判规则与"费率约定"监管规则的抗衡,同时在裁判路径上也存在对立。

(1)"费率限定"规则下的裁判路径

① 适用法律一般条款。由于金融监管规则原则上尊重发卡行与持卡人之间的意思自治,在酌情调整信用卡费率的案件中,部分法院回避援引金融监管规范性文件,而是转借法律中的一般条款进行说理,包括适用民法中的公平原则、格式条款、违约金酌减等规定对信用卡违约费率进行限制。例如有判决认为复利、滞纳金、超限费的计算不符合公平原则;① 按照原《合同法》第四十一条格式条款的规定对商业银行作出不利解释;② 按照原《合同法》第一百一十四条及相关司法解释规定的违约金酌减条款,认定多项费用属于违约金构成重复归责,不应超过银行损失的 30%。③

② 参照适用民间借贷司法解释与司法文件。尽管我国将民间借贷与金融贷款利率分别规范,但部分法院参照司法机关发布的规范性文件将"费率限定"规则纳入金融领域的信用卡纠纷裁判,对其适用 24% 年利率限制。司法裁判的论证路径可概括为:第一,根据体系解释方法,虽然信用卡业务属于金融机构贷款业务,不直接适用民间借贷司法解释,但我国法律体系对借贷利率和违约金严格限定,信用卡违约费合计超过了本金,应参照适用 24% 年利率标准进行限制。④ 第二,指明司法规则的变化导致裁判结果的改变。由于经济金融环境变化引发金融审判司法规则的变化,最高人民法院的《关于进一步加强金融审判工作的若干意见》(法发〔2017〕22 号)、《关于依法审理和执行民事商事案件保障民间投资健康发展的通知》(法〔2016〕334 号)等司法文件均主张利率限定,因此地方法院也对总计超过年利率 24% 的信用卡违

---

① 湖南省湘潭市中级人民法院(2012)潭中民三终字第 55 号民事二审判决。
② 广东省佛山市中级人民法院(2017)粤 06 民终 1453 号民事二审判决。
③ 河南省郑州市中级人民法院(2015)郑民二终字第 1938 号民事二审判决,山东省济南市中级人民法院(2017)鲁 01 民终 2510 号民事二审判决。
④ 四川省自贡市中级人民法院(2016)川 03 民终 793 号民事二审判决,安徽省合肥市中级人民法院(2017)皖 01 民终 5597 号民事二审判决。

约费用进行调减。①

③ 严格解释金融监管规则。法院最终在结果上选择司法裁判规则的路径还包括对金融监管规则进行严格解释。中国人民银行《关于信用卡业务有关事项的通知》在一定程度上修改了此前的《银行卡业务管理办法》,规定自 2017 年 1 月 1 日起取消滞纳金并将违约金收取标准交由商业银行和持卡人约定。诸多法院认为银行收取违约金并未通过规则所要求的"约定"达成:一方面,对于银行所主张的已通过网上公告、营业网点公告完成了约定,法院认为银行并未尊重持卡人的知情权,单方面公告并不构成合意;另一方面,法院认为持卡人享有选择权,银行单方面修改违约金事项并未给予客户注销信用卡的权利,因此违约金条款不发生效力。② 这也是 2017 年、2018 年调整信用卡费率的司法判决明显增多的主要原因。

（2）"费率约定"规则下的裁判路径

在选择了"费率约定"规则的案例中,法院认为合同成立并生效,信用卡违约费率符合金融监管规则(以《银行卡业务管理办法》为主),也未违反法律的强制性规定,因此不予调减。主要的裁判说理过程则与前述路径相互对应。

① 不应适用法律一般条款。部分法院认为不应适用法律中的一般条款对信用卡违约费率进行调整。首先,对于格式条款,有判决主张信用卡费率属于银行正常收取的对价和违约责任约定,并不存在加重持卡人责任或排除持卡人权利的情形,因此不适用原《合同法》第四十一条的规定。③ 其次,对于违约金酌减条款,有判决认为按照原《最高人民法院关于适用〈中华人民共和国合同法〉若干问题的解释（二）》第二十七条的规定,法院不应主动调整违约金,而应基于当事人申请进行调整,况且原《合同法》第一百一十四条及其司法解释的违约金酌减条款并非法律强制性规定,信用卡合同约定并不因此无效。④ 由此,这类裁判路径与前述调整费率的处理做法形成了对立。

② 民间借贷规定不适用于金融业务。尽管实践中不乏判决将金融借贷与民间借贷利率规范相勾连,但主张不予调整信用卡违约费率的法院一般认为金融业务不应参照适用民间借贷司法解释和司法文件。例如,代表性判决

---

① 重庆市第五中级人民法院(2017)渝 05 民终 8236 号民事二审判决,广东省广州市中级人民法院(2018)粤 01 民终 4478 号民事二审判决,湖北省武汉市中级人民法院(2018)鄂 01 民终 7186 号民事二审判决。

② 广东省广州市中级人民法院(2017)粤 01 民终 10810 号民事二审判决,江苏省南京市中级人民法院(2018)苏 01 民终 3129 号民事二审判决。

③ 江苏省盐城市中级人民法院(2016)苏 09 民终 1297 号民事二审判决。

④ 江苏省南通市中级人民法院(2015)通中商终字第 00637 号民事二审判决,上海市第一中级人民法院(2017)沪 01 民终 3392 号民事二审判决。

指出,《最高人民法院关于审理民间借贷案件适用法律若干问题的规定》(法释〔2015〕18 号)已经在第一条明确金融机构因发放贷款等相关金融业务引发的纠纷,不适用民间借贷的规定,而信用卡业务是商业银行的金融业务,因此发卡行计算的利息、滞纳金是否过高的问题不应参照民间借贷的利率标准进行调整。①

③ 宽松解释金融监管规则并认可信用卡业务的特殊性。对于 2017 年的监管规则《中国人民银行关于信用卡业务有关事项的通知》,部分法院予以宽松解释,认为商业银行在其官方网站公布违约金计算标准存在合同和法律依据。② 此外,部分法院虽然认可司法规则所表彰的持卡人保护之价值取向,但认为应当尊重信用卡业务的特殊性,不予调整违约费率,具体理由可概括为:第一,持卡人权利义务应对等。持卡人享有随时透支、较长免息期和分期还款的权利,未违约则不必支付带有惩罚性质的违约费用,因此一旦未按期还款即应承担约定的偿还责任;③第二,发卡银行面临着较大风险。持卡人在事前无须告知发卡行其信用卡消费金额和用途并享有多项增值服务,银行承担的借款风险和成本大于一般借款,因此金融行业惯例是对信用卡收取较高的违约费率以便弥补风险成本;④第三,滞纳金属于违约金性质。对于争议最大的滞纳金,持卡人通常主张具有行政处罚性、发卡行无权征收,法院则认为滞纳金约定属于持卡人违约后的惩罚性条款,未违反法律规定则应予以支持。⑤

综观不同规则下的裁判进路,认同"费率约定"监管规则的判决回应了"费率限定"的裁判论证,对司法规则进行了一定程度的消解,因此两种规则在适用结果与裁判路径上均存在抗衡,体现公平观念与市场自治理念对裁判者的影响难分高下。⑥ 然而,司法裁判规则与监管规则对于案件审判的长期影响是不同的。理论上,司法裁判可形成对后续违法行为的威慑,甚至在理

---

① 江西省九江市中级人民法院(2015)九中民二终字第 150 号民事二审判决。

② 北京市第三中级人民法院(2017)京 03 民终 13162 号民事二审判决。

③ 广东省佛山市中级人民法院(2018)粤 06 民终 3808 号民事二审判决,广东省深圳市中级人民法院(2016)粤 03 民终 6036 号民事二审判决。

④ 四川省成都市中级人民法院(2016)川 01 民终 8909 号民事二审判决,上海市第一中级人民法院(2016)沪 01 民终 12658 号民事二审判决。

⑤ 江西省赣州市中级人民法院(2016)赣 07 民终 82 号民事二审判决。滞纳金的性质问题也引发了较多的学理讨论,参见陈承堂:《论信用卡滞纳金的性质及其治理》,载《法律科学》2009 年第 4 期(认为滞纳金本应为违约金,但滞纳金的功能已从行政法上的"督促履行"异化为剥夺普通民众财富的制度装置);周颖:《论信用卡逾期还款的违约责任及其限度》,载《法律科学》2015 年第 5 期(认为信用卡逾期还款的违约责任包括循环信用利息和滞纳金,其法律性质分别为继续履行及惩罚性违约金)。

⑥ 苏盼:《司法政策与监管政策的竞争——基于信用卡纠纷裁判的观察》,载《财经法学》2020 年第 1 期。

想状态下优于行政监管,[1]这尤其适用于英美法等判例法国家,但我国并未建立判例法传统,[2]因此个案裁判威慑力非常有限。实际上,限定费率的判决结果对信用卡行业没有产生任何实质影响。在 2017 年之前已存在不支持银行部分违约费用主张的法院判决,但是这些判决并不具有普遍约束力,商业银行并未随之修改费率标准。相比之下,专门针对信用卡业务的监管规则具有立竿见影的效果,商业银行普遍遵循了《银行卡业务管理办法》中的费率标准。尽管部分裁判不支持适用该部门规章,但此类裁判并不能直接否定部门规章后续反复适用的效力。在费率规则调整即 2017 年《中国人民银行关于信用卡业务有关事项的通知》实施之后,商业银行对信用卡章程和领用合约也进行了修改,按照通知要求取消了滞纳金和超限费,改为约定违约金,表明了抽象的统一的金融监管规则的约束力。在样本案例中,较多法院严格解释抽象监管规则所要求的发卡行与持卡人“约定”违约金标准,从而对信用卡费率进行限制,看似实现了监管规则与司法裁判规则的协调。然而,上述处理仅属权宜之计,因为此类裁判结果仅在特定时间具有意义,一旦发卡行与持卡人重新约定了违约费率,持卡人的知情权与选择权得到保障,法院无法再利用此项裁判路径对违约费率进行调整。

为了更好地协调监管规则与司法裁判规则之间的抵牾,合理选择信用卡价格规制措施,应关注命令式规制带来的不利后果,转向注重信息披露的激励型规制,加强个案裁判的说理,在规则适用技术上进行改进。

(三) 信用卡费率规则适用的改进

1. 由命令型规制转向激励型规制

统一的价格限定属于命令式的规制措施,其目的在于保护持卡人免受过度盘剥,但限定信用卡费率是否有助于实现持卡人保护的规制目标尚存疑问。一般而言,法律对合同价格的干预是出于对不公平现象的纠偏,可能具有合理性,[3]对持卡人进行特殊保护的主要原因也在于消费者的弱势地位及行为偏误致其处于不公平境地。但在信用卡这类借贷合同中,不能一概作此

---

[1]　Steven Shavell, Liability for Harm versus Regulation of Safety, Journal of Legal Studies, Vol. 13, 1984. Steven Shavell, The Optimal Structure of Law Enforcement, Journal of Law and Economics, Vol. 36, 1993.

[2]　我国的指导性案例制度正在建设中,目前尚未出现信用卡利率纠纷方面的指导性案例。整体而言,指导性案例制度统一法律适用的功能尚未见效,参见向力:《从鲜见参照到常规参照——基于指导性案例参照情况的实证分析》,载《法商研究》2016 年第 5 期。

[3]　基于垄断地位或胁迫他人订立的合同,有违法律追求的公平和正义,需要被纠正,详见许德风:《论利息的法律管制——兼议私法中的社会化考量》,载《北大法律评论》编辑委员会编:《北大法律评论(2010 年第 1 辑)》,北京大学出版社 2010 年版。

认定。第一,关于消费者弱势地位,理论上认为借款人存在信息弱势(information vulnerability)而需要额外保护,[1]然而在信用卡法律关系中,持卡人一旦按约还款即可不必支付利息并享受其他优惠待遇,并非天然处于弱势地位。第二,关于消费者行为偏误,理论上认为消费者可能因短视和乐观导致过度消费,因而需要额外保护。[2] 虽然不能否认消费者行为偏误的存在,但应区分不同消费人群进行分析:低风险持卡人能够理性消费、按时还款,是否限制费率对其并无影响;高风险持卡人确实可能存在行为偏误,但限定费率反而变相鼓励扩大消费和违约,更加不利于消费者行为偏误的矫正。

实践中,司法裁判规则曾倾向于对信用卡费率实施统一的直接的限定,可能的理由是一方面,司法裁判规则需要回应实践需求。地方各级法院受理了大量的信用卡费率纠纷,面对持卡人提出减少利息、费用的请求,部分法官基于公平观念和社会伦理而予以支持,[3]因此将实践做法通过统一的裁判规则的方式固定下来有利于指导日后的纠纷审理。另一方面,司法权需要制衡行政权。如果信用卡行业主管机构制定的监管规则偏袒发卡行则有失公允,而且考虑到信用卡业务为发卡行带来诸多收益,即便对信用卡透支利率设定上限,也不会严重影响信用卡业务发展,因此司法机关有必要作为相对独立的第三方对行政规制进行制衡。然而,即便基于前述政策考量需要对信用卡价格设置事前的普遍性规制,也需要足够信息为价格干预提供正当理由。利率上限统一划线将影响信用卡整体市场,司法机关的全局把握能力有限,难以获取信息进行全面评估。中国人民银行作为行政规制机构可以要求发卡行报送信用卡价格,[4]较为便利地获取行业信息;而司法机关缺乏此种信息获取渠道,因此由司法机关制定信用卡价格的事前统一规则,采取一刀切似的命令式规制措施,并不妥当。

更重要的是,"费率限定"规则还存在严重的不利后果——引发"惜贷效应",反而恶化持卡人境况,背离保护持卡人的规制目标。如果将信用卡费率上限设定在较低水平,发卡人可能通过重新定价、降低服务质量、减少替代性产品等方式控制成本,或者直接不再向还款能力弱的持卡人提供信贷,从

---

[1]　Abdul Karim Aldohni, Loan Sharks v. Short-term Lenders: How Do the Law and Regulators Draw the Line? Journal of Law and Society, Vol. 40, No. 3, 2013.

[2]　Oren Bar-Gill and Ryan Bubb, Credit Card Pricing: The Card Act and Beyond, Cornell Law Review, Vol. 97, 2012.

[3]　社会伦理曾长期影响民众对利率的看法,参见〔美〕悉尼·霍默、理查德·西勒:《利率史》(第四版),肖新明、曹建海译,中信出版社 2010 年版。

[4]　《中国人民银行关于信用卡业务有关事项的通知》(银发〔2016〕111 号)要求信用卡利率纳入中国人民银行利率监测报备系统按月进行填报。

而影响效率和市场均衡以及消费者福利,挤压持卡人的生存空间。① 例如,美国阿肯色州曾对所有消费贷款实施严格的 10% 年利率上限,信用卡公司因而只批准了极少数的信用卡申请,将信用额度限定在较低水平(800 美元)并收取高额服务费,最终导致消费者不得不转向典当等其他贷款方式,但典当行的费率收取方式更为隐蔽,实际上损害了消费者福利。② 我国也发生过类似的惜贷效应。在金融贷款利率市场化改革过程中,中国人民银行为了减轻企业利息负担,在 1996 年将商业银行贷款利率上浮幅度由此前的 20% 缩小为 10%,但是导致诸多商业银行不再向中小企业贷款,完全背离了政策初衷,最终中国人民银行不得不在 1998 年将利率上浮幅度恢复至 20%。③

对信用卡费率采取直接的统一的限定也可能引发惜贷效应,信用卡的替代性产品诸如场景贷、消费贷、现金贷等,或者不易获得,或者费率更高、更不透明,将进一步恶化消费者的境况,因此不宜统一对信用卡费率设置较低上限标准。为了更好地保护信用卡持卡人,应取消价格限定的命令式规制,转而侧重规范定价过程和定价条件,完善信息披露和提醒通知等激励式规制,减少直接干预从而鼓励市场自主发展。即使在信息披露发展相对完善的美国,学者仍然批评既有的法律要求难以将不同信息整合为单一的衡量信用卡成本的方式,而且披露费率这类产品属性信息不足以让消费者充分了解用卡成本,还需要产品使用信息的披露,包括费率收取频率和适用情形等。④ 信用卡行业模式在不同国家和地区存在类似性,英国监管机构开展的国别比较研究发现,不同国家对信用卡价格的规制基本上均以行政规制为主导,但规制工具主要是侧重信息披露的激励型规制,而非命令式的直接价格干预,具体的规制措施包括要求价格比对、减轻锚定、规范催收方式等,其目的在于通过减少直接干预促进市场竞争,鼓励市场自主定价权的发展。⑤ 中国人民银行也已通过 2017 年的《关于信用卡业务有关事项的通知》以及 2021 年的《关

---

① See Eric A. Posner, Contract Law in the Welfare State: A Defense of the Unconscionability Doctrine, Usury Laws, and Related Limitations on the Freedom to Contract, Journal of Legal Studies, Vol. 24, 1995. Donato Masciandaro, In Offense of Usury Laws: Microfoundations of Illegal Credit Contracts, European Journal of Law and Economics, Vol. 12, 2001.

② Christopher C. DeMuth, The Case against Credit Card Interest Rate Regulation, Yale Journal on Regulation, Vol. 3, 1986. Todd J. Zywicki, The Economics of Credit Cards, Chapman Law Review, Vol. 3, 2000.

③ 中国人民银行货币规则分析小组:《〈中国货币政策执行报告〉增刊——〈稳步推进利率市场化报告〉》,2005 年 1 月,第 9—10 页。

④ Oren Bar-Gill and Ryan Bubb, Credit Card Pricing: The Card Act and Beyond, Cornell Law Review, Vol. 97, 2012.

⑤ UK Financial Conduct Authority, Credit Card Market Study Interim Report: Annex 11-International Comparisons, November 2015, https://www. fca. org. uk/publication/market-studies/ms14-6-2-ccms-interim-report. pdf, last visited on April 20, 2022.

于推进信用卡透支利率市场化改革的通知》等规范性文件,逐步取消了信用卡费率的统一价格限定,转向运用信息披露和行业自律等激励式规制措施。

信用卡纠纷审理亦应发挥既有金融监管规则的威慑力,充分运用激励—信息型规制措施,注重审查发卡行是否充分保障了持卡人权利,包括以显著方式提示费率条件和标准、提前通知费率标准的调整、给予持卡人退出权利等。如果商业银行未尽相关义务,法院可以不支持过高的信用费率。这也是为何 2021 年最高人民法院发布《关于审理银行卡民事纠纷案件若干问题的规定》(法释〔2021〕10 号),要求法院审理信用卡纠纷,需要综合监管规定、信用卡还款情况、当事人过错程度、发卡行损失等各项因素对费率是否过高进行详细分析。此项司法解释鼓励法院根据公平原则和诚信原则结合案件具体情况进行衡量,赋予了法官较大的自由裁量权,但也对法官的裁判说理提出了新的挑战。

2. 加强个案裁判说理论证

不以统一的费率限定方式对信用卡价格进行规制,同时也意味着法院可以在个案中对信用卡费率予以调整,但是裁判法官应承受说理负担,根据具体案情判断信用卡费率的公平性。实践中,法院通常考虑格式条款相关法律规则的适用,从而判断是否对信用卡费率进行限定。尽管无论采取何种计息方式,发卡行制定的格式合同条款均须受制于原《合同法》第三十九条(《民法典》第四百九十六条)的规范,然而判断格式条款的效力需要分析交易风险分配的合理性,[①]这涉及信用卡行业的特殊性。正如部分法官所认识的,信用卡业务确实存在特殊性,一方面体现为利率粘性特点,另一方面体现为交叉补贴模式。由于此种业务特殊性,不宜简单认为发卡行对持卡人"榨取高价"。

信用卡业务具有透支利率较高并且稳定的利率粘性(stickiness)特点,而且这种粘性跨时间、跨空间存在。尽管有实证研究表明,美国部分民众支持限制信用卡利率,[②]但是无论市场或规制如何变化,1996 年至 2017 年的美国信用卡账户平均年利率始终保持在 12%—16% 的水平。[③] 英国金融行为监管局的调查也表明,英国信用卡市场集中度高(三分之二的贷款余额由四家

---

① 马一德:《免除或限制责任格式条款的效力认定》,载《法学》2014 年第 11 期。

② Timothy E. Goldsmith and Nathalie Martin, Interest Rate Caps, State Legislation, and Public Opinion: Does the Law Reflect the Public's Desires, Chicago-Kent Law Review, Vol. 89, 2014. Samuel Issacharoff and Erin F. Delaney, Credit Card Accountability, University of Chicago Law Review, Vol. 73, 2006.

③ 相比之下,能表明银行信贷成本的两年期央行基准利率浮动范围远大于信用卡利率,浮动范围为 0 至 8%。Board of Governors of the Federal Reserve System, Report to the Congress on the Profitability of Credit Card Operations of Depository Institutions, July 2018, https://www.federalreserve.gov/publications/files/ccprofit2018.pdf, last visited on July 18, 2022.

信用卡公司占据），各信用卡在利率和费率方面并无太大差异，平均利率也达到18%。① 即便信用卡市场实现了较为充分的竞争，②信用卡利率始终保持稳定的高利率。对于此种利率粘性的解释，奥布塞尔（Lawrence M. Ausubel）等人的研究具有开拓性，提出交易成本（包括搜寻成本和转换成本）导致逆向选择理论。持卡人寻找利率低、服务好的信用卡公司存在较高的成本，例如放弃原有信用卡积分，而信用卡公司也不愿意降低利率从而避免吸引高风险客户，因此信用卡行业的整体利率水平较高。③ 即使信息结构变化、消费者理性程度提高、定价技术改变等因素冲击着交易成本理论的解释力，④但信用卡利率粘性现象仍然普遍存在。我国商业银行信用卡业务收入结构与国际同行保持一致，信用卡客户违约之后所承担的利息和其他费用也较高，可能轻易突破民间借贷利率限制的标准。

信用卡业务还符合交叉补贴行业发展模式，表现为：（1）以前端费率补贴后端费率，前端费率低，而后端费率高。前端主要是短期价格，例如新卡推广期零年费、零利息；后端是长期价格，主要包括高违约利息、高惩罚利息。这些惩罚性费用是服务对价，也是持卡人的违约成本。通过收取高费率，发卡人直接对违约持卡人施加影响，督促持卡人尽早还款。即使美国在2009年的《信用卡问责及披露法》中针对后端惩罚性费用直接实施价格管制，⑤仍未能完全改变信用卡定价结构前端费率低、后端费率高的特点。

---

① 英国金融行为监管局（Financial Conduct Authority, FCA）是信用卡监管机构，其在2016年发布信用卡市场调研报告：UK Financial Conduct Authority, Credit Card Market Study Final Findings Report, July 2016, https://www.fca.org.uk/publication/market-studies/ms14-6-3-credit-card-market-study-final-findings-report.pdf，2022年7月18日最后访问。

② 信用卡市场网络效应较为明显，因此无法达到完全竞争。英国金融行为监管局所作的信用卡市场国际比较研究表明，不同国家的信用卡市场绝大多数份额由前几大发卡人占据，说明信用卡市场结构网络效应的类似性。See UK Financial Conduct Authority, Credit Card Market Study Interim Report: Annex 11-International Comparisons, November 2015, https://www.fca.org.uk/publication/market-studies/ms14-6-2-ccms-interim-report.pdf, last visited on July 18, 2022.

③ Lawrence M. Ausubel, The Failure of Competition in the Credit Card Market, American Economic Review, Vol. 81, 1991. Paul S. Calem and Loretta J. Mester, Consumer Behavior and the Stickiness of Credit-Card Interest Rates, American Economic Review, Vol. 85, 1995.

④ 黄卉、沈红波：《信用卡市场利率粘性和消费者行为研究综述》，载《上海金融》2011年第6期。

⑤ 由于2008年金融危机的爆发，美国失业率激增，很多信用卡持卡人无法按时还款，导致信用卡违约率不断增高，同时也暴露出发卡人滥用权力收取高额费率的问题。2009年出台的美国《信用卡问责及披露法》（United States Credit Card Accountability, Responsibility, and Disclosure Act of 2009）对信用卡危机进行治理。该法在规范信用卡领用和增加授信、提高费率、要求出具还款通知之外，还针对惩罚性费用实施了直接的价格管制，包括滞纳金（late fees）、超限费（over-the-limit fees）等。详细讨论参见洪艳蓉：《信用卡危机的法律治理与启示——以美国〈2009年信用卡问责及披露法〉为例》，载王卫国主编：《金融法学家（2010年总第1辑）》，法律出版社2010年版。

（2）以高风险用户补贴低风险用户。高风险用户将信用卡作为循环信贷工具使用，需要支付透支利息；低风险用户将信用卡作为支付工具使用，按时偿还全部消费款项，并不需要支付利息。高风险用户实际上在帮助低风险用户支付资金成本，其所支付的违约利率和费用较高，因此交叉补贴导致部分信用卡用户需支付更高的成本。① 在信用卡现有业务模式之下，由于利率和费用是重要的风险定价手段，高风险用户须支付高费率，低风险用户仅支付低费率或零费率，一旦持卡人违约成为高风险用户即需承担相对较高的违约费率。因此，统一的较低水平的价格限定将导致逆向补贴的效率损失，扭曲风险定价机制，为信用卡行业发展带来不当激励。鉴于信用卡业务的特殊性，不宜对其利息和费用采取较低的限制标准。

如何在个案中处理借贷利率问题，英国法院的做法可为我国提供一定的借鉴。英国现代消费信贷规制源于 1900 年颁布、1927 年修订的《放贷人法》（Money Lenders Act），该法曾设定了借贷合同 48% 的年利率上限，但高于此利率的借贷合同并非一律无效，而是由法院在个案中判断合同的公允性，贷款人可举证抗辩其贷款成本高，因此需要收取高利率。② 随着社会实践的发展，英国 1974 年《消费者信用法》（Consumer Credit Act）侧重保护消费信贷中的借款人，也包括信用卡消费者。鉴于信息披露等规制措施可以保护消费者，英国《消费者信用法》取消了法定利率上限，而将利率干预权赋予法院。③如果借贷合同利率过高或者严重违反公平交易的一般原则时，法官可在个案裁判中进行干预。在 2006 年，"不公平关系"（unfair relationship）④标准替代了"过分信贷"（extortionate credit）测试标准。"过分信贷"标准被批评为法院干预利率设定了过高门槛，因此过于严格，实践中较少适用。⑤

在英国"不公平关系"测试标准之下，法院对利率是否进行干预的分析通常分为两个步骤：第一，考察一般性的市场利率水平；第二，考察消费者的

① Razeen Sappideen, Bank Credit Card Charges and the Interest Free Period: Balancing Equity and Efficiency, King's Law Journal, Vol. 18, 2007. Steven Semeraro, The Reverse-Robin-Hood-Cross-Subsidy Hypothesis: Do Credit Card Systems Tax the Poor and Reward the Rich, Rutgers Law Journal, Vol. 40, 2009.

② Sarah Brown, Using the Law as a Usury Law: Definitions of Usury and Recent Development in the Regulation of Unfair Charges in Consumer Credit Transactions, Journal of Business Law, Vol. 1, No. 1, 2011.

③ UK Consumer Credit Act 1974, ss. 137-140.

④ UK Consumer Credit Act 2006, ss. 19-22.

⑤ Eva Lomnicka, The Reform of Consumer Credit in the UK, Journal of Business Law, Vol. 1, 2004.

弱势地位。① 由于信用卡价格已经较为透明,引发争议的案例较少,可以从不透明的其他信用贷款案例中了解司法裁判思路。例如,在九区贷款公司诉萨迪尔案②中,借款人收入不高,并有两个年幼的孩子和生病的妻子,其向贷款人以月利率7%的价格分期55周借了880英镑,每月偿还32.77英镑,而在加上其他费用之后折算的年利率高达384.4%。借款人主张不公平关系测试,但是法院认定案涉利率并非不公平,主要原因在于借款人的信用记录差、风险高,因此贷款成本也较高,法院最终认定此案中贷款人收取高利率并未违反市场通常做法。学者总结英国法院适用不公平关系测试的特点包括:第一,无论法院层级如何,在多数案例中法院都将市场利率置于消费者弱势地位之前进行优先考察;第二,信贷成本永远是高利率的正当理由之一。③

我国采纳"费率限定"规则的判决在不同程度上存在说理不充分的问题,例如某持卡人未偿还信用卡欠款已逾两年,商业银行按照信用卡合同约定主张的滞纳金和利息超过了本金的两倍,法院未进行说理而直接按照民间借贷利率标准予以了调整。④ 认同"费率约定"规则的判决也存在裁判粗糙、缺乏分析的问题,例如有法院支持了发卡行对持卡人逾期四年的信用卡债务高达七倍的违约费率的请求,并未审查发卡行是否存在未尽提醒通知义务等情形。⑤ 鉴于信用卡违约费率的长期计算可能导致持卡人掉入债务陷阱,有碍实质正义,裁判者的分析论证应当更为精细,需要具体审查发卡行是否尽到风险提示、信息告知等义务,分析为何持卡人长期不归还欠款,持卡人具有何种信用状况及归还意愿,银行的成本和损失如何计算,是否存在显失公平的特定情形,同等条件下替代性无担保消费贷款的成本等。法院应当经过综合分析再判断是否以及如何限定信用卡违约费率。在个案司法裁判中加强说理论证,有助于实现持卡人权利保护与市场自治的平衡。

---

①　Abdul Karim Aldohni, Loan Sharks v. Short-term Lenders: How Do the Law and Regulators Draw the Line? Journal of Law and Society, Vol. 40, No. 3, 2013.

②　Nine Regions (t/a Logbook Loans) v. Sadeer (14 November 2008) Bromley County Court, Case No: 8QT25415.

③　Abdul Karim Aldohni, Loan Sharks v. Short-term Lenders: How Do the Law and Regulators Draw the Line? Journal of Law and Society, Vol. 40, No. 3, 2013.

④　四川省自贡市中级人民法院(2016)川 03 民终 793 号民事二审判决。此案中持卡人自 2013 年 4 月 25 日透支后未还款,截至 2016 年 2 月 1 日透支本金 9935.68 元,发卡行计算相应的滞纳金为 14928.65 元、利息为 6947.67 元,折合年违约费率约为 73%。

⑤　北京市第二中级人民法院(2018)京 02 民终 9999 号民事二审判决。此案中持卡人从 2014 年 4 月逾期至 2018 年 3 月,透支本金为 26745.93 元,发卡行计算的利息为 59467.6 元、滞纳金为 128339.34 元,折合年违约费率高达 175%。

二、司法治理与行政监管的调和

信用卡价格的规制竞争可以在技术层面予以化解,然而欲从根本上解决问题,还应就规则来源——国家权力配置进行分析。

(一) 产生规则竞争的根源分析

我国的司法机关与行政监管机构的权力均来源并从属于国家最高权力机关——全国人民代表大会。司法权与行政监管权这两种权力不存在位阶之分,仅具有职能分工,因此在信用卡价格规制中,最高司法机关的裁判规则与中央行政机关的监管规则存在竞争并非异常。司法裁判规则与监管规则在抽象规则上的竞争不一定构成正面直接冲突,但一种规则的适用可能导致对另一种规则适用结果的消解。为何会产生规则竞争与抗衡?这需要从两个维度展开分析:不同权力部门对其职能的履行以及所制定的规则在形式载体上的效力认定。[①]

1. 权力部门履行职能过程中产生规则竞争

作为我国的金融监管机关之一,中国人民银行接受国务院领导并在立法授权下履行金融管理职能。最高人民法院是我国最高司法机关,担负法律适用和规则创设的职能。权力部门履行职能所针对的对象存在差别,不同部门制定规范性文件缺乏沟通机制均可导致规则适用的竞争。

首先,司法机关与金融监管部门履行职能针对的对象存在差别,由此导致规则实施结果的竞争与冲突。金融监管部门需要履行金融市场秩序管理职能,对金融机构和相关主体行为进行规范,特别是在金融创新产生风险时予以应对。而最高人民法院作为司法机关的基本职能是适用法律裁判纠纷,例如在民商事案件中解决平等主体之间的争议。[②] 随着社会复杂程度的加深,种种纠纷日益增多,为提高司法效率并统一裁判规则,最高司法机关从既有审判实践中总结经验凝练为统一的司法裁判规则,指导地方法院审判活动。这一司法规则形成过程体现为自下而上的反馈,也是司法履行法律适用职能的体现。最高人民法院还履行规则创设职能,将公共政策转换为司法裁

---

① 也有论者注意到此种规制冲突,并从法律技术冲突、规制架构冲突、规制理念冲突等方面进行了解读,详见李有、程金华:《行政、司法与金融规制冲突——对金融借款利率上限的实证研究》,载《交大法学》2020 年第 3 期。

② 孙笑侠:《司法权的本质是判断权——司法权与行政权的十大区别》,载《法学》1998 年第 8 期。

判规则,指导地方法院的司法实践。① 这一司法裁判规则形成过程体现为回应自上而下的政策要求。例如,最高人民法院之所以将民间借贷利率限制规则扩展适用于金融贷款和信用卡纠纷,主要背景是 2017 年党中央和国务院召开的第五次全国金融工作会议,明确了金融服务实体经济、防控金融风险、深化金融改革三项任务,最高人民法院为贯彻落实会议精神,发布司法文件《关于进一步加强金融审判工作的若干意见》(法发〔2017〕22 号),将民间借贷利率上限标准适用于金融借贷纠纷,从而在结果上与主张利率市场化改革的监管规则产生竞争。②

其次,司法机关与金融监管部门在履行各自职能过程中缺乏有效的沟通机制亦将导致司法裁判规则与监管规则的紧张关系。在利率问题上,我国在2017 年之前长期维持了历史上形成的二元利率规范体系——中国人民银行发布监管文件管理金融贷款利率(包括信用卡利率),最高人民法院通过司法解释对民间借贷利率予以规范。特别地,最高人民法院在 2015 年发布的《关于审理民间借贷案件适用法律若干问题的规定》(法释〔2015〕18 号)明确排除了民间借贷利率规范对金融贷款的适用。③ 司法之所以尊重金融监管权,是由于最高人民法院在起草该司法解释过程中征求并吸收了中国人民银行的意见,排除了对金融贷款利率的适用,因此司法裁判规则与监管规则并未产生冲突。然而,以 2017 年全国金融工作会议的召开为契机,最高人民法院制定了司法文件《关于进一步加强金融审判工作的若干意见》(法发〔2017〕22 号)。该司法文件在制定过程中并未征求金融监管部门的意见,而直接要求地方各级法院将民间借贷利率上限标准适用于金融贷款纠纷,④导致司法权介入金融贷款利率,模糊了权力配置边界,形成司法裁判规则与监管规则的竞争。

---

① 黄韬:《公共政策法院:中国金融法制变迁的司法维度》,法律出版社 2013 年版,第 153—163 页。其他系统研究也可参见侯猛:《中国最高人民法院研究:以司法的影响力切入》,法律出版社 2007 年版;张友连:《最高人民法院公共政策创制功能研究》,法律出版社 2010 年版。

② 苏盼:《司法对金融监管的介入及其权力边界——以金融贷款利率规范为例》,载《上海财经大学学报》2019 年第 3 期。

③ 《最高人民法院关于审理民间借贷案件适用法律若干问题的规定》(法释〔2015〕18 号)第一条:本规定所称的民间借贷,是指自然人、法人、其他组织之间及其相互之间进行资金融通的行为。经金融监管部门批准设立的从事贷款业务的金融机构及其分支机构,因发放贷款等相关金融业务引发的纠纷,不适用本规定。

④ 类似司法文件还包括《最高人民法院关于充分发挥审判职能作用为企业家创新创业营造良好法治环境的通知》(法〔2018〕1 号)、《最高人民法院关于依法审理和执行民事商事案件保障民间投资健康发展的通知》(法〔2016〕334 号)。部分地方法院以此类司法文件为说理依据强调因政策变化进行利率干预,参见湖北省武汉市中级人民法院(2018)鄂 01 民终 7184、7189 号民事二审判决。

尽管司法机关在履行职能过程中并非有意识的主动争夺金融事务监管权,也非发挥权力制衡作用对金融监管权进行司法审查,然而司法裁判规则在结果上导致了监管规则在一定程度上的消解,体现司法能动主义的影响。有学者指出我国的司法能动主义"呈现典型的公共政策导向性质,这是由中国司法机关的性质、中国司法对实体性公正的追求以及当代中国的社会变迁等因素所决定的",①而前述因素可归结于最高人民法院承担了贯彻执行国家政策的政治功能。在党中央和国务院提出了"降低实体经济融资成本"任务之后,司法政策将民间借贷利率管制权扩张至金融事务,重塑了司法权与金融监管权的关系格局。司法机关以司法政策规制金融活动,具有了"规则治理"意义,②并非不可取。然而,司法权与金融监管权在履行职能过程中各自为政,缺乏有效的沟通机制,导致司法裁判规则与监管规则的张力,地方法院因此面临规则选择困境,出现混乱的裁判结果,损及司法统一性与权威性。

2. 不同规则效力位阶难以认定导致政策抗衡

不同权力部门拟定政策和规则,通过形式载体——规范性文件的权力延伸属性履行其职能。然而最高人民法院和中央金融监管部门制定的规范性文件,即司法规范性文件(司法解释、司法文件)与行政规范性文件(部门规章、部门文件),相互之间的效力位阶难以认定,导致了政策在司法裁判中适用的竞争困境。按照法的效力位阶原理,如果可以明确不同法律规范的效力高低,法院有义务在裁判中优先适用效力位阶更高的法律规范。然而,规则竞争的特殊性正在于不同权力部门颁布的规范性文件效力等级难以认定,因此产生了不一致的司法裁判结果。

一方面,司法解释与司法文件的效力位阶认定存在争议。最高人民法院可以针对法院审判工作中具体应用法律、法令的问题进行解释,可采取的形式包括"解释""规定""批复"和"决定"四种。③ 这种司法解释制定权具有确切的法律授权,《全国人民代表大会常务委员会关于加强法律解释工作的决议》(1981年)是司法解释权的实定法依据。然而,司法解释的效力并未得到明确,最高人民法院自己认定"司法解释具有法律效力",④实际上是指司法

---

① 李清伟:《司法克制抑或司法能动——兼论公共政策导向下的中国司法能动》,载《法商研究》2012年第3期。

② 侯猛:《最高人民法院的功能定位——以其规制经济的司法过程切入》,载许章润主编:《清华法学(2006年总第7辑)》,清华大学出版社2006年版。

③ 《最高人民法院关于司法解释工作的规定》(法发〔2007〕12号)第六条。1997年之后,最高人民法院的司法解释文号统一为法释字,在形式上可以与一般司法文件区别开来。

④ 最高人民法院1997年发布《关于司法解释工作的若干规定》(法发〔1997〕15号),明确了司法解释的效力、分类和程序,2007年的《关于司法解释工作的规定》(法发〔2007〕12号)承继并扩展了相关内容。

解释对各级人民法院具有普遍适用的约束力,可被裁判引用,而并非意味着司法解释与狭义上的"法律"具有同等效力位阶。理论上对司法解释在法律规范体系中的效力定位存在争议。有观点认为,如果最高人民法院在授权范围内就具体法律条文作出司法解释,则该司法解释的效力与被解释法律具有同等效力。① 但是最高人民法院除了颁布释法性解释之外,还发布了大量的立法性解释,没有以具体法律为依据,而是在总结审判经验基础上创制法律规则,包括信用卡纠纷中所参照适用的民间借贷司法解释。对此,有论者提出了"习惯法说",主张立法性司法解释符合习惯法的内、外部条件,具有拘束力。②

　　司法解释效力定位不明晰的问题导致实践的混乱,信用卡纠纷中存在裁判路径众多、裁判结果不一的情况。信用卡纠纷审理中参照适用的司法解释——《最高人民法院关于审理民间借贷案件适用法律若干问题的规定》(法释〔2015〕18 号)因其适用范围限制,并不能直接适用于信用卡(金融业务)纠纷,故仅能作为说理依据而非直接的裁判依据引用。明确要求法院在裁判中对金融业务适用民间借贷利率上限规定的《关于进一步加强金融审判工作的若干意见》(法发〔2017〕22 号)属于一般司法文件。司法文件并非出自立法机构,也未获得立法授权,不是正式法源,不能作为裁判依据直接适用。③ 然而在实践中,司法文件出现准司法解释化趋势,并成为最高人民法院对下级法院审判工作的监督方式,具有事实上的约束力。④ 此种"政策实施型"制度运作逻辑加剧了司法的科层化、行政化发展,⑤例如在某信用卡纠纷案件中,二审法官明确以政策考量为依据,参照司法文件撤销了一审判决,对信用卡费率进行调整。⑥

　　另一方面,对行政规范性文件的"消极司法审查"不具有普遍效力。从不同权力部门发布的政策形式载体的关系来看,尽管司法政策表现形式缺乏刚性的规范效力,然而司法机关可以对监管政策和规则的表现形式——部门规章和一般规范性文件予以个案消极司法审查。区别于行政诉讼中法院对部门规章和一般规范性文件这些抽象行政行为的附带性司法审查,民商事案

①　王成:《最高法院司法解释效力研究》,载《中外法学》2016 年第 1 期。
②　曹士兵:《最高人民法院裁判、司法解释的法律地位》,载《中国法学》2006 年第 3 期。
③　司法文件是最高人民法院发布的除司法解释之外的指导意见、通知、会议纪要、答记者问等规范性文件。关于司法文件的历史溯源、功能和价值属性的分析,参见彭中礼:《最高人民法院司法解释性质文件的法律地位探究》,载《法律科学》2018 年第 3 期。
④　黄金荣:《"规范性文件"的法律界定及其效力》,载《法学》2014 年第 7 期。
⑤　余军、张文:《行政规范性文件司法审查权的实效性考察》,载《法学研究》2016 年第 2 期。
⑥　重庆市第五中级人民法院(2017)渝 05 民终 8236 号民事二审判决。

件中法院对前述行政规范性文件的适用与效力认定体现为"消极司法审查"①——仅能选择不予适用行政规范性文件,而不能直接否定其普遍性效力。信用卡案例分析表明部分法院在事实上进行了消极的司法审查,即在民事案件中对金融监管规则作出取舍,不予适用具有明确规定的行政规范性文件,而参照适用司法解释和司法文件论证费率限定的合理性。无论法官是否自我认知到这一过程,他们在事实上运用法律规范选择适用权试图解决规则冲突问题。在信用卡民事纠纷中,法院不仅对《关于信用卡业务有关事项的通知》(银发〔2016〕111 号)这类部门一般规范性文件,还可以对《银行卡业务管理办法》(银发〔1997〕17 号)等部门规章进行消极司法审查。

从《最高人民法院关于裁判文书引用法律、法规等规范性法律文件的规定》(法释〔2009〕14 号)来看,民事案件审判中司法解释是应当引用的法律规范,而行政规范性文件(包括部门规章和部门文件)可被司法审查。司法解释在效力上看似高于部门规章和部门文件,但此结论并非定论。首先,司法解释的效力地位源于最高人民法院的自我规定,以"司法解释"的形式规定司法解释的效力本身存在合宪性问题。② 同时,行政规则是行政机关基于法律授权作出,存在上位法依据,例如中国人民银行对利率的监管权源自《中国人民银行法》的授权。其次,虽然《立法法》(2015 年修正)在附则部分间接认可了司法解释的地位,然而由于司法解释类型不一,《立法法》中的司法解释是"主要针对具体的法律条文"而作出的释法型解释,不应扩大至其他创制了新规则的抽象司法解释。最后,信用卡纠纷中法院所参照的司法解释、司法文件更多作为说理依据,而非直接的裁判依据,因此也无法从地方司法实践中看出法院对不同文件效力位阶认定的倾向性意见。

(二) 建立司法裁判与金融监管的协调机制

对于信用卡费率的司法裁判规则与监管规则的竞争,在技术层面可以进行改进,然而欲从根本上解决规则张力问题,避免政策失误——"信息获取不足、经济分析缺乏、利益保护的简单化处理",③还需要建立司法与金融监

---

① 马得华:《论"不予适用":一种消极的司法审查——以〈行政诉讼法〉第 63 条和 64 条为中心的考察》,载《环球法律评论》2016 年第 4 期。

② 孙笑侠、褚国建:《论司法批复的解释论证功能及其局限》,载《浙江大学学报(人文社会科学版)》2009 年第 6 期。

③ 应飞虎:《权利倾斜性配置研究》,载《中国社会科学》2006 年第 3 期。

管的权力协调机制。①

1. 加强司法与监管职能履行过程的协调

应当对金融监管机构的管理职能与司法机关的法律适用和规则创设职能的履行过程进行协调,特别是在抽象规则制定与适用方面,避免出现规则竞争和相互消解的后果。

第一,为解决不同政策规范性文件的效力位阶认定难题,可以在司法裁判中解释与适用效力位阶处于最高层级的法律规定。在信用卡纠纷中,监管规则——《银行卡业务管理办法》《中国人民银行关于信用卡业务的通知》等效力层级低,不能作为裁判依据援引;在《关于审理银行卡民事纠纷案件若干问题的规定》这一司法解释出台之前,民间借贷的司法裁判规则不能直接适用于信用卡业务,其他司法文件也不属于裁判依据。在无从比较两者效力位阶高低的情况下,可以适用更高位阶的法律,例如《民法典》中的抽象原则、一般条款进行裁判。即便《关于审理银行卡民事纠纷案件若干问题的规定》可以适用,但为了增强裁判合理性,必须加强说理论证,避免宽泛适用公平原则,出现"向一般条款逃逸"的问题。②

第二,为适应部分政策时效性较强的特点,可以适当运用消极司法审查发挥个案裁判的灵活性。特别是在监管机构采取运动式执法打击突发金融风险时,监管机构的规制措施可能过于严格,不利于公民权利保护,因此司法裁判规则需要具备适当的灵活性。例如,对于网络借贷平台为借款人提供的担保合同效力认定问题,有法院在个案裁判中采取了灵活处理的办法,原则上采取了"司法尊重"原则③,但以金融监管清理整顿活动开始时间为界,对整顿活动开始之前的纠纷,认可担保合同的效力,要求网络借贷平台承担担保责任从而保护债权人。④ 需要明确的是,消极司法审查在民事案件中的运用不宜泛化,对于具有明确立法授权、针对专业事项、制定程序规范、技术性规定等的部门规章和部门一般规范性文件,司法裁判不宜否定其效力。

① 主张金融司法与金融监管相协调的其他论述,可参见周荃:《金融领域中监管与司法的博弈与融合》,载《法律适用》2020 年第 8 期;鲁篱:《论金融司法与金融监管协同治理机制》,载《中国法学》2021 年第 2 期。

② 通说认为应尽可能避免适用法律原则进行裁判,仅应在规则穷尽情况之下运用法律原则进行价值判断,否则会产生裁判主观、恣意和片面的可能性。相关论述参见庞凌:《法律原则的识别和适用》,载《法学》2004 年第 10 期;陈林林:《基于法律原则的裁判》,载《法学研究》2006 年第 3 期;陈景辉:《原则、自由裁量与依法裁判》,载《法学研究》2006 年第 5 期。

③ 陈道英:《浅议司法尊重(judicial deference)原则——兼论与司法谦抑(judicial passivism)的关系》,载《湖北社会科学》2009 年第 3 期。

④ "李伯姝等借款合同纠纷"(北京市第三中级人民法院(2017)京 03 民终 12813 号民事二审判决)。

2. 加强司法与监管规则制定程序的协调

司法机关与金融监管机构制定抽象规则,涉及交叉管辖事项,应建立政策和规则协调机制以避免冲突。

第一,在横向协调机制方面,明确规范性文件征求意见程序。《最高人民法院关于司法解释工作的规定》(法发〔2007〕12 号)第十七条已经明确要求起草司法解释,应当深入调查研究,认真总结审判实践经验,广泛征求意见,特殊情况可以向社会公开征求意见。例如最高人民法院在起草《关于审理民间借贷案件适用法律若干问题的规定》(法释〔2015〕18 号)过程中,征求并吸收了中国人民银行的意见,排除了民间借贷利率限制规则对金融贷款利率的适用,较好地避免了政策和规则冲突的问题。然而最高人民法院关于《进一步加强金融审判工作的若干意见》(法发〔2017〕22 号)等司法文件的制定缺乏类似协调机制,导致了不同利率规则的产生。作为最高人民法院指导下级法院的重要方式①,司法文件的制定缺乏正式程序,带有行政化倾向②,应予以修正。具体而言,一方面应进行内部协调——司法文件在内容上不得与司法解释冲突,基于经济社会发展需要而修改司法规则时,也不宜在司法文件中规定具体规则,而应仅作出抽象指导性规定;另一方面应进行外部协调,将司法文件制定程序正式化,并建立类似的征求意见程序,以维护法的形成机制的权威性。

第二,在纵向协调机制方面,完善规范性文件备案审查程序。《立法法》并未规定国家行政部门的规章、一般规范性文件与最高司法机关的司法解释、司法文件之间的效力等级,也未明确它们对同一事项规定不一致时的裁决机构。目前仅建立了纵向的规范性文件备案审查程序,即对于行政部门颁布的规范性文件(部门规章和一般规范性文件),《宪法》(2018 年修正)规定国务院有权"改变或者撤销各部、各委员会发布的不适当的命令、指示和规章"(第八十九条第十三项)。对司法机关颁布的规范性文件,《立法法》(2015 年修正)和《各级人民代表大会常务委员会监督法》(2007 年实施)规定了最高人民法院作出的司法解释须报全国人民代表大会常务委员会备案,然而具有解释性质的司法文件并没有类似的备案审查程序。鉴于司法文件是司法政策和司法裁判规则的重要形式载体,亦应将之纳入全国人大常委会备案审查程序,以便化解和超越规则竞争,实现司法与金融监管的协同治理。

---

① 最高人民法院《关于规范上下级人民法院审判业务关系的若干意见》(法发〔2010〕61 号)第八条:最高人民法院通过审理案件、制定司法解释或者规范性文件、发布指导性案例、召开审判业务会议、组织法官培训等形式,对地方各级人民法院和专门人民法院的审判业务工作进行指导。

② 详细论述可参见刘风景:《司法解释权限的界定与行使》,载《中国法学》2016 年第 3 期。

　　总体而言,对于信用卡的规制,司法解释已经统一了裁判规则,法院可在个案审理中通过适用和解释法律,发挥个案调整的事后规制灵活性,较好地进行市场效率与公平价值的衡量。行政监管机构的优势在于其可在事前制定规则,增强规制威慑力。鉴于行政监管已经注重信用卡业务的市场化方向发展,因此规制结构配置应以行政监管为主、司法裁判为辅。然而无论是行政规制还是司法治理,均应逐步取消统一的信用卡价格限定,侧重规范定价过程和定价条件,鼓励基于风险的差别定价,提高市场化水平。统一规制会导致逆向补贴,产生不当激励,也可能诱导发卡行降低服务质量等,特别是鉴于信用卡产品具为短期小额无担保循环贷款的特点,发卡行承担较高成本,因此不宜采取直接的价格限定的规制措施,如果消费者的长期借贷成本较高,应将规制重点放在限制借贷时间和借贷次数之上。

　　此外,还应完善信息披露和提醒通知等激励式规制措施。随着利率市场化改革的发展,信用卡发卡银行将逐步采取更为精细的差别费率(风险)定价方式,法律规制需要对信用卡信息披露的内容和方式提出新的要求,具体措施可包括合同重要内容摘要、信用卡各项价格说明,以及账单提醒、还款成本提醒、违约后果提醒等通知,并使用通俗易懂的方式呈现。司法治理的定位应限于个案干预,并加强说理论证,因为司法在事前统一限定价格将导致效率损失,促使低风险持卡人补贴高风险持卡人,为行业发展带来不当激励。欲从根本上化解信用卡业务等领域的行政监管与司法裁判的规则竞争,需要建立司法权与监管权的协调机制。一方面,应加强不同机构在履行职能过程中的协调,适用法律对政策竞争予以解释,注重运用消极司法审查,发挥个案裁判的灵活性;另一方面,应加强不同机构在制定政策程序中的协调,在横向上明确规范性文件征求意见程序,在纵向上完善规范性文件备案审查程序,从而超越规则竞争,实现协同规制。

第二节　非银行机构消费信用支付业务的规制

　　信用卡的发明使得支付工具具有了融资功能,而支付技术的发展已经实现不需要实体卡的信用支付。非银行支付机构与可从事贷款的消费金融公司、小额贷款公司等合作,为消费者提供支付账户的融资信贷服务以实现"先消费,后付款",典型代表为"京东白条""蚂蚁花呗"等信用支付产品和服务。客户使用这些信用支付工具,可分期付款或者延长付款期限,因此其交易构造本质是信用支付产品和服务。在此交易构造中,非银行支付机构只是消费信用支付产品的销售渠道,真正的消费信用由非支付机构——或者是商户或者是具有信贷资质的机构提供。对于网络自营电子商务平台内部的信用支付,买卖合同与信贷合同合一,因此相关信用支付业务为信用赊购;对于第三方网络交易平台的信用支付,买卖合同与信贷合同分离在不同主体之间达成,信用支付业务的法律属性则为消费信用贷款。

在此类消费信用支付创新业务广泛开展之前,市场上还出现了"虚拟信用卡"为消费者提供消费信贷功能。虚拟信用卡是 2014 年 3 月支付宝、财付通与中信银行、众安在线保险公司合作设计的网络数字信用卡。[1] 与传统信用卡相区别,虚拟信用卡没有实体介质,其发行不需要经过实体申请与审核,也无须客户提供财产信息,全部采取线上操作方式。非银行支付机构利用大数据、云计算技术,搜集客户在网络上的消费和投资交易记录、支付习惯以及其他相关信息,评估客户的信用状况,再以此为基础向客户即时提供相应的信用支付额度。客户在线上支付时,可以选择虚拟信用卡作为一种支付方式,该笔支付资金由商业银行提供,并由保险公司担保,客户可在一定期限之后再偿还此笔款项。与实体信用卡类似,虚拟信用卡也为客户设置了免除利息的期限,在此免息期内,客户仅需偿还本金,免息期过后,客户再承担额外的利息。然而,由于"虚拟信用卡突破了现有信用卡业务模式,在落实客户身份识别义务、保障客户信息安全等方面尚待进一步研究",因此很快被监管机构暂停。[2] 有论者分析虚拟信用卡无须对申请人"亲访、亲签、亲核",因此较易导致消费者信息安全遭受威胁,便利洗钱并利用不公平竞争损害传统信用卡市场利益。[3] 虚拟信用卡的本质也是一种消费信用产品,此部分不对其展开单独分析。

在非银行机构的消费信用支付业务中,相关利息和费用问题属于民间借贷费率范畴,鉴于此部分规则已较为明确,本节不再对利率问题展开讨论,而是重点分析此种支付创新之下的法律关系构造、主体资质、交易风险及其法律规制问题。消费信用支付业务的规制结构配置,需要司法裁判机关与行政

---

[1]　两款网络虚拟信用卡的名称分别是"中信银行微信信用卡"和"中信淘宝异度支付信用卡"。实践中还存在商业银行发行的依托实体信用卡的虚拟信用卡,例如在 2014 年 10 月,浦发银行推出"浦发 E-GO 卡"应用于线上交易,但该虚拟卡依附于客户已有的信用卡账户。此外,商业银行在后续也推出了不依托实体卡的虚拟信用卡,例如在 2016 年 2 月,建设银行推出"龙卡 e 付卡",没有实体介质,需要客户独立申请,并可在手机银行、网上银行绑定使用。详细介绍可参见吴朝平:《信用卡的金融科技转型:现实观察、推进因素和未来展望》,载《征信》2018 年第 10 期。

[2]　《中国人民银行支付结算司关于暂停支付宝公司线下条码(二维码)支付等业务意见的函》(2014 年 3 月)。

[3]　详细论述可参见王海涛:《虚拟信用卡的违规问题分析》,载《金融纵横》2014 年第 5 期;杨瑜:《虚拟信用卡遭遇紧急暂停的前因后果》,载《互联网金融与法律》2015 年第 2 期;姜立文、陈燕然:《虚拟信用卡监管的法律问题》,载《上海金融》2015 年第 4 期。

监管机构各司其职。一旦确定消费信用支付创新业务的交易结构和法律属性,法院即可通过既有《民法典》《消费者权益保护法》《刑法》等法律的适用,解决相关司法纠纷。消费信用业务因其"先消费,后付款"的特殊交易结构设计,导致消费者占据信息和资金优势,经营者或支付服务提供者面临消费者的信用风险,因此需要通过行政监管控制信用风险,并保障消费者的知情权、信息安全和不受非法催收账款等方面的权益。

一、消费信用支付的司法治理重点

网络消费信用支付业务的司法纠纷数量较多,例如以"花呗"为关键词在无讼数据库检索,可得到 1901 件民事案件,4112 件刑事案件,6 件行政案件和 13 件执行案件;"京东白条"之下的民事案件为 747 件,而刑事案件为 428 件,行政案件为 2 件。① 民事案件主要涉及合同纠纷和侵权纠纷,其中又以分期付款买卖合同纠纷和借款合同纠纷为主要类型;刑事案件主要涉及非法经营罪、盗窃罪、诈骗罪、信用卡套现罪等的认定。

（一）消费信用支付纠纷主要类型

1. 民事纠纷:合同与侵权责任认定

非银行消费信用支付业务相关的合同纠纷主要是分期付款买卖合同纠纷和借款合同纠纷。

在买卖合同与信贷合同合一的交易结构中,消费者选择分期偿还贷款时,买卖合同构成分期付款买卖合同,也是一种信用买卖合同。分期付款买卖与一般买卖的不同在于买受人支付价款的方式不是"一手交钱、一手交货",而是"先消费,后付款",并且是经营者交付货物或提供服务之后,消费者分次分期支付款项。北京市朝阳区人民法院审理了一系列原告为北京京东世纪信息技术有限公司、被告为不同自然人的分期付款买卖合同纠纷。② 基本案情均为自然人被告在京东商城电子商务平台购物,使用"京东白条"支付后拒不还款。被告作为客户在开通"京东白条"支付方式时,与京东世纪信息技术公司达成《白条(京东金融)信用赊购服务协议》(电子合同),协议中约定京东网站为客户提供"先购物、后付款"的信用赊购服务,客户在京东消费时可根据京东平台规则进行延后付款或分期付款,如客户在到期付款日未能支付全部到期应付款项而发生违约时,京东公司有权向客户收取未付款项。由于案情简单,证据确凿,法院一般认定被告向京东公司购买货物,京

---

① 案例检索时间为 2020 年 7 月。
② 北京市朝阳区人民法院(2019)京 0105 民初 3186 号民事一审判决。

东公司接受订单后实际发送了货物,双方形成事实上的买卖合同关系,被告应按照约定的时间和机制支付相应货款。

在买卖合同与信贷合同分离的交易结构中,小额贷款公司为消费者提供贷款,因此相关纠纷主要为借款合同纠纷。从一起特殊裁定——"重庆市阿里小微小额贷款有限公司、潘某某申请支付令督促民事令"①可以看出此种借贷交易结构。重庆市阿里小微小贷公司作为贷款人与客户以网络在线方式签订《蚂蚁花呗用户服务合同》,由阿里小贷公司给予客户一定的授信额度,客户可在额度范围内申请贷款用于支付给指定的交易对手(货物卖方),贷款用途为消费,借款人按月还款,逾期利息以日利率 0.05%(即年利率 18.25%)计算。由于客户逾期未还款,阿里小贷公司催告无果后请求法院向客户发出支付令,督促其立即还款。

除合同纠纷之外,非银行消费信用支付业务纠纷中还包含了较多的侵犯纠纷。例如,典型案例"陈翠兰与北京京东金融科技控股有限公司、何春丽网络侵权责任纠纷"②涉及京东金融的"住房白条"("白条+")。该案原告前同事曾通过京东金融公司与房屋租赁代理机构签订了房屋租赁合同,之后此人接到京东金融公司客服人员电话,被告知其有一笔房屋租赁费欠款(52.69元)的京东金融"住房白条"尚未还清,才发现其账户名下对应的身份信息为原告信息,但账户绑定的银行卡和电话联系方式均为原告前同事的。原告未授权其身份信息的使用,遂以网络侵权为由起诉了京东金融公司,请求判令被告赔礼道歉,消除对其造成的不良信誉影响,赔偿误工费等损失。法院认为,京东金融公司已对案涉账户显示的原告身份信息进行了更正和删除,而且由于相关租房欠款已被偿还,原告并无证据证明其信誉受到不良影响;京东金融公司当庭口头赔礼道歉,且道歉程度适宜;原告误工费损失由其前同事承担,京东金融公司已采取了必要的措施,无须承担责任。

另外,实践中也发生了涉及侵犯个人信息权的案件,典型案例是"俞某与浙江天猫网络有限公司等网络侵权责任纠纷"。③ 在此案中,原告起诉支付宝等公司,主张被告在向原告提供支付服务的同时非法收集原告商品交易的详细信息和行踪活动,且在未获得原告明示同意的前提下,将非法收集的信息与淘宝账户关联使用,侵犯了原告对个人信息被收集、利用的知情权,以及授权他人利用的自主决定权等权利。法院查明,"支付宝隐私权政策"载明支付宝公司基于关联账号提供一站式服务,集中展示或推荐包括"蚂蚁花

---

① 浙江省杭州市西湖区人民法院(2018)浙 0106 民督 1 号支付令。
② 北京市大兴区(县)人民法院(2017)京 0115 民初 17140 号民事一审判决。
③ 北京市海淀区人民法院(2018)京 0108 民初 13661 号民事一审判决。

呗"在内的阿里巴巴集团之下的产品或服务的信息。法院分析认为,网络运营者共享用户个人信息,涉及个人信息的再利用,可能导致个人信息被反复收集和利用,如不对此进行规制,将可能导致个人信息遭受不当使用,为个人信息安全带来风险,而被告并未实际取得用户授权,使用了原告的个人信息,侵犯了原告对其个人信息的支配控制权,应承担相应赔偿责任。①

2. 刑事纠纷:非法经营罪与盗窃罪的认定

利用"蚂蚁花呗"进行套现是最为常见的消费信用支付业务刑事纠纷。在典型案例"杜振狮非法经营案"②中,法院最终认定行为人构成非法经营罪。公诉机关指控,被告在未取得相关金融资质的情况下,于 2015 年 11 月虚构交易 2500 余笔,利用"蚂蚁花呗"账户套取 470 万余元,获利 6000 余元。法院审理查明具体的套现过程是:被告等人向他人购得可以使用"蚂蚁花呗"支付账户的淘宝店铺后,通过中介人员将店铺的链接发送给意图套现的淘宝用户,淘宝用户则根据其套现的金额点击链接购买同等价值的商品,同时申请由"蚂蚁花呗"代为支付货款。被告所掌控的淘宝店铺的支付宝账户在收到货款后,虽然并无真实商品交易,但淘宝用户在购物页面确认收货随即再申请退货,被告随后扣除 7%—10% 的手续费后将剩余的款项转入淘宝用户的支付宝账户。法院认为根据国务院《非法金融机构和非法金融业务活动取缔办法》(1998 年颁布,2011 年修正)的规定,未经中国人民银行依法批准,任何单位和个人不得擅自从事金融业务活动,被告在没有真实交易的情况下,通过虚构交易,将重庆市阿里巴巴小额贷款公司的资金直接支付给淘宝用户,并从中获利,系未经国家有关主管部门批准非法从事资金支付结算业务的行为。法院最终认定被告构成非法经营罪。

在网络交易中,基础交易中的买卖双方可能相互串通或借助第三方,利用电子商务平台提供的信用评价和金融服务,先完成交易之后再将套取的款项返还给买家,因此出现虚拟信用套现。③ 利用"蚂蚁花呗"等信用支付工具套现,不等同于信用卡套现,不属于刑法规范的信用卡诈骗罪,因为"蚂蚁花呗"的发行主体不是商业银行,而是小额贷款机构,"蚂蚁花呗"也不是刑法意义上的信用卡。正如有论者所主张的,非法从事资金支付结算业务是非法经营罪的行为方式之一,其规范的行为对象是未经监管机构(中国人民银行等)的许可,作为中介机构非法从事资金的支付结算,并从中谋取经济利益,

---

① 该案中,原告主张一元的经济损失,法院对此予以支持,但未支持原告的赔礼道歉和精神损害抚慰金等请求。

② 重庆市江北区人民法院(2017)渝 0105 刑初 817 号刑事一审判决。

③ 对虚拟信用套现的界定可参见林慰曾:《互联网虚拟信用套现的法律分析——基于花呗套现判决的研究》,载《海南金融》2017 年第 8 期。

因此可以以非法经营罪追究此类案件中行为人利用"蚂蚁花呗"等支付账户的套现责任。[1]

对于行为人冒用他人支付宝账户进行"蚂蚁花呗"套现的犯罪行为认定,"付克兵盗窃案"[2]中的法院裁判具有典型意义。[3] 在 2015 年 6 月,行为人利用事先知晓的受害人支付宝账户及密码,通过"蚂蚁花呗"先后进行了三次套现,共计 8000 元,扣除交付给卖方的手续费之后,实际得款人民币7200 元,均用于其个人还款。之后,行为人主动到公安机关投案自首并退还受害人全部经济损失。检察机关指控行为人犯盗窃罪,法院最终认定行为人以非法占有为目的,多次秘密窃取他人财物,数额较大,构成盗窃罪。

"蚂蚁花呗"虽然是信用支付产品,其功能与信用卡类似,均提供消费信贷和支付结算服务,但不是刑法规范下的信用卡。《刑法》(2017 年修正)第一百九十六条仅规定了使用伪造信用卡、使用作废的信用卡、冒用他人信用卡和恶意透支这四种信用卡诈骗情形,立法解释界定的信用卡是指商业银行或者其他金融机构发行的借记卡和信用卡。[4] 网络消费信用支付服务由小额贷款公司提供,小额贷款公司不是商业银行或金融机构,因此冒用消费信用支付产品进行套现,不构成信用卡诈骗罪。由于行为人未向受害人或"蚂蚁花呗"小额贷款公司进行虚假表示,因此不存在欺骗,故行为人也不构成诈骗罪。行为人在受害人不知情的情况,利用事先知道的密码通过"蚂蚁花呗"进行套现和取现,比较符合盗窃罪的构成特征。

(二) 消费信用支付司法裁判评析

由于消费信用产品交易结构的差别,合同纠纷可能涉及分期付款买卖合同纠纷和借款合同纠纷,两者分别对应于买卖合同与信贷合同合一、分离的情况。特别地,对于分期付款买卖合同纠纷,消费者与经营者在信息获取等方面存在不对称,通常法律直接对分期付款买卖合同进行特别规范,以平衡双方法律关系。例如我国民法上规定了出卖人的合同解除权,以便控制消费

---

[1] 对此案的详细分析,可参见王国平:《从首例利用"蚂蚁花呗"套现案例探析相关套现行为的本质属性》,载《法律适用》2018 年第 10 期。

[2] 浙江省瑞安市人民法院 (2015) 温瑞刑初字第 1624 号刑事一审判决。对此案的详细分析,可参见尹志望、张浩杰:《浙江瑞安法院判决付克兵盗窃案——冒用他人支付宝账户进行蚂蚁花呗套现的定性》,载《人民法院报》2016 年 11 月 10 日。

[3] 对类似案例的讨论,可参见邹建华、张建伟等:《利用电子支付账户实施盗骗行为如何适用法律》,载《人民检察》2018 年第 2 期。

[4] 《全国人民代表大会常务委员会关于〈中华人民共和国刑法〉有关信用卡规定的解释》(2004 年)规定:刑法规定的"信用卡",是指由商业银行或者其他金融机构发行的具有消费支付、信用贷款、转账结算、存取现金等全部功能或者部分功能的电子支付卡。

者的信用风险。① 因此涉及消费信用产品的分期付款买卖合同纠纷,可以适用既有的私法体系予以解决,在实践中的争议并不大。借款合同纠纷和网络服务纠纷,也可以根据合同安排予以解决。②

但是对于侵权纠纷,特别是侵犯个人信息权的案件,由于个人信息的价值非常难以计算,法院难以利用损失赔偿等对行为人予以"惩戒",因此司法裁判能够发挥的威慑力较为有限。相对而言,行政监管更易发挥优势,监管机构可在事前制定统一规则,在事中进行执法检查,并在事后对违法行为予以处罚,从而实施有效规制。例如,在个人信息保护方面,监管机构可强制要求行为人采取客户明示同意(opt in)而非默示同意(opt out)的方式收集客户信息,还可制定技术标准,对行为人可收集的客户信息范围和程度予以限制等。总体而言,司法机关虽可通过裁判要求行为人承担相应法律责任,以便对违法行为予以威慑和惩处,但事后裁判的法律威慑效力较为有限,还需要来自行政监管机构的事前、事中和事后规制,从而提升震慑效果。

对于刑事纠纷,司法实践中发生的与"蚂蚁花呗""京东白条"等消费信用支付产品相关的刑事案例多涉及行为人冒用他人账户进行套现,但具体行为方式存在差异,因此涉及不同罪名的认定。实务界和理论界对此讨论较多的是,能否以信用卡诈骗罪认定此类冒用信用支付账户的行为。之所以存在此种疑问,主要是因为"蚂蚁花呗"等账户具有信用支付功能,与虚拟信用卡极为类似,因而产生拟制、类推适用的问题。论者一般从信用卡定义和功能、信用卡发行主体、信用卡诈骗罪的犯罪构成条件等方面主张非银行信用支付账户不是刑法规范下的信用卡。③

除上述分析视角之外,还应当考虑刑事法律规范的保护目的,区分非银行消费信用支付产品与信用卡的贷款资金来源。非银行消费信用支付产品和服务的信贷资金来源于小额贷款公司、消费金融公司等非银行信贷机构,

---

① 《合同法》(1999 年实施,已失效)第一百六十七条(现为《民法典》(2021 年实施)第六百三十四条):分期付款的买受人未支付到期价款的金额达到全部价款的五分之一的,出卖人可以要求买受人支付全部价款或者解除合同。出卖人解除合同的,可以向买受人要求支付该标的物的使用费。对此条款的解读和批评,参见宁红丽:《分期付款买卖法律条款的消费者保护建构》,载《华东政法大学学报》2013 年第 2 期;郝丽燕:《〈合同法〉第 167 条(分期付款买卖)评注》,载《法学家》2019 年第 5 期。

② 例如,"卢某某与浙江淘宝网络有限公司网络服务合同纠纷"(浙江省杭州互联网法院(2019)浙 0192 民初 6106 号民事一审判决),原告在闲鱼平台(二手闲置交易平台)发布商品"因还不起转让蚂蚁花呗",转让价格为 5000 元。淘宝公司核实到原告发布的商品涉及花呗套现风险,冻结了原告账号,原告遂起诉被告要求解除账号登录限制。法院审理认为,被告淘宝公司依据双方之间的合同(《淘宝平台服务协议》等),认定原告转让蚂蚁花呗的情形属于套现而冻结其账户,具有合同依据。

③ 马寅翔:《冒用电商平台个人信用支付产品的行为定性——以花呗为例的分析》,载《法学》2016 年第 9 期。

信用卡的信贷资金则来源于商业银行。由于小额贷款公司、消费金融公司不能吸收公众存款,因此其放贷资金主要源于自有资金,但商业银行放贷资金主要源于社会公众的存款,因此信用卡诈骗罪的保护法益涉及金融管理秩序(国家对信用卡的管理制度)①和特定的公共利益。笔者也赞同主流观点,认为除却罪名形式比对,亦应遵循罪刑法定原则,不宜对信用卡和信用卡诈骗罪作类推解释、扩大解释。至于信用支付账户的冒用套现行为,由于侵犯了账户所有人和小额贷款公司的财产权利,予以刑事规制具有正当性,但具体的罪名应根据行为特征结合具体案情再作认定,可能涉及非法经营罪、盗窃罪等。

二、消费信用支付的行政监管重点

网络消费信用支付产品的应用扩展了消费市场,并提升了消费者的支付便利,其相对于商业银行消费信贷业务具有更为优惠的资金成本优势,受到消费者的普遍欢迎。根据新闻报道,在"京东白条"支付产品推出一年内,交易额度增长了600%,客户数量增加了700%;客户在使用白条支付之后,月均订单比例提升了52%,月均消费金额增长了97%,②均表明信用支付产品对消费经济起到了带动作用。与此同时,鉴于网络消费金融存在支付渠道移动化、消费渠道线上化、个人数据多样化等特点,③消费信用支付产品的推出也带来了诸多风险,需要法律予以规制,以便保护消费者合法权益。如此前所讨论的,消费信用支付产品的交易结构存在商人信用与第三方信用的差别,④前者以早期"京东白条"为代表,后者以"蚂蚁花呗"为代表。鉴于实践中多由第三方机构,包括消费金融公司、小额贷款公司等具有发放贷款资质的机构为消费者提供信用,下文主要讨论此种交易模式下的法律风险及其监管应对措施。

(一) 信用风险控制

在信用支付交易中,非银行机构——消费金融公司、小额贷款公司等作为授信者,需要控制持卡人迟延付款的信用风险。在授信者采取的信用风险

---

① 刘宪权、卫磊:《涉信用卡犯罪刑法理论与实务》,上海人民出版社2013年版,第52—59页。
② 《京东白条推出后:刺激用户数和消费额增长》,2015年7月1日,http://www.ebrun.com/20150701/139079.shtml,2022年7月18日最后访问。
③ 杨才勇、严寒、李耀东等:《互联网消费金融:模式与实践》,电子工业出版社2016年版,第66—67页。
④ 也分别被称为"销售信用"与"消费信贷",或者"卖主信贷"与"债主信贷",详细讨论可参见刘燕主编:《消费金融的法律结构分析》,经济日报出版社2007年版,第2页。

控制措施及其问题方面,此部分内容主要讨论实践中引发广泛关注的套现、以贷养贷问题,以及网络小额贷款公司作为授信主体的相关争议。

1. 信用支付业务引发的套现与以贷养贷问题

与商业银行信用卡业务中存在的利率规则争议不同的是,非金融机构提供的消费信贷属于民间借贷范畴,相关利息和费用的收取需要遵守民间借贷利率规则。借助信息技术的发展,电子商务平台可以通过大数据对用户进行差异化定价。从实践来看,大型电子商务平台的消费信用支付产品价格规则相对规范,一般遵从我国司法机关对民间借贷利率的限制性要求。例如,"京东白条"披露的分期服务费率根据消费金额和分期期数计算,综合年化费率(服务费率、违约金费率等)则列明遵照法律法规和监管规定执行。[①]

网络消费信用支付产品和服务的主要问题在于套现、以贷养贷等。由于"京东白条""蚂蚁花呗"等产品属于信用支付业务,客户可以借之实现"先消费,后付款",因而可能诱发套现和以贷养贷的风险。例如,早期的"京东白条"曾支持信用卡还款,但是在 2015 年 9 月,招商银行和交通银行关闭了信用卡白条还款功能,认为"商业银行个人信用卡(不含服务'三农'的惠农信用卡)透支应当用于消费领域,不得用于生产经营、投资等非消费领域;而"京东白条"是京东商城提供给客户的一款贷款产品,如果用信用卡为白条还款,则明确属于'以贷还贷'。"[②]然而,能否以信用卡方式为消费信用支付产品还款,需要区分消费信用支付产品的不同属性。在信用赊购模式下(以早期"京东白条"为代表),由于电子商务平台利用自有资金垫款,不涉及消费金融,客户利用信用卡偿还赊购款项,本质上是延迟支付消费款项,其信用卡的支付用途仍属于消费领域。但是,在消费信用贷款模式下(以"蚂蚁花呗"为代表),网络消费信用支付产品由第三方机构提供贷款服务,类似于虚拟信用卡,确实可能存在"以贷养贷"的问题。

部分消费者可能与经营者或第三方机构通过虚假交易、虚开价格、现金退货、商品转卖等方式将消费信用贷款变现。有报道总结了与网络消费信用支付产品套现相关的操作方式:(1)直接盗窃他人账户,或者明知他人账户被盗,利用被盗账号套现;(2)骗取客户信息,冒名申请网络消费信用支付账户之后再进行套现;(3)将账户转借他人套现;(4)账户持有人多次购物后再退货退款(刷单)从而赚取差价等。意识到客户套现问题之后,电子商务

---

① 《白条信用赊购服务协议》,京东金融官网,https://jrhelp. jd. com/show/getProblemInfo-3830,2022 年 7 月 18 日最后访问。

② 《涉嫌"以贷养贷" 京东白条遭两家银行封杀》,新浪科技网,2015 年 11 月 10 日,https://tech. sina. com. cn/i/2015-11-10/doc-ifxknutf1657139. shtml,2022 年 7 月 18 日最后访问。

平台随即对消费信用支付业务的应用范围作出了限制。例如,部分电商平台建立实时交易订单监控系统,对客户注册、登录、下单、支付等环节实施全程监控,并限制相关信用支付产品不得应用于虚拟交易,不得绑定信用卡还款等,①从而防范或降低套现风险。

在行政监管方面,中国人民银行于 2015 年出台《非银行支付机构网络支付业务管理办法》(中国人民银行公告〔2015〕第 43 号),规定信用卡不得透支为支付账户充值,因此电子商务平台和支付机构也不能规避法律要求,将信用卡绑定支付账户为支付账户充值之后再用于偿还消费信用贷款。实践中,"蚂蚁花呗""京东白条"等网络消费支付产品均对还款方式进行限制,例如要求客户仅能使用借记卡或支付账户余额来偿还消费信贷,以便符合法律监管要求。

2. 网络小额贷款业务地域范围限制与突破

消费信用支付产品或服务的提供机构既包括消费金融公司,也包括小额贷款公司,前者为非银行金融机构,需要获得特别许可才能经营消费贷款业务,后者并非正式的金融机构,但开展贷款业务仍需获得行政许可,并受到经营范围的限制。例如,曾经为"白条+"提供贷款的北京京汇小额贷款有限公司,取得了小额贷款业务经营许可,但其经营范围被限定为"在北京市范围内发放贷款"。按照 2008 年中国人民银行和原银监会发布的《关于小额贷款公司试点的指导意见》(银监发〔2008〕23 号),小额贷款公司仅在注册所在省(区、市)的地域范围内开展业务。②《北京市小额贷款公司试点实施办法》(京政办发〔2009〕2 号)也存在类似的规定。③ 然而,由于"互联网无国界"的发展,京汇小额贷款公司提供的网络消费金融服务超越了法定的经营范围,存在违规经营的嫌疑。④ 此后,为"白条+"提供贷款的不再是传统的小额贷款公司,而是可以开展网络贷款业务的小额贷款公司——重庆两江新区盛际

---

① 《花呗白条套现成灰色产业链 佣金最高 30% 以上》,载《证券日报》2015 年 11 月 28 日。

② 《中国银行业监督管理委员会、中国人民银行关于小额贷款公司试点的指导意见》(银监发〔2008〕23 号)第五条:凡是省级政府能明确一个主管部门(金融办或相关机构)负责对小额贷款公司的监督管理,并愿意承担小额贷款公司风险处置责任的,方可在本省(区、市)的县域范围内开展组建小额贷款公司试点。

③ 《北京市小额贷款公司试点实施办法》(京政办发〔2009〕2 号)第三十条:在试点阶段,小额贷款公司的业务范围限定在注册所在区、县行政区域内发放贷款。

④ 此外还存在一个问题,小额贷款公司试点制度的初衷在于服务于"三农"和小微企业(《关于小额贷款公司试点的指导意见》第四条),根据《北京市小额贷款公司试点监督管理暂行办法》,注册在海淀区的北京京汇小额贷款有限公司每年向涉农方面和中小企业发放的贷款金额不应低于全年累计放贷金额的 70%,但经营"白条+"业务的京汇小贷却重点开拓个人消费贷款,在发展方向上实际与政策导向背道而驰。详细论述参见孙天驰:《灰色白条》,载彭冰主编:《法律与新金融(2016 年第 2 辑)》,法律出版社 2018 年版。

小额贷款有限公司,其经营范围包括开展各项贷款、票据贴现、资产转让和以自有资金进行股权投资,其中自营贷款可通过重庆市金融办核准和备案的网络平台在全国范围内开展,但不得利用互联网平台开展除获客放贷之外的任何经营活动。

按照国务院发布的《非存款类放贷组织条例(征求意见稿)》(2015 年 8 月)的意见,任何专业性、职业化放贷行为均应被纳入法律监管范畴。① 小额贷款公司的设立与经营已经受到专门监管:《关于小额贷款公司试点的指导意见》(银监发〔2008〕23 号)规定了小额贷款公司的设立条件与业务规范,并将审批和监管小额贷款公司的权力分配给各地方金融监管部门(通常为地方金融工作办公室)。自 2008 年之后,各省(包括自治区、直辖市)纷纷制定了小额贷款业务(或机构)管理规范,并审批设立小额贷款公司。根据中国人民银行公布的统计数据,截至 2021 年末,全国共有 6453 家小额贷款公司,贷款余额 9415 亿元。②

部分地方政府发布监管规则对中央政府发布的《关于小额贷款公司试点的指导意见》(2008 年)进行了扩展,而部分地区甚至出台了与中央指导意见相冲突的监管规则。③ 网络小额贷款业务规则是"扩展"或"冲突"规制过程中的典型代表之一。在网络小额贷款中央监管规则方面,中国人民银行、工业和信息化部等十部委于 2015 年 7 月联合发布了《关于促进互联网金融健康发展的指导意见》(银发〔2015〕221 号),原则性地界定了网络小额贷款业务是互联网企业通过其控制的小额贷款公司,利用互联网向客户提供的小额贷款,属于网络借贷业务中的一种。④ 部分地方监管规则作出了更为具体的界定:网络小额贷款公司主要在网络平台上获取借款客户,综合运用网络平台积累的客户经营、网络消费、网络交易以及生活行为数据、即时场景信息等分析和评定借款客户信用风险,确定授信方式和额度,并在线上完成贷款申请、风险审核、贷款审批、贷款发放和贷款回收等全流程的小额贷款业务。⑤

在中央政策指导依据之下,地方各省市也逐步出台了关于网络小额贷款

---

① 《非存款类放贷组织条例(征求意见稿)》(2015 年 8 月)规定,除依法报经监督管理部门批准并取得经营放贷业务许可的非存款类放贷组织外,任何组织和个人不得经营放贷业务。
② 中国人民银行:《2021 年小额贷款公司统计数据报告》,2022 年 1 月 29 日,http://www.pbc.gov.cn/goutongjiaoliu/113456/113469/4462244/index.html,2022 年 7 月 18 日最后访问。
③ 唐应茂:《中央和地方关系视角下的金融监管——一个小额贷款行业的实证研究》,载《山东大学学报(哲学社会科学版)》2017 年第 6 期。
④ 另外一种网络借贷为个体网络借贷,即 P2P 网络借贷。
⑤ 例如,《重庆市小额贷款公司开展网络贷款业务监管指引(试行)》(2015 年)、《上海市小额贷款公司互联网小额贷款业务专项监管指引(试行)》(2016 年)等。

的具体规则。① 例如重庆市金融工作办公室在 2015 年 9 月发布《关于进一步做好小额贷款公司服务实体经济防范风险工作的通知》(渝金发〔2015〕10 号),规定符合条件的小额贷款公司可以申请开展网络贷款业务,并且可在线上向全国范围内的客户发放自营贷款。在 2015 年 12 月,重庆市金融办发布了更为详细的规则——《重庆市小额贷款公司开展网络贷款业务监管指引(试行)》(渝金发〔2015〕13 号),对小额贷款公司的线下自营与非自营贷款业务进行了严格的限制——这些业务仅可在重庆市范围内开展;但不对小额贷款公司通过网络平台开展的自营贷款业务进行经营地域范围限制,此类业务可以在全国范围内开展。鉴于此种开放政策,②重庆成为网络小额贷款发展最为迅速的地区之一,实收资本与贷款总额均位于全国前列。③

此外,在 2016 年 12 月,上海市金融服务办公室发布《上海市小额贷款公司互联网小额贷款业务专项监管指引(试行)》,也对互联网小额贷款公司的业务经营进行了规范,并不再限制其线上贷款业务地域范围(线下仍限于本市)。此项互联网小额贷款业务专项监管指引是根据上海市政府在此前发布的《上海市小额贷款公司监管办法》(沪府办发〔2016〕42 号)制定的,后者在小额贷款公司的资金运用方面规定了"小额贷款公司业务范围为发放贷款及相关的咨询活动,原则上在本市范围内经营",由此为后续互联网小额贷款公司打破地域经营范围的限制奠定了基础。

随着实践中网络借贷以及"现金贷"等业务暴露出的风险隐患,监管机构日益重视相关问题,开始缩紧网络小额贷款牌照的发放,希望避免形成新一轮的监管套利。例如在 2017 年 11 月,互联网金融风险专项整治工作领导小组办公室紧急发布了《关于立即暂停批设网络小额贷款公司的通知》(整治办函〔2017〕138 号),要求各地方监管部门不再批准设立网络(互联网)小

---

① 在 2015 年之前,部分省市已经颁布了网络小额贷款管理规则,例如《赣州市网络小额贷款公司监督管理暂行办法》(2013 年),但是可能由于政策配套措施不太健全,并没有大量网络小额贷款公司在赣州市设立。

② 例如,重庆市网络小额贷款规则允许外商投资小额贷款公司,因此满足了部分具有外资控股的互联网公司(例如股东包括日本软银和美国雅虎等外资企业的阿里巴巴公司)注册成立网络小额贷款公司的需求。事实上,重庆市早在 2009 年就意识到小额贷款公司在重庆的试点运行存在公司股权结构分散、境外投资者准入门槛受限、银行融资渠道不畅、申报筹建积极而开业不及时等问题,因此开始放宽多方面的限制等。可参见《关于调整重庆市小额贷款公司试点管理暂行办法有关问题的通知》(重庆市人民政府办公厅 2009 年 4 月 29 日印发)、《重庆市人民政府办公厅关于进一步推进小额贷款公司发展的意见》(重庆市人民政府办公厅 2011 年 4 月 12 日印发)。

③ 在 2016 年 10 月,为规范网络借贷业务,重庆市金融办又发布《关于调整重庆市小额贷款公司有关监管规定的通知》(渝金发〔2016〕13 号),要求网络小额贷款公司仅能利用本市金融办核准和备案同意的互联网平台获取借款客户,不能利用互联网平台开展对公司自身的融资活动。

额贷款公司,并且禁止新增批设小额贷款公司跨省(区、市)开展小额贷款业务。在 2020 年 11 月 2 日,中国银保监会和中国人民银行颁布了《网络小额贷款业务管理暂行办法(征求意见稿)》,进一步强化了网络小贷业务监管的具体要求,控制网络小额贷款机构跨地区经营,并提高最低注册资本,限制对外融资规模,设定联合贷款出资比例底限,对网络小贷业务范围(正面清单与负面清单)、贷款金额、贷款用途、征信系统、登记系统、公司治理、信息披露、消费者保护、反洗钱和反恐怖融资、法律责任等诸多事项进行了规定。整体而言,《网络小额贷款业务管理暂行办法(征求意见稿)》更加注重将网络小额贷款机构这类金融科技企业作为类金融机构而非科技公司进行监管。

在电子化背景之下,支付产品及相关业务的发展无法也不应受到地理空间的约束。诸如贝宝(PayPal)公司之类的第三方支付企业为开展网络支付业务,不得不在美国各州逐一申请货币转移牌照,承担了较大的法律合规成本。对于美国通过各州州法分别监管网络支付业务的做法,学界存在广泛批评,认为各州分而治之、割裂式的规制方式加重了企业合规负担,不利于市场的统一与高效发展。[①] 笔者也认同不宜对网络小额贷款业务进行地域限制,然而地方金融监管部门是否具备足够的授权可以直接突破中央金融监管部门对小额贷款公司的管理,尚存在疑问。实证研究表明,在地方小额贷款规则与中央规则相冲突的地区,"冲突型"规则对于小额贷款行业的发展(包括实收资本、贷款余额等方面)没有统计上的显著影响;而在地方小额贷款规则对中央规则进行扩展的地区,"扩展型"规则甚至对小额贷款行业的发展产生了负面的显著影响,显示出过度监管竞争的弊端。[②] 因此,基于网络小额贷款业务打破地域经营范围限制的需求,以及节约立法和监管资源的考虑,由中央监管部门——银保监会或者中国人民银行出台统一的网络小额贷款机构或业务管理办法更为合理,而传统的线下小额贷款业务的规则制定权和监管权仍然可以保留在地方监管部门。

(二) 消费者信息保护

1. 消费者信息被滥用与征信问题

由于不同的电子商务平台拟定的网络消费信用支付服务协议均列明了

[①] See Kevin V. Tu, Regulating the New Cashless World, Alabama Law Review, Vol. 65, 2013. Leslie Gutierrez, Bolstering Competition in the International Remittance Market: Proposal for Reforming the Current Regulatory Licensing Framework Governing Money Transmission Businesses, Hastings Business Law Journal, Vol. 10, 2014.

[②] 唐应茂:《中央和地方关系视角下的金融监管——一个小额贷款行业的实证研究》,载《山东大学学报(哲学社会科学版)》2017 年第 6 期。

客户授权电商平台及相关机构可以了解、咨询、审查客户的身份信息、财务状况、资信状况和其他信息,这些服务协议均以网络格式合同的方式存在,客户没有谈判空间,需要在开通相关账户时全部接受协议内容,因此作为消费者的客户仅能根据协议安排授权相关机构使用自身信息。在消费者概括授权个人信息被电商平台使用的情况下,可能出现消费者信息被滥用的问题,主要集中于两个方面:一是由于技术问题等原因,消费者信息被泄露,从而被第三方非法利用;二是消费者个人信息被电商平台采集和利用,存在是否本人授权以及授权范围是否过于宽泛的问题,即征信机构常常笼统要求消费者授权相关机构可以对其信息进行后续利用,但消费者并不实际知晓信息会被如何利用,因此可能存在"一次收集、终生利用"的问题。

消费者的身份资料、通信信息、银行卡信息、交易记录等均由电子商务平台储存,如果发生因技术故障被黑客攻击等情形,客户信息将被盗取而产生损失。另外,由于个人身份信息非法交易的情况较为严重,通常无法确认消费者是否出于本人意愿开通了信用支付产品。据新闻报道,实践中发生了多起"京东白条"被盗刷的事件,被盗刷时发送给权利人的短信被屏蔽,权利人无法及时取消订单而遭受损失。① 特别是在 2017 年之前,由于"京东白条"无须本人实名认证,也无须绑定银行卡,因而有犯罪嫌疑人利用他人身份信息进行账号注册并购物,最终诈骗百万余元。② 电子商务平台应加强账户安全保障,保护消费者的信息安全。

电子商务平台可以在平台内自行广泛搜集客户信息从而掌握客户的信用状况,但其信息搜集范围和后续使用情况往往通过格式合同约定得极为广泛,消费者并不知晓其信息在何种范围和程度上被利用。例如,京东商城设有"小白信用"评分体系,京东公司运用大数据算法,根据客户的浏览、消费、投资、信贷等交易记录,为客户信用水平作出评估,评分越高,客户信用越好。③ 但此种做法属于电子商务平台内部征信,仅受制于电商平台和客户之间的合同安排,客户的信息权利并未得到较好的保障。即便对于发展相对成熟的"芝麻信用"(涉及"蚂蚁花呗"征信),也发生了前述"俞某与浙江天猫网络有限公司等网络侵权责任纠纷"等案例,表明实践中消费者信息权利易受到侵犯。在 2021 年《数据安全法》和《个人信息保护法》出台之后,法院可

---

① 《白条账户遭盗刷,京东金融"痛点"待解》,载《中国经营报》2015 年 11 月 23 日。
② "张端鸿、孙卓诈骗案"(湖南省长沙市中级人民法院(2019)湘 01 刑终 112 号刑事二审裁定)。
③ 京东对消费者的信用评分是根据用户在京东的浏览、购物、投资理财、信用产品使用和履约情况、个人信息完整度等数据作出的。可参见京东金融官方网站,http://help.jr.jd.com/show/helpcenter/288.html,2022 年 7 月 18 日最后访问。

以根据这些法律对消费者个人信息权利进行较为全面的保护。但是,鉴于个人信息的价值非常难以计算,法院难以在裁判审理中利用损失赔偿等措施对行为人予以"惩戒",司法威慑效果并不理想。因此需要发挥行政监管的优势,在事前制定统一规则,并通过事中执法检查和事后处罚违法行为,对侵犯个人信息权利的行为施加有效规制。

　　然而,对消费者个人信息权利的保护也应当存在限度。基于征信的需要,在消费者授权的情况下,征信机构可以充分搜集和利用个人信息作出信用评价,采取"失信惩戒、守信激励"等机制,降低客户的信用风险。个人征信通过第三方中介机构将个人信用信息集中于数据库,形成个人信用档案,提供个人信誉状况,这一过程主要涉及四方当事人:消费者、信用信息提供者、征信机构和信用信息使用者。[1] 建立在网络消费信用支付产品基础上的互联网征信主要是以互联网为载体,利用大数据、云计算等方法对个人在互联网交易过程中留下的数据信息进行抓取、采集、整理和利用,与传统征信在征信渠道、信息数据来源、征信主体、数据构成、应用方式、应用领域和覆盖范围等方面均存在诸多差异。[2] 互联网征信面临在线难以识别客户身份、无法要求客户提供其他担保、对数据数量和真实性要求较高、存在信息征集边界等问题。

　　网络消费信用支付市场的个人征信系统以电子商务平台建立的闭环系统为主。在电商平台推出信用支付的过程中,平台可以对客户交易相关信息进行征信,但信用信息也仅限于本平台的交易信息,无法涵盖其他平台、其他类型的信息,存在应用范围狭窄、市场信息链条不完整的缺陷。部分电子商务平台的征信数据模型也存在一定的局限,例如在中信银行与阿里巴巴集团合作推出的虚拟信用卡业务中,阿里巴巴利用几个关键数据将客户分类,通过反复计算不同群体内部的违约概率,再确定不同群体的分别的授信额度。[3] 此种数据模型并没有根据个体信用状况进行单独授信,而是采取群体分类的标准化授信方式,可能存在授信不准确的问题。此外,由于征信数据模型的设计,在某个电子商务平台活跃度高的客户相比于活跃度低的客户更易被评级为高信用,从而助长客户"刷信用",影响信用评分的真实性和完整性。相比之下,传统商业银行的信用卡业务的审批与额度管理过程均全面嵌

① 王锐、熊键、黄桂琴:《完善我国个人信用征信体系的法学思考》,载《中国法学》2002年第4期。
② 李真:《中国互联网征信发展与监管问题研究》,载《征信》2015年第7期。
③ 《虚拟信用卡为什么被叫停》,载《证券时报》2014年3月17日。

入个人征信系统,在信贷审批、贷后管理成本和信贷质量等方面具有优势。[①]

2. 完善消费者信息保护及征信体系建设

诚如论者所总结的,网络消费信贷中的征信呈现出新的特点——征信对象由特定到普遍,征信机构由单一到多元,信用评级由片面到多样。[②] 鉴于消费者在使用信用支付产品和服务时被网络消费信贷相关机构广泛搜集信息进行信用评价,有必要在《个人信息保护法》的框架下进一步细化和完善消费者信息保护的法律规制,特别是建立以行政监管事前规范为主的规制框架,为信息搜集机构设立统一的行为标准,并通过事中执法和事后惩戒改善治理。消费者信息保护制度的其中一个方面是对个人隐私——作为人格权的私人信息权提供法律保护。隐私权的应有之义是个人可以决定其思想、观点和情感在多大程度上与他人交流。[③] 然而,无论将消费者的个人信息权置于隐私权保护体系之下还是独立保护,它与互联网征信体系建设均存在一定程度的抵牾。网络消费信用支付市场的发展必然面临诸如信贷欺诈等消费者信用风险问题,而建立相对完善的个人信用征信体系是信用风险管理和风险控制的主要手段,因此规制过程需要实现个人信息保护与信息利用(征信)之间的平衡。

在征信业务规范方面,国务院颁布了专门的行政法规——《征信业管理条例》(2013 年),明确规定征信机构采集个人信息应当经过信息主体本人的同意。[④] 该条例也对个人信息的采集和利用施加了诸多限制。例如,为了保护个人隐私权,严格禁止征信机构采集个人宗教信仰、基因、指纹、血型、疾病和病史等信息,并且未设置例外;而对于个人收入、商业保险、纳税数额等信息的采集则作出了例外规定,即原则上禁止采集,但如果征信机构明确告知不利后果并取得书面同意的可以采集。[⑤] 此外,《征信业管理条例》还要求征信机构在采集不良信息时,应事先告知信息主体本人。[⑥] 司法实践中,消费者通常以征信信息提供者侵犯其名誉权为由要求删除不良记录,但也有案例

---

① 中国人民银行征信中心与金融研究所联合课题组:《互联网信贷、信用风险管理与征信》,载《金融研究》2014 年第 10 期。这篇文章更加侧重讨论个人网络借贷(P2P)平台的征信制度,但其基本观点也适用于网络消费信用支付市场。

② 杨曦:《互联网消费信贷中个人征信信息的法律保护》,载《河北法学》2020 年第 3 期。

③ Samuel D. Warren and Louis D. Brandeis, The Right to Privacy, Harvard Law Review, Vol. 4, 1890.

④ 《征信业管理条例》(2013 年)第十三条:采集个人信息应当经信息主体本人同意,未经本人同意不得采集。但是,依照法律、行政法规规定公开的信息除外。企业的董事、监事、高级管理人员与其履行职务相关的信息,不作为个人信息。

⑤ 《征信业管理条例》(2013 年)第十四条。

⑥ 《征信业管理条例》(2013 年)第十五条:信息提供者向征信机构提供个人不良信息,应当事先告知信息主体本人。但是,依照法律、行政法规规定公开的不良信息除外。

表明,如果消费者在征信系统上的不良信用记录是因其自身原因造成(例如违约未偿还贷款等),征信信息提供者向征信机构提供不良信息的,不属于侵犯公民名誉权的行为,不承担侵权责任。[①]《征信业管理条例》也对个人的信息被遗忘权作出了保障要求,[②]但实践中互联网征信业务协议中通常没有对信息被遗忘权的说明。未来应对客户信息被遗忘权利予以更加清晰的规定,规制者可以要求征信机构在格式合同中制定具体的规则,并赋予客户相关请求权,从而更好地保障客户权益。

除《征信业管理条例》这一行政法规之外,中国人民银行在2013年和2021年分别颁布了《征信机构管理办法》(中国人民银行令〔2013〕第1号)和《征信业务管理办法》(中国人民银行令〔2021〕第4号),建构起征信规制框架,一方面对征信业务全流程进行监管,另一方面也落实《个人信息保护法》的要求,强调保障个人信息主体的同意权、知情权和异议投诉权。[③]

我国的信用信息储存处于割裂状态,目前仍在逐步改善之中。个人信用信息分别存在于商业银行等传统金融机构与互联网电子商务平台,前者为公共征信,以中国人民银行的金融信用信息基础数据库为核心;[④]后者为市场征信,主要征集网络消费和借贷产生的信用信息,但一直游离在传统的央行征信系统之外。[⑤]如果没有征信牌照,电商平台的内部征信无法接入中国人民银行的征信系统,因此无法通过央行征信系统将客户网络消费信息与其他信息(例如实体金融消息、公共服务信息等)结合起来,以便全面评估客户信用情况。[⑥]不同征信系统之间的数据存在分割、无法共享的情况,降低了征信体系的价值,产生数据孤岛的问题,不利于惩戒违约违规行为,直接影响了法律规制的威慑作用。

提升征信信息可得性和互换性是网络消费信用支付市场规制的重要目标。有论者建议构建互联网"失信者名单"制度,对失信行为进行记录并对

---

① "林涛与中国工商银行股份有限公司西安纺织城支行及陕西百隆腾达房地产开发有限公司名誉权纠纷"(陕西省西安市中级人民法院(2008)西民二终字第1747号民事二审判决)。

② 《征信业管理条例》(2013年)第十六条:征信机构对个人不良信息的保存期限,自不良行为或者事件终止之日起为5年;超过5年的,应当予以删除。在不良信息保存期限内,信息主体可以对不良信息作出说明,征信机构应当予以记载。

③ 《中国人民银行有关负责人就〈征信业务管理办法〉答记者问》,2021年9月30日。

④ 刘国刚:《互联网金融背景下我国个人征信行业发展实践及展望》,载《金融理论探索》2018年第2期。

⑤ 有论者建议通过创建个人破产制度改变这种割裂状态,参见刘冰:《论我国个人破产制度的构建》,载《中国法学》2019年第4期。

⑥ 一般认为,个人征信的数据可分为六个维度:基本信息、还款能力、负债记录、行为特征、社交资料、公共记录信息等,参见刘国刚:《互联网金融背景下我国个人征信行业发展实践及展望》,载《金融理论探索》2018年第2期。

外披露,形成"一处失信、处处受制"的信用约束环境。① 更为重要的是需要从法律规范层面加强征信系统的互联互通。在 2015 年 1 月,中国人民银行印发《关于做好个人征信业务准备工作的通知》要求阿里巴巴集团下的芝麻信用管理有限公司、腾讯集团下的腾讯征信有限公司等八家企业做好个人征信业务的准备工作。2017 年,由中国互联网金融协会和八家机构共同发起成立百行征信有限公司("信联"),该公司在 2018 年获得中国人民银行下发的个人征信业务许可。② 随着实践的发展,持有征信牌照的机构可以将电子商务消费信用信息接入中国人民银行金融信用信息基础数据库、中国支付清算协会互联网金融风险信息共享系统、中国互联网金融协会互联网金融服务平台等,进一步打破"信息孤岛",有利于实现信息共享。在 2020 年 7 月,"蚂蚁花呗"部分客户的信用信息开始接入中国人民银行的金融信用信息基础数据库。③ 此外,小额贷款公司也已经按照要求接入央行的征信系统,④例如北京京汇小额贷款公司曾请求客户授权其通过中国人民银行的金融信用信息基础数据库等提供身份识别信息、信贷信息等。⑤

(三) 债权担保与债务催收规范

1. 债权担保、债务催收方式及风险

(1) 债权担保

与信用卡交易类似,在网络消费信用支付交易中,授信者需要对迟延收款的信用风险进行控制,因而可能采取债权担保制度来保障其收款权利。传统中常用的债权担保方式主要包括所有权保留和保证保险制度等。所有权保留制度是指在买卖合同中,买受人虽然先占有和使用标的物,但在双方当事人约定的特定条件(例如价款部分或全部清偿)成就之前,出卖人仍保留标的物的所有权,待条件成就之后,再将所有权转移给买受人。⑥ 在网络消费信用支付交易中,所有权保留制度较少使用。

保证保险是更为常用的债权担保制度。保证保险是指保险人承诺在作

① 马春芬:《电商平台个人信用支付产品发展现状及监管建议》,载《国际金融》2015 年第 11 期。
② 中国人民银行:《关于百行征信有限公司(筹)相关情况的公示》,2018 年 1 月 4 日,http://www.pbc.gov.cn/rmyh/105208/3456248/index.html,2022 年 7 月 18 日最后访问。
③ 《花呗接入央行征信 全部用户群将分批陆续覆盖》,载《华夏时报》2020 年 7 月 27 日。
④ 接入模式包括集中组织、一口接入,直接接入,依托商业银行接入与间接接入等四种,参见《中国人民银行办公厅关于小额贷款公司接入人民银行征信系统及相关管理工作的通知》(银办发〔2011〕1 号)。
⑤ 可参见京东金融网,https://jrhelp.jd.com/show/getProblemInfo-3647,2022 年 7 月 18 日最后访问。
⑥ 刘燕主编:《消费金融的法律结构分析》,经济日报出版社 2007 年版,第 21 页。

为消费者的借款人不能向其债权人偿还贷款时,由保险人向债权人承担偿付责任,兑付借款的本金和利息。例如在腾讯、支付宝推出的前述虚拟信用卡业务中,众安在线财产保险公司为虚拟信用卡的透支风险进行承保,由商业银行支付保费,如果客户无法按约偿还欠款,则由保险公司向商业银行支付保险金。在虚拟信用卡业务被中国人民银行暂停之后,上海时趣商业保理公司、众安在线财产保险公司与杭州卷瓜网络有限公司("蘑菇街")在另外一款网络信用支付产品——"买呗"(后改名为"白付美")之中建立合作,由保理公司为消费者垫付资金并受让商户的应收账款,保险公司则负责向消费者催收债务,属于以保理授信方式担保债权。①

保证保险的法律性质究竟是保险还是担保,理论界存在争议。有学者认为,保证保险是借用保险合同形式的一种担保手段,用来实现担保债务履行的目的,其实质是保险人对债权的担保行为。② 然而,也有学者认为保证保险是保险而非担保。③ 按照美国保险学者雷达(George E. Rejda)的观点,保证保险与一般保险相区别,而更类似于担保,主要表现为:(1) 区别于一般保险中的两方当事人——投保人与保险人,保证保险存在三方当事人——债务人、债权人和保险人;(2) 保证保险收取的保险费本质上是保险人提供担保服务的费用,保险人提供的实际上是增信服务;(3) 保证保险中保险人有法定权利从违约的债务人处获得担保责任的补偿;(4) 保证保险人担保的是债务人的履约能力和信用,具有主观性。④ 从我国最高人民法院的答复中可以看出,司法机关倾向于认为保险人没有作出担保承诺的意思表示,保证保险在性质上属于保险合同。⑤

在保证保险监管政策和规则方面,国务院于 2014 年发布《关于加快发展现代保险服务业的若干意见》(国发〔2014〕29 号),提出"积极发展个人消费贷款保证保险,释放居民消费潜力"。2017 年原保监会发布专门的《信用保证保险业务监管暂行办法》(保监财险〔2017〕180 号),要求保险公司经营保证保险业务,应当坚持依法合规、小额分散、稳健审慎、风险可控的原则。在2018 年 9 月,中共中央和国务院发布《关于完善促进消费体制机制 进一步激

---

① 《蘑菇街"白付美"用户服务协议》(2022 年 2 月版),https://act.moguijie.com/bfmcontract3,2022 年 7 月 18 日最后访问。
② 梁慧星:《保证保险合同纠纷案件的法律适用》,载《人民法院报》2006 年 3 月 1 日。
③ 宋刚:《保证保险是保险,不是担保——与梁慧星先生商榷》,载《法学》2006 年第 6 期;任自力:《保证保险法律属性再思考》,载《保险研究》2013 年第 7 期。
④ George E. Rejda, Principles of Insurance, Scott Foresman Publisher, 1989, p.308. 转引自刘燕主编:《消费金融的法律结构分析》,经济日报出版社 2007 年版,第 43 页。
⑤ 《最高人民法院关于保证保险合同纠纷案件法律适用问题的答复》((2006)民二他字第 43号)。

发居民消费潜力的若干意见》,鼓励保险公司在风险可控的前提下,为消费信贷提供融资增信支持。这些行政监管统一规则的发布可为实践中保证保险业务的开展提供指引,将有利于促进市场的有序发展。

（2）债务催收

如果债权担保方式不能较好地实现授信方的利益,消费金融公司或者小额贷款公司则需要运用债务催收方式主张债权。由于信用支付交易的结构设计,买卖合同与信贷合同可能分离,即消费者获得的信用由非属于销售者的第三方机构提供,消费者无法依靠不付款或少付款等行为约束销售者对商品或服务的瑕疵担保义务,而且信用支付交易还容易诱导消费者扩大消费。① 鉴于消费者通常处于弱势地位,缺乏对相关法律行为的后果的理解,因此即便在授信者基于正当的信贷合同关系向消费者催收债务时,亦应遵守消费者权益保护相关规则和制度。

由于网络消费信用支付产品的信用额度相对较低,当客户违约不还款时,电子商务平台可能基于成本收益考虑,不便通过诉讼方式要求客户承担相应还款责任。实践中,电子商务平台对消费信用债务的催收以线上催收手段为主,例如平台向客户发送信息通知、打电话、发短信、发邮件等进行催收,如果债务催收无法成功,一般也以注销客户账户的方式终结债权债务关系。在平台引入征信体系之后,可以对违约客户进行负面信用记录,例如客户未按期偿还"蚂蚁花呗"债务,其芝麻信用分会被降低,后续消费等行为也将受到影响。然而,部分平台也可能采取线下催收或委托第三方催收的方式催收客户债务,如果第三方催收方式中包括骚扰、精神侮辱甚至人身威胁时,构成对消费者权益的严重损害。

实践中,按照京东金融与客户签订的《白条信用赊购服务协议》,京东公司可以采取的债务催收方式包括委托债务催讨公司或律师事务所等第三方机构代为追讨债务、提起诉讼、申请仲裁,相关违约救济措施包括调整或取消客户信用赊购额度、拦截赊购交易订单、要求客户纠正违约行为并提供相关信息材料、宣布应付款项提前到期并要求支付相应费用等。特别地,京东有权直接从客户绑定的银行卡账户中直接扣减使用信用赊购服务应支付的全部款项。② 这些合同约定表明电子商务平台的债务催收方式及相关违约救济措施极为广泛,但基本以软催收方式为主。如果出现暴力和其他不当催收

---

① 刘燕主编:《消费金融的法律结构分析》,经济日报出版社 2007 年版,第 1 页。
② 可参见《白条信用赊购服务协议》(2022 年 1 月版) 第 6.2 条"违约救济",https://mpt.jd. com/contracts/agreements-dynamic-detail.html? agreementNo = 7232970&resourceType = H5, 2022 年 8 月 12 日最后访问。

方式,即应受制于法律规范。

（3）规范不当债权担保与债务催收方式

对于网络信用支付产品和服务中的不当债权担保与债务催收,应首先通过行政监管措施予以规范。2016年发生的"裸条事件"凸显了网络信息时代债权担保规范的重要意义。[1]　"裸条"是指借款人应放贷人（通常为网络借贷平台）要求,在借款时手持身份证的裸体照片或视频替代借条,并同意在无法按约还款时由放贷人公开裸体照片,或者将裸条信息进行售卖,个别情况下还可能要求借款人以性交易偿还欠款。就其本质而言,"裸条"是一种债权担保手段,曾被运用于"现金贷""校园贷"等业务。在以"裸条"为债权担保的网络借贷中,放贷人涉嫌侵犯公民个人信息、敲诈勒索、传播淫秽物品等刑事犯罪。

"裸条事件"代表了缺乏监管的互联网金融对传统金融放贷均衡的破坏。[2]　在此之后,监管部门迅速采取了回应型监管策略,紧急叫停并整顿了现金贷、校园贷中的不规范行为。[3]　对于网络信用支付产品,因其本质在于信用贷款,也应注重防范类似违法违规债权担保行为。网络消费信用支付产品主要由大型电子商务平台提供,目前较为规范。实践中电商平台采取的债权担保手段一般以软约束为主,例如限定客户在电子商务平台的消费信用额度和资金用途,因为通常而言消费者信用额度越低、消费用途越清晰,资金使用情况越能可控,相应的信用风险也越小。随着征信体系建设的逐步完善,消费者在网络消费信用支付方面的违约情况也被纳入正式的征信系统,将进一步震慑消费者的信用违约行为。

在债务催收方面,行政监管可通过事前规范要求贷款机构不得采取暴力、骚扰、不当公开个人信息等非法债务催收方式,并通过执法检查与处罚,矫正市场的无序发展。实践中,借款人通常需要向放贷人提供个人信息与家人朋友电话,一旦借款人无法按期偿还欠款,放贷人可能采取电话、短信骚扰等方式进行债务催收,此外也可能有放贷人采取公开客户的消费信贷违约记录的方式来进行催收。这些催收方式的运用应当符合比例原则,例如仅在客户严重违约时才可将其列入失信人名单、公布违约记录等,而在小额非严重

---

[1]　相关新闻报道可参见司马童:《"裸条"借贷透出怎样的危情》,载《中国教育报》2016年6月15日。

[2]　缪因知:《不良债权催收的法律空间》,载侯猛、方乐主编:《法律和社会科学:法律、城市与地理（第18卷第2辑）》,法律出版社2020年版。

[3]　《中国银监会、教育部、人力资源社会保障部关于进一步加强校园贷规范管理工作的通知》（银监发〔2017〕26号）;《互联网金融风险专项整治工作领导小组办公室、P2P网络借贷风险专项整治工作领导小组办公室关于规范整顿"现金贷"业务的通知》（整治办函〔2017〕141号）。

违约情况下,不应采取骚扰或不当公开个人信息等方式进行催收。

随着技术的发展,市场中也不断出现债务催收创新方式,如果市场自治可以实现良性债务催收,行政监管不应过度干预。例如英国某公司开发出虚拟催收系统,可为我国债务催收的市场发展提供借鉴意义。客户在逾期欠款时收到提示信息,可通过链接登录账户了解欠款详情并归还欠款;如果客户不愿全额支付欠款,系统提供"游戏互动"方式逐一调整还款额度,引导客户提高还款意愿,同时还收集了与客户互动的数据,并确立差异化的价格规则;当发现客户面临财务困难时,即将客户转介至贷款重组等部门,从而推进后续贷款催收程序。[1] 也有论者建议我国应建立和完善规范化、专业化的第三方债务催收市场,保障债务人的合法权益。[2] 在市场可以实现较为高效且合法的债务催收时,监管机构应尊重市场发展,给予自治空间,而对于发展不充分、不完善的市场,监管机构应通过事前严格规范、事中执法检查以及事后违法惩处来规范不当催收,从而维护市场公平和稳定。

总体而言,非银行支付机构与可从事贷款的消费金融公司或小额贷款公司等合作,为消费者提供延长付款期限或者分期付款的支付方式,实现支付账户的融资信贷服务。这类交易是信用支付,也具有"先消费,后付款"的特征。在消费信用支付业务的规制结构配置上,应以行政监管为主、司法治理为辅,因为在确定消费信用支付创新业务的交易结构和法律属性之后,即可通过既有法律的适用解决相关司法纠纷,而由于其特殊的交易结构设计,经营者或支付服务提供者面临消费者的信用风险,需要通过行政监管控制消费者的信用风险,但同时亦应注重保障消费者的知情权、信息安全和不被非法催收等方面的权利。

---

① 何开宇:《国外消费金融最新六大业务创新趋势》,载《中国银行业》2017 年第 2 期。
② 缪若冰:《"裸条"背后的债务催收监管与消费者权益保护研究》,载《成都理工大学学报(社会科学版)》2018 年第 2 期。

结　　论

　　支付是最基础的金融功能之一,其目的在于转移货币价值。技术发展以及交易结构优化推动了支付变革,现代支付的本质变为支付信息的传输和账户余额的变化,即通过电子报文的传输联动账户余额变更以完成资金结算和清算。电子支付延展了支付在传统上的债务清偿功能,使得支付具有交易担保、融资信贷、投资理财等功能。在技术发展过程中,电子支付服务提供者通过电子终端传递支付指令,极大地便利了资金转移,但也带来客户权益受损、市场秩序混乱等问题。为此,监管机构采取回应型规制策略,针对市场突发风险,颁布相应电子支付规范,试图纠正市场失灵,司法机关也通过统一规范与个案审理等方式介入支付规制过程。然而由于电子支付涵盖业务过多,行政监管与司法治理均面临持续的支付创新变革挑战,碎片化规制将无法有效回应实践需求。根据业务类型厘清规制目标,匹配恰当的行政监管和司法治理路径,有利于确立法律规范的前后一贯性和内在统一性,形成整体规制框架。

　　本书的立意在于对电子支付采取法律关系类型化的规制策略,从本质上把握支付技术创新带来的潜在风险,在整体上优化电子支付规制结构配置,逐一确立不同类型电子支付业务的法律属性、交易风险及其规制重点,明确核心规制目标,选择妥当的规制工具,系统讨论规范本身的建构或改进以及规范的司法适用,在规范、执行与适用方面构建有机整体,最终达至鼓励创新与防范风险的协调发展。

　　从理论上看,支付业务创新的内在动力始终在于克服交易在时间上的不一致、空间上的隔离与交易信息的有限性。由于支付时间差异决定了电子支付服务接受者所面临的风险,应根据付款人完成货币价值转移的时间与其获得产品或服务对价的时间存在的偏离程度,将电子支付划分为预付、即付与延付三大基础类型。不同业务的规制结构配置存在差异,同类业务则应接受类似规制。对于存在严重负外部性的支付业务,应实现行政监管与司法裁判的合作规制,而对于其他支付业务,须明确核心问题,在比较行政监管与司法裁判的优劣之后再进行规制路径和规制措施的匹配。

一、电子支付规制结构配置框架

按照导论部分总结的选择规制路径的分析条件——规制介入时间、规制工具、规制信息获取和规制对象的影响,可以从总体上比较行政监管与司法裁判的特点。行政监管最大的优势在于监管机构具有主动性,已经获得授权的监管机构可在其权限范围内运用国家权力,主动启动执法程序限制或禁止特定的风险行为。虽然司法机关也可以通过发布司法解释和司法文件统一裁判规则,为未来的纠纷审理提供制度供给,但是司法治理更多的作用空间仍在于个案裁判。个案裁判具有被动性特点,法院只能等待当事人启动司法程序而不能主动介入规制。此外,行政监管还具有技术优势,特别是针对技术性较强的领域,监管机构的专业分工优势和规模优势更为明显,实践中裁判者也往往依赖技术类监管措施进行裁判。

司法裁判具有事后规制的特点,司法机关的优势在于能够以较低成本获取信息,因为法官可以在个案中结合具体案情对当事人行为作出确切的判断。与司法机关相比,行政机构获取信息的成本更高。理论上监管机构应当针对不同市场主体的行为样态和风险状况进行广泛的信息搜集,否则其制定规制措施的事实依据不足,难以证明相关规制措施的合理性。但是,监管机构主动搜寻信息需要耗费大量成本,即便监管机构可以要求市场主体主动向其报送信息,但整个信息报送体系以及信息认证等程序仍需要耗费成本,而且被监管者是否有足够的动力主动报送全部信息也存在疑问。

司法裁判还具有个案判断的灵活性优势,法院可针对不同当事人的行为进行区别对待,根据实际情况设定标准或进行责任分配。相比之下,行政监管往往“一刀切”,不具备个案判断的灵活性,但行政监管的效率相对更高,监管机构可以迅速、简便和高效地启动监管程序,执行监管措施。司法裁判者的事后规制存在时滞性问题,法官往往无法因应政策及形势变更作出快速变化。此外,司法的事后规制也存在法律威慑程度不足的问题。通过事后法律责任的认定来威慑未来的违法行为,激励市场主体采取措施避免风险的发生,难以产生足够的威慑效力,因为这一机制依赖于当事人提起诉讼程序以追究行为人的责任,但诉讼成本、行为人责任财产不足等因素可能导致诉讼激励不足,最终无法追究行为人责任,从而产生法律威慑不足的问题。

基于行政监管与司法治理在不同问题的规制方面各具优势与劣势,电子支付的规制应根据业务类型的特点,特别是交易结构所反映出来的核心风险,明确相应的规制目标和重点,再匹配合适的规制路径和措施。表1简要反映了电子支付规制结构的整体配置框架。

表 1　电子支付规制结构配置框架

电子支付类型	特点	代表性支付业务		规制目标和重点	规制路径和措施
预付	消费者"先付款,后消费",占据资金与信息劣势	预付费用	单用途预付卡	保障客户资金安全、维护市场秩序	行政监管与司法治理合作规制:区分具体业务类型采取不同规制措施
			多用途预付卡		
			网络账户		
		预付押金	押金账户	保障客户押金安全、促进市场创新	
即付	债权债务当即结清,信息较为完备	商业银行借记卡		防范技术风险导致资金损失、维护市场秩序	以司法治理为主导:统一裁判规则
		非银行机构条码即付			
延付	消费者"先消费,后付款",占据资金与信息优势	商业银行信用卡		控制客户信用风险、规范催收过程	以行政监管为主导:激励—信息型规制
		非银行机构消费信用支付			

二、电子支付业务的具体规制结构

(一) 预付类:行政监管与司法治理合作规制

1. 核心规制目标:保障消费者资金安全

对于预付类电子支付业务,支付服务提供者要求消费者预付款项的机制设计,使得消费者"先付款,后消费",即消费者作为支付服务接受者将货币资金事先交付或存放于经营者或其他支付服务提供者,再在日后用于所购买的商品或服务的支付。消费者已经预先付款,其后能否获得产品、服务或者资金的返还,存在不确定性,因此消费者资金安全无法得到保障。鉴于消费者资金损失风险具有严重的负外部性,较易造成公众利益损害,单纯依赖某一类规制不足以构成威慑,因此行政机构与司法机关应建立事前与事后的规制合作,将核心规制目标设定为保障消费者资金安全及其他合法权益,并根据不同类型的预付类支付业务选择相应的规制工具。

单用途预付卡中消费者预付的金额较高,可建立体系性的行政监管,但鉴于此类预付卡适用范围有限,不应对其进行严格的管制,而应加强消费者资金安全和其他权益的保障。多用途预付卡和网络支付预付业务体现跨行业、跨地域支付的特性,支付机构挪用客户资金的风险较大,因此应予以严格金融监管,采取市场准入许可制,完善行政监管与司法治理的合作规制,保障客户资金安全并加强市场秩序维护。特别是对于客户备付金,监管策略经历了支付机构自行存管、存管于商业银行、部分存管于中央银行以及全额集中存管于中央银行等不同阶段,反映出监管机构对客户资金安全的逐步重视。相较而言,预付押金业务是预付机制和商业模式的创新,但每位消费者所预付的金额较低,不应建立严格金融监管,更应注重市场自治和司法治理。预付押金业务的规制结构配置也适用于未来类似的支付创新。

2. 规制措施:明确预付费用与预付押金的法律属性差别

鉴于预付类交易结构可能为消费者带来较大的资金风险,因此法律规制的核心目标是保障消费者资金安全,同时在此规制谱系之下,应根据不同业务中消费者所承受风险之大小予以层次化规制。在规制措施选择方面,应区分预付费用与预付押金业务的法律属性差异。预付费用业务主要包括单用途预付卡、多用途预付卡和网络账户相关业务,具体规制措施亦应有所区别。预付押金业务面临市场创新带来的法律挑战,规制措施的选择需要在保障押金安全与促进市场创新之间达成平衡。

单用途预付卡是经营者提供的仅限于在本企业或本企业所属集团或同一品牌特许经营体系内兑付货物或服务的预付凭证,付款人可借此请求经营者履行债务。我国对预付卡的规制源起于反腐败,但对单用途预付卡规制效果的实证研究表明,地方上对单用途预付卡监管存在执法不力的情况,究其原因是反腐败的监管目标扭曲了执法策略,加之我国金融体制排挤中小微企业,预付卡成为商户提前回笼资金的工具。对于单用途预付卡的规制,需要在消费者保护的规制目标之下,由商务主管部门进行备案监管,并完善信息披露、履约保险、信用认证等柔性规制措施。

多用途预付卡可用于在发行机构之外支付商品或服务消费。我国对多用途预付卡性质的认定经历了从"电子货币"到"预付价值"的转变。多用途预付卡不是真实货币,不具备法偿性,其支付能力来源于发行机构的商业信用;发行机构提供的支付、兑现、结算等服务,都由它们自身的偿债能力决定。另外,多用途预付卡的本质特征在于发行机构预收了客户的资金,因此应将多用途预付卡的法律性质界定为预付价值。鉴于多用途预付卡的影响范围大于单用途预付卡,因此相关业务应由金融监管机构进行严格监管,强化对预付卡发行机构预收客户资金的监控,并提升司法治理水平,严厉打击非法集资和其他侵害消费者合法权益的行为。

在网络支付的账户支付模式中,非银行支付机构不发行实体卡,而是为客户提供账户来实现资金的跨时间、跨账户转移,客户资金会在支付账户中作较长时间的停留,即产生资金沉淀,支付账户的余额所反映的本质也是客户的预付价值。此类支付业务的规制核心是保障客户资金安全和维护支付系统结算与清算秩序。对于前者,需要完善行政监管与司法治理的合作规制,严格控制支付机构对客户备付金的使用,通过行政处罚与司法裁判追究支付机构挪用或非法使用客户资金的法律责任;对于后者,应主要由监管机构行使市场秩序维护之职责,完善备付金集中存管及配套制度。

押金也属于预付交易之一。尽管共享经济中的互联网分时租赁押金"一人一押"的特点改变了传统的"一物一押"模式,但不足以突破现有法律制度,特别是由于押金使用范围有限,并且以小额为主,无须建立严格规制。在私法上,由于新型押金支付模式仍然属于以金钱为标的的非典型担保,难以构成特定化,不适用金钱质押规则,也不能直接要求对押金进行特户管理;互联网租赁服务并非"为他人利益而行为",也不具备"营业外观"要求,无法适用债权破产取回的特殊规则。押金作为一般债权,不能在企业破产时被承租人取回,因此押金返还与破产保护应遵循既有私法体系。此外,押金本身并不具有金融属性,不宜按照预付费用规制逻辑对预付押金交易予以严格金融监管,应采取市场自我规制、技术替代、合同自治和司法保障等规制措施,以促进市场创新与自律发展。

(二) 即付类:以司法治理为主、行政监管为辅

1. 核心规制目标:控制技术问题带来的资金损失

即付类支付业务的交易结构是消费者在获得商品或服务的同时完成支付,可以实现"一手交钱、一手交货"。电子支付服务者提供的支付的功能在于按照客户支付指令支付款项,当事人债权债务关系可以即时了结,各方信息较为对称。消费者不易因支付服务提供者或经营者遭受资金损失,因而法律规制重点不在于某一方可能无法履行债务或挪用资金的信用风险,而在于技术创新带来的风险以及事后的非授权损失分配。

在即付类电子支付业务的规制结构配置上,不必以行政监管建立统一规则为主导,而应侧重司法治理,以便减少规制成本。尽管监管规范也作出了原则性规定,但由于个体差异,应发挥司法个案裁判优势,赋予法官自由裁量空间,由法官根据案件事实进行裁量。特别是对于商业银行借记卡的发行与受理业务,应发挥司法治理的优势,通过统一的裁判规则,结合个案具体情况,对未经权利人授权的交易产生的损失进行合理分配。对于条码即付业务,需要特别发挥行政监管机构在制定统一的事前的技术规范方面的优势,妥当处理技术发展与市场安全之间的关系。

2. 规制措施：司法治理与行政监管各有侧重

借记卡是商业银行向社会发行的具有存取现金、转账结算，而不具备透支功能的支付工具。尽管持卡人也需要事先在银行卡中留存资金才可进行支付，但借记卡与预付卡等预付费用凭证有所差异。借记卡作为支付工具，不突出体现"提货凭证"或"债权凭证"功能，而是现金支付的替代。在持卡人刷借记卡时，其银行账户余额立即减少，更体现"一手交钱、一手交货"的特征。商业银行借记卡收单是典型的即付类业务，行政监管应注重业务规范、交易安全保障和市场秩序维护。监管机构可以通过发布技术规则，在事前建立统一规制，改善交易安全防护水平，并利用执法处罚提升规制威慑力，同时注重给予市场自主竞争空间，促进市场高效发展。借记卡即付交易的司法治理重点是解决非授权交易纠纷，应针对借记卡盗刷问题，建立安全程序规则，明确各主体之间的权利义务和举证责任，在消费者权益保护基础之上合理分配资金损失。

当非银行支付账户绑定商业银行借记卡时，支付机构充当支付通道，应用条码技术实现收付款人之间货币资金的转移，也体现即时支付特征。对于条码即付业务的规制，司法治理与行政监管应各有侧重，前者注重解决非授权支付的民事和刑事纠纷，后者注重防范和应对支付技术创新带来的支付安全与市场秩序问题。特别地，从条码的生成与受理过程可以看出，如果包含了付款人账户信息的条码不变，即维持静态码的状态，付款人可能面临账户资金被盗的风险，因此法律规制重点是技术安全保障。此外，还需建立平衡支付安全与效率的规制理念，完善客户身份识别制度、信息传递安全保障制度、账户分级和交易限额制度等，以便加强技术风险管理，并以支付服务提供者是否经手资金结算为区分标准，判断是否严格规制聚合支付等创新业务。

（三）延付类：以行政监管为主、司法治理为辅

1. 核心规制目标：控制信用风险

在延付类支付业务中，消费者在获得商品或服务对价之后再付款，属于"先消费，后付款"，支付具有了融资信贷功能，延付交易因此也是信用交易。消费者作为付款人在延付交易中处于信息优势，因其已在付款前获得了所需购买的商品或服务，而经营者或支付服务提供者并不知晓消费者是否有能力在后续清偿。延付类电子支付业务的整体规制结构配置应以行政监管为主、司法治理为辅，因为一旦明确了交易结构和法律属性，即可通过既有法律的适用解决相关司法纠纷，但由于特殊的交易结构设计，经营者或支付服务提

供者面临消费者的信用风险,需要通过行政监管控制消费者的信用风险,同时亦应注重保障消费者的知情权、信息安全和不被非法催收等方面的权利。

商业银行信用卡业务和非银行支付机构提供的消费信用业务是典型的延付类业务,两者面临类似的交易风险,但法律规范将其区分对待,主要源于两类支付服务提供主体面临的监管环境存在差异。商业银行已经受到全面的严格的监管,因此其催收信用卡持卡人还款的过程相对规范。信用卡业务的主要问题在于信贷价格控制,对此应建立司法裁判与行政监管的协调机制,加强信用卡利息和费用的市场化治理。对于非银行支付机构联合其他贷款机构提供的消费信用业务,由于其信贷价格已经受到民间借贷利率相关规则的规范,信贷价格方面并不存在较大问题,但部分机构在消费者信息保护、债务催收等方面存在不规范之处,宜强化行政监管及司法治理的补充规制功能。

2. 规制措施:激励—信息型规制

商业银行信用卡典型业务是刷卡消费,即持卡人作为消费者在信用卡的特约商户处通过终端受理机具刷卡消费结算。此类业务的规制重点是控制持卡人的信用风险。信用卡的利息和费用规制问题——消费者的信贷成本是否过高成为实践中信用卡司法纠纷的主要争议。然而,监管规则与司法裁判规则在信用卡息费问题的处理上存在冲突,鉴于目前行政监管注重信用卡业务的市场化发展,因此规制结构配置应以行政监管为主、司法裁判为辅。但无论是行政监管还是司法治理,均应逐步取消统一的价格限定,侧重规制信用卡定价过程和定价条件,完善信息披露和提醒通知等激励式规制。此外,亦应建立司法治理与行政监管的协调机制,从根本上化解规制竞争,实现协同治理。

非银行机构消费信用支付业务可以帮助消费者实现垫付或信贷。在此类交易构造中,非银行支付机构仅是消费信用支付产品的销售渠道,真正的消费信用贷款由非支付机构——或者是经营者或者是具有信贷资质的机构提供,相关业务属性也因机构性质而有所差异。对于网络自营电子商务平台内部的信用支付,买卖合同与信贷合同合一,因此相关信用支付业务为信用赊购。自营电商平台以其自身商事信用为消费者提供赊销服务,并未对消费者带来额外风险,电商平台并不构成发放贷款,因此不存在特殊规制需求,平台无须获得消费金融或小额贷款等业务许可。对于第三方网络交易平台提供的信用支付,买卖合同与信贷合同分离在不同主体之间达成,信用支付业务的法律属性是消费信用贷款。此类业务的主要规制重点是控制消费者信用风险,规范套现与以贷养贷问题;保护消费者信息权利,加强征信体系建设;规范债权担保和债务催收方式,借助人工智能等技术推进债权实现。

　　电子支付的整体规制逻辑是针对支付业务的外溢性风险予以规制,坚持"功能规制为主、主体规制为辅"的规制理念,平等对待电子支付服务提供者,对同类业务进行同等规制,按照交易结构产生的风险选择规制措施。总体上,应以消费者权益保护为主要规制价值导向,兼顾鼓励市场创新以及维护市场秩序等价值,根据电子支付业务类型配置规制结构。本书期冀电子支付类型化分析和体系性规制框架可以融合开放性与确定性,助力于解决因无法及时应对技术革新所带来的规制滞后问题,实现电子支付市场的安全、公平与效率的平衡发展。

主要参考文献

中文著作(含译著、编著)

[1]〔美〕G. J. 施蒂格勒:《产业组织和政府管制》,潘振民译,上海人民出版社、上海三联书店 1996 年版。

[2]〔奥〕H. 考茨欧主编:《侵权法的统一:违法性》,张家勇译,法律出版社 2009 年版。

[3]〔美〕埃里克·杰克逊:《支付战争:互联网金融创世纪》,徐彬、王晓译,中信出版社 2015 年版。

[4]〔英〕安东尼·奥格斯:《规制:法律形式与经济学理论》,骆梅英译,苏苗罕校,中国人民大学出版社 2008 年版。

[5]陈宇:《风吹江南之互联网金融》,东方出版社 2014 年版。

[6]《德国民法典》(第 4 版),陈卫佐译注,法律出版社 2015 年版。

[7]电子商务法起草组编著:《中华人民共和国电子商务法条文研析与适用指引》,中国法制出版社 2018 年版。

[8]甘培忠主编:《共享经济的法律规制》,中国法制出版社 2018 年版。

[9]耿林:《强制规范与合同效力——以合同法第 52 条第 5 项为中心》,中国民主法制出版社 2009 年版。

[10]〔德〕汉斯·普维庭:《现代证明责任问题》,吴越译,法律出版社 2006 年版。

[11]何勤华主编:《公法与私法的互动》,法律出版社 2012 年版。

[12]侯猛:《中国最高人民法院研究:以司法的影响力切入》,法律出版社 2007 年版。

[13]黄韬:《公共政策法院:中国金融法制变迁的司法维度》,法律出版社 2013 年版。

[14]黄忠:《违法合同效力论》,法律出版社 2010 年版。

[15]蒋少华:《电子支付发展对央行货币政策的影响研究》,经济科学出版社 2013 年版。

[16]〔英〕科林·斯科特:《规制、治理与法律:前沿问题研究》,安永康译,宋华琳校,清华大学出版社 2018 版。

[17]李莉莎:《第三方电子支付法律问题研究》,法律出版社 2014 年版。

[18]李月军:《社会规制:理论范式与中国经验》,中国社会科学出版社 2009 年版。

[19] 刘宪权、卫磊:《涉信用卡犯罪刑法理论与实务》,上海人民出版社 2013 年版。

[20] 刘燕主编:《消费金融的法律结构分析》,经济日报出版社 2007 年版。

[21] 刘颖:《电子银行风险法律问题研究》,法律出版社 2016 年版。

[22] 马晨明:《中国支付行业的黄金时代:支付企业创始人访谈笔记(上册)》,人民邮电出版社 2015 年版。

[23]〔美〕马克·艾伦·艾斯纳:《规制政治的转轨》(第二版),尹灿译,钱俞均校,中国人民大学出版社 2015 年版。

[24] 马梅、朱晓明、周金黄等:《支付革命:互联网时代的第三方支付》,中信出版社 2014 年版。

[25] 欧阳卫民:《支付与金融》,中国金融出版社 2011 年版。

[26] 彭冰:《投资型众筹的法律逻辑》,北京大学出版社 2017 年版。

[27] 彭冰主编:《互联网金融实践的法律分析》,北京大学出版社 2017 年版。

[28] 沈岿、付宇程、刘权等:《电子商务监管导论》,法律出版社 2015 年版。

[29]〔美〕史蒂芬·布雷耶:《规制及其改革》,李洪雷、宋华琳、苏苗罕、钟瑞华译,北京大学出版社 2008 年版。

[30] 史晋川、董雪兵等:《法律·规制·竞争》,经济科学出版社 2008 年版。

[31] 宋亚辉:《社会性规制的路径选择:行政规制、司法控制抑或合作规制》,法律出版社 2017 年版。

[32] 苏永钦:《民事立法与公私法的接轨》,北京大学出版社 2005 年版。

[33] 苏永钦:《私法自治中的经济理性》,中国人民大学出版社 2004 年版。

[34] 苏永钦:《走入新世纪的私法自治》,中国政法大学出版社 2002 年版。

[35] 王继军:《公法与私法的现代诠释》,法律出版社 2008 年版。

[36] 王蜀黔:《电子支付法律问题研究》,武汉大学出版社 2005 年版。

[37] 吴志攀:《金融法概论(第五版)》,北京大学出版社 2011 年版。

[38]〔美〕悉尼·霍默、理查德·西勒:《利率史》(第四版),肖新明、曹建海译,中信出版社 2010 年版。

[39] 许德风:《破产法论——解释与功能比较的视角》,北京大学出版社 2015 年版。

[40] 杨彪:《中国第三方支付有效监管研究》,厦门大学出版社 2013 年版。

[41] 杨才勇、严寒、李耀东等:《互联网消费金融:模式与实践》,电子工业出版社 2016 年版。

[42] 杨军:《电子货币对货币供给的作用与影响研究》,中国金融出版社 2011 年版。

[43] 杨青、霍炜:《电子货币——互联网金融下的货币变革》,中国金融出版社 2015 年版。

[44] 余能斌主编:《民法典专题研究》,武汉大学出版社 2004 年版。

[45] 张强:《商法强制性规范研究》,法律出版社 2014 年版。

[46] 张友连:《最高人民法院公共政策创制功能研究》,法律出版社 2010 年版。

[47]〔日〕植草益:《微观规制经济学》,朱绍文、胡欣欣等译校,中国发展出版社

1992 年版。

[48] 中国人民银行条法司、国务院法制办财金司编著:《〈中华人民共和国中国人民银行法〉〈中华人民共和国商业银行法〉修改解读》,中国金融出版社 2004 年版。

[49] 中国支付清算协会编著:《移动支付理论与实务》,中国金融出版社 2015 年版。

[50] 中国支付清算协会编著:《支付清算理论与实务》,中国金融出版社 2017 年版。

[51] 钟瑞栋:《民法中的强制性规范:公法与私法"接轨"的规范配置问题》,法律出版社 2009 年版。

[52] 钟志勇:《电子支付服务监管法律问题研究》,中国政法大学出版社 2018 年版。

[53] 钟志勇:《网上支付中的法律问题研究》,北京大学出版社 2009 年版。

[54] 周光友:《电子货币与货币政策有效性研究》,上海人民出版社 2009 年版。

[55] 周子衡:《金融管制的确立及其变革》,上海三联书店、上海人民出版社 2005 年版。

[56] 朱虎:《规制法与侵权法》,中国人民大学出版社 2018 年版。

中文论文

[1] 巴曙松、杨彪:《第三方支付国际监管研究及借鉴》,载《财政研究》2012 年第 4 期。

[2] 北京市第二中级人民法院课题组:《银行卡盗刷案件审判思路探析——以案件相关主体间的法律关系分析为重点》,载《法律适用》2017 年第 3 期。

[3] 蔡颖:《偷换二维码行为的刑法定性》,载《法学》2020 年第 1 期。

[4] 曹士兵:《最高人民法院裁判、司法解释的法律地位》,载《中国法学》2006 年第 3 期。

[5] 陈承堂:《存款所有权归属的债法重述》,载《法学》2016 年第 6 期。

[6] 陈承堂:《论信用卡滞纳金的性质及其治理》,载《法律科学》2009 年第 4 期。

[7] 陈冲:《网上银行被盗案中的银行责任探析》,载北京大学金融法研究中心编:《金融法苑(2011 年总第 82 辑)》,中国金融出版社 2011 年版。

[8] 陈道英:《浅议司法尊重(judicial deference)原则——兼论与司法谦抑(judicial passivism)的关系》,载《湖北社会科学》2009 年第 3 期。

[9] 陈沛:《预付式消费:本质、问题与治理——兼评〈上海市单用途预付消费卡管理规定〉》,载《北方金融》2019 年第 1 期。

[10] 陈一新:《单用途预付卡金融异化、裁判反思与展望——基于 139 份案例的实证分析》,载《科技与法律》2018 年第 1 期。

[11] 陈颖、蔡伟:《预付式消费合同中消费者权益的司法保护》,载《人民司法·应用》2015 年第 3 期。

[12] 陈雨露、边卫红:《电子货币发展与中央银行面临的风险分析》,载《国际金融研究》2002 年第 1 期。

[13] 陈自强:《委托银行付款之三角关系不当得利》,载《政大法学评论》1996 年总

第 56 期。

[14] 程琥:《运动式执法的司法规制与政府有效治理》,载《行政法学研究》2015 年第 1 期。

[15] 崔建远:《"担保"辨——基于担保泛化弊端严重的思考》,载《政治与法律》2015 年第 12 期。

[16] 邓大鸣、李子建:《共享单车押金的性质及其监管问题探究》,载《西南交通大学学报(社会科学版)》2017 年第 4 期。

[17] 邓纲:《侵权之诉还是政府干预——经济法与民法视野中的外部性矫正问题》,载《现代法学》2001 年第 1 期。

[18] 丁磊:《互联网消费信贷资产证券化基础资产信用风险与征信——以"京东白条资产证券化项目"为视角》,载《西南金融》2016 年第 9 期。

[19] 丁晓春:《未履行或未完全履行的双务合同在破产程序中的命运——德国支付不能法第 103 条》,载《天津市政法管理干部学院学报》2008 年第 1 期。

[20] 董翠香:《账户质押论纲》,载《法学论坛》2006 年第 5 期。

[21] 段宝玫:《预付式消费卡若干法律问题探析》,载《上海商学院学报》2010 年第 2 期。

[22] 范如倩、石玉洲、叶青:《第三方支付业务的洗钱风险分析及监管建议》,载《上海金融》2008 年第 5 期。

[23] 冯果、李安安:《包容性监管理念的提出及其正当性分析——以农村金融监管为中心》,载《江淮论坛》2013 年第 1 期。

[24] 冯果、袁康:《走向金融深化与金融包容:全面深化改革背景下金融法的使命自觉与制度回应》,载《法学评论》2014 年第 2 期。

[25] 冯辉:《公共产品视野下信用卡滞纳金的法律规制》,载《广东社会科学》2018 年第 5 期。

[26] 冯辉:《论银行卡盗刷案件中银行赔偿责任的认定与分配——基于司法判决的类型化分析》,载《社会科学》2016 年第 2 期。

[27] 傅蔚冈:《暂停"二维码支付"的规制悖论》,载《上海金融》2014 年第 9 期。

[28] 高小强:《条码支付:业务模式、发展前景与对策建议》,载《南方金融》2017 年第 1 期。

[29] 耿磊:《〈关于修改《关于办理妨害信用卡管理刑事案件具体应用法律若干问题的解释》的决定〉的理解与适用》,载《人民司法·应用》2019 年第 1 期。

[30] 耿姗姗、张志英:《我国商业预付卡保证保险的法律构建》,载《河南财经政法大学学报》2020 年第 1 期。

[31] 谷昔伟:《特殊类型错误汇款返还请求权性质之理论重构》,载《甘肃政法学院学报》2020 年第 2 期。

[32] 广东省广州市中级人民法院金融庭课题组:《线上非授权支付纠纷的裁判规则》,载《人民司法·应用》2018 年第 1 期。

［33］郭琼艳：《第三方支付机构非授权支付的责任承担机制研究》，载洪艳蓉主编：《金融法苑（2017 年总第 94 辑）》，中国金融出版社 2017 年版。

［34］郝丽燕：《〈合同法〉第 167 条（分期付款买卖）评注》，载《法学家》2019 年第 5 期。

［35］何佳梅：《台湾地区使用信用卡之民事关系研究》，载北京大学金融法研究中心编：《金融法苑（2005 年总第 64 辑）》，中国金融出版社 2005 年版。

［36］何开宇：《国外消费金融最新六大业务创新趋势》，载《中国银行业》2017 年第 2 期。

［37］何颖：《金融消费者刍议》，载北京大学金融法研究中心编：《金融法苑（2008 年总第 75 辑）》，中国金融出版社 2008 年版。

［38］贺少锋：《公司自治与国家强制的对立与融合——司法裁判角度的解读》，载《河北法学》2007 年第 6 期。

［39］洪艳蓉：《信用卡危机的法律治理与启示——以美国〈2009 年信用卡问责及披露法〉为例》，载王卫国主编：《金融法学家（2010 年总第 1 辑）》，法律出版社 2010 年版。

［40］胡安琪、李明发：《网络平台用户协议中格式条款司法规制之实证研究》，载《北方法学》2019 年第 1 期。

［41］胡东海：《民事证明责任分配的实质性原则》，载《中国法学》2016 年第 4 期。

［42］胡家强、孙骥镨：《完善我国预付费交易法律规制的思考》，载《中国海洋大学学报（社会科学版）》2015 年第 3 期。

［43］胡凌：《扫码：流动性治理的技术与法律》，载杨明主编：《网络法律评论（2020 年总第 23 卷）》，中信出版社 2021 年版。

［44］胡敏洁：《规制理论是否足以解释社会政策？》，载《清华法学》2016 年第 3 期。

［45］胡秋灵、张成虎：《有关电子货币的若干争论》，载《国际金融研究》2003 年第 12 期。

［46］黄卉、沈红波：《信用卡市场利率粘性和消费者行为研究综述》，载《上海金融》2011 年第 6 期。

［47］黄金荣：《"规范性文件"的法律界定及其效力》，载《法学》2014 年第 7 期。

［48］黄攀：《电子支付犯罪相关问题研究》，载《湖北警官学院学报》2016 年第 5 期。

［49］霍楠、夏敏：《保证金账户质押生效则不能成为另案执行标的》，载《人民司法·案例》2014 年第 4 期。

［50］江苏省高级人民法院民二庭课题组、王国亮：《网络交易平台金融纠纷司法规制研究》，载《法律适用》2017 年第 1 期。

［51］姜立文、陈燕然：《虚拟信用卡监管的法律问题》，载《上海金融》2015 年第 4 期。

［52］姜新林、李世寅：《绑定第三方支付平台的银行卡被盗刷的责任承担》，载《人民司法·案例》2016 年第 29 期。

［53］蒋大兴、王首杰：《共享经济的法律规制》，载《中国社会科学》2017 年第 9 期。

[54] 蒋建湘:《商法强制性规范的类型、性质与边界》,载《法学杂志》2012年第7期。

[55] 解亘:《论管制规范在侵权行为法上的意义》,载《中国法学》2009年第2期。

[56] 解亘:《冒领存款纠纷背后的法理——王永胜诉中国银行南京河西支行储蓄存款合同纠纷案评析》,载《浙江社会科学》2013年第2期。

[57] 金果:《扫描付款二维码转移财产构成盗窃罪》,载《人民司法·案例》2019年第20期。

[58] 金印:《论信用卡合同中"视为本人"条款的法律效力》,载《东方法学》2015年第2期。

[59] 蓝寿荣:《信用卡纠纷裁判不当问题研究》,载《政法论丛》2016年第3期。

[60] 黎四奇:《对钓鱼欺诈中第三方支付机构作为或不作为法律问题的思考》,载《法律科学》2012年第3期。

[61] 黎四奇:《二维码扫码支付法律问题解构》,载《中国法学》2018年第3期。

[62] 黎四奇:《我国第三方支付客户沉淀资金治理改良方略》,载《政法论丛》2018年第1期。

[63] 黎四奇:《析我国电子银行业务中未经授权交易的损失承担》,载《法商研究》2008年第2期。

[64] 李爱君、刘少军:《电子货币性质与发行条件的法律规制》,载《人民司法》2005年第11期。

[65] 李晗:《大数据时代网上银行的安全保障义务研究》,载《当代法学》2016年第4期。

[66] 李洪健、王晴:《论共享单车押金之性质及其法律规制》,载陈云良主编:《经济法论丛(2018年第1期)》,社会科学文献出版社2018年版。

[67] 李建星、施越:《电子支付中的四方关系及其规范架构》,载《浙江社会科学》2017年第11期。

[68] 李建星:《互联网非授权支付的责任分担规则》,载《法律科学》2020年第4期。

[69] 李江华:《试论预付式会员卡消费的法律性质》,载《中国商界》2010年第12期。

[70] 李莉莎:《第三方电子支付中备付金的法律风险辨析》,载《人民论坛》2013年第11期。

[71] 李猛:《我国商业预付卡金融监管制度完善之域外经验借鉴》,载《上海金融》2015年第5期。

[72] 李清伟:《司法克制抑或司法能动——兼论公共政策导向下的中国司法能动》,载《法商研究》2012年第3期。

[73] 李群群、张龑:《单用途商业预付卡消费法律问题研究——以南京市12315消费者维权热线投诉数据为样本》,载《法律适用》2018年第2期。

[74] 李涛:《聚合支付发展的风险及监管对策研究》,载《金融科技时代》2017年第

12 期。

　　[75] 李巍、朱四臣：《论押金担保》，载《当代法学》2000 年第 4 期。

　　[76] 李晓玲：《WTO 成员减让表之服务部门的解释方法——基于中国电子支付服务案的研究》，载《国际经贸探索》2015 年第 2 期。

　　[77] 李有、程金华：《行政、司法与金融规制冲突——对金融借款利率上限的实证研究》，载《交大法学》2020 年第 3 期。

　　[78] 李真：《中国互联网征信发展与监管问题研究》，载《征信》2015 年第 7 期。

　　[79] 廖凡：《金融消费者的概念和范围：一个比较法的视角》，载《环球法律评论》2012 年第 4 期。

　　[80] 林佳华、杨永、任伟：《QR 二维码的攻击方法与防御措施》，载《信息网络安全》2013 年第 5 期。

　　[81] 林慰曾：《互联网虚拟信用套现的法律分析——基于花呗套现判决的研究》，载《海南金融》2017 年第 8 期。

　　[82] 刘冰：《论我国个人破产制度的构建》，载《中国法学》2019 年第 4 期。

　　[83] 刘春彦、黄运成：《不完备法律理论及对我国证券市场监管的启示》，载《河北法学》2006 年第 9 期。

　　[84] 刘风景：《司法解释权限的界定与行使》，载《中国法学》2016 年第 3 期。

　　[85] 刘国刚：《互联网金融背景下我国个人征信行业发展实践及展望》，载《金融理论探索》2018 年第 2 期。

　　[86] 刘满达：《论电子票据适用票据法的可行性》，载《法学》2017 年第 6 期。

　　[87] 刘秋萍：《互联网信用支付的相关会计处理——以"京东白条"为例》，载《财会月刊》2014 年第 11 期。

　　[88] 刘士国：《类型化与民法解释》，载《法学研究》2006 年第 6 期。

　　[89] 刘水林：《反垄断诉讼的价值定位与制度建构》，载《法学研究》2010 年第 4 期。

　　[90] 刘宪权、李舒俊：《网络移动支付环境下信用卡诈骗罪定性研究》，载《现代法学》2017 年第 6 期。

　　[91] 刘晓纯、刘雅秋：《"集中存管"下第三方支付中沉淀资金的法律监管》，载《天津法学》2019 年第 1 期。

　　[92] 刘燕：《余额宝：革命三重奏》，载北京大学金融法研究中心编：《金融法苑（2014 年总第 89 辑）》，中国金融出版社 2014 年版。

　　[93] 刘洋：《预付式消费服务合同中拒绝受领的法律效果——"孙宝静诉上海一定得美容有限公司服务合同纠纷案"评释》，载周赟主编：《厦门大学法律评论（2016 年总第 27 辑）》，厦门大学出版社 2016 年版。

　　[94] 刘迎霜：《商业预付卡的法律规制研究》，载《法商研究》2012 年第 2 期。

　　[95] 刘颖：《货币发展形态的法律分析——兼论电子货币对法律制度的影响》，载《中国法学》2002 年第 1 期。

　　[96] 刘颖：《我国电子商务法调整的社会关系范围》，载《中国法学》2018 年第 4 期。

[97] 刘颖:《支付命令与安全程序——美国〈统一商法典〉第 4A 编的核心概念及对我国电子商务立法的启示》,载《中国法学》2004 年第 1 期。

[98] 刘越:《移动支付:支付宝服务协议与消费者权益保护》,载《北京航空航天大学学报(社会科学版)》2015 年第 6 期。

[99] 柳冠儒:《信用卡违约金的司法认定与调整》,载《人民司法·应用》2018 年第 34 期。

[100] 鲁篱:《论金融司法与金融监管协同治理机制》,载《中国法学》2021 年第 2 期。

[101] 罗浩亮:《金融的属性:共享单车"押金"治理模式研究》,载《甘肃金融》2017 年第 11 期。

[102] 罗培新、吴韬:《非授权交易中第三方支付机构的法律责任》,载《华东政法大学学报》2017 年第 3 期。

[103] 麻松林:《信用卡定价法律问题研究——以"信用卡滞纳金否决第一案"为切入点》,载《学术论坛》2016 年第 11 期。

[104] 马春芬:《电商平台个人信用支付产品发展现状及监管建议》,载《国际金融》2015 年第 11 期。

[105] 马得华:《论"不予适用":一种消极的司法审查——以〈行政诉讼法〉第 63 条和 64 条为中心的考察》,载《环球法律评论》2016 年第 4 期。

[106] 马太广、范励:《论商业预付卡的本质属性与法律规制》,载《东方法学》2013 年第 2 期。

[107] 马新彦、戴嘉宜:《第三方电子支付中的责任归属问题研究》,载《东北师大学报(哲学社会科学版)》2014 年第 3 期。

[108] 马一德:《免除或限制责任格式条款的效力认定》,载《法学》2014 年第 11 期。

[109] 马寅翔:《冒用电商平台个人信用支付产品的行为定性——以花呗为例的分析》,载《法学》2016 年第 9 期。

[110] 缪若冰:《"裸条"背后的债务催收监管与消费者权益保护研究》,载《成都理工大学学报(社会科学版)》2018 年第 2 期。

[111] 缪因知:《不良债权催收的法律空间》,载侯猛、方乐主编:《法律和社会科学:法律、城市与地理(第 18 卷第 2 辑)》,法律出版社 2020 年版。

[112] 缪因知:《论信用卡债务与银行贷款不适用利率管制规则》,载洪艳蓉主编:《金融法苑(2016 年总第 93 辑)》,中国金融出版社 2016 年版。

[113] 宁红丽:《分期付款买卖法律条款的消费者保护建构》,载《华东政法大学学报》2013 年第 2 期。

[114] 欧阳卫民:《非金融机构支付服务的创新与监管》,载《中国金融》2010 年第 15 期。

[115] 欧阳珍妮:《信用卡预授权相关制度构建——预授权交易环节再厘定》,载《天津法学》2016 年第 3 期。

［116］潘佳峰:《备付金集中存管后第三方支付市场发展问题的思考》,载《金融会计》2019 年第 4 期。

［117］彭冰:《非法集资活动规制研究》,载《中国法学》2008 年第 4 期。

［118］彭冰:《非法集资行为的界定——评最高人民法院关于非法集资的司法解释》,载《法学家》2011 年第 6 期。

［119］彭冰:《商业银行的定义》,载《北京大学学报(哲学社会科学版)》2007 年第 1 期。

［120］彭冰:《银行卡非授权交易中的损失分担机制》,载《社会科学》2013 年第 11 期。

［121］彭粒一:《银行存款账户错误汇款问题的实证案例分析》,载彭冰主编:《金融法苑(2020 年总第 102 辑)》,中国金融出版社 2020 年版。

［122］彭雨晨:《共享单车押金及预付资金监管规则的反思与重构》,载洪艳蓉主编:《金融法苑(2018 年总第 96 辑)》,中国金融出版社 2018 年版。

［123］彭岳:《共享经济的法律规制问题——以互联网专车为例》,载《行政法学研究》2016 年第 1 期。

［124］彭中礼:《最高人民法院司法解释性质文件的法律地位探究》,载《法律科学》2018 年第 3 期。

［125］戚莹:《我国部门货币及其发行的法律规制——兼评〈非金融机构支付服务管理办法〉》,载《西南政法大学学报》2012 年第 2 期。

［126］其木提:《错误转账付款返还请求权的救济路径——兼评最高人民法院(2017)最高法民申 322 号民事裁定书》,载《法学》2020 年第 2 期。

［127］其木提:《货币所有权归属及其流转规则——对"占有即所有"原则的质疑》,载《法学》2009 年第 11 期。

［128］其木提:《论浮动账户质押的法律效力——"中国农业发展银行安徽省分行诉张大标、安徽长江融资担保集团有限公司保证金质权确认之诉纠纷案"评释》,载《交大法学》2015 年第 4 期。

［129］钱玉文、吴炯:《论共享单车押金的性质及其法律规制》,载《常州大学学报(社会科学版)》2018 年第 4 期。

［130］秦新承:《电子支付方式下诈骗罪的非纯正数额犯趋势》,载《政治与法律》2012 年第 2 期。

［131］任超:《网上支付金融消费者权益保护制度的完善》,载《法学》2015 年第 5 期。

［132］任会来:《对预付式代币工具问题的理论认识与法律思考》,载《金融论坛》2008 年第 3 期。

［133］任自力:《保证保险法律属性再思考》,载《保险研究》2013 年第 7 期。

［134］沈志先、林晓镍:《遗失信用卡被冒用的损失由谁承担》,载《人民司法·案例》2007 年第 4 期。

[135] 舒雄:《完善我国电子货币发行和清算法律规制的若干建议》,载《上海金融》2010 年第 5 期。

[136] 宋刚:《保证保险是保险,不是担保——与梁慧星先生商榷》,载《法学》2006 年第 6 期。

[137] 宋华琳:《论行政规则对司法的规范效应——以技术标准为中心的初步观察》,载《中国法学》2006 年第 6 期。

[138] 宋华琳:《论政府规制与侵权法的交错——以药品规制为例证》,载《比较法研究》2008 年第 2 期。

[139] 宋华琳:《论政府规制中的合作治理》,载《政治与法律》2016 年第 8 期。

[140] 宋佳儒:《共享单车押金资金沉淀的监管问题探析》,载《甘肃金融》2017 年第 4 期。

[141] 孙峰:《构建以住房承租人权利为核心的法律制度》,载《西南民族大学学报(人文社会科学版)》2020 年第 1 期。

[142] 孙杰:《更换二维码取财行为的刑法评价》,载《政法论丛》2018 年第 2 期。

[143] 孙天驰:《灰色白条》,载彭冰主编:《法律与新金融(2016 年第 2 辑)》,法律出版社 2018 年版。

[144] 孙笑侠、褚国建:《论司法批复的解释论证功能及其局限》,载《浙江大学学报(人文社会科学版)》2009 年第 6 期。

[145] 孙笑侠:《司法权的本质是判断权——司法权与行政权的十大区别》,载《法学》1998 年第 8 期。

[146] 唐清利:《"专车"类共享经济的规制路径》,载《中国法学》2015 年第 4 期。

[147] 唐琼琼:《第三方支付中的消费者权益保护问题研究》,载《河北法学》2015 年第 4 期。

[148] 唐旭:《第三方电子支付平台法律监管制度的完善》,载《重庆社会科学》2019 年第 8 期。

[149] 唐应茂:《中央和地方关系视角下的金融监管——一个小额贷款行业的实证研究》,载《山东大学学报(哲学社会科学版)》2017 年第 6 期。

[150] 田宏杰:《恶意透支型信用卡诈骗案实证分析》,载《法学杂志》2018 年第 12 期。

[151] 涂龙科:《网络支付环境下盗窃罪适用扩张的路径、弊端及其限制研究——基于司法裁判实践的分析》,载《法学杂志》2017 年第 6 期。

[152] 万志尧:《对第三方支付平台的行政监管与刑法审视》,载《华东政法大学学报》2014 年第 5 期。

[153] 汪传才:《押金初探》,载《政治与法律》1999 年第 2 期。

[154] 王博:《台湾地区预付卡法律规制的制度构造及其借鉴》,载《财经法学》2015 年第 6 期。

[155] 王成:《最高法院司法解释效力研究》,载《中外法学》2016 年第 1 期。

［156］王传薇、田雨:《关于共享单车押金的法律思考》,载《中国市场》2017 年第 17 期。

［157］王国平:《从首例利用"蚂蚁花呗"套现案例探析相关套现行为的本质属性》,载《法律适用》2018 年第 10 期。

［158］王海涛:《虚拟信用卡的违规问题分析》,载《金融纵横》2014 年第 5 期。

［159］王灏:《论违反融资融券交易规则的侵权责任——以规范目的论为视角》,载《现代法学》2019 年第 4 期。

［160］王建平:《论储蓄合同存款兑付效力和违约责任确定》,载《政治与法律》2004 年第 5 期。

［161］王建文:《我国预付式消费模式的法律规制》,载《法律科学》2012 年第 5 期。

［162］王晋之、胡滨:《互联网消费信贷风险分析与应对——基于"京东白条"案例的分析与思考》,载《金融与经济》2017 年第 3 期。

［163］王君权:《〈非银行支付机构网络支付业务管理办法〉述评》,载《吉林金融研究》2016 年第 2 期。

［164］王美舒:《类型思维下的金融消费者:从语词认识到裁判逻辑》,载《法律科学》2019 年第 2 期。

［165］王锐、熊键、黄桂琴:《完善我国个人信用征信体系的法学思考》,载《中国法学》2002 年第 4 期。

［166］王文宇:《他山之石——中国台湾地区"电子支付机构管理条例草案"评析》,载许多奇主编:《互联网金融法律评论(2015 年第 1 辑)》,法律出版社 2015 年版。

［167］王欣新、乔博娟:《论破产程序中未到期不动产租赁合同的处理方式》,载《法学杂志》2015 年第 3 期。

［168］王雪:《共享单车押金性质与法律规制之探讨——从共享单车押金退还案件说起》,载《电子科技大学学报(社科版)》2019 年第 5 期。

［169］王叶刚:《论预付式消费交易的法律构造》,载《现代法学》2015 年第 3 期。

［170］毋爱斌、陈渭强、刘晓宇:《保证金账户可以特定化并构成货币质押》,载《人民司法·案例》2012 年第 10 期。

［171］吴朝平:《信用卡的金融科技转型:现实观察、推进因素和未来展望》,载《征信》2018 年第 10 期。

［172］吴志攀:《金融多元化:"部门货币"问题研究》,载《北大法律评论》编辑委员会编:《北大法律评论(2013 年第 2 辑)》,北京大学出版社 2013 年版。

［173］向力:《从鲜见参照到常规参照——基于指导性案例参照情况的实证分析》,载《法商研究》2016 年第 5 期。

［174］谢鸿飞:《论法律行为生效的"适法规范"——公法对法律行为效力的影响及其限度》,载《中国社会科学》2007 年第 6 期。

［175］谢孟珊:《台湾地区电子支付管理"法制"概说》,载彭冰主编:《法律与新金融(2016 年第 1 辑)》,法律出版社 2018 年版。

[176] 徐冬根：《论法偿货币——兼论电子货币非法律意义上的货币》，载《江西社会科学》2013 年第 6 期。

[177] 徐宏：《共享单车"押金池"现象的刑法学评价》，载《法学》2017 年第 12 期。

[178] 徐化耿：《保证金账户担保的法律性质再认识——以〈担保法司法解释〉第 85 条为切入点》，载《北京社会科学》2015 年第 11 期。

[179] 徐凌波：《置换二维码行为与财产犯罪的成立》，载《国家检察官学院学报》2018 年第 2 期。

[180] 许德风：《论利息的法律管制——兼议私法中的社会化考量》，载《北大法律评论》编辑委员会编：《北大法律评论（2010 年第 1 辑）》，北京大学出版社 2010 年版。

[181] 许德风：《论破产中尚未履行完毕的合同》，载《法学家》2009 年第 6 期。

[182] 许德风：《论债权的破产取回》，载《法学》2012 年第 6 期。

[183] 许浩：《偷换商家收款二维码的行为定性》，载《人民司法·案例》2018 年第 35 期。

[184] 闫海、刘闯：《论非金融机构互联网支付中客户备付金的性质、归属及监管》，载《西南金融》2013 年第 9 期。

[185] 阳东辉：《论银行卡欺诈民事责任分配规则》，载《法学评论》2015 年第 6 期。

[186] 杨东、黄尹旭：《〈电子商务法〉电子支付立法精神与条文适用》，载《苏州大学学报（哲学社会科学版）》2019 年第 1 期。

[187] 杨东：《Libra：数字货币型跨境支付清算模式与治理》，载《东方法学》2019 年第 6 期。

[188] 杨国华：《"中国电子支付服务案"详解》，载《世界贸易组织动态与研究》2013 年第 2 期。

[189] 杨军：《反垄断行政执行的司法规制途径》，载《法律适用》2018 年第 15 期。

[190] 杨科：《基于中国经济现状的"准货币"分析——对我国消费市场购物券、储值卡等代币券现象的诠释》，载《金融研究》2006 年第 4 期。

[191] 杨立新：《电子商务交易中电子支付服务损害赔偿责任及其规则》，载《中州学刊》2019 年第 2 期。

[192] 杨利华：《第三方支付行业竞争的反垄断法规制》，载《法商研究》2019 年第 6 期。

[193] 杨青、杨光、龙军：《支付机构对跨行资金清算的影响》，载《中国金融》2013 年第 20 期。

[194] 杨群：《"二维码案"背后的表见法理》，载《江西社会科学》2018 年第 4 期。

[195] 杨松、郭金良：《第三方支付机构跨境电子支付服务监管的法律问题》，载《法学》2015 年第 3 期。

[196] 杨曦：《互联网消费信贷中个人征信信息的法律保护》，载《河北法学》2020 年第 3 期。

[197] 杨瑜：《虚拟信用卡遭遇紧急暂停的前因后果》，载《互联网金融与法律》2015

年第 2 期。

[198] 姚明斌:《"效力性"强制规范裁判之考察与检讨——以〈合同法解释二〉第 14 条的实务进展为中心》,载《中外法学》2016 年第 5 期。

[199] 叶林:《预付式消费合同的法律管制》,载《哈尔滨工业大学学报(社会科学版)》2011 年第 2 期。

[200] 佚名:《暂停二维码支付是支付产业的一大幸事》,载《上海金融》2014 年第 9 期。

[201] 尹龙:《电子货币对中央银行的影响》,载《金融研究》2000 年第 4 期。

[202] 应飞虎:《权利倾斜性配置研究》,载《中国社会科学》2006 年第 3 期。

[203] 于颖:《第三方支付之定性——试论托付法律关系》,载《法律适用》2012 年第 6 期。

[204] 余军、张文:《行政规范性文件司法审查权的实效性考察》,载《法学研究》2016 年第 2 期。

[205] 云晋升、彭诚信:《完善我国动产担保的新路径探索(下)》,载《交大法学》2018 年第 1 期。

[206] 曾大鹏:《支付密码、单纯交付与票据流通性的法教义学分析——以"2013 年度上海金融商事案例 7"为重点的评释》,载《华东政法大学学报》2015 年第 6 期。

[207] 翟业虎、刘田鑫:《共享单车租赁的法律问题》,载《扬州大学学报(人文社会科学版)》2017 年第 4 期。

[208] 詹涛:《论信用卡利率在审判实践中的调整》,载《北方金融》2021 年第 5 期。

[209] 詹欣:《条码支付业务模式比较及风险管理研究》,载《科技促进发展》2018 年第 6 期。

[210] 张斌峰、陈西茜:《试论类型化思维及其法律适用价值》,载《政法论丛》2017 年第 3 期。

[211] 张春燕:《第三方支付平台沉淀资金及利息之法律权属初探——以支付宝为样本》,载《河北法学》2011 年第 3 期。

[212] 张德芬:《电子货币交易的法律关系及法律规制》,载《法学》2006 年第 4 期。

[213] 张红霞、侯向磊:《电子货币的界定及其应用中亟待解决的法律问题》,载《河北法学》2004 年第 7 期。

[214] 张开骏:《偷换商户支付二维码侵犯商户应收款的犯罪定性》,载《上海政法学院学报》2018 年第 2 期。

[215] 张奎:《电子支付的一般业务模型与创新监管分析》,载《上海金融》2014 年第 7 期。

[216] 张力:《迈向新规制:助推的兴起与行政法面临的双重挑战》,载《行政法学研究》2018 年第 3 期。

[217] 张立艳:《破产对第三方支付机构客户备付金的影响》,载北京大学金融法研究中心编:《金融法苑(2014 年总第 89 辑)》,中国金融出版社 2014 年版。

［218］张明楷:《恶意透支型信用卡诈骗罪的客观处罚条件——〈刑法〉第 196 条第 2 款的理解与适用》,载《现代法学》2019 年第 2 期。

［219］张乃根:《电子支付案中 GATS 减让表的条约解释》,载《上海对外经贸大学学报》2014 年第 1 期。

［220］张庆立:《偷换二维码取财的行为宜认定为诈骗罪》,载《东方法学》2017 年第 2 期。

［221］张庆麟:《电子货币的法律性质初探》,载《武汉大学学报(社会科学版)》2001 年第 5 期。

［222］张晓旭:《纽约州"比特币牌照"虚拟货币监管框架评述》,载《互联网金融与法律》2014 年总第 8 期。

［223］张雪楳:《银行卡网上盗刷的责任认定》,载《法律适用》2017 年第 18 期。

［224］张友连、吴宏乔:《互联网租赁押金的性质及监管模式》,载陈云良主编:《经济法论丛(2019 年第 2 期)》,社会科学文献出版社 2019 年版。

［225］张友连:《格式条款司法规制的逻辑分析——以〈最高人民法院公报〉案例为对象》,载《河北法学》2017 年第 3 期。

［226］张志坡:《法律适用:类型让概念更有力量》,载《政法论丛》2015 年第 4 期。

［227］赵雪、康临芳:《单用途商业预付卡消费纠纷的司法裁判》,载《人民司法·案例》2018 年第 23 期。

［228］赵一平:《论账户质押中的法律问题》,载《人民司法》2005 年第 8 期。

［229］赵云:《我国预付费消费合同法律规制探析——以消费者权益的法律保护为视角》,载《中国政法大学学报》2013 年第 2 期。

［230］赵忠奎:《"卡时代"下"部门货币"层次性监管之补正》,载北京大学金融法研究中心编:《金融法苑(2014 年总第 88 辑)》,中国金融出版社 2014 年版。

［231］赵姿昂:《对共享单车押金的法律思考》,载《人民司法·应用》2018 年第 13 期。

［232］浙江省杭州市人民检察院课题组:《涉网络支付犯罪规制的实践范例》,载《人民检察》2019 年第 6 期。

［233］郑顺炎:《电子资金划拨的安全程序》,载北京大学金融法研究中心编:《金融法苑(2001 年总第 42 辑)》,中国金融出版社 2001 年版。

［234］中国人民银行征信中心与金融研究所联合课题组:《互联网信贷、信用风险管理与征信》,载《金融研究》2014 年第 10 期。

［235］周珺:《押金之返还与承租人之保护——以美国法为中心》,载《武汉大学学报(哲学社会科学版)》2011 年第 2 期。

［236］周铭川:《偷换商家支付二维码获取财物的定性分析》,载《东方法学》2017 年第 2 期。

［237］周荃:《金融领域中监管与司法的博弈与融合》,载《法律适用》2020 年第 8 期。

［238］周颖:《论信用卡逾期还款的违约责任及其限度》,载《法律科学》2015 年第 5 期。

［239］周颖:《循环消费信用类型化规范研究》,载《大连理工大学学报(社会科学版)》2019 年第 1 期。

［240］周仲飞:《提高金融包容:一个银行法的视角》,载《法律科学》2013 年第 1 期。

［241］朱金东、孙婷婷:《我国预付式消费履约担保制度的法律构建》,载《东岳论丛》2014 年第 6 期。

［242］朱庆育:《〈合同法〉第 52 条第 5 项评注》,载《法学家》2016 年第 3 期。

［243］朱晓喆:《存款货币的权利归属与返还请求权——反思民法上货币"占有即所有"法则的司法运用》,载《法学研究》2018 年第 2 期。

［244］朱子琳:《对设立网联平台的批判》,载彭冰主编:《法律与新金融(2018 年第 1 辑)》,法律出版社 2019 年版。

［245］邹建华、张建伟等:《利用电子支付账户实施盗骗行为如何适用法律》,载《人民检察》2018 年第 2 期。

英文著作(含编著)

［1］A. Allan Schmid, Conflict and Cooperation: Institutional and Behavioral Economics, Blackwell, 2004.

［2］Daniel P. Kessler ed., Regulation vs. Litigation: Perspectives from Economics and Law, University of Chicago Press, 2011.

［3］Despina Mavromati, The Law of Payment Services in the EU: The EC Directive on Payment Services in the Internal Market, Kluwer Law International, 2008.

［4］Douglas J. Whaley and Stephen M. McJohn, Problems and Materials on Payment Law, Wolters Kluwer, 10th edition, 2016.

［5］Edward A. Morse ed., Electronic Payment Systems: Law and Emerging Technologies, American Bar Association, 2019.

［6］Efraim Turban, Judy Whiteside, David King and Jon Outland, Introduction to Electronic Commerce and Social Commerce, Springer, 4th edition, 2017.

［7］Eric S. Marlin and Casey P. Olinger ed., Consumer Protection in An Age of Technological Transformation, Nova Science Publishers, 2010.

［8］John Armour, Dan Awrey and Paul Davies *et al.*, Principles of Financial Regulation, Oxford University Press, 2016.

［9］Joy Malala, Law and Regulation of Mobile Payment Systems: Issues Arising "Post" Financial Inclusion in Kenya, Routledge, 2018.

［10］Norbert Horn ed., Legal Issues in Electronic Banking, Kluwer Law International, 2002.

［11］Olivier Hance and Suzan Dionne Balz, The New Virtual Money: Law and Practice,

Kluwer Law International, 1999.

［12］Phoebus Athanassiou, Digital Innovation in Financial Services: Legal Challenges and Regulatory Policy Issues, Kluwer Law International, 2016.

［13］Rachel Botsman and Roo Rogers, What's Mine Is Yours: How Collaborative Consumption Is Changing the Way We Live, HarperCollins, 2011.

［14］Rhys Bollen, The Law and Regulation of Payment Services: A Comparative Study, Kluwer Law International, 2012.

［15］Richard A. Buckley, Illegality and Public Policy, Sweet & Maxwell, 2017.

［16］Richard A. Posner, Economic Analysis of Law, Aspen Publishers, 7th edition, 2007.

［17］Robert Baldwin, Martin Cave and Martin Lodge ed., The Oxford Handbook of Regulation, Oxford University Press, 2010.

［18］Robert Baldwin, Martin Cave, and Martin Lodge, Understanding Regulation: Theory, Strategy and Practice, Oxford University Press, 2nd edition, 2012.

［19］Ronald J. Mann, Charging Ahead: The Growth and Regulation of Payment Card Markets around the World, Cambridge University Press, 2006.

［20］Ronald J. Mann, Payment Systems and Other Financial Transactions: Cases, Materials, and Problems, Wolters Kluwer, 6th edition, 2016.

［21］Simon Gleeson, The Legal Concept of Money, Oxford University Press, 2018.

［22］Tharakan P. K. M. and Van Den Bulcke D. eds., International Trade, Foreign Direct Investment and the Economic Environment, Palgrave Macmillan, 1998.

［23］Tom Slee, What's Yours Is Mine: Against the Sharing Economy, OR Books, 2015.

英文论文

［1］Abdul Karim Aldohni, Loan Sharks v. Short-term Lenders: How Do the Law and Regulators Draw the Line? Journal of Law and Society, Vol. 40, No. 3, 2013.

［2］Adam J. Levitin, Pandora's Digital Box: The Promise and Perils of Digital Wallets, University of Pennsylvania Law Review, Vol. 166, No. 2, 2018.

［3］Benjamin L. Liebman, Watchdog or Demagogue? The Media in the Chinese Legal System, Columbia Law Review, Vol. 105, 2005.

［4］Brain Galle, In Praise of Ex Ante Regulation, Vanderbilt Law Review, Vol. 68, 2015.

［5］Charles D. Kolstad, Thomas S. Ulen and Gary V. Johnson, Ex Post Liability for Harm vs. Ex Ante Safety Regulation: Substitutes or Complements? American Economic Review, Vol. 80, 1990.

［6］Christopher C. DeMuth, The Case against Credit Card Interest Rate Regulation, Yale Journal on Regulation, Vol. 3, 1986.

［7］Craig H. Weber, Overcoming the Obstacles to Implementation of Point-of-Sale Electronic Fund Transfer Systems: EFTA and the New Uniform Payments Code, Virginia Law Review, Vol. 69, 1983.

［8］Donato Masciandaro, In Offense of Usury Laws: Microfoundations of Illegal Credit Contracts, European Journal of Law and Economics, Vol. 12, 2001.

［9］Edward Glaeser, Simon Johnson, and Andrei Shleifer, Coase versus the Coasians, Quarterly Journal of Economics, Vol. 116, Issue 3, 2001.

［10］Edward H. Rabin, The Revolution in Residential Landlord-tenant Law: Causes and Consequences, Cornell Law Review, Vol. 69, 1984.

［11］Eng Beng Lee, Security Deposit Arrangements in Insolvency, Singapore Academy of Law Journal, Vol. 8, Part 2, 1996.

［12］Eric A. Posner, Contract Law in the Welfare State: A Defense of the Unconscionability Doctrine, Usury Laws, and Related Limitations on the Freedom to Contract, Journal of Legal Studies, Vol. 24, 1995.

［13］Ernesto Dal Bó, Regulatory Capture: A Review, Oxford Review of Economic Policy, Vol. 22, 2006.

［14］Eva Lomnicka, The Reform of Consumer Credit in the UK, Journal of Business Law, Vol. 1, 2004.

［15］Fred M. Greguras, The Allocation of Risk in Electronic Fund Transfer Systems for Losses Caused by Unauthorized Transactions, University of San Francisco Law Review, Vol. 13, 1979.

［16］Gary S. Becker and George J. Stigler, Law Enforcement, Malfeasance, and the Compensation of Enforcers, Journal of Legal Studies, Vol. 3, 1974.

［17］Gary S. Becker, A Theory of Competition among Pressure Groups for Political Influence, Quarterly Journal of Economics, Vol. 98, 1983.

［18］Gary S. Becker, Crime and Punishment: An Economic Approach, Journal of Political Economy, Vol. 76, 1968.

［19］George J. Stigler, The Optimum Enforcement of Laws, Journal of Political Economy, Vol. 78, 1970.

［20］George J. Stigler, The Theory of Economic Regulation, Bell Journal of Economics and Management Science, Vol. 2, 1971.

［21］Gerrit De Geest and Giuseppe Dari-Mattiacci, Soft Regulators, Tough Judges, Supreme Court Economic Review, Vol. 15, 2007.

［22］Giandomenico Majone, The Rise of the Regulatory State in Europe, West Europen Politics, Vol. 17, 1994.

［23］James S. Ang, On the Theory of Finance for Privately Held Firms, Journal of Small Business Finance, Vol. 1, 1992.

[24] Jean J. Luyat, A Tale of Regulation in the European Union and Japan: Does Characterizing the Business of Stored-Value Cards as A Financial Activity Impact its Development? Pacific Rim Law & Policy Journal, Vol. 18, No. 3, 2009.

[25] John P. Ludington, Landlord-Tenant Security Deposit Legislation, American Law Reports 4th, Vol. 63, 1988.

[26] Judith Rinearson, New Regulatory Risks in the Prepaid Gift Card Industry: What the Simon Mall Gift Card Litigation Teaches Us, Journal of Payment Systems Law, Vol. 1, 2005.

[27] Katharina Pistor and Chenggang Xu, Incomplete Law, New York University Journal of International Law and Politics, Vol. 35, No. 4, 2003.

[28] Kevin V. Tu, Regulating the New Cashless World, Alabama Law Review, Vol. 65, 2013.

[29] Kyle D. Logue, In Praise of (Some) Ex Post Regulation: A Response to Professor Galle, Vanderbilt Law Review En Banc, Vol. 69, 2016.

[30] Lawrence M. Ausubel, The Failure of Competition in the Credit Card Market, American Economic Review, Vol. 81, 1991.

[31] Lawrence J. Trautman, E-Commerce, Cyber, and Electronic Payment System Risks: Lessons from PayPal, UC Davis Business Law Journal, Vol. 16, Issue 2, 2016.

[32] Leslie Gutierrez, Bolstering Competition in the International Remittance Market: Proposal for Reforming the Current Regulatory Licensing Framework Governing Money Transmission Businesses, Hastings Business Law Journal, Vol. 10, 2014.

[33] Marc Vereecken, Electronic Money: EU Legislative Framework, European Business Law Review, Vol. 11, 2000.

[34] Mark Armstrong, Competition in Two-Sided Markets, RAND Journal of Economics, Vol. 37, 2006.

[35] Matthew C. Stephenson, Legislative Allocation of Delegated Power: Uncertainty, Risk, and the Choice between Agencies and Courts, Harvard Law Review, Vol. 119, 2006.

[36] Michael Hantke-Domas, The Public Interest Theory of Regulation: Non-Existence or Misinterpretation? European Journal of Law and Economics, Vol. 15, 2003.

[37] Michael Moran, Review Article: Understanding the Regulatory State, British Journal of Political Science, Vol. 32, 2002.

[38] Michael St. James, Landlord Beware: Will a Security Deposit Survive a Bankruptcy? California Bankruptcy Journal, Vol. 26, 2001.

[39] Naomi Claxton, Progress, Privacy and Preemption: A Study of the Regulatory History of Stored-value Cards in the United States and the European Union, Arizona Journal of International & Comparative Law, Vol. 28, 2011.

[40] Natasha Sarin, What's in Your Wallet (and What Should the Law Do About It?),

University of Chicago Law Review, Vol. 87, No. 2, 2020.

[41] Oren Bar-Gill and Ryan Bubb, Credit Card Pricing: The Card Act and Beyond, Cornell Law Review, Vol. 97, 2012.

[42] Patrick W. Schmitz, On the Joint Use of Liability and Safety Regulation, International Review of Law and Economics, Vol. 20, 2000.

[43] Paul Burrows, Combining Regulation and Legal Liability for the Control of External Costs, International Review of Law and Economics, Vol. 19, Issue 2, 1999.

[44] Paul S. Calem and Loretta J. Mester, Consumer Behavior and the Stickiness of Credit-Card Interest Rates, American Economic Review, Vol. 85, 1995.

[45] R. Wilson Freyermuth, Are Security Deposits "Security Interests"? The Proper Scope of Article 9 and Statutory Interpretation in Consumer Class Actions, Missouri Law Review, Vol. 68, 2003.

[46] Razeen Sappideen, Bank Credit Card Charges and the Interest Free Period: Balancing Equity and Efficiency, King's Law Journal, Vol. 18, 2007.

[47] Richard A. Epstein and Thomas P. Brown, Cybersecurity in the Payment Card Industry, University of Chicago Law Review, Vol. 75, No. 1, 2008.

[48] Robert D. Cooter and Edward L. Rubin, A Theory of Loss Allocation for Consumer Payments, Texas Law Review, Vol. 66, 1987.

[49] Robert Innes, Enforcement Costs, Optimal Sanctions, and the Choice Between Ex-Post Liability and Ex-ante Regulation, International Review of Law and Economics, Vol. 24, Issue 1, 2004.

[50] Rolf H. Weber, The European E-Money Directive: Background, Problems and Prospects, Yearbook of International Financial and Economic Law, Vol. 5, 2001.

[51] Ronald J. Mann, Credit Cards and Debit Cards in the United States and Japan, Vanderbilt Law Review, Vol. 55, Issue 4, 2002.

[52] Ronald J. Mann, Making Sense of Payments Policy in the Information Age, Georgetown Law Journal, Vol. 93, No. 2, 2005.

[53] Ronald J. Mann, Regulating Internet Payment Intermediaries, Texas Law Review, Vol. 82, 2004.

[54] Sam Peltzman, Toward a More General Theory of Regulation, Journal of Law and Economics, Vol. 19, 1976.

[55] Samuel Issacharoff and Erin F. Delaney, Credit Card Accountability, University of Chicago Law Review, Vol. 73, 2006.

[56] Sarah Brown, Using the Law as a Usury Law: Definitions of Usury and Recent Development in the Regulation of Unfair Charges in Consumer Credit Transactions, Journal of Business Law, Vol. 1, No. 1, 2011.

[57] Stephen R. Heifetz and Clare D. Bracewell, Developments in Connection with

Cross-Border Electronic Funds Transmittals, Journal of Payment Systems Law, Vol. 1, Issue 2, 2005.

[58] Stephen R. Miller, First Principles for Regulating the Sharing Economy, Harvard Journal on Legislation, Vol. 53, 2016.

[59] Steven Semeraro, The Reverse-Robin-Hood-Cross-Subsidy Hypothesis: Do Credit Card Systems Tax the Poor and Reward the Rich, Rutgers Law Journal, Vol. 40, 2009.

[60] Steven Shavell, A Model of the Optimal Use of Liability and Safety Regulation, RAND Journal of Economics, Vol. 15, 1984.

[61] Steven Shavell, Liability for Harm versus Regulation of Safety, Journal of Legal Studies, Vol. 13, 1984.

[62] Steven Shavell, The Optimal Structure of Law Enforcement, Journal of Law and Economics, Vol. 36, 1993.

[63] Timothy E. Goldsmith and Nathalie Martin, Interest Rate Caps, State Legislation, and Public Opinion: Does the Law Reflect the Public's Desires, Chicago-Kent Law Review, Vol. 89, 2014.

[64] Todd J. Zywicki, The Economics of Credit Cards, Chapman Law Review, Vol. 3, 2000.

[65] Xingyu Yan, Towards a More Competitive Mobile Payment Industry: Standardization And Beyond, Journal of Competition Law & Economics, Vol. 17, Issue 2, 2021.

附录 1 我国主要的电子支付监管规范

综合

［1］《支付结算办法》（银发〔1997〕393 号,1997 年 12 月 1 日实施）

［2］《人民币银行结算账户管理办法》（中国人民银行令〔2003〕第 5 号,2003 年 9 月 1 日实施）

［3］《电子支付指引(第一号)》（中国人民银行公告〔2005〕第 23 号,2005 年 10 月 26 日实施）

［4］《电子银行业务管理办法》（中国银行业监督管理委员会令 2006 年第 5 号,2006 年 3 月 1 日实施）

［5］《支付结算执法检查规定》（银发〔2013〕226 号,2013 年 9 月 4 日实施）

非银行支付机构

［1］《非金融机构支付服务管理办法》（中国人民银行令〔2010〕第 2 号,2010 年 9 月 1 日实施,2020 年修正）

［2］《中国人民银行办公厅关于非金融机构支付业务监督管理工作的指导意见》（银办发〔2011〕33 号,2011 年 2 月 12 日实施）

［3］《中国人民银行关于建立支付机构监管报告制度的通知》（银发〔2012〕176 号,2012 年 7 月 13 日实施）

［4］《非银行支付机构分类评级管理办法》（银发〔2016〕106 号,2016 年 4 月 7 日实施）

［5］《非银行支付机构风险专项整治工作实施方案》（银发〔2016〕112 号,2016 年 4 月 13 日实施）

［6］《中国人民银行办公厅关于支付机构客户备付金全部集中交存有关事宜的通知》（银办发〔2018〕114 号,2018 年 6 月 29 日实施）

［7］《非银行支付机构客户备付金存管办法》（中国人民银行令〔2021〕第 1 号,2021 年 3 月 1 日实施,修改并废止了《支付机构客户备付金存管办法》（中国人民银行公告〔2013〕第 6 号,2013 年 6 月 7 日实施））

［8］《非银行支付机构重大事项报告管理办法》（银发〔2021〕198 号,2021 年 9 月 1 日实施）

预付卡

[1]《国务院办公厅转发人民银行、监察部等部门关于规范商业预付卡管理意见的通知》(国办发〔2011〕25 号,2011 年 5 月 23 日实施)

[2]《中国人民银行关于进一步加强预付卡业务管理的通知》(银发〔2012〕234 号,2012 年 9 月 26 日实施)

[3]《支付机构预付卡业务管理办法》(中国人民银行公告〔2012〕第 12 号,2012 年 11 月 1 日实施)

[4]《单用途商业预付卡管理办法(试行)》(商务部令 2016 年第 2 号,2016 年 8 月 18 日实施,修改了《单用途商业预付卡管理办法(试行)》(商务部令 2012 年第 9 号,2012 年 11 月 1 日实施))

银行卡(借记卡、信用卡)

[1]《银行卡业务管理办法》(银发〔1999〕17 号,1999 年 3 月 1 日实施)

[2]《商业银行信用卡业务监督管理办法》(银监会令 2011 年第 2 号,2011 年 1 月 13 日实施)

[3]《银行卡收单业务管理办法》(中国人民银行公告〔2013〕第 9 号,2013 年 7 月 5 日实施)

[4]《银行卡清算机构管理办法》(中国人民银行、中国银行业监督管理委员会令〔2016〕第 2 号,2016 年 6 月 6 日实施)

[5]《中国人民银行关于信用卡业务有关事项的通知》(银发〔2016〕111 号,2017 年 1 月 1 日实施)

[6]《中国人民银行关于推进信用卡透支利率市场化改革的通知》(银发〔2020〕327 号,2021 年 1 月 1 日实施)

网络支付

[1]《中国人民银行支付结算司关于暂停支付宝公司线下条码(二维码)支付等业务意见的函》(2014 年 3 月 14 日实施)

[2]《非银行支付机构网络支付业务管理办法》(中国人民银行公告〔2015〕第 43 号,2016 年 7 月 1 日实施)

其他

[1]《支付机构反洗钱和反恐怖融资管理办法》(银发〔2012〕54 号,2012 年 3 月 5 日实施)

[2]《中国人民银行办公厅关于进一步加强金融机构和支付机构反恐怖融资工作的通知》(银办发〔2014〕62 号,2014 年 3 月 18 日实施)

[3]《中国银监会、中国人民银行关于加强商业银行与第三方支付机构合作业务管

理的通知》(银监发〔2014〕10 号,2014 年 4 月 3 日实施)

　　[4]《中国人民银行关于规范支付创新业务的通知》(银发〔2017〕281 号,2017 年 12 月 13 日实施)

　　[5]《中国人民银行办公厅关于加强条码支付安全管理的通知》(银办发〔2017〕242 号,2017 年 12 月 22 日实施)

　　[6]《条码支付业务规范(试行)》(银发〔2017〕296 号,2018 年 4 月 1 日实施)

　　[7]《支付机构外汇业务管理办法》(汇发〔2019〕13 号,2019 年 4 月 29 日实施)

附录 2 《最高人民法院公报》非授权支付相关案例

	案例名称	来源	争议性质	争议焦点	裁判结果	案例要旨
1.	中国银行青海省分行诉梁国治返还信用卡透支款纠纷案	2001年第5期	信用卡真卡盗刷	持卡人持有信用卡遭遇抢劫,该卡被抢走所造成的透支风险应当由谁承担?	持卡人承担100%责任	持卡人信用卡被抢,虽进行了口头挂失,但未及时书面挂失,按照合同约定,挂失之前及挂失次日24小时内风险损失由持卡人承担,挂失次日24小时后的风险由银行承担。未挂失的,全部透支风险由持卡人承担。
2.	顾骏诉上海交行储蓄合同纠纷案	2005年第4期	借记卡伪卡盗刷	犯罪分子利用盗码器窃取银行卡信息和密码造假银行卡盗窃储户存款,银行是否对此承担责任?	发卡行承担100%责任	依照《商业银行法》(2003年)第六条的规定,商业银行应当对利用自助银行和自动取款机实施的各种犯罪承担防范责任。犯罪分子以在自助银行上安装盗码器的方法,窃取储户的银行卡信息和密码造成储户损失的,如储户无过错,商业银行应当承担赔偿责任。
3.	周培栋诉江东农行储蓄合同纠纷案	2006年第2期	借记卡真卡盗刷	储户因商业银行拒绝在柜台为其办理取款业务而在自动取款机取款时发生存款被盗,银行是否对此承担赔偿责任?	银行承担主要责任,持卡人承担次要责任	保证支付包括选择取款方式的自由;为储户保密包括应当为到银行如果没有履行上述义务,即构成违约,应当承担违约责任。履行支付义务;取款自由包括选择取款方式的自由;为储户保密包括应当为到银行办理交易的储户提供必要的环境。银行如果没有履行上述义务,即构成违约,应当承担相应违约责任。

（续表）

	案例名称	来源	争议性质	争议焦点	裁判结果	案旨
4.	王永胜诉中国银行股份有限公司南京河西支行储蓄存款合同纠纷案	2009 年第 2 期	借记卡伪卡盗刷	储户在自动取款机上进行交易时，因他人的犯罪行为致使储户的账号信息被盗，造成财产损失，发卡行是否应当承担赔偿责任？	发卡行承担 100% 责任	犯罪分子利用商业银行对其自助柜员机管理、维护上的疏漏，通过在自助银行网点门口刷卡处安装读卡器，在柜员机上部安装摄像装置的方式，窃取储户借记卡的卡号、信息及密码，复制假的借记卡，将钱款支取、消费的，应当认定商业银行没有为储户提供必要的安全、保密的环境，构成违约。
5.	蔡红辉诉金才来信用卡纠纷案	2010 年第 12 期	信用卡真卡盗刷	既设定了密码又预留了签名的信用卡，持卡人密码泄露后，商户在该信用卡消费时，没有审核签名与预留签名是否一致，导致信用卡持卡人财产受到损失，商户应否承担特约商户赔偿责任？	特约商户承担 60% 责任，持卡人承担 40% 责任	银联卡特约商户在受理有预留签名的银联信用卡时，应当根据约定以及中国人民银行《银行卡联网联合业务规范》规定，核对持卡人在交易凭证上的签字是否一致。未核对持卡人签名导致赔偿责任。持卡人为信用卡设置了密码，但因自身原因导致密码泄露的，可以适当减轻特约商户赔偿责任。
6.	刘中云诉中国银行股份有限公司衡阳分行、中国建设银行股份有限公司衡阳市分行财产损害赔偿纠纷案	2014 年第 9 期	借记卡伪卡盗刷	持卡人使用自动取款机取款时被窃取银行卡号及密码，伪卡交易产生的损失由谁来承担？如果是银行，由自动取款机所在的银行还是发卡行承担？	发卡行承担 100% 责任	持卡人对银行卡信息和密码的泄露没有过错。发卡行负有保证银行卡内信息安全以及告知持卡人注意识别犯罪分子窃取银行卡信息方式的义务。发卡行是自动取款机所在行的被代理行，由其承担责任。

（续表）

	案例名称	来源	争议性质	争议焦点	裁判结果	案例要旨
7.	俞建水与中国工商银行股份有限公司上海市鞍山路支行、中国工商银行股份有限公司上海市杨浦支行储蓄存款合同纠纷案	2015年第3期	借记卡账户盗刷	银行职工利用工作便利取得持卡人存款，而在持卡人不知情的情况下对持卡人损失是否对持卡人承担责任？	银行承担100%责任	法院结合储蓄存款合同的性质特点，货币资金所有权的变动，银行履行合同义务的关联性，以及原告主张损失结果之间的关系，认定银行应当按照合同约定对储户的存款本金及利息损失承担全部责任。
8.	伊立军与中国工商银行股份有限公司盘锦分行银行卡纠纷案	2017年第8期	借记卡网络盗刷	犯罪分子通过网上银行转账非法取走持卡人存款，责任如何划分？	发卡行承担99%责任，持卡人承担1%责任	银行在为自然人办理储蓄等业务时，居于明显的支配的优势地位，而自然人则处于弱势地位，故银行工作人员在为客户办理业务时，理应严格遵守工作流程和业务操作规范，尽到最大的注意和风险提示义务。发卡行在办理开通及注销银行卡网上银行业务中均有在严重违规操作行为，持卡人在开通网银过程中未完全尽到注意义务。
9.	宋鹏诉中国工商银行股份有限公司南京新门口支行借记卡纠纷案	2017年第12期	借记卡伪卡盗刷	诉争的交易是否属于伪卡交易，本案是否应当中止审理或者裁定驳回起诉，责任损失如何分配？	发卡行承担100%责任	银行负有保障储户存款安全的义务，努力提高并改进储蓄卡防伪技术，最大限度防止借记卡被盗刷。借记卡章程关于"凡使用密码进行的交易，发卡银行均视为持卡人本人所为"的规定，仅适用于真实的借记卡交易，并不适用于伪卡交易，银行不能据此免责。在无任何证据证明持卡人自行泄露银行卡密码的情况下，不应令持卡人承担部分损失，从而减轻银行赔偿责任。

附录 3　网络盗刷借记卡纠纷典型案例

	案例名称	案号	非授权交易认定	证明责任及双方义务	裁判结果
1.	梁灿钦、中国工商银行股份有限公司中山分行储蓄存款合同纠纷	广东省中山市中级人民法院（2018）粤 20 民终 1417 号民事二审判决	不构成：两笔 100 元交易并不异常；不存在电信诈骗等	持卡人未能证明属于非授权交易	持卡人承担 100% 责任
2.	郝银凤、中国建设银行股份有限公司泾川支行银行卡纠纷	甘肃省平凉市中级人民法院（2016）甘 08 民终 178 号民事二审判决	不构成：持卡人开通了网络支付并进行了大量交易，案涉交易并不异常	持卡人未能证明属于非授权交易	持卡人承担 100% 责任
3.	王文柏、中国工商银行股份有限公司麻城支行储蓄存款合同纠纷	湖北省黄冈市中级人民法院（2017）鄂 11 民终 1644 号民事二审判决	不构成：持卡人仅提交报案证据不足以证明账户资金被盗刷	持卡人未能证明银行的过错，也未尽到止损义务；银行已尽风险提示和安全保障义务	持卡人承担 100% 责任
4.	吴振东、中国工商银行股份有限公司长春驻第一汽车集团公司支行合同纠纷	吉林省长春市中级人民法院（2017）吉 01 民终 5477 号民事二审判决	构成：持卡人提供了验证码事后得知被骗	持卡人存在过错导致资金损失，银行已尽风险提示，告知义务	持卡人承担 100% 责任
5.	李丽华、中国邮政集团公司湖北省长阳土家族自治县支公司储蓄存款合同纠纷	湖北省宜昌市中级人民法院（2018）鄂 05 民终 1766 号民事二审判决	构成：小额短时高频交易，与网络盗刷行为的隐蔽性、迅速性相符	持卡人未能证明银行存在违约或过错导致资金损失	持卡人承担 100% 责任

（续表）

	案例名称	案号	非授权交易认定	证明责任及双方义务	裁判结果
6.	王某、中国建设银行股份有限公司天水分行借记卡纠纷	甘肃省天水市中级人民法院(2017)甘05民终649号民事二审判决	构成;持卡人未开通网络支付业务,案涉交易异常(141分钟内在同一商户连续消费143笔固定金额)	银行未能证明持卡人存在过错导致资金损失	银行承担100%责任
7.	马瑛、中国工商银行股份有限公司赣州分行借记卡纠纷	江西省赣州市中级人民法院(2018)赣07民终3837号民事二审判决	构成;持卡人未开通网络支付业务,案涉交易为多笔固定额交易	非授权交易达到高度盖然性标准;银行违反安全保障义务,存在过错	银行承担100%责任
8.	张高中、中国建设银行股份有限公司河间支行借记卡纠纷	河北省沧州市中级人民法院(2016)冀09民终6059号民事二审判决	构成;持卡人未开通网络支付业务,案涉交易为短时多次同定额交易	银行技术管理不善导致资金损失;银行未能证明持卡人存在过错	银行承担100%责任
9.	马秀兰、招商银行股份有限公司北京宣武门支行借记卡纠纷	北京市第二中级人民法院(2018)京02民终4328号民事二审判决	构成;持卡人开通了网络支付业务,案涉交易为两笔大额手机银行转账,网络地址与持卡人所在地不同	银行未尽安全保障义务,未能证明持卡人存在过错导致了资金损失	银行承担100%责任
10.	刘彦明、中国农业银行股份有限公司北京北苑支行借记卡纠纷	北京市第三中级人民法院(2018)京03民终9883号民事二审判决	构成;案涉交易无需密码,有违银行转账,网络行之间的约定	银行未尽安全保障义务	银行承担100%责任
11.	刘莹、招商银行股份有限公司北京立水桥支行借记卡纠纷	北京市第三中级人民法院(2017)京03民终4107号民事二审判决	构成;案涉交易网络地址与持卡人所在地不同	非授权交易盖然性较高;银行未能证明持卡人存在恶意串通或者未妥善保管信息	银行承担100%责任

（续表）

	案例名称	案号	非授权交易认定	证明责任及双方义务	裁判结果
12.	王合臣、中国建设银行股份有限公司延边州分行储蓄存款合同纠纷	吉林省延边朝鲜族自治州中级人民法院（2017）吉 24 民终 1634 号民事二审判决	构成：持卡人未开通网络交易业务，犯罪嫌疑人已被抓获	银行未尽身份验证、安全保障义务；持卡人未尽密码妥善保管义务	银行承担 70%，持卡人承担 30% 责任
13.	莫龙高、中国工商银行股份有限公司中山板芙支行金融借款合同纠纷	广东省中山市中级人民法院（2018）粤 20 民终 102 号民事二审判决	构成：案涉交易异常，符合网络盗刷行为模式，已有刑事判决查明持卡人为受害人	银行未能证明持卡人存在重大过失或恶意串通或能证明银行系统原因导致资金损失	银行承担 60%，持卡人承担 40% 责任
14.	董小林、中国农业银行股份有限公司山西省分行营业部借记卡纠纷	山西省太原市中级人民法院（2017）晋 01 民终 3300 号民事二审判决	构成：交易极为异常（两天内发生 185 笔第三方支付交易），持卡人未收到交易短信提醒	持卡人在保管身份认证信息上存在过错；银行在未能保证信息上存在过错	银行承担 50%，持卡人承担 50% 责任
15.	刘婉芳、中国农业银行股份有限公司广州农讲所支行借记卡纠纷	广东省广州市中级人民法院（2017）粤 01 民终 14928 号民事二审判决	构成：持卡人下载病毒软件导致手机信息被拦截而产生资金损失	持卡人因自身过错导致资金损失，应承担主要责任；银行怠于协助追讨款项，承担部分责任	银行承担 30%，持卡人承担 70% 责任

后　记

　　本书讨论电子支付工具的法律规制问题,源于我的博士论文对非银行支付机构监管的比较法研究。博士论文及本书写作得到诸多指点和帮助,我想借此机会表达深切的感谢。

　　感谢博士生导师吴志攀教授和师母杨锐老师。在北京大学法学院学习期间,导师一向鼓励我们了解、研究新兴事物,对学生的学业和生活也总是关怀备至。导师和师母的人格魅力也促进师门温馨氛围的形成——他们对真、善、美的追求以及因精神满足感对生活抱有的感恩,常常令人动容。何其有幸成为这大家庭的一员!

　　感谢北京大学法学院国际经济法专业的各位老师:邵景春老师、王慧老师、郭瑜老师、刘东进老师、张智勇老师和张潇剑老师,我直接受惠于他们的专业指教。感谢北京大学金融法研究中心的各位校内校外老师:白建军老师、刘燕老师、彭冰老师、郭雳老师、洪艳蓉老师、唐应茂老师、于绪刚老师、罗培新老师、程金华老师、廖志敏老师、廖凡老师、伏军老师、李清池老师、张建伟老师、何颖老师、黄韬老师、缪因知老师、沈朝晖老师、李诗鸿老师和刘庄老师,我在学业和生活上均受到他们莫大的帮助。此外,薛军老师、刘剑文老师、管晓峰老师、王军老师和赵秀文老师参加了我的博士论文预答辩和答辩,感谢他们宝贵的指导意见。

　　感谢美国斯坦福大学法学院的各位老师。硕士生导师 Amalia D. Kessler 教授广受学生喜爱,总是第一时间给予论文反馈,对我偶尔的发言也表示出极大的鼓励。Lawrence M. Friedman 教授、Deborah R. Hensler 教授和 A. Mitchell Polinsky 教授都是非常和善的长者,我在他们的课程上受益颇多。我的硕士论文写作还得到 Beth(Muffie)McLellan、Diego Gil McCawley、Arm Tungnirun、魏雨佳、姚冰燕等朋友的反馈和帮助,一并表示感谢。

　　感谢我的本科、硕士和博士班主任王桔老师、高薇老师和楼建波老师,谢谢他们在不同阶段对我的关心和照顾。感谢《北大法律评论》的前辈和同仁,特别是岳林师兄和伊卫风师兄,担任编辑的那两年我收获非常大,每每从大家的会议讨论和邮件往来中吸收新的知识和看待问题的视角,都觉得自己还在成长。感谢我的朋友们:夏戴乐、杨淑君、刘月、袁嘉、刘子平、殷秋实、高大应、吴才毓、薛杉、张宜云、吴丹、郭璇、李真、尉承栋、孙棋琳、张立翘、沈路等,感谢他们帮助提供资料和意见以及精神援助方面的人道主义支持——一以贯之的信任、陪伴和鼓励。那些共同度过的"晚来湖静读岸柳"的时光真美好呀!

感谢上海财经大学法学院的领导和同事们。本书部分内容曾在学院论文工作坊上进行过讨论,感谢先后直接参与交流的各位老师:单飞跃老师、葛伟军老师、朱晓喆老师、李宇老师、吴文芳老师、胡凌老师、樊健老师、于洋老师、戴悦老师、梁神宝老师,还有外教 Mark Poustie 教授和 Ezra Mitchell 教授。书稿申请国家社科基金课题也得到了学院教授们的指导意见,感谢郑少华老师、宋晓燕老师、王全兴老师、周杰普老师、马洪老师、张淑芳老师、刘水林老师和张军旗老师等。本书部分章节经过多次会议讨论,并在 *China Information*、*Hong Kong Law Journal*、《上海财经大学学报》《武汉大学学报(哲学社会科学版)》《法律适用》《财经法学》《金融法苑》《金融监管研究》等刊物发表,感谢与会专家、评审和编辑老师的反馈与建议。感谢国家社科基金后期资助项目匿名专家的宝贵意见。感谢学生卓佳琪、韩朋远、林昕、陆涛帮助完成本书脚注和参考文献的校对工作。感谢北京大学出版社程文楚等编辑老师的帮助,尤其感谢本书责任编辑刘秀芹女士,谢谢他们专业和高效的工作让本书得以出版。

最后,感谢我的家人。如果他们再问我忙了些什么,我就把这本书拿给他们看吧。希望他们健康平安!

苏　盼

2022 年 12 月 2 日